Ethik der öffentlichen Kommunikation

Barbara Thomaß · Günter Bentele ·
Nils S. Borchers · Beatrice Dernbach ·
Jessica Heesen

Ethik der öffentlichen Kommunikation

Eine kommunikationswissenschaftliche Einführung

Barbara Thomaß
Institut für Medienwissenschaft
Ruhr-Universität Bochum
Bochum, Deutschland

Nils S. Borchers
Institut für Medienwissenschaft
Universität Tübingen
Tübingen, Deutschland

Jessica Heesen
Internationales Zentrum für Ethik in den Wissenschaften (IZEW)
Universität Tübingen
Tübingen, Deutschland

Günter Bentele
Institut für Kommunikations- und Medienwissenschaft
Universität Leipzig
Berlin, Deutschland

Beatrice Dernbach
Fakultät AMP
TH Nürnberg
Nürnberg, Deutschland

ISBN 978-3-531-14416-0   ISBN 978-3-531-18824-9 (eBook)
https://doi.org/10.1007/978-3-531-18824-9

Die Deutsche Nationalbibliothek verzeichnet diese Publikation in der Deutschen Nationalbibliografie; detaillierte bibliografische Daten sind im Internet über https://portal.dnb.de abrufbar.

© Springer Fachmedien Wiesbaden GmbH, ein Teil von Springer Nature 2024

Das Werk einschließlich aller seiner Teile ist urheberrechtlich geschützt. Jede Verwertung, die nicht ausdrücklich vom Urheberrechtsgesetz zugelassen ist, bedarf der vorherigen Zustimmung des Verlags. Das gilt insbesondere für Vervielfältigungen, Bearbeitungen, Übersetzungen, Mikroverfilmungen und die Einspeicherung und Verarbeitung in elektronischen Systemen.
Die Wiedergabe von allgemein beschreibenden Bezeichnungen, Marken, Unternehmensnamen etc. in diesem Werk bedeutet nicht, dass diese frei durch jedermann benutzt werden dürfen. Die Berechtigung zur Benutzung unterliegt, auch ohne gesonderten Hinweis hierzu, den Regeln des Markenrechts. Die Rechte des jeweiligen Zeicheninhabers sind zu beachten.
Der Verlag, die Autoren und die Herausgeber gehen davon aus, dass die Angaben und Informationen in diesem Werk zum Zeitpunkt der Veröffentlichung vollständig und korrekt sind. Weder der Verlag noch die Autoren oder die Herausgeber übernehmen, ausdrücklich oder implizit, Gewähr für den Inhalt des Werkes, etwaige Fehler oder Äußerungen. Der Verlag bleibt im Hinblick auf geografische Zuordnungen und Gebietsbezeichnungen in veröffentlichten Karten und Institutionsadressen neutral.

Planung/Lektorat: Barbara Emig-Roller
Springer VS ist ein Imprint der eingetragenen Gesellschaft Springer Fachmedien Wiesbaden GmbH und ist ein Teil von Springer Nature.
Die Anschrift der Gesellschaft ist: Abraham-Lincoln-Str. 46, 65189 Wiesbaden, Germany

Wenn Sie dieses Produkt entsorgen, geben Sie das Papier bitte zum Recycling.

Inhaltsverzeichnis

1 **Einführung – Barbara Thomaß** 1
   Literatur 4
2 **Grundlagen der Kommunikationsethik – Barbara Thomaß** 5
   2.1 Entwicklung der Kommunikationsethik als wissenschaftliche
        Disziplin 5
   2.2 Disziplinäre und theoretische Zugänge 9
        2.2.1 Traditionelle Zugänge der Philosophie 9
        2.2.2 Ebenen der Kommunikationsethik 12
        2.2.3 Geistes- und sozialwissenschaftliche Zugänge 13
   2.3 Normative und deskriptive Kommunikationsethik 19
   Literatur 23
3 **Ethik im Journalismus – Beatrice Dernbach** 27
   3.1 Zur Einleitung: Die Relevanz der Ethik im Journalismus 28
   3.2 Das Berufsfeld 32
   3.3 Entwicklung der Forschung zur journalistischen Ethik 35
        3.3.1 Ansätze der Individual-, Professions- und Systemethik ... 36
        3.3.2 Professionsethik 37
        3.3.3 Bedeutung der Institutionen-, Organisations-,
               Medien- oder Systemethik für die journalistische Ethik ... 38
        3.3.4 Konstruktivistische Ansätze 39
        3.3.5 Diskursethik in Redaktionen 40
        3.3.6 Die kulturwissenschaftliche Perspektive 41
   3.4 Strukturen der Professionsethik 42
        3.4.1 Rechtliche Grundlagen 43
        3.4.2 Institutionen der Selbstregulierung 44

		3.4.3	Struktur und Zusammensetzung des Deutschen Presserates	49
		3.4.4	Bestehende Normen und Kodizes	50
	3.5	Problemfelder der Berufspraxis		64
		3.5.1	Äußere und innere Pressefreiheit	64
		3.5.2	Die Arbeit des Presserates in der Praxis	66
		3.5.3	Ethik im Redaktionsalltag	69
		3.5.4	Mögliche Wege zur Stärkung der Ethik im Journalismus	81
	3.6	Fallstudie zur Diskussion		87
	Literatur			94
4	**Ethik im Berufsfeld Public Relations – Günter Bentele**			**101**
	4.1	Zur Einleitung: Fälle aus der PR-Praxis		102
	4.2	Das Berufsfeld		103
		4.2.1	Zur Definition des Berufsfelds	103
		4.2.2	Die Struktur des Berufsfelds Public Relations/ Kommunikationsmanagement	103
	4.3	Strukturen der Professionsethik		112
		4.3.1	Gesetzesnormen, Ethik und die PR-Ethik: Zur Einordnung einer Ethik der Public Relations in einen größeren Kontext	112
		4.3.2	Aufgaben und Funktionen einer Ethik der Public Relations	115
		4.3.3	Organisatorische und gesellschaftliche Funktionen von PR-Ethik oder: Relevanz der PR-Ethik für die PR-Berufspraxis	118
		4.3.4	Rechtliche Grundlagen der Public Relations	121
	4.4	Institutionen der Selbstregulierung		125
		4.4.1	Internationale und nationale Institutionen	125
		4.4.2	Der Deutsche Rat für Public Relations (DRPR): Geschichte, Selbstverständnis, Arbeitsweise	125
		4.4.3	Zur Arbeitsweise des DRPR	130
	4.5	Bestehende Normen und Kodizes		133
		4.5.1	International: Von der Declaration of Principles (Ivy L. Lee) bis zum Global Code der Global Alliance	133
		4.5.2	National: Von den informellen Regeln des 19. Jahrhunderts bis zum Deutschen Kommunikationskodex	134
		4.5.3	Einschätzung und Kritik der Kodizes	138

4.6		Ethische Problemfälle in der PR-Praxis	141
	4.6.1	Die ersten Ratsfälle und der Fall Hunzinger	141
	4.6.2	Schleichwerbung	143
	4.6.3	„Verdeckte PR" als Übel – Absendertransparenz als PR-Norm	144
	4.6.4	Das Wahrheits- und Wahrhaftigkeitsproblem in der PR. Dürfen (oder müssen?) PR-Leute lügen?	146
4.7		Zentrale Normen und Werte und Spannungsfelder zwischen ihnen	150
4.8		Entwicklung der Forschung zur PR-Ethik	152
	4.8.1	Forschung zum Thema PR-Ethik international und national	152
4.9		Die Fallstudie: Fake-News aus Tirol – Die Pistenraupe von Seefeld	162
	4.9.1	Der Vorfall	162
	4.9.2	Der ethische und rechtliche Nachklang in Österreich und Deutschland	163
	4.9.3	Und die „Moral von der Geschicht'"?	166
Literatur			167

5 Ethik der Werbekommunikation – Nils S. Borchers ... 173

5.1		Einleitung	174
5.2		Das Berufsfeld „Werbung"	176
5.3		Forschungsstand	178
	5.3.1	Definition und Systematisierung	178
	5.3.2	Fundierung einer Werbeethik	180
	5.3.3	Die Moral der Werbenden	183
5.4		Strukturen der Professionsethik	188
	5.4.1	Rechtliche Grundlagen der Werbekommunikation	189
	5.4.2	Institutionen der Selbstregulierung in der Werbekommunikation	192
	5.4.3	Bestehende Normen und Kodizes	199
5.5		Problemfelder der Berufspraxis	206
	5.5.1	Problematische Darstellungen	206
	5.5.2	Problematische Produktion	208
	5.5.3	Problematische Beeinflussungstechniken	211
	5.5.4	Problematische Zielgruppen	213
5.6		Fallstudie	215
Literatur			219

6 Ethik in der öffentlichen digitalen Kommunikation – Jessica Heesen ... 227
6.1 Die Foren ... 228
6.2 Entwicklung der Forschung zur Ethik der digitalen Kommunikation ... 231
6.3 Strukturen einer Ethik der digitalen Kommunikation ... 233
    6.3.1 Rechtliche Grundlagen ... 237
    6.3.2 Institutionen der Selbstregulierung ... 240
    6.3.3 Bestehende Normen und Kodizes ... 244
6.4 Problemfelder der Praxis ... 246
6.5 Fallstudie zur Diskussion ... 253
Literatur ... 258

7 Ausblick: Bestandsaufnahme und Desiderate zur Ethik der öffentlichen Kommunikation – Barbara Thomaß ... 263
Literatur ... 270

Autorenverzeichnis

Dr. Günter Bentele ist emeritierter Professor für Öffentlichkeitsarbeit/PR am Institut für Kommunikations- und Medienwissenschaft der Universität Leipzig, wo er von 1994 bis 2014 tätig war. Vorher Professor für Kommunikationswissenschaft/ Schwerpunkt Journalistik an der Universität Bamberg. Autor und Herausgeber von 44 Büchern, darunter mehrere Standardwerke und mehreren hundert Aufsätzen. Gastprofessuren in den USA und Europa. Seit 1994 Mitglied im Deutschen Rat für Public Relations (DRPR), 2012 bis 2017 dessen Vorsitzender. Stellvertreten-der Vorsitzender der Günter-Thiele-Stiftung an der Universität Leipzig; Mitglied im Stiftungsrat der Medienstiftung der Sparkasse Leipzig. Arbeitsschwerpunkte waren u. a. Ethik der öffentlichen Kommunikation, In den letzten Jahren vornehmlich Geschichte der Public Relations und Unternehmenskommunikation. Herausgeber von https://pr-museum.de.

PD Dr. Nils S. Borchers ist wissenschaftlicher Mitarbeiter am Institut für Medienwissenschaft der Universität Tübingen sowie ehemals Vertreter der Professur für Kommunikationsethik am Institut für Politik- und Kommunikationswissenschaft der Universität Greifswald. In seiner Forschung beschäftigt er sich insbesondere mit strategischer Kommunikation im Digitalen, sowohl mit ihrem Management durch Organisationen als auch mit ihren Auswirkungen auf Mediennutzer*innen und die Gesellschaft. Nils S. Borchers ist bzw. war als Sprecher in den Werbeforschungsgruppen verschiedener Fachgesellschaften aktiv (Deutsche Gesellschaft für Publizistik und Kommunikationswissenschaft, European Communication Research and Education Association, Nordmedia). Zudem ist er Mitautor des Ethikkodex des Bundesverbands Influencer Marketing.

Dr. Beatrice Dernbach ist Professorin an der Ohm – Technische Hochschule Nürnberg im Studiengang Technikjournalismus/Technik-PR. Seit Oktober 2021 bekleidet sie eine deputatsreduzierte High-Tech-Agenda Professur zugunsten von Forschung im Feld Nachhaltigkeits- und Wissenschaftskommunikation. Sie ist ausgebildete Redakteurin und lehrt an Hochschulen sowie Weiterbildungseinrichtungen. Ihre Forschungsschwerpunkte liegen in den Bereichen Nachhaltigkeits- und Wissenschaftskommunikation sowie Journalismusforschung (v. a. zum Aspekt der Kompetenzen und der Ausbildung). In diesen Kontexten beschäftigt sie sich auch regelmäßig mit ethischen Aspekten. Weitere Informationen unter https://www.th-nuernberg.de/person/dernbach-beatrice/.

Prof. Dr. Jessica Heesen ist Leiterin des Forschungsschwerpunkts Medienethik, Technikphilosophie & KI am Internationalen Zentrum für Ethik in den Wissenschaften (IZEW) der Universität Tübingen (https://uni-tuebingen.de/de/15781). Die Schwerpunkte ihrer Arbeit liegen in den sozialen und ethischen Implikationen der Digitalisierung und insbesondere der Nutzung von KI-Systemen. Dazu gehören Fragen einer gemeinwohlorientierten Nutzung von Künstlicher Intelligenz, von Sicherheit und Überwachung ebenso wie die Herausforderungen des digitalen Wandels für öffentliche Kommunikation und Journalismus. Jessica Heesen ist Leiterin der AG IT-Sicherheit, Privacy, Recht und Ethik der BMBF-Plattform „Lernende Systeme", Mitglied der wissenschaftlichen Begleitgruppe der BMBF-Plattform Privatheit, Gutachterin für verschiedene Institutionen und Fachkonferenzen und Vorstandsmitglied des IZEW.

Dr. Barbara Thomaß ist emeritierte Professorin für Mediensysteme im internationalen Vergleich am Institut für Medienwissenschaft der Universität Bochum (https://ifm.rub.de/institut/personen/thomass/), Senior Researcher am Institut für vergleichende Medien- und Kommunikationsforschung (CMC) der Österreichischen Akademie der Wissenschaften und war Senior Researcher am Leibniz-Instituts für Medienforschung | Hans-Bredow-Institut. Sie ist zweite stellvertretende Vorsitzende des ZDF-Verwaltungsrates, Vorstandsvorsitzende der Akademie für Publizistik in Hamburg und Mitglied der European Media Research Group. Die Schwerpunkte ihrer Arbeit liegen im Bereich der internationalen Kommunikation, der Politik und Ökonomie von Medien und Kommunikation sowie der Mediensysteme in West- und Osteuropa. Sie arbeitete zu Fragen europäischer Medienpolitik, Medienethik und journalistischer Ethik sowie zur Medienentwicklungszusammenarbeit und zu Medien in Demokratisierungs- und Transformationsprozessen.

Einführung – Barbara Thomaß

Die Kommunikationsethik als wissenschaftliche Disziplin hat sich im deutschsprachigen Raum – im Unterschied z. B. zu den USA – erst relativ spät entwickelt. Seit einer Bestandsaufnahme zum 25-jährigen Bestehen des Deutschen Presserates (Rühl und Saxer 1981) hat sie ebenso als angewandte Medienethik wie als kommunikationswissenschaftliche Teildisziplin einen Aufschwung genommen, der sich auch in der Berücksichtigung der Thematik in Studienplänen niederschlägt.

Dieser Aufschwung ist berechtigt. Entwicklungen innerhalb des Mediensystems, die sich mit den Stichworten Kommerzialisierung, Digitalisierung und Globalisierung andeuten lassen, machen es notwendig, die Analyse dieser Prozesse mit einer kommunikationsethischen Reflexion zu verbinden. Dies ist insbesondere eine Aufgabe für die kommunikationswissenschaftliche Lehre. Kommunikationsethik als Reflexion der gesellschaftlich erwünschten Leistungen von Medienkommunikation ist notwendiger Bestandteil des kommunikationswissenschaftlichen Studiums.

Entsprechende Fragestellungen sind in den Curricula und Seminarangeboten der verschiedenen medien- und kommunikationswissenschaftlichen Studiengänge etabliert. Mittlerweile gibt es etliche Überblicksdarstellungen zur Medienethik, zahlreiche Einzeldarstellungen zu verschiedenen Aspekten der Medienethik sowie Darstellungen zu Ausdifferenzierungen der normativen Begründungszusammenhänge. Wir wollen hier ein Lehrbuch vorlegen, das in konsistenter und verständlicher Form eine Einführung im Hinblick auf die Praxis der Kommunikationsberufe sowie der öffentlichen Kommunikation gibt, in dem theoretische Grundlagen der Medienethik mit anwendungsbezogenen Perspektiven verbunden werden.

Medienethik und Kommunikationsethik sind dabei zwei sich einander überlappende Begriffe, die häufig synonym oder in ähnlichen Zusammenhängen genutzt werden. Während die Medienethik den Fokus auf die mediale Dimension legt und sich in die verschiedenen Mediengattungen und Medienangebote aufschlüsseln lässt, bezieht sich die Kommunikationsethik auf jedwede kommunikativen Prozesse und stellt somit den funktionalen Aspekt der Kommunikation in den Mittelpunkt.

Wir konzentrieren uns in diesem Buch auf die Ethik der öffentlichen Kommunikation (unabhängig von den Medien, derer sie sich bedient) und fokussieren hier auf die wichtigsten Berufsfelder der öffentlichen Kommunikation, nämlich den Journalismus, die Public Relations (PR) und die Werbung. Da öffentliche Kommunikation jedoch längst nicht mehr in der Hand professioneller Kommunikatoren ist, sondern im Internet potenziell jede*r eine*e Akteur*in des öffentlichen Gesprächs werden kann, widmet sich ein Kapitel dieses Lehrbuches der öffentlichen digitalen Kommunikation.

Warum aber ist es sinnvoll, ein Lehrbuch zu schreiben, das nach verschiedenen Kommunikationsformen unterscheidet, wo wir doch schon seit langem von der Entgrenzung der Medienkommunikation sprechen und damit die Verwischung der Grenzen zwischen Journalismus und PR, öffentlicher und privater Kommunikation, Werbung und Influencing etc. meinen.

Wir gehen davon aus, dass spezialisierte Berufe im Hinblick auf die verschiedenen Kommunikationsfelder nach wie vor aktiv sind, auch wenn ihre Praktiken oft grenzüberschreitend sein mögen. Auch die normativen Traditionen der jeweiligen Berufsethik, die institutionelle Verankerung und mehr oder minder gelingende Wahrung der Berufsethik sowie die Problemstellungen unterscheiden sich vom Journalismus zur PR und zur Werbung und rechtfertigen somit die getrennte Darstellung. Öffentlichkeit bleibt für die Ethik der Kommunikationsberufe sowie für die Ethik der öffentlichen digitalen Kommunikation der Bezugspunkt, auch wenn wir schon lange nicht mehr von der einen im Ideal der Aufklärung verankerten Öffentlichkeit sprechen, sondern von vielen Teilöffentlichkeiten und hier zudem eine Kakofonie oder dissonante Öffentlichkeiten (Pfetsch et al. 2018) konstatieren, die das Feld einmal mehr unübersichtlich machen.

Ein Lehrbuch Ethik der Kommunikationsberufe soll trotz dieser grassierenden und wachsenden Unübersichtlichkeiten Klarheit in die ethischen Grundlagen dieser Berufe bringen. Timothy Snyder und Nora Krug (2021) haben mit „Über Tyrannei" „zwanzig Lektionen für den Widerstand" veröffentlicht, mit denen er der Bedrohung der demokratischen politischen Ordnung entgegentreten will. Unter anderen appelliert er: „Denk an Deine Berufsehre!" Wir greifen mit dem vorliegenden Lehrbuch diesen Appell auf und richten ihn auch an diejenigen ein, die ohne speziellen beruflichen Auftrag in und für die Öffentlichkeit kommunizieren. Denn für die Funktionsweise eines demokratischen Gemeinwesens – und das soll der normative Bezugspunkt dieses Lehrbuches sein – sind professionelle wie auch Laienkommunikatoren aufgefordert, sich der ethischen Grundlagen und Erfordernisse ihres Tuns zu vergewissern und sich darüber verständigen.

Dieses Lehrbuch sollte dreierlei leisten:

- Es führt auf kommunikationswissenschaftlicher Grundlage in die Theorie, Methodik und das Leistungsvermögen einer Ethik der öffentlichen Kommunikation ein.
- Es wendet die grundlegenden Erkenntnisse der Ethik der öffentlichen Kommunikation auf relevante Berufsfelder in den Medien an (Journalismus, Public Relations, Werbung) an, berücksichtigt aber auch die nicht-professionelle öffentliche Kommunikation im Digitalen.
- Es liefert Orientierungswissen für künftige (und gegenwärtige) Angehörige dieser Berufsfelder und derer, die an der gesellschaftlichen Kommunikation teilnehmen, das sich an der Berufspraxis ebenso orientiert wie an begründeten normativen Erfordernissen.

Damit wollen wir Kenntnisse der kommunikationswissenschaftlichen und philosophischen Begründungszusammenhänge der Ethik der öffentlichen Kommunikation vermitteln, ein differenziertes Verständnis der Anwendungsproblematik von Medienethik in der beruflichen Praxis und ihren Strukturzusammenhängen fördern und Handlungsorientierungen für die Praxis der Kommunikationsberufe liefern.

In jedem Kapitel führen wir zunächst in das jeweilige Berufsfeld ein und berücksichtigen dabei auch die Zahl und Möglichkeiten der dort Tätigen. Es folgt ein Überblick über die Entwicklung der Forschung zu dem betreffenden Berufsfeld, das die für eine angewandte Ethik relevanten Fragestellungen und Erkenntnisse in den Mittelpunkt stellt. In dem Abschnitt über die Strukturen der Professionsethik werden auch rechtliche Grundlagen erläutert, die die gesetzlichen Rahmenbedingungen der jeweiligen Berufsethik setzen. Es werden weiterhin die Institutionen der Selbstregulierung vorgestellt, die zur Durchsetzung der Berufsethik dienen sollen, und wir betrachten die bestehenden Normen und Kodizes. In dem folgenden Abschnitt über die Problemfelder der Berufspraxis werden aktuelle Herausforderungen diskutiert, die schließlich in einer abschließenden Fallstudie zur Diskussion und zum Selbststudium gestellt werden.

Wir hoffen damit sowohl Anregungen zur selbstständigen Befassung mit der Ethik der Kommunikationsberufe zu geben als auch Material für einschlägige Seminare und Workshops bereitzustellen.

Allen Beteiligten danke ich sehr für ihre Geduld bei der Entstehung dieses Lehrbuches. Bonnie Kerkhoff und Sonja Pfisterer sei besonderer Dank für die sorgfältige Durchsicht und Bearbeitung der Manuskripte.

Literatur

Pfetsch, B., Löblich, M. & Eilders, C. Dissonante Öffentlichkeiten als Perspektive kommunikationswissenschaftlicher Theoriebildung. Publizistik 63, 477–495 (2018). https://doi.org/10.1007/s11616-018-0441-1

Rühl, M. & Saxer, U. (1981): 25 Jahre Deutscher Presserat. Ein Anlaß für Überlegungen zu einer kommunikationswissenschaftlichen Ethik des Journalismus und der Massenkommunikation. In: Publizistik 26/81, S. 451–503.

Snyder, T. & Krug, N. (2021): Über Tyrannen. Zwanzig Lektionen für den Widerstand. C.H.Beck.

Grundlagen der Kommunikationsethik – Barbara Thomaß

2

Zusammenfassung

Das Kapitel liefert einen philosophiegeschichtlichen Überblick, aus welchen Quellen heraus sich die Kommunikationsethik entwickelt hat. Es stellt die wichtigsten theoretischen Zugänge zur Kommunikationsethik dar, erläutert die verschiedenen Ebenen, auf denen Kommunikationsethik behandelt wird und unterscheidet nach normativer und deskriptiver Kommunikationsethik.

Schlüsselwörter

Philosophie · Aufklärung · Angewandte Ethik · Professionelle Kommunikator*innen · Diskursethik · Konstruktivismus · Systemtheorie · Cultural Studies

2.1 Entwicklung der Kommunikationsethik als wissenschaftliche Disziplin

Ethik als Teildisziplin der Philosophie ist bereits über 2000 Jahre alt. Die Frage danach, was gute Kommunikation ausmacht, ist vermutlich so alt wie menschliche Kommunikation selbst. Die Frage, wie gut über Medien kommuniziert wird, ist mit Sicherheit so alt wie Medien. Die Erforschung kommunikations- und medienethischer Fragen ist dagegen ein recht junges Unterfangen. Wie es dazu kam, soll im Folgenden dargelegt werden.

Es ist die Philosophie der Aufklärung, die an der Wiege unserer heutigen Kommunikationsethik stand. Mit der Aufforderung, aus der selbst verschuldeten Unmündigkeit herauszutreten, sich seines eigenen Verstandes zu bedienen (Kant 1945) und dem daraus resultierenden Anspruch, über Dinge, die die Allgemeinheit betreffen, öffentlich zu räsonieren, ist die Frage nach dem Wie und nach den Voraussetzungen dieser Art von Kommunikation untrennbar verbunden.

Das Wie wird auf der Grundlage von Kriterien beurteilt, die – wie bei jedem Werturteil über Handlungen – moralischer Natur sind. Jede Entscheidung innerhalb eines Konfliktes oder eines Problems wird nach Überlegungen getroffen, die – mehr oder minder bewusst – auch moralischer Art sind. Dies ist im alltäglichen Umgang zwischen Menschen ebenso zu erleben wie in allen gesellschaftlichen Sphären. Die Begründung solcher Wertmaßstäbe, die Erklärung ihrer Genese und das Plädoyer für ihre Anwendung sind der Gegenstand der Ethik. Sie ist eine Teildisziplin der praktischen Philosophie und richtet sich auf die moralische Qualität menschlichen Tuns. Ihre Orientierung auf das Handeln unterscheidet die Ethik von der theoretischen Philosophie, die das Schwergewicht auf das Wissen legt. Das Handeln oder – bei Aristoteles, der als erster die Ethik als eine eigenständige philosophische Disziplin behandelt hat, klar zu erkennen (vgl. Gil 1993, S. 2) – die Praxis ist sowohl Voraussetzung als auch Ziel der Ethik. Sie versucht, die Frage „Was soll ich tun?" zu beantworten und verweist dabei nicht nur auf geltende Gesetzesvorschriften und Moralvorstellungen, sondern will den Sinn und die Verbindlichkeit von Handlungsdirektiven begründen. Ethik untersucht somit die Struktur des moralisch richtigen Handelns und beansprucht, Einsichten zu vermitteln, „wie gehandelt werden muss, damit die Handlung als moralisch anerkannt werden kann" (Pieper 1991, S. 97).

Die Philosophie der Aufklärung, die mit der Ausdifferenzierung der Gesellschaft, der Entwicklung eines modernen Staatswesens und der Herausbildung einer bedeutenden Rolle des Individuums im staatlichen Gemeinwesen eng verbunden war, trug zur Klärung des Verhältnisses von Einzelnem und Gesellschaft, von individueller Freiheit und staatlichen Ansprüchen bei. Die Vorstellung vom vernunftbegabten Individuum, das sich seines Verstandes bedient, und das Aufkommen gedruckter Periodika waren die wesentlichen Triebkräfte, die dazu führten, dass die Frage des richtigen Handelns auch auf Publikationen bezogen wurde, also auf die medial vermittelte öffentliche Kommunikation. Damit war aber noch lange keine Kommunikationsethik entstanden, sondern eine Rechtsphilosophie, die über die individuellen Freiheitsrechte im Angesicht eines mächtigen Staates reflektierte. Die hierbei entstehenden philosophischen Strömungen sind in die Vorstellungen moderner westlicher Demokratien von der Rolle der Presse, später der Medien in einer Gesellschaft eingeflossen (Thomaß 1998, S. 30). Seit der Einführung von gedruckten Periodika im späten 15. und frühen 16. Jahrhundert wurden auch die mit ihnen verbunden Rechte und Pflichten debattiert.

Im 18. und 19. Jahrhundert drängte die neue bürgerliche Klasse danach, sich neben der bisher herrschenden Aristokratie zu behaupten und verteidigte selbstbewusst ihren Beitrag zur Modernisierung der Gesellschaft (vgl. White 1986, S. 41). Neue Berufe, die sich die Ideologie vom wissenschaftlichen und technischen Fortschritt zu Eigen machten, rangen um Anerkennung. Druckunternehmer und Verleger – Frauen fanden sich unter ihnen so gut wie gar nicht – waren Teil dieser neuen gesellschaftlichen Schichten, die nach der Absicherung ihres gesellschaftlichen und ökonomischen Status suchten, und innerhalb ihres Berufsstandes wandelte sich eine allgemeine liberale Weltauffassung zu einem professionellen liberalen Ethos. Die skizzierte Entwicklung, die in Europa ihren Ausgang nahm, setzte sich – insbesondere im 18. und 19. Jahrhundert – in den jungen USA fort, wo sie im 20. Jahrhundert schließlich ihre eigene Ausprägung erhielt.

Die Philosophen haben zu verschiedenen Zeiten unterschiedliches Gewicht auf die vielfältigen Bereiche ethischer Überlegungen gelegt. Die Akzentuierung theoretischer Fragestellungen, die seit der Wende vom 19. zum 20. Jahrhundert einsetzte, wurde in den 60er-Jahren von einer „Rehabilitierung der praktischen Philosophie" abgelöst (Riedel 1972/74). Sie machte den Wert ethischer Reflexionen in so unterschiedlichen gesellschaftlichen Bereichen wie der Medizin, der Wirtschaft oder auch der Ökologie deutlich. So fand sie letztlich auch Eingang in die Kommunikationswissenschaft.

Hier nahm die praktische Philosophie ihren Ausgang in der journalistischen Ethik. Dabei ist in Deutschland ein Sonderweg gegangen worden. Während US-Wissenschaftler*innen mit ihrer Forschung zur journalistischen und später Medienethik eine moralphilosophische Orientierung von Anfang an berücksichtigten, versuchte die deutsche Kommunikationswissenschaft so wertfrei wie möglich zu argumentieren. Die Abkehr von einer stark normativ ausgerichteten Zeitungswissenschaft, die letztlich zu einer Dienstleistungswissenschaft für den Nationalsozialismus verkam, kann als Grund für die über lange Jahre anhaltende Abwesenheit ethischer Reflexionen gelten (Thomaß 1998, S. 261). Auch die folgende Orientierung an der US-amerikanisch geprägten empirischen Sozialwissenschaft ließ wenig Raum für ethische Fragestellungen.

Zum 25-jährigen Jubiläum des Deutschen Presserates brachen Rühl und Saxer (1981) dieses Tabu mit einem bedeutenden Aufsatz, in dem sie jenseits einer individuellen Betrachtungsweise den Blick auf den systemischen Zusammenhang einer Redaktion richteten und fragten, ob angesichts „der Ausdifferenzierung von Journalismus und Massenmedien (...) diesem Wandel noch ein ethischer Kodex entsprechen kann, der rollenspezifisch, etwa als eine besondere Ethik von Einzeljournalisten (...) entwickelt wird" (Rühl und Saxer 1981, S. 475). Damit leisteten sie zweierlei: Sie brachten das Thema der Ethik in die Kommunikationswissenschaft, und sie führten ein systemtheoretisch orientiertes Denken in die Kommunikationsethik ein (vgl. Abschn. 2.2).

Kommunikationsethik wurde in der Folge lange als journalistische Ethik betrieben, ja oftmals mit ihr geradezu gleichgesetzt, bestenfalls als Medienethik erweitert. Zahlreiche Medienskandale im journalistischen Bereich begünstigten diese Fokussierung. Es ist der Einführung des privat-kommerziellen Fernsehens in den 80er-Jahren mit seiner Programmgestaltung, die fern den geschmacklichen und inhaltlichen Standards der öffentlich-rechtlichen Sender lag, zu verdanken, dass Medienethik in den 90er-Jahren ihren Blick weitete, und die Frage, welchen Erwartungen und Standards Medien zu genügen hätte, an alle bestehenden und sich entwickelnden Medien richtete. Im Zuge der Entwicklung der Öffentlichkeitsarbeit bzw. Public Relations (PR), in der zunächst vor allem Journalist*innen tätig waren, später eigens ausgebildete PR-Praktiker*innen Einzug hielten, richtete die wissenschaftliche Kommunikationsethik ihren Blick auch auf die Ethik der PR, die ein weiteres Feld der Ethik der öffentlichen Kommunikation darstellt. Gemessen daran, dass Werbung den Alltag fast ubiquitär durchdringt, hat die Werbeethik als drittes Feld der Ethik der öffentlichen Kommunikation erst spät und zuletzt eine wissenschaftliche Fundierung erfahren.

Eine historisch neue Bedingung, die der Kommunikationsethik zu gesellschaftsumfassender Bedeutung verhalf, ist die weltumspannende digitale Kommunikation über das Internet, die alle bisher dagewesenen ethischen Postulate hinwegzufegen und alle Regulierungen zu sprengen scheint. Kann die angewandte Ethik der öffentlichen Kommunikation in Journalismus, PR und Werbung darauf bauen, dass professionelle Kommunikator*innen in Berufsstrukturen eingebunden sind, sich Organe und Kodizes der Selbstregulierung gegeben haben und in den jeweiligen Ausbildungen ethische Inhalte – mehr oder minder – präsent sind, so ist die Ethik der öffentlichen Kommunikation im Internet von solchen professionell-strukturellen Voraussetzungen frei. Jeder kann kommunizieren, und im Unterschied zur interpersonalen Kommunikation kann jeder*jede Prosument*in – wie die Zusammenführung von Rezipient*in und Produzent*in in einer Person oft genannt wird – eine potenziell maximale Öffentlichkeit erreichen, prägt also nachhaltig die Ethik der öffentlichen Kommunikation mit.

Seitdem erhält die Kommunikationsethik unablässig neue Nahrung durch eine sich je beschleunigende mediale Entwicklung mit immer neuen Angeboten, durch eine Ausweitung der Akteure in allen Mediensektoren und durch die Tatsache, dass sich die Akteure längst nicht mehr ausschließlich auf der Seite der Produzent*innen, sondern ebenso auf der Rezeptionsseite finden lassen.

In diesem Buch betrachten wir die Ethik der professionellen Kommunikator*innen ebenso wie die der nicht-professionellen. Die Kommunikationsethik, die hier behandelt wird, ist die Ethik der öffentlichen Kommunikation. Das Buch umfasst jedoch nicht alle Medienangebote, sondern es konzentriert sich auf jene, die einen besonderen Stellenwert in der öffentlichen Kommunikation haben: die Journalistinnen und Journalisten als diejenigen, die das öffentliche Gespräch der Gesellschaft moderieren, die PR-Leute, die das Gespräch mit ihren gezielten Inhalten bereichern und beeinflussen, und die Werber und Werberinnen, deren Aktivitäten überhaupt erst die Finanzierung für journalistisch-mediale Angebote liefern. Der Abschnitt zur Ethik der Online-Kommunikation wendet sich an alle, die in der digital vermittelten öffentlichen Kommunikation mitwirken.

2.2 Disziplinäre und theoretische Zugänge

So vielfältig wie die philosophischen Strömungen und Schulen der Ethik, so zahlreich sind auch die Zugänge zur Kommunikationsethik. In der reichhaltigen europäischen Philosophiegeschichte haben zunächst und vor allem die Denktraditionen aus der schon oben genannten Rechtsphilosophie, die das Verhältnis von Individuum und Staat zum Gegenstand hatten, eine bedeutende Rolle bei der Entwicklung der Medienethik gespielt, zunächst bei der journalistischen Ethik. Die philosophische Diskussion des 18. Jahrhunderts entwickelte in ihrem Nachdenken über die Rolle von Staat, Gesellschaft und Individuum ein System von Normen, welche auch die Verpflichtungen und Freiheiten der Presse und der in ihr Tätigen berührten. Inspiriert von ethischen Grundpositionen einerseits und andererseits beeinflusst vom sozialen und politischen Wandel fand ein Teil dieser Normen Eingang in die Verfassungen und in die juristischen Interpretationen dieser Verfassungen. Schwieriger fassbar, aber nicht minder virulent sind die Elemente, die grundlegend für ein Berufsethos des Journalismus in den modernen Demokratien geworden sind. Fink führt etliche solcher Elemente auf ihre Urheber zurück, wie anhand der folgenden Beispiele erläutert wird (Fink 1988, ähnlich Altschull 1990).

2.2.1 Traditionelle Zugänge der Philosophie

Die französischen Moralisten – Pascal, La Rochefoucauld, La Bruyère, Vauvenargues oder auch Chamfort – hielten sich bei der Festschreibung allgemeingültiger Normen zurück und stellten den Verständigungsprozess dieser individuell als unterschiedlich wahrgenommenen Menschen in den Mittelpunkt. Hier lassen sich die Ursprünge sowohl für kommunikationsethische Denkrichtungen sehen, die die Kontexte der Kommunikatoren berücksichtigen wollen (siehe unten), wie auch für Prozeduralethiken, die auf die Verständigung über Normen fokussieren, nicht auf die Normen selbst.

Ebenfalls in französischer Tradition steht die materialistische Ethik nach La Mettrie, Helvétius und d'Holbach, die die Frage nach der Vereinbarkeit von Glück und Moralität erneut stellten (vgl. Rubitschou 1992, S. 102 ff.). Mit ihrer Antwort, dass Selbstliebe, die der Maximierung des eigenen Glückes diene, mit der Maximierung des Glückes der anderen zusammenfalle, wird gleichzeitig der Weg zu einer utilitaristischen Ethik, die für Großbritannien prägend wurde, bereitet.

In Frankreich wie in Großbritannien finden sich die Wurzeln einer Vertragsethik (Hobbes, Rousseau), nach der ethische Prinzipien und Normen nicht dem Wesen von Handlungen zugeordnet, sondern – ausgehend von den Partikularinteressen der Bürger – durch ein wechselseitiges Verpflichtungsverfahren aufgestellt werden (vgl. Nusser 1992, S. 47 ff.). Aus der Überzeugung, dass die Herrschenden nicht allmächtig seien und das Volk eine eigene Macht besitze, entstand die Grundannahme des Journalismus, dass die Menschen informiert werden müssen, weshalb die Nachrichtenmedien eine besondere Rolle in der Gesellschaft spielen sollen (vgl. Fink 1988).

Bedeutend für Großbritannien wurden die Utilitaristen – u. a. Bentham und Mill (1962). Die utilitaristische Denkweise, zu deren grundlegenden Prinzipien der Begriff der Wirkung bzw. der Konsequenzen und der eines Ursache-Wirkung-Zusammenhanges gehören, bemisst eine Handlung in ihrem moralischen Gehalt danach, ob sie gute oder schlechte Wirkungen hervorbringt – damit wurde sie prägend für eine konsequenzialistische oder teleologische Ethik und in der Folge eine Medienethik, die nach den Konsequenzen von veröffentlichten Sachverhalten fragt. Die Utilitaristen können somit als die Urheber des Gedankens von der sozialen Verantwortung der Medien gelten (vgl. Altschull 1990). Die guten Handlungen werden im Utilitarismus nach der hedonistischen Grundidee gewertet, dass gut ist, was Freude und Genuss verursacht, und nur Missvergnügen und Schmerz von sich aus schlecht sind. Damit wird wieder ein Maßstab für das Richtige und Falsche menschlicher Handlungen eingeführt: „das größte Glück der größten Zahl" (Wolf 1992, S. 156) – eine Denkweise, die letztlich der Überbetonung der Zuschauerquote zugrunde liegt.

Die Idee des Staatsphilosophen Milton vom *Marketplace of Ideas*, nach der die Wahrheit durch den Austausch von Ideen ans Licht komme, begründete die Vorstellung, dass die Medien lediglich die Fakten zu bringen haben, aus denen sich der*die Rezipient*in ihr eigenes Bild macht (vgl. Fink 1988).

In Deutschland ist vor allem der Ethik des kategorischen Imperativs (Kant) und der dialektischen Ethik (Hegel, Marx) ein nachhaltig prägender Einfluss zuzuschreiben. Kant, der den Ursprung der Moral in der Autonomie des Subjekts sieht, baut auf dessen praktische Vernunft, verstanden nicht nur als Vermögen, den Bereich der Sinne und Natur zu übersteigen, sondern auch als Fähigkeit, das Handeln unabhängig von sinnlichen Bestimmungsfaktoren wählen zu können (vgl. Höffe 1992, S. 126). Dies ist das Wesen des Willens, der, wenn er auf das Gute zielt, als Pflicht verstanden wird. Kant fordert unabdingbar zu moralischem Handeln auf und führt einen Grundmaßstab für die Gültigkeit von Antworten auf die Frage „Was soll ich tun?" ein: dass Absichten und Handlungen von Grundhaltungen („Maximen") geprägt sein müssen, die verallgemeinerbar sind. Verallgemeinerbarkeit gilt dabei sowohl für den subjektiven Lebenshorizont wie für die menschliche Gemeinschaft (ebd., S. 137). Beide Elemente, die Pflicht zum moralischen Handeln wie der Maßstab zur Bewertung der moralischen Gültigkeit von Normen, gehören zum kategorischen Imperativ, der ein Schlüsselelement der auch als Pflichtethik oder deontologische Ethik bezeichneten Kant'schen Philosophie ist. Sie begründen die individualethische Sichtweise, dass der einzelne Journalist, die einzelne PR-Frau oder der einzelne Werber dafür verantwortlich ist, herauszufinden, was gutes und was schlechtes Handeln in dem jeweiligen Beruf ist und die Pflicht hat, danach zu handeln.

Hegel schließlich und – ihn „vom Kopf auf die Füße" stellend – Marx ist gemeinsam, dass sie die gesellschaftlich-kulturelle Relativität von Normen und Werten betrachten: „Eine Verständigung über das Richtige [soll, B.T.] im Ausgang vom Bestehenden, in Auseinandersetzung mit dem geschichtlich Realen stattfinden" (ebd.). Dass die weitere Ausgestaltung ihrer Gedankengebäude dann ganz verschieden ausfällt, soll nicht den Blick für die Bedeutung dieses gemeinsamen Grundzuges für den ethischen Relativismus neuerer Denker*innen trüben. Denn es stellt sich in der pluralistischen Gesellschaft das Problem, dass alle Werte, deren absolute Setzung vormals noch eine weitgehende Zustimmung erfahren hat, einer zunehmenden Relativierung unterliegen. Der parallel damit entstandene Wertepluralismus scheint sich geradezu gegen eine Antwort auf die Fragestellung nach Normen, die das Handeln leiten sollen, und ihren Begründungen zu sperren.

Die genannte Unterscheidung zwischen deontologischer und teleologischer Ethik, zwischen einem Begründungszusammenhang, der den Fokus auf das Wesen von Handlungen legt, und solchem, der nach den Konsequenzen von Handlungen fragt, ist in neuerer Zeit in dem Begriffspaar von der Gesinnungs- und der Verantwortungsethik umschrieben worden (Weber 1973). Weitere Polarisierungen gängiger Ethiktypen, die vorgenommen worden sind, orientieren sich an den Begriffspaaren absolut – relativ, objektiv – subjektiv, legalistisch – autonomistisch oder auch Situationsethik – Prinzipienethik (Saxer 1996, S. 148).

Dieser Überblick sollte deutlich machen, dass viele der gegenwärtig uns selbstverständlich erscheinenden Erwartungen an, aber auch Urteile über die Leistungen von Medien ihre Wurzel in der langen Geschichte europäischer Philosophie haben, dass die Aufklärung am Anfang jeglichen Anspruches an medial vermittelte Information steht und dass Maßstäbe für die Beurteilung medialer Leistungen sehr grundlegend begründet werden können.

2.2.2 Ebenen der Kommunikationsethik

Dass Kommunikator*innen nicht als einzelne selbstverantwortliche Individuen tätig sind, sondern in einem Geflecht von ökonomischen, technischen und hierarchischen Strukturen, ist Allgemeingut, seit systemtheoretisches Denken in die Publizistik- und Kommunikationswissenschaft Eingang gefunden hat (vgl. u. a. Rühl 1980; Weischenberg 1992, 1995; Blöbaum 1994). Die Konsequenzen dieser Erkenntnis haben zu der Auseinandersetzung zwischen individualethisch argumentierenden und systemtheoretisch orientierten Positionen geführt. Statt dieser Gegenüberstellung zu folgen, wird hier auf die Überlegungen von Loretan zurückgegriffen, der sechs verschiedene Ebenen bzw. medienethische Inhaltsbereiche unterscheidet (vgl. Loretan 1994, S. 61 f.).

Sechs medienethische Ebenen
- Auf der metaethischen Ebene werden die Prinzipien einer Kommunikationsethik entwickelt und begründet.
- Auf der gesellschaftspolitischen Ebene werden diese Prinzipien vor dem Hintergrund ihrer historischen und gesellschaftlichen Entstehung diskutiert.
- Auf der medienpolitischen Ebene ist nach dem Rahmen zu fragen, innerhalb dessen sich Mediensysteme und Medienunternehmen, die die öffentliche Kommunikation prägen, organisieren.
- Auf der Organisationsebene steht das Handeln der einzelnen Unternehmen als Subjekte der Kommunikationsfreiheit im Mittelpunkt.

2.2 Disziplinäre und theoretische Zugänge

- Auf der berufsbezogenen Ebene sind die normativen Ansprüche an journalistisches Handeln, das Handeln der PR-Akteur*innen und der Werber*innen und ihre Umsetzung zu diskutieren; es ist diese Ebene, die in der Online-Kommunikation der Prosumer*innen nicht existent ist.
- Auf der personalen Ebene geht es um die Gestaltungsmöglichkeiten, die sowohl der einzelne Kommunikator wie die einzelne Rezipientin bei der Teilhabe an Medienkommunikation haben. Die Forschung und die Anstrengungen, ihre Bedeutung zu erfassen und Voraussetzungen dafür zu entwickeln, stehen erst am Anfang.

Auch Systematisierungen, die beispielsweise nach einer Systemethik, Institutionen- bzw. Organisationsethik, Professionsethik und Individualethik unterscheiden, berücksichtigen diese Vielfalt der Aspekte in der kommunikationsethischen Diskussion (vgl. Pürer 1992). Geht es um reale Handlungen und seine Folgen, so ist im Rahmen dieser verschiedenen Ebenen von einer gestuften Verantwortung zu sprechen, die bedeutet, dass mehr Macht auch mehr Verantwortung mit sich bringt (vgl. Karmasin 2010, S. 219).

Diese Ebenen gegeneinander ausspielen oder einzelne davon verabsolutieren zu wollen, würde dem Gegenstand und dem Problemkomplex nicht gerecht, weder in praktischer noch in analytischer Hinsicht: „Nur arbeitsteilig, von allen Positionen der Medienkommunikation her, namentlich auch derjenigen des Publikums, kann gesamtgesellschaftlich verantwortbare Medienethik realisiert werden" (Saxer 1996, S. 152). Die genannten Ebenen ergänzen einander, überlappen und durchdringen sich in Teilaspekten, sind gegenseitig aufeinander angewiesen, und ihre Inhalte entwickeln sich in dieser wechselseitigen Abhängigkeit.

2.2.3 Geistes- und sozialwissenschaftliche Zugänge

Jenseits dieser klassischen philosophischen Begründungen einer Kommunikationsethik lassen sich kommunikationsethische Herangehensweisen aber auch aus verschiedenen geistes- und sozialwissenschaftlichen Großtheorien der jüngeren Wissenschaftsgeschichte herleiten (vgl. Schicha und Brosda 2010). Entsprechend ihrer gewachsenen Komplexität lassen sich längst nicht so geradlinige Normen wie die oben aufgeführten daraus ableiten. Doch sie haben das kommunikationsethische Denken in einer Weise geprägt, dass sie vielleicht einmal ähnlich den Klassikern in das Grundverständnis in den Erwartungen an die öffentliche Kommunikation eingehen.

Auf der Grundlage einer konstruktivistischen Erkenntnistheorie erscheint es zunächst schwer, kommunikationsethische Ansprüche formulieren zu können, lehnt sie doch in ihrer radikalsten Form jeglichen Wahrheitsbegriff ab und sieht allein den Beobachter in der Position, seine Erkenntnis von Welt zu konstruieren: „Jeder Akt der Kognition beruht, so nimmt man an, auf den Konstruktionen eines Beobachters – und nicht auf der mehr oder minder exakten Übereinstimmung der Wahrnehmungen mit einer beobachterunabhängigen Realität" (Pörksen 2010, S. 55). Wie sollen Medieninhalte, insbesondere, wenn sie einen Ausschnitt von Realität vermitteln wollen, begründet kritisiert werden, wenn doch eine menschenunabhängige Realität im konstruktivistischen Denken gar nicht existiert bzw. der Abschied von dem für Journalismus so relevanten Objektivitätsideal genommen wird? Das Postulat von der Pluralität der Wirklichkeitskonstruktionen ist tatsächlich nicht nur für den Journalismus, sondern für die ganze Kommunikationsethik bedeutend. Denn mit ihm geht eine Kritik an allen Wahrheitsanmaßungen einher, die einer Begünstigung von Beliebigkeit einhergehen könnte – wie dem Konstruktivismus oft vorgeworfen wird, wenn nicht an die Stelle einer Ethik des Absoluten eine Ethik der Ethikermöglichung (ebd., S. 58) formuliert würde. Darin ist die Achtung von Differenz und Pluralität enthalten, die Sensibilisierung für die Möglichkeit des Irrtums und auch die Verantwortung für die Folgen der eigenen Handlungen.

Während künstlerische Produktion schon immer diesen Anspruch auf Pluralität und Differenz hatte, bedeutet eine konstruktivistische Herangehensweise an die Ethik der Kommunikationsberufe nicht, dass die vermeintliche Beliebigkeit die Verantwortung des Einzelnen minimiere. Im Gegenteil. Verantwortung bleibt ihm zugeschrieben – mehr noch: Er soll die Chancen eigenverantwortlicher Entscheidungen nach Möglichkeit maximieren (Pörksen 2010, S. 65). Da es innerhalb der radikal-konstruktivistischen Denkweise keinen Grund gibt, eine Realitätskonstruktion gegenüber der anderen grundsätzlich zu bevorzugen, besteht gegenüber dem anderen die Verpflichtung, dessen Realitätskonstruktion zu achten und in die Vernunft des anderen zu vertrauen. Statt Objektivität, die nur noch als Sammlung handwerklicher Standards zu verstehen ist, kommen als Werte die Nützlichkeit und Glaubwürdigkeit (der eigenen Realitätskonstruktionen) ins Spiel (ebd., S. 62 f.). Verantwortung und Toleranz, Diskursoffenheit und die Infragestellung absoluter Wahrheitsansprüche sind somit abgeleitet aus konstruktivistischem Denken die Normen, die für mediale Darstellungen gelten können. Somit beruht eine konstruktivistische Ethik auf klaren Prinzipien und ist eben nicht, wie ihr von mancher Seite vorgeworfen wird, beliebig.

In engem argumentativen Kontext mit dem Konstruktivismus steht die Systemtheorie. Sie nimmt sich der Ethik nur insofern an, als sie untersucht, inwieweit

2.2 Disziplinäre und theoretische Zugänge

Ethik und Moral Leistungsfähigkeit gesellschaftlicher Funktionssysteme wie Politik, Wirtschaft, Wissenschaft usw. bestimmen (Scholl 2010, S. 71). Nach der Systemtheorie Luhmann'scher Prägung ist Moral in die Bildung sozialer Systeme eingeschrieben (Luhmann 2008a, S. 154), und sie hat dabei die Funktion, soziale Ordnung zu regeln. Sie tut dies, indem sie als zentralen Wert die wechselseitige Achtung der Handelnden ausformt (Scholl 2010, S. 70): „Mit Achtung wird (…) der gelungene Einbau des jeweiligen Alter [Anderen, B.T.] in die operative Identität des eigenen Ich [honoriert]" (Luhmann 2008a, S. 111). Die Einbeziehung des anderen in die eigenen Handlungsüberlegungen als Rücksichtnahme ist hier als funktionaler Wert begründet. Wie ein solch funktionaler Blick auf die Ethik wesentliche Prinzipien journalistischer Ethik begründen kann, hat Thomaß (2003) anhand der Beziehungen erläutert, die Journalist*innen zu ihren Informant*innen, Rezipient*innen, Kolleg*innen, den Menschen, über die sie berichten, und zur allgemeinen Öffentlichkeit eingehen (Thomaß 2003, S. 160).

Auch systemtheoretisch denkende Kommunikationsethiker*innen argumentieren jenseits von Wahrheitspostulaten und Objektivitätsideal und verstehen Ethik ausschließlich als Reflexionstheorie der Moral, also als die wissenschaftliche Leistung, die „als Übersetzerin gesellschaftlicher Anforderungen an die Moral" (Luhmann 2008b, S. 282) fungiert. Dabei geht systemtheoretisches Denken davon aus, dass Ethik Moral nicht begründen, sondern nur beschreiben kann. Wenn sie das unter Berücksichtigung der gesellschaftlichen Strukturen tut, kommt sie zu der Feststellung, dass Moral, um ihre Funktionsfähigkeit zu gewährleisten, in der Mitte der Gesellschaft angesiedelt sein muss. Mehr noch: Weil sich unsere Gegenwart durch das Bewusstsein der medial-kommunikativen Konstruiertheit unseres Weltverständnisses auszeichnet, kann Kommunikationsethik als epochale Form von Ethik überhaupt betrachtet werden (Rath 2015).

Die Ausdifferenzierung der gesellschaftlichen Funktionssysteme bedingt allerdings, dass es nicht *eine* Moral und *eine* Ethik gibt, sondern dass sich Partialethiken entwickelt haben. Dies gilt zum einen im Hinblick auf die verschiedenen gesellschaftlichen Teilsysteme, zum weiteren innerhalb der verschiedenen Teilbereiche öffentlicher Kommunikation für die verschiedenen Kommunikationsberufe und die von ihnen bereitgestellten Angebote. An Unterhaltungsangebote z. B. werden andere normative Erwartungen gestellt als an journalistisch Angebote, an PR andere als an die Werbung. Die Partialethiken sind auch auf den verschiedenen oben schon angesprochenen Ebenen anzutreffen. Weischenberg (2004) spricht in diesem Zusammenhang allerdings nur von einer Individualethik, die den*die einzelne*n Journalist*in adressiert, einer Professionsethik, die aus und für die gesamte Berufsgruppe formuliert wird, und von einer Institutionenethik, die sich an die Medienbetriebe richtet (vgl. Weischenberg 2004, S. 21). Die Vorstellung von der gestuften Verantwortung, die Pürer entwickelt hatte (Pürer 1992), wird hier in einen breiteren theoretischen Zusammenhang eingebettet. Ethik ist demnach eine Selbststeuerungsressource der öffentlichen Kommunikation, die dazu dienen soll, Fremdsteuerungen und regulierende Eingriffe von außen – zum Beispiel durch ein rigides Medienrecht – abzuwehren. Der Maßstab für eine erfolgreiche Ethik, die solche Interventionen überflüssig macht, ist, ob ihr es gelingt, nicht nur Normen zu entwickeln, sondern diese auch durchsetzen zu können (vgl. Saxer 1984, S. 23).

Kommunikationsethik auf der Basis der Cultural Studies ist im Kern ein politisches Projekt. Vor dem Hintergrund der Frage, wie Miediennutzer*innen die ihnen dargebotenen Inhalte der Medienkultur nutzen, treten Bewertungen von Medieninhalten in den Fokus, die entlang folgender Polarität zu verorten sind: Wird Macht über die Rezipient*innen ausgeübt, sodass sie den angebotenen Lesarten von Medieninhalten nur folgen können, oder bieten diese die Möglichkeit, dass Rezipient*innen sich gegen ideologische Vereinnahmung wehren können (vgl. Winter 1997, S. 47 ff.)?

Cultural Studies, die als eine breit angelegt und mittlerweile stark verzweigte Forschungsrichtung angesehen werden können, sind inspiriert von den kritischen Analysen der Kultur- und Unterhaltungsindustrien, wie sie einst von der Frankfurter Schule eines Horkheimer und Adorno (1944) vorgelegt worden waren. Diese gingen grundsätzlich davon aus, dass Kultur in der Massengesellschaft immer Herrschaftskultur sei, dass also die Inhalte, die Medienkultur vermittelt, bestehende Verhältnisse mit Herrschenden und Beherrschten stabilisieren. Demgegenüber fragen die Begründer und Vertreter*innen der Cultural Studies danach, wie und unter welchen Bedingungen Rezipient*innen sich die Angebote der Unterhaltungsindustrien so aneignen, dass völlig andere – widerständige – Lesarten als die ursprünglich vorgesehenen möglich sind. Und dies gilt natürlich für jedwede Kommunikationsinhalte.

Damit wird eine Einordnung von kommunikativen Angeboten als Teil von Kultur nahegelegt, die diese immer eingebunden in Herrschaftskonstellationen sieht: „Kultur erscheint als Teilhabe an einem sozialen und politischen Leben" (Dörner 2010, S. 125). Und da manche Bevölkerungsschichten dieser Teilhabe ferner sind als andere, bekommt Kultur den Stellenwert als Ermöglicherin von Teilhabe. Dies ist jedoch davon abhängig, wie Medieninhalte rezipiert werden. Medienethik, die sich von den Cultural Studies inspirieren lässt, kann ihre Bewertungen im Lichte unterschiedlicher Rezeptionsmöglichkeiten kritisch hinterfragen (ebd., S. 133). Mehr noch: Lässt man gelten, dass die kommunikationsethische Beurteilung von Medieninhalten daran gebunden ist, dass Medien sehr unterschiedlich rezipiert werden können, dann ist der Raum für die Relativierung mancher vielleicht vorschnell abgegebenen Bewertungen geöffnet.

2.2 Disziplinäre und theoretische Zugänge

Das Interesse der Cultural Studies an der Infragestellung von bestehenden Macht- und Herrschaftsverhältnissen ließe sich auch dahingehend interpretieren, dass ein Maßstab eingeführt würde, nachdem insbesondere solche Medieninhalte wertzuschätzen sind, die eben an diesen Verhältnissen rütteln. Da aber genau eine solch vorab festgelegte Lesart durch die Cultural Studies in Abrede gestellt wird, lassen sich kommunikationsethisch weitergehende Interpretationen kaum aus diesem Ansatz gewinnen.

Als Antwort auf die Frage, wie denn in einer durch Pluralisierung der Wertvorstellungen geprägten Gesellschaft moralische Normen und Gebote überhaupt noch begründet werden können, lässt sich die Theorie der Diskursethik lesen. Sie postuliert, dass „die Begründung von Normen und Geboten die Durchführung eines realen Diskurses verlangt und *letztlich* nicht monologisch, in der Form einer im Geiste hypothetisch durchgespielten Argumentation möglich ist" (Habermas 1983, S. 78). Habermas hält es für notwendig, dass die Betroffenen nicht nur im Geiste – wie bei Kant, sondern tatsächlich in eine Argumentation eintreten, innerhalb derer sie die Möglichkeit haben, ihre Zustimmung zu einer Norm zu geben oder gegebenenfalls zu verweigern: „Der Diskursethik zufolge darf eine Norm nur dann Geltung beanspruchen, wenn alle von ihr möglicherweise Betroffenen als *Teilnehmer eines praktischen Diskurses* Einverständnis darüber erzielen (bzw. erzielen würden), daß diese Norm gilt" (ebd., S. 76). Habermas unterscheidet dabei den praktischen Diskurs vom theoretischen. Während letzterer sich auf strittige Wahrheitsansprüche bezieht, ist ersterer wirksam, wenn es sich um die Strittigkeit von Handlungsnormen handelt (vgl. Habermas 1984, S. 127 ff.).

Diese – hier nur in aller Kürze skizzierte – Diskursethik hat kommunikationsethische Implikationen im Hinblick auf Wahrheit, Wahrhaftigkeit und Gerechtigkeit (vgl. Arens 1996, S. 90 ff.).

Kommunikationsethische Implikationen der Diskursethik
- „Wahrheitsorientierung heißt (...) *erstens* das ‚Die Wahrheit Sagen', *zweitens* das ‚Für die Wahrheitsansprüche anderer Offensein' und *drittens* das ‚Auf gemeinsame, geteilte Wahrheit Aussein'" (Arens 1996, S. 90). Kommunikationsethik hat demnach massenmediale Kommunikation auf diese Ansprüche hin zu untersuchen und zu beurteilen.
- Wahrhaftigkeit bedeutet in medienethischer Perspektive, „daß in der massenmedialen Kommunikation die Person hinter der Information,

> deren Lebenswelt hinter der Bilderwelt sichtbar zu werden hat, daß die Kommunikatoren ihre Einstellungen authentisch, d. h. täuschungsfrei (...) zum Ausdruck bringen" (ebd., S. 92).
> - Das Prinzip der Gerechtigkeit hat medienethisch eine dreifache Bedeutung: Partizipation soll gewährleisten, daß alle das Recht und die Möglichkeit haben, an Diskursen teilzunehmen; Emanzipation soll dazu beitragen, daß auf solche Kommunikations- und gesellschaftlichen Verhältnisse hingearbeitet wird, in denen das auch gewährleistet ist; Advokation impliziert, „gegen den Ausschluß von Themen und Personen(gruppen) aus dem öffentlichen Diskurs angehen, das Recht auf ‚Kommunikation für alle' einklagen ..." (ebd., S. 95).

Damit begründet Arens ein Programm der Kommunikationsethik, das umzusetzen weitreichende Konsequenzen für alle an der öffentlichen Kommunikation beteiligten Akteure und Institutionen hätte. Innerhalb dieses Programms würden Journalist*innen und andere Kommunikator*innen – gleichgültig, ob professionelle oder nicht-professionelle – zu Anwälten gesellschaftlicher Diskurse, die alle Mitglieder der Gesellschaft einbeziehen.

Die Diskursethik verzichtet – wie auch schon zuvor der Konstruktivismus – auf festgelegte Normen, postuliert aber bestimmte Regeln des Diskurses, innerhalb dessen moralische Ansprüche geprüft werden. Aus diesen Regeln würden regelrecht Fragekataloge destilliert werden können, die sich zum Beispiel Journalist*innen bei ihrer Recherche oder PR-Verantwortliche bei der Erstellung einer Pressekampagne stellen müssen, z. B. die Frage, ob alle Aussagen und Standpunkte einer Debatte recherchiert worden sind oder ob fehlende Standpunkte durch die Recherche bei Betroffenen ergänzt würden (vgl. Brosda 2010, S. 96 f.). Normen – so lautet die zentralen Forderungen der Diskursethik – müssen an rationale Begründungen gekoppelt werden, und der Prozess der Begründungen muss offen sein.

Damit kann man die Diskursethik als eine bedeutende Konzeption innerhalb eines prozedural ethischen Ansatzes qualifizieren, die sich mit der Frage beschäftigt, „wie solche Erörterungs- und Entscheidungsverfahren gestaltet werden können" (Krainer 2018, S. 498).

Aus dieser Zusammenschau moderner medienethischer Ansätze, die aus Erkenntnis- und Gesellschaftstheorien resultieren, lässt sich ein wesentlicher Gedanke folgern: Die Postulierung absoluter ethischer Normen wird als obsolet angesehen und ist einer pluralen Gesellschaft mit vielfältigen Moralorientierungen nicht angemessen. An deren Stelle tritt eine prozedurale Ethik, die den Blick auf das *Wie* des Entstehens ethischer Normen richtet. Gleichzeitig werden damit hohe Anforderungen an jene Institutionen gestellt, die diese Normen entwickeln, also Institutionen der Selbstregulierung.

Dennoch wird, wer in der Kommunikationspraxis tätig ist oder Anwärter*innen und Angehörige von Kommunikationsberufen aus- und weiterbildet, immer wieder erleben, dass Handlungsmaximen gefordert sind, dass Normen gefordert werden, nach denen entschieden oder auch im Nachgang geurteilt werden kann. Deshalb wird in diesem Buch nicht normenfrei argumentiert – im Gegenteil: Bestehende Normen und Normengefüge werden erläutert und begründet. Doch sollte deutlich geworden sein, dass jedwede Beurteilungen und Festlegungen nur als *eine* Betrachtungsweise – der der Autor*innen – neben vielen anderen denkbaren Lesarten, Bewertungen und Entscheidungen möglich sind.

2.3 Normative und deskriptive Kommunikationsethik

Ethik, so wurde im Eingang beschrieben, ist die Beschäftigung mit den Gründen für moralisches Handeln. Sie fordert dieses Handeln auch ein und ist insofern eine normative Disziplin. Sie beschreibt und analysiert darüber hinaus Verhaltensmuster und Grundeinstellungen auf ihren moralischen Gehalt hin, erfasst moralische Probleme und Konflikte und ist, wenn sie so arbeitet, deskriptiv. Wenn sie dann wiederum aufgrund der gewonnenen Erkenntnisse Lösungsvorschläge entwickelt und sie hinsichtlich ihrer moralischen Konsequenzen überprüft, geht sie wiederum normativ vor. Beide Seiten, die Entwicklung und Begründung von Normen und die Erforschung ihrer Anwendung in der gesellschaftlichen Realität, sind also nur analytisch voneinander zu trennen. Ethik will nicht nur „herausarbeiten, welche Handlungsregulative, Wertpräferenzen und Lebensformen berechtigter- oder begründeter Weise gelten können" (Gil 1993, S. IX), sondern sie tut das auf der Grundlage von Erkenntnissen über die vorfindbaren Normen gesellschaftlichen Lebens.

Diese Unterscheidung lässt sich genauso auch für die Kommunikationsethik treffen. Auch hier wird die Beschreibung des moralisch-sittlichen Handelns der Kommunikator*innen (deskriptive Ethik) oft mit der Begründung von moralischen Normen (normative Ethik) verwechselt. Und auch hier gilt: Wer moralische Verfehlungen anprangert, bewegt sich im Bereich der deskriptiven Ethik, weil er auf der Grundlage von Beobachtungen Wertungen vornimmt, die jedoch nach Normen erfolgen, welche zu begründen wären. Unmittelbar lassen sich jedoch aus

Beobachtungen keine begründeten Wertungen ableiten. Empirische Ergebnisse der Kommunikationsforschung können (normative) Sollensvorstellungen nicht begründen. Wenn eine solche Herleitung erfolgt, wenn also vom Sein auf das Sollen geschlossen wird, liegt ein sogenannter Naturalistischer Fehlschluss (*naturalistic fallacy*) vor (vgl. Moore 1970, S. 168).

Dennoch benötigt die Kommunikationsethik empirisch belastbares Wissen über Kommunikationsverhältnisse, über Bedingungen der Kommunikation und das Selbstverständnis sowie die moralischen Grundhaltungen und Praxen der Kommunikator*innen. „Denn nur unter Rückbezug auf eine systematisch erfasste und verstandene Realität – im Sinne einer ethischen Reflexion empirischer Ergebnisse – können Handlungsempfehlungen für die Produzenten und die Rezipienten im medialen Handlungsfeld formuliert werden" (Köberer 2013, S. 90).

Innerhalb der normativen Kommunikationsethik haben sich Leitwerte herausgebildet, die bedeutsam für Journalismus ebenso wie für PR und Werbung geworden sind. Freiheit, Wahrheit, Öffentlichkeit und Verantwortung führt Heesen (2016) als solche Leitwerte auf. Jeder dieser Werte fußt auf einem komplexen philosophischen Gedankengebäude. Auch wenn diese Werte als solche nicht angezweifelt werden, so bergen sie in der Praxis – wie wir anhand der Fallstudien zeigen werden – erhebliche Unwägbarkeiten, untereinander gar manchmal Unvereinbarkeiten. Zumindest ein Spannungsverhältnis lässt sich leicht konstatieren: Freiheit wird durch Verantwortung begrenzt, Verantwortung kann sich erst in Freiheit entfalten. Öffentlichkeit kann Wahrheit hervorbringen, Wahrheit existiert aber auch unabhängig von Öffentlichkeit.

Mit Heesen (2016) kann man Freiheit als festen Kern der Kommunikations- und Medienethik bezeichnen, „der als politisch-philosophischer Begriff einerseits grundlegend für ein demokratisches Gesellschaftsverständnis und andererseits Ausgangspunkt für die anthropologische Verortung des Menschen als selbstbestimmter Existenz" (ebd., S. 52) ist. Die Ausgestaltung der Medienordnung in pluralen Gesellschaften fußt auf diesem Begriff, der im Verfassungsrecht normiert ist und dessen Realisierung als Voraussetzung für alle weiteren kommunikationsethischen Normen gilt. Als individuelles Recht verstanden, leitet er jedwede Äußerungen von Individuen im digitalen Universum an, und dies bis zu einem Punkt, an dem nach der Begrenzung der Ausübung dieser Freiheit gefragt wird. Die einzelnen Berufsethiken berufen sich schließlich auf diesen Leitwert der Freiheit berufen.

> **Grundgesetz für die Bundesrepublik Deutschland Artikel 5**
> (1) Jeder hat das Recht, seine Meinung in Wort, Schrift und Bild frei zu äußern und zu verbreiten und sich aus allgemein zugänglichen Quellen ungehindert zu unterrichten. Die Pressefreiheit und die Freiheit der Berichterstattung durch Rundfunk und Film werden gewährleistet. Eine Zensur findet nicht statt.
> (2) Diese Rechte finden ihre Schranken in den Vorschriften der allgemeinen Gesetze, den gesetzlichen Bestimmungen zum Schutze der Jugend und in dem Recht der persönlichen Ehre.
> (3) Kunst und Wissenschaft, Forschung und Lehre sind frei. Die Freiheit der Lehre entbindet nicht von der Treue zur Verfassung.

Deshalb kommt dem Konzept der Verantwortung, die diese Freiheit ausbalancieren soll, eine hohe Bedeutung zu. Verantwortung verweist immer auf einen Akteur, der Verantwortung übernehmen kann, und die kommunikationsethische Debatte ist von der Frage geprägt, wer dieser Akteur sein soll. Ist es das Individuum, der einzelne Journalist, die PR-Frau, der Werber – oder ist Verantwortung auch auf der Meso- und auf der Makroebene zu verorten? Die oben bereits angeführte Gegenüberstellung von Individualethik auf der einen und Systemethik auf der anderen Seite geht auf diese Fragestellung zurück. Funiok verweist außerdem darauf, dass Verantwortung immer in zwei Dimensionen zu denken ist: als „intuitive Wert- und Pflichtannahmen wie auch [als] kritische Überlegungen zu den Randbedingungen und Folgen des Handelns" (Funiok 2016, S. 74). Die Normen der Berufsethiken gehen explizit darauf ein, wer für das jeweilige Handeln Verantwortung trägt, sowie auch wofür und vor wem – die Institutionen der Selbstregulierung kommen hier in die Betrachtung.

Öffentlichkeit ist – neben der vorwiegenden Bedeutung, dass sie ein Funktionssystem der Gesellschaft beschreibt, welches demokratische Prozesse ermöglicht – in normativer Perspektive die „Basis für gesellschaftliches Wissen und *modus operandi* eines demokratischen Zusammenlebens" (Bieber 2016, S. 67). Habermas ordnet Öffentlichkeit als „Grundbegriff einer normativen Demokratietheorie" ein (Habermas 1990, S. 38). Die Charakteristika, die Öffentlichkeit gegenwärtig ausmachen, sind gewichtige Faktoren, welche die Ethik der Kommunikationsberufe und auch derer, die online kommunizieren, beeinflussen. Dazu zählen Digitalisierung, Vernetzung, Personalisierung, Programmierung (Bieber 2016, S. 67). Normen und Werte der öffentlichen Kommunikation werden durch diese Charakteristika herausgefordert und teils neu bestimmt.

Wahrheit, schließlich, ist der wohl anspruchsvollste und voraussetzungsvollste der vier genannten Leitwerte. Seit der Antike versuchen Philosophen Wahrheit durch die verschiedensten Theoriemodelle zu beschreiben (Bentele 2016, S. 59). Spätestens seit dem Postulat von der Unmöglichkeit von Wahrheit durch den radikalen Konstruktivismus wird der Geltungsanspruch von Wahrheit immer wieder angezweifelt. Dennoch kommt keine Ethik von Kommunikationsberufen ohne diesen Begriff aus, zu dem häufig auch – mit bescheidenerem Geltungsanspruch – benachbarte Begriffe wie Richtigkeit (Alltagssprachgebrauch) und Wahrhaftigkeit (auf das Subjekt bezogen) angeführt werden. Denn die Forderung, dass mediale Darstellungen Wirklichkeitsbezüge aufweisen müssen, macht ihre Legitimation gegenüber anderen gesellschaftlichen Kommunikationsformen wie Kunst oder Literatur aus.

Deskriptive Kommunikationsethik, also das empirisch gewonnene Wissen über Kommunikationsverhältnisse, über Bedingungen der Kommunikation und das Selbstverständnis sowie die moralischen Grundhaltungen und Praxen der Kommunikator*innen, ist ein genuiner Bestandteil der Kommunikationswissenschaft, die man gar als normative Wissenschaft beschreiben kann. Zumindest ist Normativität in nahezu allen ihren Teildisziplinen eingeschrieben – nicht nur in der Journalistik, der PR-Wissenschaft und der Werbeforschung, wie im vorliegenden Band dargelegt wird, sondern auch in der Wirkungsforschung, Medienpolitik, -recht und -ökonomie, der politischen Kommunikationsforschung, Medienpädagogik oder der interkulturellen Kommunikation, um nur einige Teildisziplinen zu nennen (Karmasin et al. 2013).

Untersuchungen, die das ethische Selbstverständnis der Kommunikator*innen beschreiben, die versuchen, ihr Verhalten im Hinblick auf ethische Kategorien zu erfassen oder auch die Erwartungen, die Rezipient*innen an die ethische Qualität der Medieninhalte richten, sind wichtiger Bestandteil des Forschungsstandes der genannten Teildisziplinen und werden im Hinblick auf Journalismus, PR und Werbung in den nachfolgenden Kapiteln aufgeführt. Und es ist gerade die Erkenntnis vom Wandel dieser Selbstverständnisse und Verhaltensweisen und vor allem der Kommunikationsverhältnisse, die wiederum die normative Ethik motivieren, sich weiterzuentwickeln. In dem Band „Neuvermessung der Medienethik", der aufzeigen soll, wie sich die Medienethik seit dem Jahr 2000 weiterentwickelt hat, stellen die Herausgeber*innen fest: „In der Folge einer umfassenden Medienkonvergenz vermischen sich technisch Mediensparten (wie Fernsehen, Radio, Print, Online) zu neuen Formen der Multimedialität, es entstehen ökonomiegetrieben neue Formate und Produktionsbedingungen und es entwickeln sich zugleich neue Formen der Medienaneignung unter veränderten Nutzungsbedingungen. (…) All diese Entwicklungen konstituieren eine neue Medien- und Kommunikationswelt, in der (…)

Modelle der Medienethik (z. B. „Professionsethik") neu ausgerichtet und die bestehenden Regulierungsformen in Frage gestellt werden sollten" (Prinzing et al. 2015, S. 9). Wer aber in Frage stellt, muss das Bestehende, das er*sie in Frage stellt, kennen. Deshalb will dieses Buch Grundlagen, Orientierungswissen und eine Sensibilisierung für die offenen Fragen der Ethik der Kommunikationsberufe liefern.

Literatur

Altschull, H. J. (1990). *From Milton to McLuhan. The Ideas behind American Journalism.* Longman.
Arens, E. (1996). Die Bedeutung der Diskursethik für die Kommunikations- und Medienethik. In R. Funiok (Hrsg.), Grundfragen *der Kommunikationsethik* (S. 73–96). UVK Medien.
Bentele, G. (2016). Wahrheit. In J. Heesen (Hrsg.), *Handbuch Medien- und Informationsethik* (S. 59–66). Metzler Verlag.
Bieber, C. (2016). Öffentlichkeit. In J. Heesen (Hrsg.), *Handbuch Medien- und Informationsethik* (S. 67–73). Metzler Verlag.
Blöbaum, B. (1994). *Journalismus als soziales System. Geschichte, Ausdifferenzierung und Verselbständigung.* Westdeutscher Verlag.
Brosda, C. (2010). Diskursethik. In C. Schicha & C. Brosda (Hrsg.), *Handbuch Medienethik* (S. 83–106). VS Verlag für Sozialwissenschaften.
Dörner, A. (2010). Cultural Studies. In C. Schicha & C. Brosda (Hrsg.), *Handbuch Medienethik* (S. 124–135). VS Verlag für Sozialwissenschaften.
Fink, C. C. (1988). *Media Ethics in the Newsroom and Beyond.* McGraw-Hill College.
Funiok, R. (2016). Verantwortung. In J. Heesen (Hrsg.), *Handbuch Medien- und Informationsethik* (S. 74–81). Metzler Verlag.
Gil, T. (1993). *Ethik.* J.B. Metzler Verlag.
Habermas, J. (1983). *Moralbewußtsein und kommunikatives Handeln.* Suhrkamp.
Habermas, J. (1984). *Vorstudien und Ergänzungen zur Theorie des kommunikativen Handelns.* Suhrkamp.
Habermas, J. (1990). *Strukturwandel der Öffentlichkeit.* Suhrkamp.
Heesen, J. (2016). Freiheit. In J. Heesen (Hrsg.), *Handbuch Medien- und Informationsethik* (S. 52–58). Metzler Verlag.
Höffe, O. (1992). Ethik des kategorischen Imperativs. In A. Pieper (Hrsg.), *Geschichte der neueren Ethik* (Bd 1., S. 124–150). Francke Verlag.
Horkheimer, M. & Adorno, T. (1944). *Dialektik der Aufklärung: Philosophische Fragmente.* Fischer.
Kant, I. (1945). *Grundlegung zur Metaphysik der Sitten.* Meiner.
Karmasin, M., Rath, M. & Thomaß, B. (2013). *Normativität in der Kommunikationswissenschaft.* Springer.
Karmasin, M. (2010). Medienunternehmung. In C. Schicha & C. Brosda (Hrsg.), *Handbuch Medienethik* (S. 217–231). VS Verlag.

Köberer, N. (2013). Medienethik als Bezugsdisziplin normativer Medienforschung Konsequenzen medienethischer Reflexion für die Praxis. *Communicatio Socialis 46*(1), 88–101 https://doi.org/10.5771/0010-3497-2013-1-88.

Krainer, L. (2018). Kollektive Autonomie als kommunikations- und medienethische Selbstbestimmung. *Medien- und Kommunikationswissenschaft 66*(4), 485–501. https://doi.org/10.5771/1615-634X-2018-4-485.

Loretan, M. (1994). Grundrisse der Medienethik: Eine „Ethik des Öffentlichen" als Theorie kommunikativen Handelns. *Zoom Kommunikation und Medien 4*, 56–63.

Luhmann, N. (2008a). Normen in soziologischer Perspektive. In N. Luhmann, (Hrsg,), *Die Moral der Gesellschaft* (S. 25–55). Suhrkamp.

Luhmann, N. (2008b): Soziologie der Moral. In N. Luhmann, (Hrsg.), *Die Moral der Gesellschaft* (S. 56–162). Suhrkamp.

Mill, J. S. (1962). *Utilitarianism, On Liberty, Essay on Bentham*, together with selected writings of J. Bentham and J. Austin, hrsg. von M. Warnock. Glasgow.

Moore, G. E. (1970). *Principia Ethica*. Reclam.

Nusser, K.-H. (1992). Vertragsethik. In A. Pieper (Hrsg.), Geschichte der neueren Ethik (Bd 1, S. 47–62). Francke Verlag.

Pieper, A. (1991). *Einführung in die Ethik*. Francke Verlag.

Riedel, M. (1972/74). *Rehabilitierung der praktischen Philosophie* (2 Bd.). Rombach.

Pörksen, B. (2010). Konstruktivismus. In C. Schicha & C. Brosda (Hrsg.), *Handbuch Medienethik* (S. 53–67). VS Verlag für Sozialwissenschaften.

Prinzing, M., Rath, M., Schicha, C. & Stapf, I. (2015). *Neuvermessung der Medienethik*. Beltz Verlag.

Pürer, H. (1992). Ethik in Journalismus und Massenkommunikation: Versuch einer Theorien-Synopse. *Publizistik 32*(3), 304–322.

Rath, M. (2015). "The media, stupid!" Überlegungen zu einer Medienethik als Ethik des medialen Zeitalters. In M. Prinzing, M. Rath, C. Schicha, & I. Stapf (Hrsg.), *Neuvermessung der Medienethik* (S. 114–125). Beltz Verlag.

Rubitschou, O. (1992). Materialistische Ethik. In A. Pieper (Hrsg.), *Geschichte der neueren Ethik* (Bd 1, S. 102–123). Francke Verlag.

Rühl, M. (1980). *Journalismus und Gesellschaft: Bestandsaufnahmen und Theorieentwurf*. V. Hase & Koehler Verlag.

Rühl, M. & Saxer, U. (1981). 25 Jahre Deutscher Presserat: Ein Anlaß für Überlegungen zu einer kommunikationswissenschaftlichen Ethik des Journalismus und der Massenkommunikation. *Publizistik 1*, 451–503.

Saxer, U. (1984). Journalismus und Medienethik: Möglichkeiten und Grenzen ethischer Selbstverpflichtung. *Media Perspektiven 1*, 21–32.

Saxer, U. (1996). Ethik der Kommunikation. In G. W. Wittkämper & A. Kohl (Hrsg.), *Kommunikationspolitik: Einführung in die medienbezogene Politik* (146–168). Wissenschaftliche Buchgesellschaft,.

Schicha, C. & Brosda, C. (2010). *Handbuch Medienethik*. VS Verlag für Sozialwissenschaften.

Scholl, A. (2010). Systemtheorie. In C. Schicha & C. Brosda (Hrsg.), *Handbuch Medienethik* (S. 68–82). VS Verlag für Sozialwissenschaften.

Thomaß, B. (1998). *Journalistische Ethik: Ein Vergleich der Diskurse in Frankreich, Großbritannien und Deutschland*. Westdeutscher Verlag.

Thomaß, B. (2003). Fünf ethische Prinzipien journalistischer Praxis. In B. Debatin & R. Funiok (Hrsg.), *Kommunikations- und Medienethik* (S. 159–168). UVK.

White, R.A. (1986). Social and Political Factors in the Development of Communication Ethics. In T.W. Cooper et al. (Hrsg.), *Communication Ethics and Global Change* (S. 40–65). Longman.

Weber, M. (1973): *Soziologie. Universalgeschichtliche Analysen. Politik.* Alfred Kröner Verlag.

Weischenberg, S. (1992). *Journalistik: Theorie und Praxis aktueller Medienkommunikation* (Bd. 1 Mediensysteme, Medienethik, Medieninstitutionen). Westdeutscher Verlag.

Weischenberg, S. (1995). *Journalistik: Theorie und Praxis aktueller Medienkommunikation* (Bd. 2 Medientechnik, Medienfunktionen, Medienakteure). Westdeutscher Verlag.

Weischenberg, S. (2004). *Journalistik: Medienkommunikation – Theorie und Praxis* (Bd. 1 Mediensysteme – Medienethik – Medieninstitutionen, 3. Aufl.). VS Verlag für Sozialwissenschaften.

Winter, R. (1997). Cultural Studies als kritische Medienanalyse: Vom „encoding/decoding"-Modell zur Diskursanalyse. In A. Hepp & R. Winter (Hrsg.), *Kultur-Medien-Macht: Cultural Studies und Medienanalyse* (S. 47–64). Westdeutscher Verlag.

Wolf, J.-C. (1992). *Utilitaristische Ethik.* In: A. Pieper (Hrsg.), Geschichte der neueren Ethik (Bd. 1, S. 151–180). Francke Verlag.

Ethik im Journalismus – Beatrice Dernbach

Zusammenfassung

Journalistische Ethik ist nicht mit Medienethik gleichzusetzen, da Medien weit mehr als nur journalistische Angebote transportieren, wie Werbung, Public Relations und Unterhaltung. Journalisten sollen, unter Berücksichtigung ethischer Standards, wie sie vor allem im Pressekodex fixiert sind, ihre gesellschaftlichen Funktionen erfüllen: neutral zu informieren, zur Meinungsbildung beizutragen, zu kritisieren und zu kontrollieren. Aufgrund der verfassungsrechtlich (Artikel 5 Grundgesetz) garantierten Freiheiten und den in den Landespressegesetzen fixierten Rechte und Pflichten genießen Journalisten einerseits einen besonderen Status, andererseits ist der freie Berufszugang zu schützen und die Medien sind selbst für die Regulierung verantwortlich. Dieses Prinzip der Selbstregulierung ist historisch begründet. Die Wertigkeit entsprechender Selbstverpflichtungen und der Umgang mit Kodizes wie dem Pressekodex des Deutschen Presserates im journalistischen Alltag sollen in diesem Kapitel dargestellt werden.

Schlüsselwörter

Journalismusethik · Presseethik · Presserat · Pressekodex · Relevanz · Standards

3.1 Zur Einleitung: Die Relevanz der Ethik im Journalismus

„Journalisten genügen häufig den ethischen Standards nicht und überschreiten die Grenze zwischen Fiktion und Realität. Im Niemandsland zwischen Wahrheit und Dichtung gedeiht dann eine neue Form des Borderline-Journalismus mit Falschmeldungen und Wichtigtuerei." (Leyendecker 2018, S. 2)

Eine der Ursachen liegt für den Investigativjournalisten Hans Leyendecker im „erbitterten Kampf der Medien um Aufmerksamkeit" und dem Einfluss der „Inszenierungstechniken des Boulevardjournalismus", die „längst den gewöhnlichen Qualitätsjournalismus überrumpelt" haben (ebd., S. 3). Über diese jüngsten Entwicklungen wird in diesem Kapitel zu reden sein – nachdem die historischen, theoretischen und strukturellen Grundlagen geklärt sind.

Häufig werden – vor allem im Alltagsverständnis – die *Ethikvorstellungen für Medien und Journalismus* als identisch betrachtet. Da journalistische Beiträge über Medienkanäle verbreitet werden, ist die Schnittmenge zweifellos größer als das Unterscheidende. Dennoch liegen darin Konfliktpotenziale, denn Medien agieren nicht nur als publizistische, sondern auch als ökonomische Akteure, Journalisten prioritär als Protagonisten der öffentlichen Kommunikation (Altmeppen 2006). Letzteren wurde nicht selten vorgeworfen, auf dem ökonomischen Auge blind zu sein (Fengler und Ruß-Mohl 2005), das heißt auch, die Produktionsbedingungen ihrer eigenen Organisation zu wenig zu reflektieren. Seit jeher finanzieren Verlage und Rundfunkanbieter die redaktionell hergestellten journalistischen Produkte, indem sie im Vertriebs- und Rezipientenmarkt Gelder akquirieren. Aus der Herausforderung, die ihnen rechtlich zugewiesene *öffentliche publizistische Aufgabe* ökonomisch zu bewältigen, resultiert eine bisweilen ethisch kritische Vorgehensweise: *Sex and Crime sell* gilt schon seit Beginn der Publizistik als ein wesentliches Merkmal in der Aufmerksamkeitsökonomie (Franck 1998). Dies ist spätestens seit Beginn der 2000er-Jahre mit dem digitalen Wandel des Medienmarktes und damit der Veränderung der Konsum- und Nutzungsgewohnheiten der Rezipienten noch deutlicher geworden.

Medienethik ist eine Art Dachbegriff und steht für verantwortungsvolles Handeln in den Phasen der Produktion, Distribution und Rezeption von Medieninhalten aller Art (auch Werbung und Unterhaltung); gemeint ist damit auch die ethische Selbstverpflichtung aller am Prozess beteiligten Akteure (also der Publizisten, aber auch der Rezipienten). *Journalistische Ethik* ist definiert als verantwortungsvolles Handeln von Medienunternehmen, öffentlich-rechtlichen Rundfunkanstalten, Redaktionen und Individuen im nachrichten- bzw. informationsjournalistischen Pro-

3.1 Zur Einleitung: Die Relevanz der Ethik im Journalismus

duktions- und Distributionsprozess, beginnend bei Themenwahl und Recherche über Verarbeitung und Darstellung in Form journalistischer Beiträge. Unterschieden wird zudem zwischen der Ethik des Journalismus und der Moral einzelner Journalist:innen (Thomaß 2016, S. 537). Noch einmal anders formuliert: Die Anforderungen an die journalistische Ethik ergeben sich aus der Grundfunktion des Journalismus in der Gesellschaft zu informieren, aus der Verantwortung der Journalist:innen bei der Erfüllung dieser Aufgabe sowie aus „*Qualitätsmerkmalen*, die dem Gegenstand (Medienprodukt) angemessen und vom abnehmenden Publikum erwartet werden bzw. ihm zugemutet sind" (Funiok 2011, S. 127). Als höchste *Qualitätswerte* des Journalismus stehen Objektivität, Unabhängigkeit von Interessen und Glaubwürdigkeit. Für die Ethik des Journalismus gelten dementsprechend als *zentrale Standards*:

- die Verpflichtung zur wahrheitsgemäßen Berichterstattung,
- die Sorgfaltspflicht,
- das Fairnessgebot,
- die Achtung des Privatlebens, der Persönlichkeitsrechte,
- die Achtung vor sittlichem und religiösem Empfinden.

Dies sind zumindest die wichtigsten im Pressekodex formulierten Anforderungen. Begriffe wie Objektivität und Wahrheit sind zwar normativ scheinbar definiert, in der Praxis provozieren sie jedoch regelmäßig Debatten. Wie objektiv können die Medienschaffenden sein, die nicht nur eine journalistische Berufsrolle ausüben, sondern auch als Mitglieder der Zivilgesellschaft, beispielsweise als Eltern in Diskussionen um die Energiewende, Mobilität usw. involviert sind? Die Auseinandersetzung um die Legitimation beziehungsweise die Pflichten und (Sonder-)Rechte der im Berufsfeld Journalismus Tätigen währt seit Jahrzehnten. Das Verständnis der Berufsrolle hängt einerseits von den verfassungsrechtlichen und politischen Bedingungen in einer Demokratie ab und andererseits von der Beziehung zum Publikum, das die angebotenen Leistungen annehmen, anerkennen und ihnen vertrauen muss. Wolfgang Donsbach hat 1982 (S. 55–67) vier Grundtypen journalistischer Berufsrollen definiert: den Pfadfinder für neue Themen und Ideen, den Pädagogen, den Interessenvertreter und den Vermittler. Er leitet daraus wiederum ab, dass die „institutionalisierten Privilegien" (1982, S. 68), die „publizistische Macht" und die „Produktion von Medienrealität" (1982, S. 74) die Legitimation des Berufsstandes kontinuierlich hinterfragen und deshalb überprüft werden müssen. Rund 27 Jahre später konstatiert der Kommunikationswissenschaftler Donsbach die „Entzauberung eines Berufes" (2009). Im Wesentlichen führt er dies darauf zurück, dass die Erwartungen des Publikums an Journalismus nicht erfüllt werden, was sich ausdrückt in Medienskepsis, sinkendem Vertrauen, Zweifel an der Glaubwürdigkeit bis hin zur Abwendung. Diese Diskussion kann an dieser Stelle nicht fortgesetzt werden. Die Globalisierung, Medialisierung und Digitalisierung der Lebenswelten und dem damit einhergehenden Brüchigwerden tradierter gesellschaftlicher Funktionen, publizistischer Leistungen und beruflicher Rollen, sowie der ökonomischen Grundlagen stehen nicht im Fokus dieses Kapitels über journalistische Ethik. Wichtig ist aber deren Bedeutung als Kontext.

Daraus lassen sich zentrale Fragen ableiten wie: Was ist – mit Blick auf die öffentliche Aufgabe des Journalismus, zu informieren, zu kritisieren und zu kontrollieren – moralisch zulässig? Ist die Einhaltung ethischer Regeln Interpretationssache des Einzelnen, eine redaktionelle Angelegenheit oder Grundfrage des Mediensystems? Wo verlaufen die Grenzen ethischen Handelns? Wo endet das *öffentliche Interesse* und wo beginnt die *Privatsphäre für den Einzelnen*? Grundsätzlich gelten die gesellschaftlichen *Normen und Werte*, die einerseits in Gesetzen verankert, andererseits in Sozialisationsprozessen festgelegt, diskutiert, hinterfragt und verändert werden. Reflektiert werden muss immer die Frage, wo die *Abgrenzung zwischen Recht und Ethik* im Journalismus verläuft. Wann rechtfertigt das öffentliche Interesse an einer möglichen moralischen Verfehlung eines Politikers, seinen Müll auf der Suche nach Belegen zu durchwühlen und dabei unter Umständen Hausfriedensbruch zu begehen? Diskutiert werden muss, inwieweit die grundgesetzlich verankerten Freiheiten des Einzelnen, der Medien und damit des Journalismus in Artikel 5 des Grundgesetzes (BMJ o. J.) bewusst oder unbewusst eingeschränkt, missbraucht oder von innen und außen angegriffen werden (können). Immer wieder mussten und müssen Gerichte entscheiden, welches (Grund)Recht am stärksten angegriffen beziehungsweise am stärksten zu schützen ist: das Recht auf Würde und den Schutz der Persönlichkeit des Einzelnen oder die Freiheit der Medien oder das *Recht der Öffentlichkeit auf Information* oder das der Bundesrepublik Deutschland auf Wahrung eines Staatsgeheimnisses.

Die Historie der wichtigen und prägenden Fälle der journalistischen Ethik begann 1962 mit der „SPIEGEL-Affäre" („Die SPIEGEL-Affäre" 2012): In der Ausgabe vom 8. Oktober 1962 beschrieb der Autor Conrad Ahlers unter dem Titel „Bedingt abwehrbereit" das NATO-Herbstmanöver „Fallex 62" und die umstrittene Atombombenstrategie der deutschen Bundesregierung. Seitens der Bundesanwaltschaft in Karlsruhe wurde der Verdacht geäußert, der *Spiegel* habe geheime Dokumente publiziert und damit *Landesverrat* begangen. Der damalige Verteidigungsminister *Franz Joseph Strauß* (CSU) griff die Vorwürfe auf und forcierte Strafverfahren gegen den Verleger Rudolf Augstein, den Autoren Conrad Ahlers und weitere Redakteure. Sie wurden verhaftet, Büros besetzt und Dokumente beschlagnahmt. Im

3.1 Zur Einleitung: Die Relevanz der Ethik im Journalismus

Laufe der Jahre zeigte sich, dass die Vorwürfe gegen den *Spiegel* bzw. seine Mitarbeiter strafrechtlich nicht haltbar waren. Kanzler Konrad Adenauer (CDU) bildete nach der Krise Ende 1962 seine Regierung um, Strauß musste seinen Hut nehmen. Nicht immer waren es solche politischen Affären,[1] die zu einer Auseinandersetzung zwischen Recht und Moral geführt haben. Auch Unglücke (wie das Grubenunglück von Borken 1988 oder der Tod von Lady Diana 1997 nach einem Autounfall), das Gladbecker Geiseldrama 1988, der Prozess gegen den Meteorologen Jörg Kachelmann 2011 oder der vermutlich vom Co-Piloten verursachte Absturz einer Germanwings-Maschine über den südfranzösischen Alpen am 24. März 2015 führten regelmäßig zu Debatten über die Verantwortung von Medien und Journalisten, ihre Recherchemethoden und die Verletzung der Privatsphäre von Prominenten und ganz normalen Menschen. Rechtfertigt ein Scoop zwar rechtlich legale aber ethisch grenzwertige oder gar unmoralische Vorgehensweisen?

Im Vergleich zu den USA sind sowohl der investigative Journalismus als auch der Stellenwert der Medienethik, vor allem in der Journalistenausbildung, in Deutschland geringer ausgeprägt. Medienethik gehört seit vielen Jahren zur Pflichtveranstaltung von Journalistik-Studiengängen in den Vereinigten Staaten; allerdings sind auch in Deutschland mittlerweile entsprechende Module in den Lehrplänen verankert (Harnischmacher 2010, 2019).

In diesem Kap. 3 liegt der Fokus auf der Ethik des Journalismus und der Journalist:innen. Zunächst wird das *Berufsfeld* Journalismus kurz umrissen, und zwar entlang des Verständnisses als Profession bzw. der Professionalisierung journalistischer Tätigkeiten. Darauffolgend wird die Entwicklung der *Forschung* zur journalistischen Ethik nachgezeichnet, das heißt theoretische Ansätze und Prinzipien vorgestellt; diese werden dann im Hinblick auf die praktische Anwendung problematisiert. Im vierten Unterkapitel wird die *Professionsethik* ausführlich behandelt; sie bietet mit dem Pressekodex die wichtigste Grundlage des journalistischen Arbeitens in Organisationen. Anschließend werden aktuelle *Trends und Problemfelder* des Journalismus diskutiert. Den Schluss bildet ein ausgewähltes Fallbeispiel, um Relevanz und Pragmatik der journalistischen Ethikdebatte aufzuzeigen.

---

[1] Weitere Beispiele: die „Kieler-" oder „Barschel-Affäre" 1987 rund um den bis heute ungeklärten Tod von Uwe Barschel in einem Genfer Hotel und das Foto des Stern-Fotografen Sebastian Knauer; die sogenannte Amigo-Affäre 1991–1993, die die Ministerpräsidenten Lothar Späth und Max Streibl zum Rücktritt zwangen; die „Flugmeilen-" 2002 oder „Wulff-Affäre" 2011–2012. Hierzu gibt es leider nicht die *eine* Quelle! Diese Fälle hat die Autorin über viele Jahre für Lehrveranstaltungen selbst zusammengestellt.

3.2 Das Berufsfeld

Das Bedürfnis der Journalistik[2] und Journalismusforschung,[3] das Berufsfeld von anderen Kommunikationsberufen zu unterscheiden, gar abzugrenzen, war lange vorherrschend. Die vor allem systemtheoretisch motivierten Ansätze konzentrierten sich auf die Beschreibung gesellschaftlicher Funktionen und Aufgaben. Klaus Meier (2013) hat diese im Wesentlichen zusammengefasst:

> „Journalismus recherchiert, selektiert und präsentiert Themen, die neu, faktisch und relevant sind. Er stellt Öffentlichkeit her, indem er die Gesellschaft beobachtet, diese Beobachtung über periodische Medien einem Massenpublikum zur Verfügung stellt und dadurch eine gemeinsame Wirklichkeit konstruiert. Diese konstruierte Wirklichkeit bietet Orientierung in einer komplexen Welt." (S. 14)

Diese Definition beschreibt den Idealtypus, ist aber angesichts globaler Entwicklungen wie der Digitalisierung eine große Herausforderung für die journalistische Praxis im Hinblick auf die Reduktion gesellschaftlicher Komplexität (siehe Dernbach et al. 2019). Des Weiteren kommt hinzu, dass die umfassende und vor allem rechtlich bindende Gültigkeit der Aufgaben nicht garantiert ist: Mit Artikel 5 Grundgesetz gilt der *freie Berufszugang*; das heißt, jeder Bürger hat das Recht, sich Journalist zu nennen und als solcher zu arbeiten, ohne den Beruf gelernt und mit einem (akademischen) Zertifikat abgeschlossen zu haben. Oder andersherum: Aufgrund der Geschichte Deutschlands ist die öffentliche Kommunikation ein in Zugang, Ausbildung und Ausübung nicht reglementiertes, also freies Berufsfeld.[4] In vielen anderen Kommunikationsbereichen, wie der Public Relations und der Werbung, werden – ähnlich wie im Journalismus – die Gesellschaft beobachtet, aktuelle Themen aufgegriffen und die recherchierten Informationen über spezifische Kanäle verbreitet, allerdings vor dem Hintergrund einer anderen gesellschaftlichen Funktion, nämlich der des neutralen, distanzierten Beobachters, der sachlich infor-

---

[2] Journalistik ist die wissenschaftliche Fundierung der journalistischen Praxis, d. h. deren Akteuren, Strukturen, Funktionen, Leistungen und Aufgaben mittels Theorien. Die Journalistik ist ein Bereich der Medien- und Kommunikationswissenschaft.

[3] Journalismusforschung ist die Beobachtung der journalistischen Praxis mittels der Methoden und Instrumente empirischer Forschung. Konkret werden hier Bereiche untersucht, die nach dem Wer (ist Journalist), dem Was (journalistische Inhalte), dem Kanal und dem anWen (Rezipienten journalistischer Angebote) fragt. Die Journalismusforschung hat in vielen Bereichen Schnittmengen mit anderen Feldern, wie der Rezipientenforschung.

[4] Das ist der Grund dafür, dass weder der Begriff *Journalist* noch der des *Redakteurs* geschützt sind.

3.2 Das Berufsfeld

miert, zur Meinungsbildung beiträgt, politische, ökonomische und soziale Akteure kritisiert und kontrolliert.[5]

Ein weiterer Aspekt ist, dass es keinen Konsens im Berufsfeld über die „richtige" Ausbildung gibt. Seit Beginn des 20. Jahrhunderts (Dernbach 2020) streiten sich Verleger- und Journalistenverbände sowie Zeitungs- und Medienwissenschaftler über die notwendige Balance einer *Theorie-Praxis-Ausbildung*.[6] Das hält bis heute an, wenngleich eindeutig eine Annäherung feststellbar ist. So haben an der Reform des Berufsbildes *Journalistin – Journalist* des Deutschen Journalistenverbandes (DJV) Vertreter:innen der Fachgruppe Journalistik/Journalismusforschung der Deutschen Gesellschaft für Publizistik und Kommunikationswissenschaft (DGPuK) mitgewirkt. Der Beruf wird nach wie vor definiert als: „Journalistin oder Journalist ist, wer professionell Informationen, Meinungen und Unterhaltung mittels Wort, Bild, Ton oder Kombinationen dieser Darstellungsmittel über analoge und digitale Medienkanäle erarbeitet und verbreitet" (DJV 2020, S. 3).

An mehreren Stellen im DJV-Berufsbild wird auf die besondere gesellschaftliche Verantwortung, die Sorgfaltspflicht und die Einhaltung ethischer und rechtlicher Kodizes und Regeln hingewiesen.

Trotz manchen Dissenses gibt es generell Konsens darüber, dass sich der Journalismus seit seinen Anfängen Mitte des 19. Jahrhunderts zunehmend verberuflicht[7] bzw. professionalisiert hat (Weischenberg 2002, S. 489–536), nicht zuletzt aufgrund der gestiegenen Anforderungen der Massenpresse bzw. -medien. *Professionalisierung* ist gekennzeichnet durch:

- einen eigenen Berufsverband (der BDZV und der VDZ auf Verleger-, dju in verdi und DJV auf Journalistenseite und weitere);
- einen *Ethik-Kodex* (der Deutsche Pressekodex und weitere);
- eine besondere Qualität der Ausbildung aufgrund „theoretischer Fundierung" (Studium und Volontariat nach Tarifvertrag);

---

[5] Ronneberger und Rühl (1992) sehen zwar in der PR-Funktion eine Gemeinwohlorientierung, die aber nicht gleichzusetzen ist mit der öffentlichen Aufgabe des Journalismus, zumal PR interessengeleitete Kommunikation ist.

[6] Bemerkung am Rande: Dies erschwert die Einordnung einen Publizisten wie Rezo, der mit seinen Videos über die „Zerstörung der CDU" (2019) oder „Die Zerstörung der Presse" (2020) große Aufmerksamkeit erzielt, aber auch viel Kritik geerntet hat. Gelten für ihn die Pflichten und Regeln aus den Landespressegesetzen oder dem Pressekodex? Er selbst gibt in seinen Streams und Videos an sich an den Kodex zu halten und prangert eher an, dass andere dies nicht tun und damit Journalismus verunglimpfen.

[7] Beruf ist „eine arbeitsteilig organisierte, spezialisierte Beschäftigung; Profession eine hochgradig spezialisierte, verwissenschaftlichte und sozial orientierte Aufgabenerfüllung" (Lamnek 2002, S. 418).

- „altruistische Motive", „Dienst an der Allgemeinheit" stehen im Vordergrund der Tätigkeit;
- der Beruf ist anerkannt und genießt in der Regel ein hohes Sozialprestige (Lamnek 2002, S. 418).

Während die ersten drei Kriterien weitgehend Zustimmung erfahren, sind die beiden letzten umstritten – wozu auch und wesentlich Auseinandersetzungen um die *Boulevardisierung* des Journalismus zugunsten von Aufmerksamkeit und Reichweite führen (Lünenborg 2021). Dem entgegen steht, dass das *Selbstverständnis* deutscher Journalisten – im Gegensatz beispielsweise zu den US-amerikanischen – sich eher eng an ethische Normen und Werte anlehnt: Journalismusstudien zeigen über die Jahrzehnte, dass sich Redakteure hierzulande eher als *Vermittler* denn als Kämpfer für Minderheiten sehen, dass sie sich eher an die Regeln einer mitunter harten, aber nie skrupellosen Recherche halten (Weischenberg et al. 2006; Hanitzsch et al. 2019). Ausnahmen bestätigen die Regeln: Nicht nur im Boulevardjournalismus gibt es nach Unglücken, Unfällen und Attentaten die Jagd nach Bildern von Opfern und Tätern, nach exklusiven Erzählungen u. ä. – nach dem Klingelputzen bei den Familien der Kumpel, die 1988 in der Braunkohlegrube im hessischen Borken gestorben waren, als „Witwenschütteln"[8] bezeichnet. Auch so genannte seriöse oder Qualitätsmedien sind vor Grenzüberschreitungen nicht gefeit (siehe z. B. der Fall des Germanwings-Absturzes 2015, dargestellt in Abschn. 3.5.4).

> **Herausforderungen der Ethik in der Profession Journalismus**
> - Die Abgrenzung beziehungsweise Unterscheidung des Berufsfeldes Journalismus ist herausfordernd, denn vor dem Hintergrund des Artikel 5 Grundgesetz sind der Berufszugang und damit die Ausbildung und die Ausübung des journalistischen Berufes frei.
> - Dennoch ist der Beruf professionalisiert, was an Kriterien wie der Existenz von Berufsverbänden und einem Ethik-Kodex festzumachen ist.

---

[8] Der Begriff „Witwenschütteln" wird möglicherweise erstmals in dem Buch von Niklaus Meienberg „Der wissenschaftliche Spazierstock" erwähnt (https://de.wikipedia.org/wiki/Witwensch%C3%BCtteln#cite_ref-1). Ein Jahr nach den Terroranschlägen in den USA am 11.09.2001 hat das Grimme Institut ein Papier zum „gegenwärtigen Fernsehjournalismus" veröffentlicht (das nicht mehr auf der Seite des Instituts, sondern unter http://www.grimme-institut.de/scripts/archiv/schriften/11sept_print.html abrufbar ist); darin wird kritisiert, dass der Umgang mit Live-Bildern beziehungsweise mit Menschen in der Berichterstattung über Fälle wie den Terroranschlag bisweilen verantwortungslos ist. Im BILDblog (2008) erklärt der Boulevardjournalist Udo Röbel den Begriff (https://bildblog.de/2704/witwenschuetteln-20/).

3.3 Entwicklung der Forschung zur journalistischen Ethik

Sind also sowohl der Ethik-Kodex als auch die (akademische) qualitativ hochwertige Ausbildung zentrale Merkmale der journalistischen Profession, so ist es nahezu selbsterklärend, dass sich die Journalistik und die Journalismusforschung sowie die (v. a. hochschulgebundene) Journalistenausbildung mit Ethik beschäftigen. Allerdings gilt zu konstatieren: Es liegen weit mehr Abhandlungen zu Medienethik als explizit zu Journalismus- oder journalistischer Ethik vor. Letztere wird nicht selten negativ konnotiert im Zusammenhang mit Boulevardjournalismus, Skandalen und Fake News (Schicha 2019). Ursache und Wirkung liegen in der oben skizzierten Gleichsetzung beziehungsweise der engen Verwandtschaft zwischen Medien und Journalismus. Bleiben wir also aus pragmatischen Gründen bei der idealtypischen Annahme, dass Journalistinnen und Journalisten zum überwiegenden Teil für Medien (als Organisationen, Unternehmen, Anstalten) in Redaktionen arbeiten, um die gesellschaftliche Informationsfunktion zu erfüllen. Deshalb gilt es, sowohl die Ethik der Medien und des Journalismus auf der *Metaebene*, die Ethik von Medienorganisationen und Redaktionen auf der *Mesoebene* und die journalistische Ethik der Medienschaffenden auf der *Mikroebene* zu betrachten.

Ethik ist in zwei Argumentationsfeldern zu begründen, die eine große Schnittmenge haben (Funiok 2011, S. 128; Thomaß 2016, S. 543): Im Zentrum des *Ethikdiskurses* steht die Verantwortung für das journalistische Handeln des Einzelnen vor dem Hintergrund der öffentlichen Aufgabe, dem organisatorischen Rahmen, dem Pressekodex und dem Publikum. Die zentrale Frage im *Qualitätsdiskurs* ist: „Wie muss ein Medienprodukt beschaffen sein, damit es als gut und nützlich gelten kann?" (Funiok 2011, S. 128). Medienprodukte werden dabei sowohl als meritorische Güter[9] verstanden als auch Kriterien wie Richtigkeit, Verständlichkeit, Unterhaltsamkeit in Rechnung gestellt.

Sowohl in der Kommunikations- und Medienwissenschaft als auch der Journalistik sind grundlegende theoretische Ansätze entwickelt und Fragen der Moral respektive Ethik transferiert worden. Es ist herausfordernd, sie zu systematisieren. Grundlegend lassen sich einige Hauptstränge unterscheiden: die *Individual-*, die *Institutionen-* und die *System-* sowie die *Publikumsethik*, die *Gesinnungs-* und die *Verantwortungsethik* sowie die *Kasuistische Ethik*.

---

[9] Meritorische sind „grundsätzlich private Güter, deren Bereitstellung durch den Staat damit gerechtfertigt wird, dass aufgrund verzerrter Präferenzen der Bürger/Konsumenten deren am Markt geäußerte Nachfragewünsche zu einer nach Art und Umfang – gemessen am gesellschaftlich wünschenswerten Versorgungsgrad (Merit Wants) – suboptimalen Allokation dieser Güter führen" (Eggert 2018).

3.3.1 Ansätze der Individual-, Professions- und Systemethik

Wenn man die Unterscheidung der *Individual-* von der *Professions-* und der *Systemethik* (siehe Kap. 2) auf den Journalismus bezieht, sind im Hinblick auf die erstere die *christliche Medien-* und die *Vernunftethik* relevant. Sie betonen die *persönliche Verantwortung* des einzelnen Journalisten. Die Ursprünge dieses Ansatzes sind vor allem bei Otto Groth (1875–1965; Journalist, Zeitungskundler und Privatgelehrter) und Emil Dovifat (1890–1969; Publizistikwissenschaftler) zu finden. Elisabeth Noelle-Neumann (1916–2010; Gründerin des Instituts für Demoskopie Allensbach), Otto B. Roegele (1920–2005; Publizist und Kommunikationswissenschaftler) und Hermann Boventer (1928–2001; ein katholischer Medien- und Sozialethiker) stehen in dieser Tradition.

Otto Groth beschreibt den Journalismus wie folgt:

„Er ist ein ‚höherer' Beruf, einer von denen, die der individuellen Persönlichkeit ein weites Wirkensfeld bieten, aber auch eine solche zum erfolgreichen Wirken verlangen, die also besondere, angeborene geistige Fähigkeiten, nicht nur erlern- und übbare Fertigkeiten voraussetzen. Zum Journalisten muß man geboren sein, und das, was man von der Geburt her mitbringen muß, das sind Anlagen, die im allgemeinen über die Ansprüche eines mittleren Berufes hinausgehen." (S. 402)

Zu diesem Verständnis gehört für Groth ein entsprechendes Pflicht- und Verantwortungsbewusstsein, nicht nur im engeren Rahmen der Tätigkeit für einen Verlag, sondern im Hinblick auf die *öffentliche Aufgabe*. „Eine solche Berufsethik sollte versuchen, die Gesamtheit der ethischen Verpflichtungen, die aus der beruflichen Stellung und Tätigkeit jedes geistigen Arbeiters an der periodischen Presse erwachsen, und ihre Begründung sowohl aus der allgemeinen Ethik wie auch aus dem Wesen der Aufgabe des Periodikums darzustellen" (Groth 1972, S. 622). Groth (1962, S. 387–402) nennt wesentliche journalistische Tugenden – die auch heute noch als Normen ihre Gültigkeit haben (sollten): Pflicht- und Verantwortungsbewusstsein, Gewissenhaftig-, Zuverlässig- und Vertrauenswürdigkeit, Entschlusskraft, Einsatzbereitschaft, Takt und Diskretion, Zuvorkommenheit und Selbstbeherrschung. Ähnlich wie für Groth basieren auch für den Publizistikwissenschaftler Emil Dovifat diese Anforderungen auf der Überzeugung, dass Journalismus vor allem ein Begabungsberuf sei, der eine entsprechende „Gesinnung" fordere. „Drei Veranlagungsvoraussetzungen und drei sie begleitende Charaktervoraussetzungen bedingen die publizistische Persönlichkeit." Er müsse ein „*Mann der Öffentlichkeit*" sein, er strebt an, „Dinge zu *ändern*" und er hat ein „*publizistisches Sendungsbewusstsein*" (Dovifat 1990, S. 123–125). Es wird an dieser Stelle nicht thematisiert, dass die Zeitungs- und Publizistikwissenschaftler des späten 19. und frühen 20. Jahrhunderts völlig ausschlossen, dass auch Frauen diesen Beruf ergreifen könnten. Aber auch andere gesellschaftliche Gruppen wie Juden wurden im Berufsfeld Journalismus rassistisch diffamiert und systematisch behindert (Weischenberg 2002, S. 473–477).

Walter Hömberg und Christian Klenk (2010, S. 41–52) transferieren die Debatte über die Verantwortung des einzelnen Journalisten in die komplexe Medienwelt des 21. Jahrhunderts. Auf der einen Seite steht die öffentliche Aufgabe der Medien, auf der anderen garantieren das Grundgesetz sowie Landespressegesetze spezifische Freiheitsrechte, aber auch Pflichten der Journalisten (Hömberg und Klenk 2010, S. 41 f.). In den privat-kommerziellen und öffentlich-rechtlichen Medienorganisationen übernehmen Journalist:innen spezifische Rollen, in denen sie stets bedenken müssen, „welche Folgen ihr Handeln für andere haben kann. Sie dürfen nicht wirtschaftliche Interessen wie Auflage oder Quote über die Persönlichkeitsrechte stellen, weil der Mensch ansonsten nicht mehr Selbstzweck wäre, sondern als Mittel zum Zweck missbraucht würde" (Hömberg und Klenk 2010, S. 44). Leitend ist für Hömberg und Klenk (2010) die christliche Ethik, „deren basaler Normenkatalog die Zehn Gebote sind" (S. 43): Journalisten sollten sich von *Nächstenliebe* und *Sorge um ihr Publikum* leiten lassen; mitmenschliche *Achtung*, die Förderung der *Gemeinschaft* der Menschen und kollektive Entscheidungen sind ebenfalls zentrale Prämissen (S. 43). Diese persönliche Verantwortung „bleibt ein Leben lang" (Hömberg und Klenk 2010, S. 49). Gleichwohl sehen die Vertreter der Individualethik auch die korporative und gesellschaftliche Verantwortung im Sinne einer „gestuften bzw. geteilten Verantwortung" (Hömberg und Klenk 2010, S. 50).

3.3.2 Professionsethik

Der journalistische Beruf hat sich seit seiner Entstehung Mitte des 19. Jahrhunderts zunehmend professionalisiert (siehe Abschn. 3.2). Das Problem allerdings bleibt die fehlende Eingrenzbarkeit des Berufsfeldes, denn Artikel 5 des Grundgesetzes garantiert den *freien Zugang*; damit ist kein Ausbildungs- und Karriereweg verpflichtend festgelegt. Dennoch gibt es seit 1956 mit dem *Pressekodex* des Selbstkontrollorgans *Deutscher Presserat* eine fixierte Professionsethik. Sie gilt für den Einzelnen, berücksichtigt aber den Kontext der Redaktion und letztlich der Gesellschaft. (Weiteres siehe Abschn. 3.4 Strukturen der Professionsethik.)

3.3.3 Bedeutung der Institutionen-, Organisations-, Medien- oder Systemethik für die journalistische Ethik

Die Vertreter dieser Ansätze sehen zwar auch die Verantwortung des Einzelnen, aber sie konstatieren, dass der Journalismus nicht an einzelnen Personen fest zu machen ist, sondern in *Organisationen* (Verlage, Rundfunkanstalten, Redaktionen) entsteht, die wiederum ein Strukturelement des gesellschaftlichen Teilsystems der öffentlichen Kommunikation sind. Deshalb soll zunächst die Bedeutung *systemtheoretischer Ansätze* (vgl. Kap. 2) für die Ethik des Journalismus betrachtet werden.

Grundlegend ist für diese sozialwissenschaftliche Herangehensweise die Frage, wie soziale Ordnung möglich ist. Ein Garant für das Funktionieren sind Normen; sie schaffen und stabilisieren – angesichts der Komplexität moderner Gesellschaften – Erwartungssicherheit. Werden diese Erwartungen nicht erfüllt oder wird gegen sie verstoßen, müssen die zugrunde liegenden Normen nicht geändert werden; in der Regel wird der Verstoß sanktioniert, denn Normen sind in Gesetzen und Konventionen festgelegt. Hinter diesen normativen Erwartungen liegt die *Moral*, quasi als Hintergrundprogramm. Nach Niklas Luhmann (2008, S. 112) ist Moral durch die wechselseitige Achtung der Handelnden oder Kommunizierenden gekennzeichnet. Moral ist in diesem Kontext sehr wichtig für die Interaktionsbildung (regelt soziale Ordnung durch Achtung) – aber nicht ausdifferenzierbar in ein eigenes Subsystem (Luhmann 2008, S. 154) oder anders: Es existiert keine allgemeingültige Gesamtethik. Gesellschaftliche Teilsysteme operieren nach jeweils eigener Logik („Code"). Moral als Reflexionsinstanz wird erst relevant, wenn ein Subsystem dysfunktionale Effekte auf andere Subsysteme oder die Gesellschaft hat. Dennoch sind weder die Moral noch ethische Normen durchsetzungsfähig, da es „einen grundlegenden Gegensatz zwischen systemischen Strukturen und ethischen Anforderungen" gibt, „weil Medienbetriebe Moral- und Ethik-Postulate entweder ins Leere laufen lassen oder eng an den wirtschaftlichen Erfolg koppeln, so dass Ethik immer dann zur Disposition gestellt wird, wenn sie sich wirtschaftlich nicht rechnet" (Scholl 2010, S. 76). Insofern können systemtheoretische Betrachtungen der Medien als Institutionen- oder Systemethik die Frage nach der praktischen Bedeutung ethischer Normen im Journalismus nicht eindeutig beantworten beziehungsweise die zu konstatierende Ökonomisierung des Mediensystems (Münch 1992; Weingart und Schulz 2014) scheint die Luhmann'sche Annahme zu belegen.

3.3.4 Konstruktivistische Ansätze

Ein weiterer sozialwissenschaftlicher Ansatz, der von der Journalistik adaptiert wurde, ist der *Konstruktivismus* – wobei hier besser der Plural verwendet werden sollte, da es sehr unterschiedliche Ausprägungen des Konstruktivismus gibt (praxisorientierter, operativer, radikaler usw.) (Pörksen 2010, S. 53). Generell ist das Ziel konstruktivistischer Ansätze „die Beobachtung der Konstruktion von Wirklichkeit"; ihr Leitmotiv ist „der Abschied von der absoluten Wahrheit" (Pörksen 2010, S. 53). Die zahlreichen Vertreter konstruktivistischer Ansätze verwenden keine einheitliche Begrifflichkeit, sondern prägen verschiedene Varianten dieser Denkschule (vgl. Kap. 2).

Die *Kritik* an der konstruktivistischen Sichtweise besteht vor allem in der Vermischung von Erkenntnistheorie und Ethik – oder konkreter wird hinterfragt: Gibt es per se eine allgemeingültige Wahrheit oder Objektivität? Gilt der kategorische Imperativ als Vorschrift für ethisch und moralisch richtiges Handeln? Konstruktivisten wie Pörksen geht es darum, dem Einzelnen keine Vorschriften zu machen, sondern die ethischen Regeln implizit zu formulieren, sodass sie im Verhalten des Individuums im Hintergrund wirken.[10] Das hat Kritiker auf den Plan gerufen, die behaupten, die konstruktivistische Sichtweise rechtfertige für den Journalismus und vor allem dessen Qualität jegliche *Willkür*: Wenn jedes Erkennen von Wirklichkeit ohnehin nur eine beliebige Konstruktion des einzelnen Wahrnehmenden sei, könnten auch keine einheitlichen Maßstäbe für die Qualität von Medien angesetzt werden. Oder noch pointierter formuliert: Konstruktivistisches Handeln könnte zu einer „systematische(n) Entmoralisierung der Medien und ihrer Handlungsträger" führen (Boventer 1992, S. 164). Zusammengefasst sind die wesentlichen Kritikpunkte: Den Journalisten böten sich Anreize, die Wirklichkeit nicht berufsethisch korrekt wiederzugeben, da die Existenz einer einheitlichen und für jeden gleichermaßen gültigen Realität geleugnet werde. Somit müsse auch nicht sorgfältig darauf geachtet werden, ein korrektes Bild von den allgemeingültigen Zuständen wiederzugeben, was zur Beliebigkeit einlade. Diese führe wiederum dazu, dass Manipulation und Lüge in den Medien gerechtfertigt werden. Durch

---

[10] Siehe grundlegend auch Pörksen, B. (2006). Die Beobachtung des Beobachters. Eine Erkenntnistheorie der Journalistik. Konstanz. Er formuliert drei Schlüsselaspekte der konstruktivistischen Ethikdebatte (S. 234–235): Autonomie und Freiheit des Journalisten sollen nicht mehr als Gegensatz von Abhängigkeit und Unfreiheit verstanden werden, sondern im Sinne einer „situativ aktivierbaren Dialektik"; die Unterscheidung von Fakt und Fiktion bzw. Wahrheit oder Lüge ist „strikt beobachterrelativ"; wem ist Verantwortung im arbeitsteiligen Handlungsgefüge zuzuweisen?

die konstruktivistische Sichtweise werde der Wirklichkeitsverlust, der durch die bewusst manipulative Berichterstattung der Medien überhaupt erst erzeugt wird, legitimiert. Die Beurteilung der Qualität von Medienangeboten sei zudem erschwert, denn „der konstruktivistische Ansatz (führt) dazu, dass nicht mehr eindeutig zwischen der Realitätshaltigkeit (und damit Qualität) zwischen Boulevard-Journalismus und seriösem Journalismus von Qualitätszeitungen unterschieden werden kann" (Bentele 1993, S. 163). Die Objektivität werde Opfer einer erkenntnistheoretischen Diskussion und damit praktisch aufgelöst. Konstruktivismus negiere letztlich jede Form von Medienkritik, da einem Vergleich von tatsächlicher, wahrnehmbarer Wirklichkeit und deren journalistisch erzeugter Beschreibung jede Grundlage genommen werde, wenn davon ausgegangen werde, dass es nur individuell erzeugte, der Willkür unterliegende Konstruktionen von Realität gebe.

Bislang liegen weder eine konstruktivistische Medienethik noch eine entsprechende Journalismusethik vor; es gibt lediglich eine Sammlung von Begriffsvorschlägen und Denkansätzen, die für die Medienethik folgenreich sind. Grundlegend ist, dass Verantwortung Entscheidungsfreiheit auf der einen und die Möglichkeit der Wahrnehmung einander ausschließender Alternativen auf der anderen Seite voraussetzt. Jeder ist selbst dafür verantwortlich, was er nach eigenem Verständnis tut, aber nicht, wie diese Taten in der sozialen Gemeinschaft interpretiert und nachgeahmt werden.

3.3.5 Diskursethik in Redaktionen

Einen sehr inspirierenden Ansatz für die journalistische Funktion und die Arbeit von und in Redaktionen bietet die *Diskursethik* (Brosda 2010, S. 83–106) (vgl. Kap. 2). Der ethische Diskurs kann als *Instrument journalistischer Selbststeuerung* eingesetzt werden und gilt als eine *Dimension journalistischer Qualität*. Typische diskursethische Fragen lauten: Ist sorgfältig und umfassend recherchiert worden? Sind alle Betroffenen einbezogen? Ist das Thema relevant? Sind alle Geltungsansprüche überprüft? Ist das journalistische Urteil nachvollziehbar? Sind alle wichtigen Argumente vollständig vermittelt? Ist die soziale Dimension ausreichend erklärt? Sind Zusammenhänge und Hintergründe erkennbar? Ist der journalistische Beitrag anschlussfähig an die Lebenswelt der Publika? In Redaktionen werden nicht täglich diese Fragen für alle Beiträge mit allen Mitgliedern erörtert. Es gelten die Standards, die sich über Jahre ausgeprägt haben; sie werden bei besonderen Themen und Ereignissen sowie bei Mitarbeiterwechsel auf die Agenda gesetzt und in Gesprächen sowie Konferenzen geklärt.

3.3.6 Die kulturwissenschaftliche Perspektive

In den vergangenen Jahrzehnten wird die Frage, ob (Informations-)Journalismus unterhaltend präsentiert werden darf und kann, mit Zunahme der Kommerzialisierung und Boulevardisierung auch seriöser Medien *kulturwissenschaftlich* diskutiert. Der Ansatz der *Cultural Studies* kam unter anderem über den britischen Soziologen und Marxisten Stuart Hall Ende der 1980er-Jahre nach Deutschland; einer der Hauptvertreter in Deutschland ist der an der Universität Bremen lehrende Soziologe und Medienwissenschaftler Andreas Hepp. Allerdings werden Aspekte wie Ethik und Moral in dieser kulturwissenschaftlichen Betrachtung der Mediatisierung der Gesellschaft nicht theoretisch ausgearbeitet. Zwei Stränge sind bedeutend für die Entstehung dieses Ansatzes: die (medien-)pädagogische Aufklärung und Bildung sowie marxistische Konzepte der Gesellschafts- und Ideologiekritik, die vor allem das Verhältnis von Kultur, Medien und Macht analysieren. „Kultur wird nicht als eine homogene Sphäre, sondern als eine Form des Kampfes und des Konflikts verstanden. In diesem Forum werden Bedeutungen, Werte, Zielsetzungen, Sinnentwürfe und Identitäten gegeneinandergesetzt und miteinander ausgehandelt" (Dörner 2010, S. 128).

Die Cultural-Studies-Perspektive in der (soziologisch orientierten) Medienwissenschaft beruht auf den Prämissen: Das Publikum ist so bedeutend wie die Medien selbst, die Zuschauer sind *aktive Rezipienten* und die Mediennutzer haben Freiräume, die sie aktiv gestalten können. „Medienethik im Sinne der Cultural Studies versteht sich daher ebenfalls als politisches Projekt" (Dörner 2010, S. 128). Aus dieser Position heraus gibt es keine per se schlechten im Sinne von ethisch verwerflichen Medienangebote.

Eine zentrale ethische Rolle liegt in der Tat beim Publikum. Leser, Zuhörer und Zuschauer können selbst bestimmen, ob und welche Medien sie wie und aus welchem Grund nutzen. Zu den Hauptvertretern der *Publikumsethik* zählen der amerikanische Kommunikationsforscher Clifford Christians und der deutsche Medienethiker Rüdiger Funiok. Grundlegend ist auch hier das Verständnis des aktiven Rezipienten, in seinen Rollen als Staatsbürger, als aktiver Gestalter der eigenen Freizeit und als Erziehender mit der Verantwortung für Heranwachsende (Funiok 2010, S. 235; Funiok 2011, S. 155–163). Das Publikum hat dementsprechend eine staatsbürgerliche und als Konsument eine kollektive Verantwortung für die Medien. Es kann und soll ethisch zweifelhafte Medienangebote zurückweisen, also kritisch konsumieren, sich aus vielen Quellen informieren, sich selbst in die Diskussion einbringen. Die Voraussetzung dafür allerdings ist: Medienkompetenz! Zwar steht deren Vermittlung als Aufgabe der Landesmedienanstalten in den entsprechenden Gesetzen, aber noch immer findet sie sich nicht in allen Lehr- und Stundenplänen der Schulen in Deutschland. Der Appell von Rüdiger Funiok (2010, S. 242), es müsse „Ziel einer demokratischen Medienpolitik sein, innerhalb der verbliebenen Aufsichtsgremien die Beteiligung des Publikums institutionell zu verbessern", wird bis heute kaum gehört, geschweige denn umgesetzt.

> **Die Ebenen der Ethik im Journalismus**
> - Die journalistische Ethik bezieht sich sowohl auf die Individual- als auch die Redaktions- und die Systemebene.
> - Ein besonders inspirierender Ansatz für die Zusammenarbeit in einer Redaktion ist die Diskursethik.
> - Auch dem Publikum kommt eine wesentliche Rolle zu: Gleichwohl die Nutzergruppen von journalistischen Medienangeboten sehr heterogen sind, könnten sie ethisch kritische Angebote zurückweisen oder aktiv kritisieren. Dazu ist jedoch eine ausreichende Medienkompetenz notwendig.

3.4 Strukturen der Professionsethik

Grundlegende ethische Fragen im Journalismus können auf *drei Ebenen* formuliert werden:

Metaebene: Welche Funktion erfüllt Journalismus für die Gesellschaft? Ist er Beobachter? Wächter? Kritiker und Kontrolleur? Welche wesentlichen politischen und wirtschaftlichen Faktoren spielen eine Rolle und welchen Einfluss haben sie auf den Journalismus? Existiert in diesem Sinne eine Ethik des Systems?

Mesoebene: Was bedeutet ethisches Handeln für die Nachrichtenbeschaffung, die Selektion und Präsentation der Informationen und die Produktion von Information und Unterhaltung in Medien und Redaktionen?

Mikroebene: Wie muss und kann sich der einzelne Journalist ethisch verhalten?

Zentrale Orientierungspunkte auf allen Ebenen sind

- der Kinder- und Jugendschutz,
- der Schutz der Meinungsfreiheit und -vielfalt,
- der Schutz der Privatsphäre,
- die Wahrnehmung der potenziellen Manipulation durch Medien,
- die Unterscheidung von Journalismus, Werbung und Public Relations.

3.4.1 Rechtliche Grundlagen

Die ethischen Grenzen und Abgrenzungen sind teilweise durch rechtliche Grundlagen definiert. Da es in der Bundesrepublik Deutschland *kein bundeseinheitliches Medienrecht* aufgrund der föderalen Struktur gibt, gelten auf höchster Ebene das Grundrecht (Verfassung), das Straf- und Zivilrecht, die Strafprozessordnung sowie weitere Quellen wie das Kunsturheberrechtsgesetz, das Patentrecht, Verordnungen und Staatsverträge. Verwiesen wird insbesondere auf die Priorität der *Grundgesetzartikel* 5 (Informations- und Medienfreiheit), 1 (Menschenwürde) und 2 (Recht auf Leben, Freiheit der Person). Auf Landesebene sind die *Landespressegesetze* sowie die Medien- und Rundfunkgesetze zentral, in denen unter anderem neben der Sorgfaltspflicht der Journalisten auch das Recht auf Auskunft von Behörden verankert ist.[11]

Am Beispiel des Bayerischen Pressegesetzes[12] soll die Struktur dieser wesentlichen Rechtsquelle für Medienschaffende skizziert werden, zumal sich einige der wesentlichen Aspekte auch in anderen Landespressegesetzen (LPG) und im Pressekodex des Deutschen Presserates wiederfinden: In Art. 1 LPG sind das Recht der freien Meinungsäußerung und die Pressefreiheit garantiert; in Art. 3 sind in drei Abschnitten die Aufgaben der Presse formuliert:

„(1) Die Presse dient dem demokratischen Gedanken.
 (2) Sie hat in Erfüllung dieser Aufgabe die Pflicht zu wahrheitsgemäßer Berichterstattung und das Recht, ungehindert Nachrichten und Informationen einzuholen, zu berichten und Kritik zu üben.
 (3) Im Rahmen dieser Rechte und Pflichten nimmt sie in Angelegenheiten des öffentlichen Lebens berechtigte Interessen im Sinn des § 193 des Strafgesetzbuchs (StGB) wahr."

Artikel 4 schreibt das Recht auf Auskunft gegenüber Behörden fest; in Artikel 7 und 8 ist die Impressumspflicht für Zeitungen, Zeitschriften und andere Druckwerke festgehalten. In Art. 9 steht kurz und bündig: „Bei Zeitungen und Zeitschriften müssen Teile, insbesondere Anzeigen- und Reklametexte, deren Abdruck gegen Entgelt erfolgt, kenntlich gemacht werden." In Art. 10 ist das Recht auf Gegendarstellung

---

[11] Einen Überblick über die Medienrechtsquellen bietet diese Seite: http://www.artikel5.de/gesetze.html (19.10.2021). Da Medienpolitik unter die Kulturhoheit der Länder fällt, müssen länderübergreifende Vereinbarungen in Staatsverträgen geregelt werden (v. a. Rundfunkstaatsvertrag alles Länder).

[12] https://www.gesetze-bayern.de/Content/Document/BayPrG/true; grundlegend in Kraft seit 2000, geändert zuletzt am 26.03.2019.

festgehalten; die folgenden Artikel drehen sich um Datenschutz sowie strafrechtliche Verantwortlichkeit und Ordnungswidrigkeiten. Vor allem rechtlich interessant ist auch das in Art. 16 und 17 genannte Recht auf Beschlagnahme, das v. a. im Hinblick auf Recherchematerial und Zeugenschutz regelmäßig ethische Implikationen hat.

Zur Illustration dieser Rechtsnormen sollen zwei Beispiele dienen: Das RTL-Team um den Investigativjournalisten Günter Wallraff recherchiert regelmäßig monatelang undercover, beispielsweise in deutschen Krankenhäusern.[13] Juristisch betrachtet müsste das Team u. a. folgende Paragrafen aus dem Strafgesetzbuch berücksichtigen: § 123 StGB: Hausfriedensbruch, § 201a StGB: Bildaufnahme im höchstpersönlichen Bereich und § 201 StGB: Verletzung der Vertraulichkeit des Wortes. Hinzu kommt der Aspekt der Beachtung des Allgemeinen Persönlichkeitsrechts von Betroffenen (wie beispielsweise interviewten Arbeitskollegen). Rechtlich ist zu fragen, ob das öffentliche Interesse an dem Thema beziehungsweise die Offenlegung des Geschäftsgebarens der (privaten) Kliniken höher zu bewerten ist. Ergebnis: Das Gericht bewertete in diesem Fall das öffentliche Interesse als höherwertig.

Im zweiten Fall hat die Undercover-Recherche des SWR-Reporters Jürgen Rose (Müller 2014, S. 40–41) zu einem zwei Jahre dauernden Rechtsstreit geführt: Der Journalist hatte für seine TV-Reportage „Hungerlohn am Fließband" zwei Wochen lang in einem Mercedes-Werk gearbeitet und verdeckt gefilmt. Als Werkvertragsmitarbeiter verdiente er wesentlich weniger als Festangestellte für die gleiche Tätigkeit; als Familienvater war er gezwungen, die 991 € netto pro Monat mit Hartz IV-Geld aufzustocken. Nach der Ausstrahlung des Beitrags im Mai 2013 klagte der Autohersteller – allerdings erst neun Monate später – auf Unterlassung wegen Hausfriedensbruch und Verletzung des Unternehmenspersönlichkeitsrechts. Durch mehrere Instanzen wurde das Urteil gegen den Konzern bestätigt: „Rose sei zwar rechtswidrig vorgegangen, doch die gezeigten Missstände rechtfertigten die Art und Weise, weil Daimler auf Kosten der Allgemeinheit gehandelt habe, wenn auch legal" (Schuster 2016, 40).

3.4.2 Institutionen der Selbstregulierung

Zu Beginn der 1950er-Jahre diskutierte die Regierung Adenauer über die Verabschiedung eines *Bundespressegesetzes* (vgl. Bundesarchiv o. D.). Das Bundesinnenministerium hatte einen im September 1951 fertiggestellten Referentenentwurf zum

---

[13] Wallraff (2016). Krankenhaus-Reportage. https://www.rtl.de/cms/sendungen/real-life/team-wallraff.html.

3.4 Strukturen der Professionsethik

„Gesetz über die Presse" im Januar 1952 zur Debatte im Kabinett vorgelegt, der sich stark an das Reichspressegesetz vom 7. Mai 1874 angelehnt hatte. Verabschiedet wurde es nie, weder in dieser noch in einer anderen Form, denn als Reaktion darauf gründeten fünf Zeitungsverleger und fünf Journalisten am 20. November 1956 den *Deutschen Presserat* als Selbstkontrollinstanz nach dem Vorbild des *British Council*.[14] Der Verband der Deutschen Zeitschriftenverleger trat 1957 bei. Die Geschichte des Presserates ist bewegt und nicht immer von der Einigkeit aller Beteiligten geprägt (siehe Abschn. 3.4.3); so kam es zwischen 1982 bis 1985 zu einer Unterbrechung der Arbeit, da sich Verleger- und Journalistenvertreter nicht über die Abdruckpflicht von Rügen einigen konnten. Am 12. Dezember 1973 schreibt der Presserat „die Grundsätze für die publizistische Arbeit im „Pressekodex" fest und überreicht diesen Bundespräsident Gustav W. Heinemann". Damit besteht bis heute ein Instrumentarium, das einerseits als ethische Grundlage für journalistisches Handeln, andererseits aber auch für die Beurteilung von Beschwerden darüber in den Ausschüssen des Rates gilt.

Übrigens konstituierten sich der Deutsche Werberat und die Freiwillige Selbstkontrolle der Filmwirtschaft FSK schon einige Jahre vor dem Presserat im Jahr 1949. Der Grund liegt darin, dass weder Werbetreibende noch Kinofilmproduzenten im engeren und weiteren Sinne journalistische, sondern Medienangebote machen, die nicht primär normative, öffentliche Funktionen erfüllen (müssen). Die Freiwillige Selbstkontrolle Fernsehen (FSF) wurde 1994 gegründet, nachdem sich das Duale Rundfunksystem und damit die privat-kommerziellen Hörfunk- und Fernsehsender in Deutschland seit 1984 etabliert hatten. Mit der zunehmenden Digitalisierung ist die Trennung von Mediengattungen in Staatsverträgen (Rundfunkstaatsverträge), Gesetzen (z. B. Telekommunikationsgesetz) und Verordnungen (z. B. Fernsehdienstnormenverordnung) oder Satzungen (z. B. Satzung der Landesmedienanstalten über die Zugangsfreiheit zu digitalen Diensten) nicht mehr konsequent zu vollziehen.

Ohne dies an dieser Stelle ausführen zu können, soll noch kurz ein Blick in die Regelungen des Rundfunkbereichs geworfen werden. Der öffentlich-rechtliche aber auch der private Rundfunk unterliegen rechtlich der Gesetzgebungshoheit der Länder; entsprechende Landesrundfunk- und Landesmediengesetze sowie vor allem der Rundfunkstaatsvertrag legen die öffentlichen Aufgaben der Anstalten bzw. Unternehmen mehr oder weniger klar fest. Für die einzelnen Länderanstalten existieren Redaktionsstatute, in denen die Rechte von Intendant und (verantwortlicher) Redaktion juristisch fixiert sind. Weiterhin sind insbesondere die Einrichtung

---

[14] Alle Daten aus der Geschichte des Presserates in diesem Abschnitt stammen von https://www.presserat.de/files/presserat/dokumente/download/Chronik2013_web.pdf.

von Redaktionsvertretungen (die auch als Redakteursvertretung oder Redakteursausschuss bezeichnet werden), die Klärung von inhaltlichen Streitigkeiten sowie Informations-, Anhörungs- und Mitwirkungsrechte geregelt. In einer Präambel und neun Paragrafen hat beispielsweise der WDR Rechte, Aufgaben und Verfahren formuliert.

In den einzelnen Anstalten und Sendern sind die Rundfunk-/Medienräte für Beschwerden gegen Ausstrahlungen zuständig. Die Landesmedienanstalten haben ein Portal eingerichtet, „das orientiert, informiert und dafür sorgt, dass Ihre Beschwerde nicht einfach verloren geht, sondern geprüft wird".[15] Bei den öffentlich-rechtlichen sind die jeweiligen Landesanstalten beziehungsweise die jeweiligen Rundfunkräte zuständig. Die Anstalten unterscheiden generelle Programmkritik und formale Eingaben wegen Verstoßes gegen Gesetze: Ersteres wird an Redaktionen weitergeleitet, zweiteres geht an den Rundfunkrat (beim ZDF-Fernsehrat). Beim ZDF reicht der Fernsehbeiratsvorsitzende eine formale Beschwerde an den Intendanten weiter, der Stellung nehmen muss. In der zweiten Stufe gehen diese und die Beschwerde an den Programm- beziehungsweise Beschwerdeausschuss, um von dort mit einer entsprechenden Stellungnahme wiederum im Fernsehrat diskutiert zu werden.

Ein Beispiel: Für die Sitzung des ZDF-Fernsehrates am 1. Oktober 2021 (ZDF-Fernsehrat 2021) lagen insgesamt 13 Programmbeschwerden aus dem Zeitraum 15.06. bis 13.09.2021 vor, von denen zwei vom Intendanten geklärt werden konnten. Weiterhin waren 215 sonstige Eingaben eingereicht worden, von denen 70 wegen Unklarheiten nicht und die anderen 145 beantwortet wurden. Unter den elf Fällen befanden sich sowohl Nachrichtensendungen wie *heute* und das *heute-journal*, *Zoom*, *Frontal 21*, *sportstudio live* sowie Unterhaltungsformate wie eine Folge der Serie *Soko-Köln*, *ZDF Magazin Royale*. Intendant und Fernsehrat müssen sich allerdings auch regelmäßig mit Massen- oder Sammelbeschwerden beschäftigen. Die *heute*-Sendung vom 9. August 2021 und hier der Beitrag des ZDF-Umweltredakteurs Volker Angres zum Themenfeld Klimaschutz wurde von mehreren Zuschauern kritisiert. Intendant Thomas Bellut ordnete die Informationen des Beitrags ein, führte Argumente an und kam zu dem Schluss, dass er einen „Verstoß gegen den Grundsatz der wahrheitsgetreuen Berichterstattung" nicht erkennen könne (ZDF-Fernsehrat 2021).

Noch einmal ein kritischer Blick zurück zur Selbstregulierungsinstanz Deutscher Presserat. Der Journalismusforscher Horst Pöttker greift in einem Beitrag (2013) die generelle Kritik an der Medienselbstkontrolle bezüglich der Wirkungslosigkeit von *Sanktionsmöglichkeiten* bei Verstößen auf. Er vermutet, „dass die

---

[15] https://www.programmbeschwerde.de/.

3.4 Strukturen der Professionsethik

Wirksamkeitsdefizite der Medienselbstkontrolle auch mit dem Inhalt von berufsethischen Normen zusammenhängen" (Pöttker 2013, S. 121). Jedes Berufsethos speise sich aus zwei Quellen: „der *allgemeinen Moral* und der *konstitutiven Aufgabe* des betreffenden Berufs, seinem professionellen Kern" (Pöttker 2013, S. 121; Hervorhebungen im Original). Für den Wissenschaftler zentral ist die *öffentliche Aufgabe des Journalismus*, die in eine „*Grundpflicht zum Publizieren*" münde (Pöttker 2013, S. 123). Zwischen öffentlicher Aufgabe und Moral kann es zu Kongruenzen aber auch zu Diskrepanzen kommen, vor allem wenn zu öffentlichen Missständen recherchiert und publiziert wird (Pöttker 2013, S. 125–127).

„Um Verborgenes in Erfahrung zu bringen, ist verdecktes Recherchieren, bei dem die recherchierende Person sich nicht als Journalist(in) zu erkennen gibt, ein probates Mittel. Es verletzt aber die Goldene Regel, weil es eine Täuschung des Gegenübers mit sich bringt, der ein verdeckt recherchierender Journalist selbst kaum zum Opfer fallen möchte." (Pöttker 2013, S. 126)

Eine der Ursachen für diese Diskrepanz sieht Pöttker in der Genese des Deutschen Presserates. Die Medienpolitik nach dem Zweiten Weltkrieg war zwar einerseits bestimmt von dem Willen zur tiefgreifenden Zäsur; andererseits gab es „aber auch einflussreiche Kräfte, die sich in der Tradition der Vorstellungen von einem volkspädagogischen, staatsnahen, von politischem Verantwortungsbewusstsein durchdrungenen Journalismus fortbewegten" (Pöttker 2013, S. 128). Ein zentrales Merkmal des Gründungskonzeptes sei also gewesen, dass der Presserat – vor dem Hintergrund des Schutzes der Pressefreiheit in der Demokratie – Kritik am Journalismus antizipieren musste, „die *von außen*, von Politikern, Bischöfen, Wissenschaftlern und anderen besonders zu moralisch einwandfreiem Verhalten verpflichteten Berufen und Personen zu erwarten war" (Pöttker 2013, S. 129). Pöttker nennt als zweiten Faktor den moralisch geschuldeten *Respekt vor Persönlichkeitsrechten und Privatsphäre*: „Deren Schutz kann auch zum Vorwand werden, um Fehlleistungen und Verbrechen nicht öffentlich werden zu lassen" (Pöttker 2013, S. 129).

In der Präambel des Pressekodex wird (auch in der aktuell geltenden Fassung vom 11.09.2019) garantiert, dass sich Verleger, Herausgeber und Journalisten „der Verantwortung gegenüber der Öffentlichkeit und ihrer Verpflichtung für das Ansehen der Presse bewusst" sein und der Pflicht nachkommen müssen, „im Rahmen der Verfassung und der verfassungskonformen Gesetze das Ansehen der Presse zu wahren und für die Freiheit der Presse einzustehen".[16] Pöttker schlägt als Alternativformulierung vor: „Es widerspricht journalistischer Professionalität und schadet dem Ansehen der Presse, eine zutreffende Information von öffentlichem Interesse

---

[16] https://www.presserat.de/pressekodex.html.

(wahlweise: von besonderem öffentlichen Interesse), von der eine Redaktion Kenntnis erlangt hat, nicht zu veröffentlichen" (Pöttker 2013, S. 130). Dieser Aspekt spielt bei der Diskussion um die Ziffer 12 des Pressekodex' (Diskriminierung) eine große Rolle (siehe Abschn. 3.6 Fallbeispiel).

Die gesellschaftlichen, politischen, rechtlichen und ökonomischen Rahmenbedingungen haben sich auch und gerade in den vergangenen Jahren stark verändert – aus der Perspektive des Journalismus nicht (nur) zum Positiven. Im Gegenteil: In der Rangliste der Pressefreiheit des Vereins *Reporter ohne Grenzen*[17] hat sich Deutschland im Jahr 2022 von Platz 13 auf 16[18] verschlechtert und befindet sich damit im Kreise der 162 von 180 Ländern, in denen vor allem die Restriktionen in der Corona-Pandemie ihre Spuren hinterlassen haben. Michael Rediske, Vorstandssprecher von *Reporter ohne Grenzen*, erklärte bereits zu Platz 13 im Jahr 2021: „Aufgrund der vielen Übergriffe auf Corona-Demonstrationen mussten wir die Lage der Pressefreiheit in Deutschland von ‚gut' auf nur noch ‚zufriedenstellend' herabstufen: ein deutliches Alarmsignal."[19]

Aufgrund der Restriktionen in der Pandemie seit März 2020 konnten Medienschaffende nicht in gewohnter, professioneller Weise recherchieren und waren somit stärker denn je auf ihre Quellen angewiesen. Die Pressekonferenzen von Politik und Medizinexperten im Frühjahr 2020 waren für Journalisten zugangsbeschränkt und die einzige (digitale) Informationsquelle. Sie zitierten oftmals unhinterfragt unter anderem die bewusst eingesetzten metaphorischen Angst- und Schutz-Frames von Politikern wie Markus Söder – die wiederum auch ihrer Berichterstattung Aufmerksamkeit verschafften. Wurde besonders im März und April 2020 die Unabhängigkeit von Presse und Rundfunk, wie sie in Gesetzen, aber auch der Präambel des Pressekodex' fixiert ist, systematisch und erheblich eingeschränkt? Wie Redaktionen damit umgegangen sind, haben Meier und Wyss (2020) analysiert und fünf Defizite herausgearbeitet, die im Wesentlichen auf dem von ihnen kritisierten Umgang mit *Pflicht- und Verantwortungsethik* basieren:

> „Nach unseren Beobachtungen fühlte sich der Journalismus in Deutschland und in der Schweiz in den ersten Märzwochen der Verantwortungsethik verpflichtet. Die

---

[17] https://www.reporter-ohne-grenzen.de/fileadmin/Redaktion/Downloads/Ranglisten/Rangliste_2021/Rangliste_der_Pressefreiheit_2021_-_RSF.pdf.

[18] https://www.reporter-ohne-grenzen.de/fileadmin/Redaktion/Downloads/Ranglisten/Rangliste_2022/RSF_Rangliste_der_Pressefreiheit_2022.pdf.

[19] Im Übrigen führten die Übergriffe auf Journalisten bei den Pegida-Demonstrationen 2016 zum bis dato schlechtesten Platz 16 im Pressefreiheitsranking https://www.reporter-ohne-grenzen.de/fileadmin/Redaktion/Downloads/Ranglisten/Rangliste_2016/Rangliste_der_Pressefreiheit_2016.pdf.

Medien berichteten weitgehend ohne Distanz im Einklang mit der Kommunikation des Bundes und der Bundesländer. Sie transportierten eher kritiklos und kaum mit eigenen Recherchen flankiert die Analysen und Forderungen weniger dominanter Virologen und die Entscheidungen der Regierungen. In Deutschland wurde die Wegnahme grundlegender Freiheitsrechte in journalistischen Kommentaren größtenteils gefeiert oder sogar noch mehr davon gefordert." (Meier und Wyss 2020)

Mit Blick auf die Zukunft und weitere Krisen gilt es zu analysieren, wie sich Journalisten, Redaktionen und das Mediensystem insgesamt aufstellen müssen, um ihre Unabhängigkeit auch gegen derartige (politische) Einflüsse wahren zu können. Unter Umständen ist dafür eine Art *ethischer Notfallplan* entscheidend, der – über den Pressekodex hinausgehend – Handlungsempfehlungen für komplexe gesellschaftliche Herausforderungen bietet.

3.4.3 Struktur und Zusammensetzung des Deutschen Presserates

Der am 20. November 1956 gegründete Deutsche Presserat hat die Rechtsform eines eingetragenen Vereins, dem jeweils zwei Verleger- und zwei Journalistenorganisationen angehören:

- der Bundesverband Digitalpublisher und Zeitungsverleger (BDZV),
- der Deutsche Journalisten-Verband (DJV),
- die Deutsche Journalistinnen- und Journalisten-Union (dju) in der Gewerkschaft ver.di,
- der Medienverband der freien Presse MVFP.

Jeweils zwei Delegierte bilden den sogenannten Trägerverein, der sich um dessen finanzielle, personelle und organisatorische Grundlagen kümmert. Für den Kodex beziehungsweise neue Richtlinien und deren Ausgestaltung sowie öffentliche Stellungnahmen zuständig ist das Plenum, die sogenannte Vollversammlung des Presserats. Die 28 ehrenamtlich tätigen Mitglieder werden von den vier Trägerorganisationen gewählt und treffen sich zwei Mal im Jahr. Finanziert wird der Presserat zum einen aus den Beiträgen der Trägerverbände, zum anderen gewährt der Bund seit 1976 jährlich auf der Basis eines entsprechenden Gesetzes einen zweckgebundenen Zuschuss für die Arbeit des Beschwerdeausschusses. Der Deutsche Presserat ist Mitglied der Allianz unabhängiger Presseräte in Europa (AIPCE).

Die Mitglieder arbeiten in vier Beschwerdeausschüssen (einer davon beschäftigt sich ausschließlich mit dem Redaktionsdatenschutz), die paritätisch zusammengesetzt sind. Sie werden von einem Vorsitzenden und dessen Stellvertreter geleitet. Deren Arbeit basiert auf der Beschwerdeordnung des Deutschen Presserates, der an den Pressekodex angehängt ist. In ihr ist geregelt, dass jeder Bürger berechtigt ist, eine Beschwerde einzureichen, auch wenn er nicht direkt betroffen ist. Sie muss in Schriftform per Post oder E-Mail inklusive des Beitrags (Original, Kopie, Scan, Screenshot, Link) vorgelegt werden und der Fall darf nicht länger als ein Jahr zurückliegen. Die Beschwerde wird von der Geschäftsstelle geprüft und in der Regel an einen der drei Beschwerdeausschüsse weitergeleitet (zur weiteren Arbeit bzw. den Verfahren beim Presserat siehe Abschn. 3.5).

3.4.4 Bestehende Normen und Kodizes

3.4.4.1 Kodizes und Richtlinien auf Redaktionsebene

Klaus Meier (2014) bezeichnet „Redaktionen als Institution der Medienethik". Denn Journalismus werde von *Redaktionen* geleistet und ihre Angebote seien relevant für die Bewertung von Transparenz und Glaubwürdigkeit der Medien.[20] Zahlreiche Redaktionen haben – vor allem im Nachgang zur sogenannten „Amigo-Affäre"[21] – Ende der 1990er-, Anfang der 2000er-Jahre entweder *Kodizes* oder *Compliance-Vereinbarungen* überarbeitet oder eingeführt. Nicht nur Politiker wie der damalige bayerische Ministerpräsident und CSU-Chef Max Streibl, sondern auch anderen Politikern (vor allem aus CSU und CDU) sowie Journalisten wurde vorgeworfen, berufliche beziehungsweise politische und eigene vornehmlich materielle Interessen zu verquicken. In Deutschland gab und gibt es seitdem immer wieder Vorgänge, die mit dem Begriff *Amigo-Affäre* betitelt werden, sei es die Causa des Kurzzeitbundespräsidenten Christian Wulff[22] (2010 bis 2012) oder die den Jah-

---

[20] Hier kann und soll keine Debatte über die Frage von Glaubwürdigkeit der und Vertrauen in Medien geführt werden. Es liegen zahlreiche Studien vor, die insgesamt zeigen, dass – abweichend von der Quantität der Nutzung – den Qualitätsmedien Zeitung und öffentlich-rechtlicher Rundfunk seit Jahrzehnten hoch bewertet werden, privat-kommerzielle Medien und vor allem pauschal das Internet werden eher skeptisch betrachtet (siehe u. a. Mainzer Langzeitstudie Medienvertrauen unter https://www.ard-werbung.de/fileadmin/user_upload/media-perspektiven/pdf/2020/0620_Schultz_Ziegele_Jakobs_Jackob_Quiring_Schemer.pdf).

[21] Übersicht z. B. unter https://www.focus.de/politik/deutschland/csu/13-wahrheiten-ueber-die-csu-bayern_id_2096395.html.

[22] Siehe u. a. https://www.sueddeutsche.de/politik/bundespraesident-unter-druck-wie-wulff-durch-die-krise-schlingert-1.1286397.

3.4 Strukturen der Professionsethik

ren 2020 und 2021 um eine Reihe von CSU-Politikern wie Georg Nüßlein, Alfred Sauter, Andrea Tandler und andere in der sogenannten „Masken-Affäre".[23] Öffentlich weniger wahrgenommen wurde, dass vor allem Wirtschafts- und Finanzjournalisten, aber auch Auto-, Motor- und Reisejournalisten unter Druck gerieten oder sogar ihren Job verloren, da sie ihre Kenntnisse aus Recherchen genutzt hatten, um sich (finanzielle) Vorteile zu verschaffen. Das hatte Medienunternehmen und -redaktionen veranlasst, ihre internen Regeln nachzujustieren.

Im Folgenden werden *Kodizes* aus drei Verlagen vorgestellt: *WAZ-Mediengruppe* (2007),[24] *Zeit online* (2012)[25] und der *Code of Conduct des Axel Springer Verlags* (2021).[26] In der Präambel macht der *WAZ-Konzern* deutlich, dass Regionalzeitungen „im Vergleich mit anderen Med0ien ein hohes Maß an Glaubwürdigkeit" genießen. „Dieses Vertrauenskapital darf nicht gefährdet werden." Die wichtigsten Regeln, die „strikt einzuhalten sind", betreffen vor allem die Trennung von Redaktion und Werbung. Beides muss in Schriftart und Typografie unterscheidbar sein; die Unabhängigkeit der Redaktionen müsse gewahrt werden, die Beschäftigten den „inhaltlichen Einflussversuchen von Werbekunden oder anderer interessierter Seite widerstehen". Wer „eklatant gegen den Verhaltenskodex" verstößt, „wird entlassen". Geregelt sind außerdem die Annahme von Geschenken, die Übernahme von Reisekosten, die Überlassung von Autos und generell die Nutzung von Presserabatten. Über Letzteres hatte es sowohl nach der Amigo-Affäre in den 1990er-Jahren als auch im Zusammenhang mit der Causa Christian Wulff brancheninterne Diskussionen gegeben. Deren Ergebnis war: Viele große Unternehmen aus der IT-Branche oder die Deutsche Bahn hatten daraufhin ihre Sonderkonditionen für Journalisten abgeschafft (Leyendecker 2012, S. 15). Mittlerweile ist die Debatte wieder abgeflaut und über die Rabatte für Medienschaffende wird nicht mehr (öffentlich) diskutiert.[27]

---

[23] Siehe z. B. https://www.tagesspiegel.de/politik/die-intransparenz-stinkt-gewaltig-opposition-in-bayern-will-affaeren-der-csu-aufarbeiten/27579722.html und https://www.sueddeutsche.de/bayern/bayern-maskenaffaere-andrea-tandler-spendenaufruf-holetschek-1.5569912.
[24] http://www.initiative-qualitaet.de/fileadmin/IQ/Archiv/Rundmails/iq_rundmail_19_kodex.pdf.
[25] http://www.stefan-niggemeier.de/blog/17470/im-wortlaut-der-code-of-ethics-von-zeit-online/.
[26] https://www.axelspringer.com/data/uploads/2021/01/coc_deutsch.pdf Das Bemerkenswerte ist: Nur der Kodex des Axel Springer Verlags ist in einer Neufassung vom Januar 2021 online zu finden; für die beiden anderen musste auf Sekundärquellen zurückgegriffen werden. Das hat möglicherweise mit den Geschäftsinteressen des Axel Springer Verlages in den USA zu tun; im Oktober 2021 ist der Kauf des relevanten US-Magazins *Politico* abgeschlossen worden.
[27] Angebote siehe u. a. auf dieser Plattform: https://www.pressekonditionen.de/.

Der *Code of Ethics* der *ZEIT ONLINE* ist seit 2012 in Kraft, aber bis heute nicht von Verlag und Redaktion öffentlich gemacht.[28] Der Kodex untergliedert sich in vier Kapitel: Journalistische Unabhängigkeit, Qualitätssicherung, Beziehung zu Anzeigenkunden, Verhältnis zu kommerziellen Produkten im eigenen Haus. Vor allem Punkt 1 ist wiederum in acht Kriterien konkretisiert: Beziehungen und Mitgliedschaften der Autoren, Aktienbesitz im Wirtschaftsressort, die Ablehnung von Journalistenrabatten, die Eigenfinanzierung von Reisen, die Ablieferung von Geschenken (über 40 €), keine Rezensionen zu eigenen Publikationen, Ausschluss oder Anzeigepflicht von Nebentätigkeiten, v. a. in Werbung und Public Relations.

Im zweiten Abschnitt zur Qualitätssicherung sind zum einen das Vier-Augen-Prinzip beziehungsweise die Qualitätssicherung der Texte in Form und Inhalt sowie die Verpflichtung zur Korrektur fixiert. Im dritten Kapitel liegt der Schwerpunkt auf der Unabhängigkeit des redaktionellen Inhalts von Werbekunden. Im vierten Abschnitt wird die Trennung von Verlagsprodukten, den Interessen von Geschäftspartnern und der Eigenständigkeit der Redaktion, zu berichten oder nicht, formuliert.

Der *Axel Springer Verlag* – der nach eigener Einschätzung 2011 als eines der ersten Medienunternehmen einen Verhaltenskodex eingeführt hat – präsentiert in seinem aktuellen *Code of Conduct*[29] einen bunten Fahrplan mit sieben Routen: Arbeit & Kollegen, Daten & IT, Redaktion & Unabhängigkeit, Kommunikation & Öffentlichkeit, Partner & Kontakte, Wirtschaft & Gesellschaft, Mensch & Natur. Zentrale Begriffe in der Präambel sind *Freiheit* und *Verantwortung*. Auf Seite 8 finden sich die fünf wichtigsten Werte („Essentials"): Eintreten für „Freiheit, Rechtsstaat, Demokratie und ein vereinigtes Europa", Existenzrecht des Staates Israel, Solidarität mit den USA, Einsatz für eine freie und soziale Marktwirtschaft, Ablehnung von politischem und religiösem Extremismus, Rassismus und Diskriminierung. Aus diesem „Fundament" werden wiederum die fünf Unternehmenswerte abgeleitet: Unternehmertum, Integrität, Kreativität, Empathie, Nachhaltigkeit. Auf den folgenden Seiten werden die oben genannten Kriterien ausformuliert. Ob und wie dieses Compliance-Papier intern interpretiert und gelebt wird, ist bis dato nicht von außen wahrnehmbar – im Gegenteil: Der Fall des Chefredakteurs Julian Reichelt im Herbst 2021, der sich auch auf den CEO des Axel Springer Verlags und BDZV-Vorsitzenden Mathias Döpfner ausgewirkt hatte,[30] lässt diese Frage völlig offen.

---

[28] So beschreibt es jedenfalls Stefan Niggemeier (2014) auf seiner Seite http://www.stefanniggemeier.de/blog/17470/im-wortlaut-der-code-of-ethics-von-zeit-online/ und der Kodex ist auch im Archiv der Zeit von außen nicht zu finden.

[29] https://www.axelspringer.com/data/uploads/2021/01/coc_deutsch.pdf.

[30] Dr. Mathias Döpfner wurde wegen seines Verhaltens bzw. seiner (privaten) Kommunikation über diesen Fall kritisiert; am 24.11.2021 überstand er eine Sitzung des Verbandes, ihm wurde das Vertrauen ausgesprochen.

3.4.4.2 Der Pressekodex des Deutschen Presserates

In diesem Kapitel soll ausführlich der *Kodex des Deutschen Presserates* dargestellt werden, da er – bei aller berechtigter Kritik – das *zentrale Instrument der Professionsethik* in Deutschland ist. Nachdem er 1973 in Kraft getreten war, wurde er immer wieder überarbeitet, in der Regel angetrieben von Beschwerden und oder Ereignissen, die die Rolle der Presse oder das Verhalten von Journalisten in Frage stellten.[31] In der folgenden Tab. 3.1 werden einige wesentliche Daten, Ereignisse und Änderungen genannt.

Tab. 3.1 Chronologie der Änderungen des Deutschen Pressekodex'

Datum	Ereignis	Änderung
1973	Erster Pressekodex, basierend auf den „Richtlinien für die publizistische Arbeit nach Empfehlungen des Deutschen Presserats", die später integriert wurden	Die wichtigsten Punkte: die von der Verfassung garantierte Meinungs- und Informationsfreiheit, die journalistische Sorgfaltspflicht und das Zeugnisverweigerungsrecht
1976	Beschwerde des damaligen Präsidenten des Bundesverfassungsgerichtes, des Deutschen Richterbundes und der Justizpressekonferenz Karlsruhe über die Berichterstattung mehrerer Zeitungen über die Gerichtsentscheidungen zur Diätenbesteuerung; sie hatten die Gerichtsentscheidung bereits vor deren offizieller Verkündung veröffentlicht	„Über Entscheidungen von Gerichten soll nicht ohne schwerwiegende Rechtfertigungsgründe vor deren offizieller Bekanntgabe berichtet werden". Diese Änderung in der damaligen Ziffer 12 (heute Ziffer 13) wurde mit großer Mehrheit vom Presserat beschlossen
1976	„Generals-Affäre": Vier Journalisten hatten politische Äußerungen zweier Luftwaffengeneräle aus einem Hintergrundgespräch veröffentlicht. Die betroffenen Generäle wurden aufgrund des Artikels in den einstweiligen Ruhestand versetzt	Ergänzung des Kodex um Ziffer 5: Informanten dürfen ohne deren Zustimmung nicht genannt werden
1978	Die Redaktion der Zeitschrift Emma, der Deutsche Frauenrat und rund 1200 Frauen reichten Beschwerde gegen das Magazin Stern ein, das Fotos von Frauen veröffentlicht hatte, die als diskriminierend und sexistisch empfunden wurden	Der Presserat lehnte die Beschwerde ab – da es keine entsprechende Ziffer im Pressekodex gab. Ergänzung in Ziffer 12, in der es um die Diskriminierung verschiedener Gruppen geht

(Fortsetzung)

---

[31] https://www.presserat.de/geschichte-des-pressekodex.html.

Tab. 3.1 (Fortsetzung)

Datum	Ereignis	Änderung
1988	Gladbecker Geiseldrama im August 1988	Stellungnahme Presserat: „Interviews mit Geiselnehmern während des Geschehens darf es nicht geben." Es sei nicht die Aufgabe von Journalisten, eigenmächtig Vermittlungsversuche zu unternehmen
1989/1990	Presserat bildet eine Richtlinienkommission wegen der zunehmenden Zahl an Fällen, in denen es um Namensnennungen in der Berichterstattung ging	Diskriminierungstatbestand in Ziffer 12 auf „soziale Gruppen" erweitert und das Wort „rassisch" durch „ethnisch" ersetzt. Weitere Änderungen zu Interview, Recherche und Rügenabdruck
1995	Zahlreiche Beschwerden in vielen Punkten	Neufassung des Kodex; wesentliche Änderung: Persönlichkeitsrechte, die vorher in mehreren Ziffern fixiert waren, gesammelt unter Ziffer 8
2001	Nachdem der Presserat 1999 massiv Kritik am Entwurf zum Bundesdatenschutzgesetz geübt hatte, schlug Bundesinnenminister Otto Schily eine Selbstverpflichtung für den Datenschutz in Redaktionen vor	Diese Aufgabe bedeutete eine deutliche Erweiterung, Kodex und Richtlinien mussten entsprechend aktualisiert werden. Unter anderem wurde die Präambel wegen des Redaktionsdatenschutzes um einen zusätzlichen Absatz ergänzt
2006	Novellierung des Kodex zum 50-jährigen Bestehen	In die Überarbeitung flossen Erkenntnisse aus der Arbeit der Beschwerdeausschüsse, aktuelle Entwicklungen innerhalb der Presse sowie externer Sachverstand ein. So wurde der in Ziffer 7 festgehaltene Trennungsgrundsatz im Hinblick auf Veröffentlichungen über Eigenmarketingaktionen erweitert. Das in Ziffer 13 festgehaltene Vorverurteilungsverbot wurde im Hinblick auf ein vorliegendes Geständnis eines Tatverdächtigen konkretisiert. Bezüglich Interviews wird durch die überarbeitete Richtlinie 2.4 nun klar, dass eine Autorisierung aus presseethischer Sicht nicht zwingend notwendig ist

(Fortsetzung)

3.4 Strukturen der Professionsethik

Tab. 3.1 (Fortsetzung)

Datum	Ereignis	Änderung
2013	Regeln zum Schutz der Persönlichkeit überarbeitet (Ziffer 8)	Getrennte Richtlinien zur Opfer- und Täterberichterstattung
2014	Digitalisierung/Online-Berichterstattung	Online-spezifische Veröffentlichungsformen wie Kommentarfunktionen unter Artikeln sind nun im Kodex berücksichtigt
2015	Änderung diverser Ziffern, vor allem mit Blick auf Online-Publikationen	Neue Richtlinie im Bereich der journalistischen Sorgfaltspflicht (Ziffer 2); 2.7 Nutzerbeiträge (User-Generated Content) bezieht sich auf die von Nutzern zugelieferten Beiträge. Deutlich wird: Redaktion steht in der Verantwortung, die publizistischen Grundsätze sicherzustellen. Modifizierung Ziffer 3 (Richtigstellung); 3.1 (Anforderungen) mit Zusatz, der Richtigstellungen bei Online-Artikeln regelt. Auch die Leserbriefrichtlinie (2.6) wird mit Blick auf Online verändert. Wie mit der Veröffentlichung von Online-Kommentaren unter Nicknames in der Printausgabe umzugehen ist, ist nun im Kodex festgeschrieben
2016	Weitere Online-Anpassung	Anforderungen hinsichtlich des Abdrucks von Rügen in Online-Medien konkretisiert. Künftig ist vorgesehen, dass Redaktionen ihre Leser 30 Tage lang über die Rüge in ihrem Internetangebot informieren
2017	Anlass: Silvesternacht 2015 in Köln, in der es rund um den Dom zu zahlreichen Übergriffen von meist Männern nordafrikanischer Herkunft auf Frauen kam (siehe Abschn. 3.6 Fallstudie)	Änderung der Richtlinie 12.1, Nennung der Herkunft von Verdächtigen und Straftätern. Im Wortlaut stellt die Richtlinie nun statt auf einen begründbaren Sachbezug vor allem auf ein begründetes öffentliches Interesse ab, das für eine Erwähnung der Zugehörigkeit eines Tatverdächtigen vorliegen muss

(Fortsetzung)

Tab. 3.1 (Fortsetzung)

Datum	Ereignis	Änderung
Mai 2017	Nach intensiver Diskussion Zusatzpapier zu Richtlinie 12.1	Leitsätze mit konkreten Beispielen, die Redaktionen bei der Entscheidung helfen sollen, wann sie die Herkunft nennen können oder nicht[a]
2019	Inkrafttreten der EU-Marktmissbrauchsverordnung (MMVO)	Verhaltensgrundsätze zur Finanzmarktberichterstattung aktualisiert. Sie regeln u. a. den redaktionellen Umgang mit Insiderinformationen oder möglichen Interessenkonflikten und setzen Standards für eine unabhängige, nicht-manipulative Berichterstattung über Börsenkurse und Referenzwerte[b]

[a]https://www.presserat.de/files/presserat/dokumente/pressekodex/Pressekodex_Leitsaetze_RL12.1.pdf
[b]https://www.presserat.de/presse-nachrichten-details/aktualisierte-verhaltensgrunds%C3%A4tze-finanzmarktberichterstattung.html

In *16 Ziffern* mit insgesamt *45 Richtlinien* (siehe Tab. 3.2) sind die journalistischen *Berufsnormen* im Pressekodex fixiert. Im Wesentlichen geht es um die *Pflichten* der Journalisten mit Blick auf andere Menschen; einen besonderen *Schutz* genießen Kinder und Jugendliche, kranke und Menschen mit einem besonderen ethnischen, religiösen u. a. Hintergrund. Besonders Fälle wie das *Gladbecker Geiseldrama* im Sommer 1988 oder die Ereignisse in der *Silvesternacht 2015 in Köln* (siehe Abschn. 3.6) führten zu intensiven Diskussionen unter Medienschaffenden und zu Reformen des Kodex'. Auch die Aspekte der Digitalisierung wie Datenschutz, das Recht auf informationelle Selbstbestimmung und die Integration der Telemedien im Aufgabenbereich des Presserates wurden berücksichtigt.

Seit 7. November 2020 ist der neue *Medienstaatsvertrag* in Kraft.[32] Demnach müssen sich Online-Medien, darunter digitale Angebote wie Nachrichtenseiten

---

[32] https://www.die-medienanstalten.de/fileadmin/user_upload/Rechtsgrundlagen/Gesetze_Staatsvertraege/Medienstaatsvertrag_MStV.pdf.

3.4 Strukturen der Professionsethik

Tab. 3.2 Übersicht über die Ziffern und Richtlinien des Pressekodex'[a]

1. Wahrhaftigkeit und Achtung der Menschenwürde
Die Achtung vor der Wahrheit, die Wahrung der Menschenwürde und die wahrhaftige Unterrichtung der Öffentlichkeit sind oberste Gebote der Presse. Jede in der Presse tätige Person wahrt auf dieser Grundlage das Ansehen und die Glaubwürdigkeit der Medien
1.1 Exklusivverträge
1.2 Wahlkampfberichterstattung
1.3 Pressemitteilungen[b]
2. Sorgfalt
Recherche ist unverzichtbares Instrument journalistischer Sorgfalt. Zur Veröffentlichung bestimmte Informationen in Wort, Bild und Grafik sind mit der nach den Umständen gebotenen Sorgfalt auf ihren Wahrheitsgehalt zu prüfen und wahrheitsgetreu wiederzugeben. Ihr Sinn darf durch Bearbeitung, Überschrift oder Bildbeschriftung weder entstellt noch verfälscht werden. Unbestätigte Meldungen, Gerüchte und Vermutungen sind als solche erkennbar zu machen Symbolfotos müssen als solche kenntlich sein oder erkennbar gemacht werden.
2.1 Umfrageergebnisse
2.2 Symbolfoto
2.3 Vorausberichte
2.4 Interview
2.5 Grafische Darstellungen
2.6 Leserbriefe
2.7 Nutzerbeiträge (User-Generated Content)
3. Richtigstellung
Veröffentlichte Nachrichten oder Behauptungen, insbesondere personenbezogener Art, die sich nachträglich als falsch erweisen, hat das Publikationsorgan, das sie gebracht hat, unverzüglich von sich aus in angemessener Weise richtigzustellen
3.1 Anforderungen
3.2 Dokumentierung
4. Grenzen der Recherche
Bei der Beschaffung von personenbezogenen Daten, Nachrichten, Informationsmaterial und Bildern dürfen keine unlauteren Methoden angewandt werden
4.1 Grundsätze der Recherchen
4.2 Recherche bei schutzbedürftigen Personen
4.3 Sperrung oder Löschung personenbezogener Daten
5. Berufsgeheimnis
Die Presse wahrt das Berufsgeheimnis, macht vom Zeugnisverweigerungsrecht Gebrauch und gibt Informanten ohne deren ausdrückliche Zustimmung nicht preis. Die vereinbarte Vertraulichkeit ist grundsätzlich zu wahren
5.1 Vertraulichkeit
5.2 Nachrichtendienstliche Tätigkeiten
5.3 Datenübermittlung

(Fortsetzung)

Tab. 3.2 (Fortsetzung)

6. Trennung von Tätigkeiten Journalisten und Verleger üben keine Tätigkeiten aus, die die Glaubwürdigkeit der Presse in Frage stellen könnten   6.1 Doppelfunktionen

7. Trennung von Werbung und Redaktion[c]
Die Verantwortung der Presse gegenüber der Öffentlichkeit gebietet, dass redaktionelle Veröffentlichungen nicht durch private oder geschäftliche Interessen Dritter oder durch persönliche wirtschaftliche Interessen der Journalistinnen und Journalisten beeinflusst werden. Verleger und Redakteure wehren derartige Versuche ab und achten auf eine klare Trennung zwischen redaktionellem Text und Veröffentlichungen zu werblichen Zwecken. Bei Veröffentlichungen, die ein Eigeninteresse des Verlages betreffen, muss dieses erkennbar sein
   7.1 Trennung von redaktionellem Text und Anzeigen
   7.2 Schleichwerbung
   7.3 Sonderveröffentlichungen
   7.4 Wirtschafts- und Finanzberichterstattung

8. Schutz der Persönlichkeit
Die Presse achtet das Privatleben des Menschen und seine informationelle Selbstbestimmung. Ist aber sein Verhalten von öffentlichem Interesse, so kann es in der Presse erörtert werden. Bei einer identifizierenden Berichterstattung muss das Informationsinteresse der Öffentlichkeit die schutzwürdigen Interessen von Betroffenen überwiegen; bloße Sensationsinteressen rechtfertigen keine identifizierende Berichterstattung. Soweit eine Anonymisierung geboten ist, muss sie wirksam sein. Die Presse gewährleistet den redaktionellen Datenschutz
   8.1 Kriminalberichterstattung
   8.2 Opferschutz
   8.3 Kinder und Jugendliche
   8.4 Familienangehörige und Dritte
   8.5 Vermisste
   8.6 Erkrankungen
   8.7 Selbsttötung
   8.8 Aufenthaltsort
   8.9 Jubiläumsdaten
   8.10 Auskunft
   8.11 Opposition und Flucht

9. Schutz der Ehre Es widerspricht journalistischer Ethik, mit unangemessenen Darstellungen in Wort und Bild Menschen in ihrer Ehre zu verletzen
10. Religion, Weltanschauung, Sitte Die Presse verzichtet darauf, religiöse, weltanschauliche oder sittliche Überzeugungen zu schmähen

(Fortsetzung)

Tab. 3.2 (Fortsetzung)

11. Sensationsberichterstattung, Jugendschutz
Die Presse verzichtet auf eine unangemessen sensationelle Darstellung von Gewalt, Brutalität und Leid. Die Presse beachtet den Jugendschutz
  11.1 Unangemessene Darstellung
  11.2 Berichterstattung über Gewalttaten
  11.3 Unglücksfälle und Katastrophen
  11.4 Abgestimmtes Verhalten mit Behörden/Nachrichtensperre
  11.5 Verbrecher-Memoiren
  11.6 Drogen

12. Diskriminierungen Niemand darf wegen seines Geschlechts, einer Behinderung oder seiner Zugehörigkeit zu einer ethnischen, religiösen, sozialen oder nationalen Gruppe diskriminiert werden   12.1 Berichterstattung über Straftaten[d]

13. Unschuldsvermutung
Die Berichterstattung über Ermittlungsverfahren, Strafverfahren und sonstige förmliche Verfahren muss frei von Vorurteilen erfolgen. Der Grundsatz der Unschuldsvermutung gilt auch für die Presse
  13.1 Vorverurteilung
  13.2 Folgeberichterstattung
  13.3 Straftaten Jugendlicher

14. Medizin-Berichterstattung Bei Berichten über medizinische Themen ist eine unangemessen sensationelle Darstellung zu vermeiden, die unbegründete Befürchtungen oder Hoffnungen beim Leser erwecken könnte. Forschungsergebnisse, die sich in einem frühen Stadium befinden, sollten nicht als abgeschlossen oder nahezu abgeschlossen dargestellt werden
15. Vergünstigungen Die Annahme von Vorteilen jeder Art, die geeignet sein könnten, die Entscheidungsfreiheit von Verlag und Redaktion zu beeinträchtigen, ist mit dem Ansehen, der Unabhängigkeit und der Aufgabe der Presse unvereinbar. Wer sich für die Verbreitung oder Unterdrückung von Nachrichten bestechen lässt, handelt unehrenhaft und berufswidrig   15.1 Einladungen und Geschenke

16. Rügenveröffentlichung
Es entspricht fairer Berichterstattung, vom Deutschen Presserat öffentlich ausgesprochene Rügen zu veröffentlichen, insbesondere in den betroffenen Publikationsorganen bzw. Telemedien
  16.1 Inhalt der Rügenveröffentlichung
  16.2 Art und Weise der Rügenveröffentlichung

[a]https://www.presserat.de/pressekodex.html
[b]Die Initiative Qualität und die Vereinigung der Medienombudsleute hat im September 2021 einen „Leitfaden für den redaktionellen Umgang mit Pressemitteilungen" herausgegeben (bis dato noch nicht verfügbar)

(Fortsetzung)

Tab. 3.2 (Fortsetzung)

^cDa die Beschwerden seit Anfang der 2000er-Jahre zunahmen, veröffentlichte der Presserat im Oktober 2009 einen 50 Seiten umfassenden Leitfaden zur Ziffer 7
^dAufgrund der Vorfälle in der Silvesternacht 2015 in Köln, der Berichterstattung, den Beschwerden sowie der intensiven öffentlichen Diskussion und den Beratungen des Presserates unter Hinzuziehung wissenschaftlicher Expertise wurde die Ziffer 12 bzw. die Richtlinie 12.1 neu formuliert und um Praxis-Leitsätze ergänzt. Die Diskussion über deren Handhabung allerdings ist bis heute uneinheitlich und umstritten

oder Blogs von Zeitungs- und Zeitschriftenverlagen, an journalistische Grundsätze halten.[33] Anbieter können sich freiwillig der Selbstkontrolle des Presserates anschließen und eine entsprechende Selbstverpflichtung unterzeichnen.[34]

3.4.4.3 Der Medienkodex des Netzwerkes Recherche[35]

Neben dem Deutschen Journalisten Verband (DJV), der Deutschen Journalisten-Union (dju) in der Gewerkschaft ver.di, dem Verband der Fotojournalisten und anderen gibt es seit dem Jahr 2001 das *Netzwerk Recherche* (nr),[36] gegründet als eingetragener Verein von Journalistinnen und Journalisten, „um die journalistische Recherche und den Qualitätsjournalismus in Deutschland zu stärken". Der NR-*Medienkodex* sorgte für Aufruhr vor allem unter freien Medienschaffenden. Im Fokus der Empörung stand der kurze Leitsatz Nr. 5: „Journalisten machen kein PR." Mit dem Übergang in die digitale Medienwelt und der damit verbundenen

---

[33] Aus der Präambel: „Die Vermehrung der Medienangebote (Rundfunk und Telemedien) in Europa durch die Möglichkeiten der fortschreitenden Digitalisierung stärkt die Informationsvielfalt und das kulturelle Angebot auch im deutschsprachigen Raum. Gleichzeitig bedarf es auch und gerade in einer zunehmend durch das Internet geprägten Medienwelt staatsvertraglicher Leitplanken, die journalistische Standards sichern und kommunikative Chancengleichheit fördern." Paragraph 19 (1) lautet: „Telemedien mit journalistisch-redaktionell gestalteten Angeboten, in denen insbesondere vollständig oder teilweise Inhalte periodischer Druckerzeugnisse in Text oder Bild wiedergegeben werden, haben den anerkannten journalistischen Grundsätzen zu entsprechen. Gleiches gilt für andere geschäftsmäßig angebotene, journalistisch-redaktionell gestaltete Telemedien, in denen regelmäßig Nachrichten oder politische Informationen enthalten sind und die nicht unter Satz 1 fallen. Nachrichten sind vom Anbieter vor ihrer Verbreitung mit der nach den Umständen gebotenen Sorgfalt auf Inhalt, Herkunft und Wahrheit zu prüfen".

[34] https://www.presserat.de/selbstverpflichtung-onlinemedien.html.

[35] Erste Fassung aus dem Jahr 2006 https://netzwerkrecherche.org/wp-content/uploads/2015/02/nr-medienkodex.pdf; aktuelle Fassung vom 8. Juli 2016 https://netzwerkrecherche.org/wp-content/uploads/2018/10/nr-Medienkodex-2016.pdf.

[36] https://netzwerkrecherche.org/.

3.4 Strukturen der Professionsethik

Umsatzverluste vor allem in den Printmedienhäusern gerieten vor allem Freie zu Beginn der 2000er-Jahre in Existenznöte; mit den damals üblichen Zeilenhonoraren konnte kaum ein nicht nach Tarif fest angestellter Mitarbeiter sein Leben finanzieren. Viele suchten sich im Feld der Public Relations weitere Verdienstquellen. Die Vorwürfe richteten sich damals primär an die Mitglieder im Netzwerk, die sichere Positionen beispielsweise im öffentlich-rechtlichen Rundfunk hatten und sich keine Sorgen um ihre Existenz machen mussten.[37] Der Satz steht auch in der aktuell gültigen Fassung des Kodex', aber der Kontext hat sich verändert. Lautete die Präambel 2006: „Neue Technologien und zunehmender ökonomischer Druck gefährden den Journalismus. Um seine Qualität und Unabhängigkeit zu sichern, setzt sich das Netzwerk Recherche für dieses Leitbild ein." – so betont die Neufassung:

> „Recherche ist die wichtigste Voraussetzung für die Glaubwürdigkeit des Journalismus. Neue Technologien eröffnen dem Journalismus und der Recherche Chancen und bringen neue Herausforderungen mit sich. Gleichzeitig gefährdet der ökonomische Druck die Qualität des Journalismus. Das Netzwerk Recherche setzt sich für Qualität, Handwerk und gute Rahmenbedingungen der Recherche ein."

Im zehnten und letzten Satz hat sich die Verantwortlichkeit für die Unterstützung der Journalisten bei ihren Aufgaben auf die Medienunternehmen verlagert. Wichtige Funktionen übernähmen dabei „Redaktions- und Beschwerdeausschüsse sowie Ombudsstellen[38] und eine kritische Medienberichterstattung".

Das Netzwerk hat die Forderungen für Maßnahmen gegen den wachsenden *PR-Einfluss* konkretisiert:[39]

> „Ziel muss es aus Sicht des Netzwerk Recherche sein, die Unterwanderung des Journalismus durch versteckte PR zurückzudrängen und ein striktes Transparenzgebot in Bezug auf die Verwertung von PR durchzusetzen. Außerdem soll ein Trennungsgebot zwischen versteckter PR und Schleichwerbung als ‚manipulativer Kommunikation' und Journalismus als ‚unabhängiger Berichterstattung' erreicht werden. Durch Initiativen und Kooperationen mit Verlagen und Sendern will das Netzwerk Recherche zur Eindämmung des PR-Einflusses auf den Journalismus auf verschiedenen Ebenen Korrekturen durchsetzen und ein Umdenken anregen."

---

[37] Dokumentiert hat das ganze Thomas Schnedler für das Netzwerk, https://netzwerkrecherche.org/files/nr-werkstatt-08-getrennte-welten.pdf.

[38] Eine wichtige Rolle spielt inzwischen die Vereinigung der Medien-Ombudsleute https://vdmo.clubdesk.com/; im Zentrum steht vor allem die Schnittstellenfunktion zwischen Redaktion und Leser (VDMO 2021).

[39] Siehe unter https://netzwerkrecherche.org/ziele/pr-und-journalismus/pr-einfluss-zurueckdraengen/.

Als *Maßnahmen* werden spezifiziert: Kennzeichnungspflicht für Tätigkeiten von Journalisten für Unternehmen und PR-Agenturen; eine schärfere Abgrenzung gegen PR und Schleichwerbung; Aufklärung über den Unterschied zwischen Journalismus und PR in der Ausbildung und Praxis; der „normierte Verzicht der Unternehmen auf nicht legitime, kommerzielle Beeinflussung"; eine angemessene Vergütung und Infrastrukturen, „damit wirtschaftliche Zwänge nicht als Rechtfertigung für die Verknüpfung und Verschmelzung von journalistischer und PR-Tätigkeit herhalten können" (Netzwerk Recherche 2016).

3.4.4.4 Kodizes auf europäischer und internationaler Ebene

In Deutschland obliegt die Kontrolle den Medien selbst. Zwar gibt es in allen anderen europäischen Ländern entsprechende Presse- oder Medienräte, aber nicht alle bewegen sich entlang der gleichen Standards. Vor allem in den Ländern, in denen der (partei-)politische beziehungsweise *staatliche Einfluss* auf Medien und Journalisten groß ist, sind ethische Grundsätze schwer umsetzbar (wie im Jahr 2021 in Polen und Ungarn). Schon mehrfach gab es – in unterschiedlichen Konstellationen – Versuche, eine *europäische Medienethik* zu etablieren. Eine Initiative des Netzwerks Medienethik für den deutschsprachigen Raum (also Deutschland, Österreich, Schweiz) ist 2010 offensichtlich ohne Ergebnis geblieben.[40] Die International Federation of Journalists (IFJ) hat 1954 eine „Declaration of Principles on the Conduct of Journalists" (1954), known as the „Bordeaux Declaration" verabschiedet, die wiederum Grundlage war für die „Global Charter of Ethics for Journalists", die beim 30. IFJ Weltkongress in Tunis am 12. Juni 2019 von den Mitgliedern angenommen worden ist.[41] Sie bezieht sich in ihren 16 Abschnitten wie viele andere entsprechende Dokumente auf die Grundrechte der Meinungsäußerungs-, Informationszugangs- und Medienfreiheit und betont ebenfalls die daraus rührenden, besonderen Pflichten für Journalisten bei der Recherche, dem Bearbeiten, Übertragen, Einordnen, Verfassen und Verbreiten von Nachrichten und Informationen – gleichgültig in welchem Medium. Sie müssen ihre Unabhängigkeit bewahren und eigene Interessen in den Hintergrund stellen.

Der Deutsche Presserat ist Mitglied in der *Allianz unabhängiger Presseräte in Europa* (31 feste sowie acht assoziierte außereuropäische Mitglieder)[42] und nimmt am von der EU-Kommission geförderten Projekt „Media Councils in the Digital Age" teil.

---

[40] Die Links von dieser Seite https://www.netzwerk-medienethik.de/2010/01/08/neuer-ethik-kodex-fur-multimediajournalismus/ führen jedenfalls ins Nichts.

[41] International Federation of Journalists (2019), https://www.ifj.org/who/rules-and-policy/global-charter-of-ethics-for-journalists.html.

[42] https://presscouncils.eu/.

3.4 Strukturen der Professionsethik

Ein kleiner Exkurs soll am Schluss dieses Kapitels unternommen werden, um die internationalen Herausforderungen herauszustellen, denen alle Bürger und damit auch Medienschaffende gegenüberstehen. Unter dem Dach der ZEIT-Stiftung haben im September 2016 Wissenschaftler, Journalisten, Netzaktivitäten und Vertreter anderer zivilgesellschaftlicher Akteursgruppen die erste Fassung einer *Digital-Charta* vorgelegt. Nach kritischen Diskussionen wurde sie überarbeitet und 2018 in einer zweiten Fassung veröffentlicht.[43] Dieses 18 Artikel umfassende Dokument sollte in offenen Foren weiterentwickelt und dem EU-Parlament übergeben werden. Im Internet sind allerdings keine aktuellen Informationen über den Stand des Prozesses zu finden. Getrieben werden die in der Charta formulierten Grundrechte von der Globalisierung, der Digitalisierung und den damit verbundenen Herausforderungen für die europäischen Staaten, die Unternehmen und die einzelnen Bürger. Schlüsselwörter sind Würde, Freiheit, Gleichheit, Transparenz, Sicherheit und Schutz sowie Bildung. Angesichts der bedrohten Pressefreiheit auf der Welt ist eine internationale Bewegung dringender denn je. Die UNESCO kann hierbei federführend sein, zumal sie seit vielen Jahren im Feld der Journalistenaus- und -weiterbildung engagiert ist.[44]

Die Instanzen der ethischen Selbstregulierung
- Das Fundament der Ethik im Journalismus ist das Prinzip der Selbstregulierung.
- Dafür sind im Mediensystem entsprechende Instanzen und Kodizes eingerichtet worden.
- Wesentliche Institution ist der Deutsche Presserat, der über Jahrzehnte hinweg Regeln im Pressekodex festschreibt. Deren Einhaltung wird – initiiert durch Beschwerden – regelmäßig geprüft und gegebenenfalls sanktioniert.
- Da Journalismus nicht nur aus deutscher, sondern europäischer und internationaler Perspektive betrachtet werden muss, gibt es verschiedene Initiativen und Kooperationen.

---

[43] Digital Charta (2018), https://digitalcharta.eu/wp-content/uploads/Digitale_Charta_320x468-FREITAG.pdf.
[44] http://www.unesco.org/new/en/communication-and-information/freedom-of-expression/professional-journalistic-standards-and-code-of-ethics/key-concepts/.

3.5 Problemfelder der Berufspraxis

Zurück nach Deutschland: Schon mehrfach und an verschiedenen Stellen ist auf die medienpolitischen und medienökonomischen Entwicklungen hingewiesen worden. In den vergangenen Jahrzehnten haben sie zu Kommerzialisierung, weiterer Konzentration und Monopolisierung, zu Boulevardisierung und zu nachhaltigen Verwerfungen im Berufs- und Arbeitsmarkt geführt. Galt zwar immer schon die Maxime „sex sells", ist seit Jahren beobachtbar, dass das Credo „Get it first, but first get it right"[45] inzwischen immer auch weniger für das harte Nachrichtengeschäft zu gelten scheint. Der Blick auf Quoten, Reichweiten und hohe Klickzahlen provoziert die Frage nach der Qualität der angebotenen Informationen. Aber die Sorge um ethische Normen im Journalismus ist kein neues Phänomen. Zunächst wird im Folgenden auf die Unterscheidung von *äußerer und innerer Pressefreiheit* eingegangen, anschließend die Arbeit des Deutschen Presserates beschrieben und vor allem statistisch nachgezeichnet und die Relevanz der Ethik im journalistischen Produktionsprozess – vor, während und nach der Veröffentlichung eines Beitrags – betrachtet. Zur Erklärung und Illustration werden Beispiele aus der Spruchpraxis des Presserates herangezogen.

3.5.1 Äußere und innere Pressefreiheit

Bisher lag der Fokus auf der Betrachtung der äußeren Pressefreiheit, das heißt insbesondere der Garantie und dem Schutz der Medien und der Journalisten gegen politische, ökonomische und sonstige Einflüsse von außen. Seit Jahrzehnten allerdings kämpfen Journalisten beziehungsweise deren Verbände um die Fixierung auch der inneren Pressefreiheit in den Landesgesetzen. Alle Medienorganisationen unterliegen den genannten Gesetzen zum Schutz gegen äußere Einflüsse (v. a. Art. 5 GG), aber in privat-kommerziell organisierten und finanzierten Medienunternehmen gelten das Betriebsverfassungsgesetz und der darin verankerte Tendenzschutz. Demnach hat beispielsweise der Verleger das Recht, die grundlegenden Leitlinien seines Mediums festzulegen. Er trifft also nicht nur wirtschaftliche, sondern – aufgrund der besonderen Rolle der Massenmedien – auch politische Entscheidungen (Chill und Meyn 2012).

---

[45] „Get It First, But First Get It Right" was the slogan of the International New Service (INS), founded by newspaper publisher William Randolph Hearst in 1909. The slogan is cited in print from 1923. The INS combined with the United Press in 1958 to form United Press International (UPI)." (https://www.barrypopik.com/index.php/new_york_city/entry/get_it_first_but_first_get_it_right_international_news_service; 07.11.2021).

3.5 Problemfelder der Berufspraxis

Somit können Redakteure und auch freie Mitarbeiter in einer Betriebsvereinbarung dazu verpflichtet werden, im Sinne einer bestimmten politischen Sichtweise, in einer bestimmten Art und einem bestimmten Stil Texte, Bilder und Filme zu produzieren. Demnach haben sie nicht das Recht, publizistisch unabhängig vom Verleger zu arbeiten. Bereits im Jahr 1951 schlossen die Organisationen der Zeitungsverleger mit dem Deutschen Journalisten-Verband einen Manteltarifvertrag für hauptberufliche und festangestellte Redaktionsmitglieder von Zeitungsverlagen. Darin heißt es: „Der Verleger muß den Redakteur im Anstellungsvertrag auf Innehaltung von Richtlinien für die grundsätzliche Haltung der Zeitung verpflichten" (Chill und Meyn 2012).

Trotzdem wird die sogenannte innere Pressefreiheit seit Jahrzehnten von Journalisten und deren Verbänden gefordert. In den 1970er-Jahren wurden diese Forderungen im Zuge der zunehmenden Pressekonzentration konkretisiert: Die „Verfügungsgewalt der Verleger über die Produktionsmittel" sollte beschnitten und „die Presse auf nicht-privatkapitalistischer Grundlage in Form von Stiftungen oder ähnlich wie Rundfunkanstalten öffentlich-rechtlich" organisiert werden; Journalisten sollten wirtschaftlich am Unternehmen beteiligt und ihre Mitbestimmungsrechte ausgebaut werden (Chill und Meyn 2012). Die sozial-liberale Regierung hatte 1974 einige dieser Punkte zwar in einem Entwurf eines Presserechtsrahmengesetzes aufgegriffen, dieser scheiterte aber am Einspruch der Verleger. Einzelne (wenige) Redaktionen haben bereits damals sogenannte Redaktionsstatute eingeführt, unter anderem die *Süddeutsche Zeitung*: Im Jahr 1971 beschließen „Geschäftsführung, Betriebsrat und Redaktion das bis heute gültige Redaktionsstatut, das die politische Linie der Zeitung zwar nicht im Detail vorgibt, aber diese auf die ‚freiheitliche, demokratische Gesellschaftsform nach liberalen und sozialen Grundsätzen' verpflichtet. Außerdem schützt es die Redaktion vor Eingriffen des Verlages in ihre innere Freiheit und macht die Besetzung von Führungsposten von der Zustimmung der leitenden Redakteurinnen und Redakteure abhängig. Diese ganz im Geist der Reformära Willy Brandt gehaltene Neuerung hat sich als wirksames Mittel zur Wahrung der redaktionellen Unabhängigkeit erwiesen: Kein Verleger hat etwa das Recht, Gefälligkeiten für Geschäftsfreunde oder Anzeigenkunden zu erzwingen" (Käppner und Mayer 2020).

Dieses Statut stand mehrfach auf dem Prüfstand, unter anderem bei der Übernahme des Verlags durch die Südwestdeutsche Medienholding 2008 (Voß 2008) oder dem Wechsel in der Chefradaktion nach der Pensionierung des Chefredakteurs Hans-Werner Kilz im Jahr 2010 (Prantl o. D.). Das Statut existiert bis heute und die Leitlinien der Redaktionsarbeit werden beispielsweise im Transparenz-Blog kommuniziert.[46]

---

[46] Siehe unter https://projekte.sueddeutsche.de/artikel/digital/sz-transparenz-blog-wie-wir--arbeiten-e723887/.

In Übereinstimmung mit der rechtlichen Organisation (Genossenschaft) und dem Selbstbild der Tageszeitung (taz) ist das entsprechende Redaktionsstatut seit 2008 fester Bestandteil der Arbeitsverträge.[47] Es regelt die Beziehungen zwischen Redaktion, Redaktionsrat, Chefredaktion und taz-Gruppe, enthält Grundsätze, Aufgaben, Rechte und Pflichten der jeweiligen Einheit.

Im Herbst 2021 kommen zwei große Verlage in die Schlagzeilen, da sie sich offenkundig nicht an ethische Selbstverpflichtungen gehalten haben: Etwa Mitte Oktober 2021 wird bekannt, dass ein Investigativ-Team des Ippen-Verlags dem Gebaren des BILD-Chefredakteurs Julian Reichelt monatelang nachgespürt hatte und Verstöße gegen die Compliance-Vereinbarung des Verlags entdeckt hatte. Ihm wurde Machtmissbrauch vorgeworfen, da er beispielsweise Beziehungen mit Mitarbeiterinnen eingegangen war (ZEIT Online 2021). Kurz vor der Veröffentlichung wurde bekannt, dass der Verleger Dirk Ippen sein Veto eingelegt und die Publikation verhindert hatte. Der DJV-Vorsitzende Frank Überall kommentierte dies als „massive(n) Eingriff in die redaktionelle Unabhängigkeit und die innere Pressefreiheit der Redaktion"; dieser „Eingriff nach Gutsherrenart" sei „völlig inakzeptabel". „Verleger haben grundsätzlich die Finger von redaktionellen Entscheidungen zu lassen" (DJV 2021). Konkurrenzmedien wie der *Spiegel* (Hülsen et al. 2021) klären darüber auf, in welchem „Skandalsumpf" der Springer-Verlag mit dem entlassenen Chefredakteur Julian Reichelt und dem (noch) amtierenden Vorstandschef und Präsidenten des Verbandes der Zeitungsverleger und Digitalpublisher (BDZV) Mathias Döpfner versunken ist.

Bis heute fordert der DJV „die Länderregierungen auf, diese Verpflichtung (von Medienunternehmen, Redaktionsstatute abzuschließen; Einf. BD) in den Landespressegesetzen, den Landesmediengesetzen, den Rundfunkgesetzen und den Staatsverträgen zum Rundfunk zu verankern" und macht sich für eine „Verankerung der inneren Pressefreiheit in den Manteltarifverträgen" stark. In den aktuellen Verträgen[48] ist ein entsprechender Passus bis heute nicht zu finden.

3.5.2 Die Arbeit des Presserates in der Praxis

Der Deutsche Presserat ist ein eingetragener Verein, dem je zwei Verleger- und zwei Journalistenorganisationen angehören: der Bundesverband Digitalpublisher und Zeitungsverleger (BDZV), der Verband Deutscher Zeitschriftenverleger (VDZ), der Deutsche Journalisten-Verband (DJV) sowie die Deutsche Journalistin-

---

[47] Siehe unter https://taz.de/!114802/.
[48] Tarifvertrag seit Januar 2021 https://www.bdzv.de/fileadmin/content/7_Alle_Themen/Tarifpolitik/Tarifvertraege/TARIFVERTRAG_ZUR_SICHERUNG_TARIFRUNDE_2021_-_CoronaTV_II_unterschrieben.pdf.

nen- und Journalisten-Union (dju) in der Gewerkschaft ver.di. Sie finanzieren im Wesentlichen den Verein, der darüber hinaus einen zweckgebundenen Zuschuss vom Bund erhält. Insgesamt acht Mitglieder bilden den Trägerverein, der sich mit den finanziellen, personellen und organisatorischen Grundlagen beschäftigt; 28 Mitglieder sitzen in der Vollversammlung – dem Plenum –, die zweimal im Jahr neue Richtlinien für den Kodex oder öffentliche Stellungnahmen diskutiert. Das Plenum wählt in paritätischer Besetzung die Mitglieder der drei Beschwerdeausschüsse, die viermal im Jahr die Beschwerden durcharbeiten.[49]

Der Presserat sieht sich selbst nur für journalistisch-redaktionelle Inhalte der Printmedien (Zeitungen, Zeitschriften) sowie für die der Online-Medien zuständig, die eine entsprechende Selbstverpflichtung abgegeben haben. Es ist keine Voraussetzung, von Berichterstattung direkt betroffen zu sein, um sich beim Rat zu beschweren.[50] Geht eine Beschwerde schriftlich per Post oder Online in der Geschäftsstelle des Deutschen Presserates ein, wird sie zunächst formal vorgeprüft. Erachtet sich der Presserat als nicht zuständig oder ist die Beschwerde offensichtlich unbegründet, geht sie zurück an den Einreicher; dieser hat zwei Wochen Zeit, Einspruch einzulegen. Wird sie angenommen, kann der Presserat zunächst versuchen, zwischen den Parteien zu vermitteln. Erreicht eine Beschwerde einen der drei Ausschüsse, kann der Vorsitzende entscheiden, ob er sie zurückweist oder Stellungnahmen einholt. Liegen diese vor, kann der Vorsitzende im Ausschuss beraten. Das Gremium kann die Beschwerde als unbegründet zurückweisen oder sanktionieren, indem es einen Hinweis, eine Missbilligung, eine nicht-öffentliche (bei Opferschutz) oder eine öffentliche Rüge erteilt.

Sehr gut verfolgen lässt sich die Entwicklung über das Archiv und die Datenbank. Werfen wir einen Blick in wesentliche Statistiken: Die Zahl der eingereichten und im Ausschuss behandelten Beschwerden ist – nach einem Peak im Jahr 2015 – zunächst bis 2017 zurückgegangen, um ab 2018 wieder leicht und 2020 sehr stark zu steigen; im Jahr 2021 ist die Zahl der Einzel- und Sammelbeschwerden wieder zurückgegangen, wie auch nochmals 2022. Im Jahr 2023 erreichte die Zahl der Beschwerden, aber auch die der in den Ausschüssen behandelten Fälle mit 1850 beziehungsweise 531 einen neuen Höchststand (Abb. 3.1). Dies ist auf die Corona-Pandemie zurückzuführen. Presseratssprecher Sascha Borowski erklärt zum Bericht 2020:

> „In der pandemiebedingten Ausnahmesituation wünschten sich Leserinnen und Leser klare und verlässliche Fakten und wandten sich besonders häufig an den Presserat, wenn sie am Wahrheitsgehalt der Berichterstattung zweifelten. Ihre Kritik richtete sich etwa gegen die in den Medien genannten Infektionszahlen, unterschiedliche

---

[49] https://www.presserat.de/aufgaben-organisation.html.
[50] Näheres regelt die Beschwerdeordnung https://www.presserat.de/beschwerde.html.

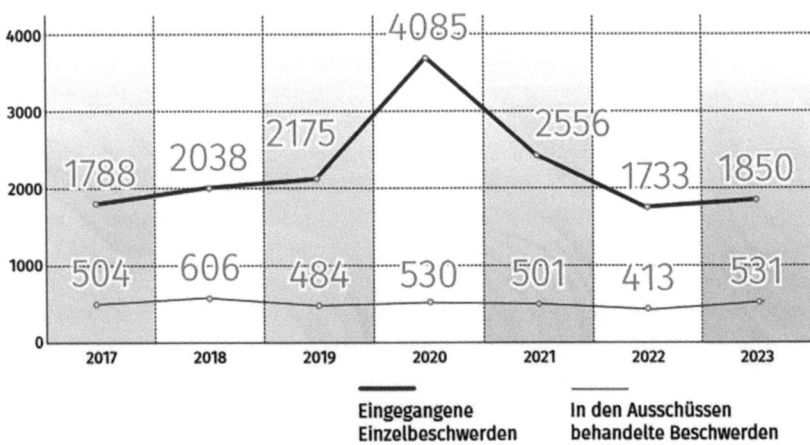

Abb. 3.1 Beschwerdebilanz des Presserates (Stand 2023)

Szenarien zur Sterblichkeit, aber auch gegen Berichte, die über die Beweggründe von Demonstranten gegen die Corona-Maßnahmen informierten."[51]

Der Beitrag, der im Jahr 2020 so viele Beschwerden wie niemals zuvor eingebracht hat, war der satirische Kommentar einer Kolumnistin der *Tageszeitung taz* mit dem Titel „All cops are berufsunfähig", in der sie schrieb, dass Polizisten nur für Tätigkeiten auf einer Mülldeponie geeignet seien. Der Presserat bewertete dieses „Gedankenspiel" als ethisch zulässig; die vielfach angedrohten Strafanzeigen wurden niemals gestellt, nachdem sie als Angriff auf die Pressefreiheit verstanden worden waren.[52]

Im Jahr 2023 bezogen sich viele Fälle vor allem auf die Prüfung, ob die Informationen sorgfältig recherchiert und richtig wiedergegeben waren. Einen noch deutlicheren Anstieg gab es bei den Rügen: Mit 73 lag deren Zahl so hoch wie nie vorher. Vor allem Regionalzeitungen – gefolgt von Boulevardblättern und Zeit-

---

[51] Siehe unter https://www.presserat.de/presse-nachrichten-details/deutlich-mehr-beschwerden.html.

[52] Siehe Aktenzeichen 0561/20/2 und 1015/20/2. Beim Presserat gingen 382 Beschwerden ein. Der damals amtierende und für die Polizei zuständige Innenminister Horst Seehofer (CSU) drohte mit einer solchen Anzeige.

schriften – verstießen gegen die in Ziffer 2 formulierte Sorgfaltspflicht und den in Ziffer 8 verbürgten Persönlichkeitsschutz.

3.5.3 Ethik im Redaktionsalltag[53]

Die Fragen nach ethisch korrektem Verhalten im journalistischen Alltag lassen sich grob und nicht überschneidungsfrei in drei Phasen sortieren: vor, während und nach der Veröffentlichung. Hier sei noch einmal angemerkt, dass die Grenzen zwischen Ethik und Recht bisweilen fließend und nur im Einzelfall zu beurteilen sind. Aber: Um ein juristisches Verfahren einzuleiten, ist immer eine Anzeige notwendig, damit die Behörden ermitteln und entscheiden können, ob eine Grundlage für einen Prozess gegeben ist. Eine ethische Bewertung kann von jedem vorgenommen werden bzw. jeder kann entsprechende Fälle beim Presserat einreichen.

3.5.3.1 Phase I: vor der Veröffentlichung

In dieser Phase finden Journalisten ihre Themen und beginnen Informationen zu sammeln. Dafür gelten zwei wesentliche Prämissen: die Sorgfaltspflicht (v. a. Ziffer 2 Pressekodex) und der Umgang mit Menschen als Informationsquellen (v. a. die Ziffern 4, 8, 9, 10, 11, 12). Journalisten müssen immer abwägen, ob sie offen (die Regel) oder verdeckt (investigativ und inkognito) recherchieren. Dürfen sie immer fotografieren? Was passiert, wenn sie Gewalttaten beobachten oder sogar von ihnen vorher erfahren? Wie sollen sie sich verhalten, wenn sie erpresst werden? Goldene Regel im Journalismus ist, Informanten zu schützen (unabhängig vom sogenannten Zeugnisverweigerungsrecht nach Strafprozessordnung). Bisweilen müssen Menschen auch vor sich selbst geschützt werden, da sie aufgrund ihres Alters (Kinder und Jugendliche), ihres Gesundheitszustandes (alte, kranke und Menschen mit Handikap) oder einer besonderen Lebenssituation (Geflüchtete u. ä., aber auch Prominente aller Kategorien) nicht dazu verleitet werden dürfen, zu viel Privates oder gar Intimes aus ihrem Leben preiszugeben. Es gilt immer abzuwägen, ob das öffentliche Interesse größer ist als die Pflicht, Persönlichkeitsrechte zu schützen.

Unlauter erworbene, zugespitzte oder gar inszenierte Rechercheergebnisse werden in der Regel erst problematisch und eventuell ein Fall für den Presserat, wenn sie veröffentlicht worden sind. Es dauert bisweilen Jahre, bis dies offenkundig und belegt ist. In der Regel erschüttern solche Fälle jedoch die gesamte Branche und

---

[53] Basierend auf der – vergriffenen – Broschüre: Institut zur Förderung publizistischen Nachwuchses/Deutscher Presserat (Hrsg.) (2005). Ethik im Redaktionsalltag. Konstanz: UVK.

beeinflussen – zumindest für eine bestimmte Zeit – die Sensibilisierung für ethisch korrekte Recherche. Diesen Umstand sollen einige Beispiele illustrieren.

Der Schweizer Tom Kummer (Jahrgang 1961) ist Autor und Publizist. In den 1990er-Jahren hat er als freier Journalist für Zeitschriften wie *Tempo*, das *Zeit-* und *Süddeutsche-Magazin* gearbeitet. Seit 1993 lebte Kummer in Los Angeles und berichtete regelmäßig über Hollywood-Prominenz. Seine Interviews mit Pamela Anderson, Sean Penn und vielen anderen wurden vielfach gedruckt. Ende der 1990er-Jahre hatte ein *Focus*-Korrespondent auf Nachfrage bei den Managern der Schauspieler herausgefunden, dass die Gespräche nie stattgefunden hatten, sondern erfunden oder aus anderen Quellen zusammengesetzt waren. Kummer selbst hat sich mit Blick auf seine Mischung zwischen Fakten und Fiktionen als Vertreter des *Borderline-Journalismus* gerechtfertigt. Er konnte sich – auch nach einem kleinen, aber sehr schnell beendeten Comeback Anfang der 2000er-Jahre – nie entscheiden, ob er ein guter Geschichtenerzähler oder ein guter Journalist sein wollte. Der Schweizer Regisseur Miklos Grimes, 1997 selbst von den Fakes Kummers als Chefredakteur des *Tages-Anzeiger-Magazins* betroffen, drehte einen Dokumentarfilm, der 2010 in den Schweizer und 2011 in den deutschen Kinos lief. Darin äußern sich auch damals Verantwortliche wie der SZ-Magazin-Chefredakteur Ulf Poschardt, der mit seinem Kollegen Christian Kämmerling aufgrund des Skandals entlassen worden war. Aus den Aussagen wird deutlich, dass zwar Verdachtsmomente aufkamen, aber beiseitegeschoben wurden, weil der Scoop den damals jungen (Zeitgeist-)Magazinen ein hohes Maß an Aufmerksamkeit einbrachte.

Seit diesem Fall reagiert die Branche immer wieder sensibel auf ähnlich gelagerte Fälle. Denn es entsteht regelmäßig der Konflikt zwischen ökonomisch notwendigen und ethisch zu diskutierenden Strategien – oder konkret: Rechtfertigt die gut erzählte Geschichte, die unterhält, aber nicht bis ins Detail der journalistischen Sorgfaltspflicht und der Informationsfunktion entspricht, das Überschreiten der gesetzten ethischen Grenzen (Dernbach 2017)?

Am 5. Mai 2011 überreichte die Moderatorin Katrin Bauernfeind dem *Spiegel*-Redakteur René Pfister den Henri-Nannen-Preis für die beste Reportage – und nahm ihn gleich wieder zurück. Pfister hatte 2010 im *Spiegel* ein Portrait über den damaligen bayerischen Ministerpräsidenten Horst Seehofer verfasst, das mit folgender Szene begann:

> „Ein paarmal im Jahr steigt Horst Seehofer in den Keller seines Ferienhauses in Schamhaupten, Weihnachten und Ostern, auch jetzt im Sommer, wenn er ein paar Tage frei hat. Dort unten steht seine Eisenbahn, es ist eine Märklin H0 im Maßstab 1:87, er baut seit Jahren daran. (…) Seit neuestem hat auch Angela Merkel einen Platz in Seehofers Keller. Er hat lange überlegt, wohin er die Kanzlerin stellen soll. Vor ein paar Monaten dann schnitt er ihr Porträtfoto aus und kopierte es klein, dann klebte er es auf eine Plastikfigur und setzte sie in eine Diesellok." (Pfister 2010, S. 40 ff.)

3.5 Problemfelder der Berufspraxis

Der Reporter hatte in einem kurzen Interview bei der Preisverleihung freimütig erzählt, dass er nie in Seehofers Keller war, er aber so oft mit ihm und anderen darüber gesprochen hatte, dass er sicher sei, dass seine Beschreibung zutreffe. Kommentatoren waren sich uneinig über die Bewertung des Vorfalls: Die Mehrheit – zu der beispielsweise der langjährige Tagesspiegel-Journalist Harald Martenstein (2011) gehörte – meinte, ein Artikel sei schließlich „keine Doktorarbeit"; Pfister könne nicht in eine Ecke mit Tom Kummer und oder gar dem Dissertationsplagiator Karl-Theodor zu Guttenberg gestellt werden.

Zwei Jahre später, am 10. Juli 2012 erschien ein Portrait über den damaligen Präsidenten des Bundesverfassungsgerichts Andreas Voßkuhle in der *Süddeutschen Zeitung*, verfasst vom damaligen Mitglied der Chefredaktion Heribert Prantl. In der Mitte des Textes stand folgender Absatz:

> „Man muss ihn am Küchentisch erleben. Man muss erleben, wie er ein großes Essen vorbereitet. Bei Voßkuhles setzt man sich nicht an die gedeckte Tafel und wartet, was aufgetragen wird. Eine Einladung (…) beginnt in der Küche: Der eine Gast putzt die Pilze, der andere die Bohnen, der dritte wäscht den Salat. Zu diesem Arbeitsessen gibt es ein Arbeitsweinchen. Natürlich hat der Gastgeber alles sorgfältig vorbereitet, natürlich steht die Menüfolge fest; aber es entsteht alles gemeinsam. Jeder hat seinen Part, jeder hat was zu schnippeln, zu sieden und zu kochen, jeder etwas zu reden: Es geht um die Nudel, die Küchenrolle und um die Welt. Voßkuhle selbst rührt das Dressing. Man ahnt, wie er als oberster Richter agiert." (Prantl 2012, S. 3)

Heribert Prantl, inzwischen pensioniert, ist ein promovierter Jurist, der vor seiner journalistischen Karriere Ende der 1980er-Jahre als Richter und Staatsanwalt gearbeitet hatte. Deshalb ist es besonders bemerkenswert, dass Prantl eine Szene beschreibt, die er weder selbst erlebt hatte noch für die er eine andere Primärquelle angeben konnte. Andreas Voßkuhle ließ über eine Gerichtssprecherin verlauten, „dass Herr Prantl weder für diesen Artikel noch zu einem anderen Zeitpunkt von Herrn Voßkuhle zu einem privaten Essen eingeladen wurde, geschweige denn aus persönlicher Anschauung mit den Kochgewohnheiten des Präsidenten vertraut sein kann" (Simon 2012). Die Redaktion der *Süddeutschen Zeitung* entschuldigte sich einen Tag später – aber weder dieser noch Prantls Beitrag waren und sind im Internet zu finden. Die Branche betitelte den Vorfall „Voßkuhle-Gate" – was er allerdings mit dem Watergate-Fall zu tun haben sollte, wurde nie klargestellt. Stattdessen erinnerten sich viele Medienexperten an René Pfister und Tom Kummer. *Zeit*-Autor Robert Leicht (2012) kommentierte:

> „In der Sache geht es um den Unterschied zwischen „etwas erfahren" und „etwas erleben". Warum müssen Journalisten immer wieder diese Grenze verwischen? (…) Journalisten sollen die Wahrheit transportieren und nicht in Wahrheit sich selber. Die

Literaturtheorie weiß, dass die Geschichte erst im Kopf des Lesers entsteht. Manchmal entsteht sie nur im Kopf des Journalisten."

Die Journalistin Silke Burmester (2012) reagierte mit Sarkasmus:

„Warum, so frage ich mich, sind es ausgerechnet die (männlichen) Starschreiber, die der Versuchung erliegen, Dinge in ihren Texten zu erzählen, die sie nicht erlebt haben? Ich finde es erschreckend, wie erlegen diese Männer der starken Titte Eitelkeit doch immer wieder sind. Als hätten sie, die Tollen, nicht auch andere Mittel, ihre Texte außergewöhnlich zu machen."

Auch der aktuellste öffentlichkeitswirksame Ethik-Fall wurde von Männern ausgelöst: Claas Relotius hatte als *Spiegel*-Autor zahlreiche Reportagen nicht sorgfältig recherchiert beziehungsweise viele Fakten gefälscht, damit sich die Geschichten besser verkauften.[54] Er flog im Dezember 2018 auf, nachdem ein Kollege auf Ungereimtheiten gestoßen war. Bis dahin galt Relotius als „umworbene Edelfeder im Leitmedien-Business", versehen mit den renommiertesten Preisen (Altrogge 2018). Nachdem er wiederum für die beste Reportage des Jahres im Dezember 2018 (über einen syrischen Jungen, der glaubte, mit einem Streich den Bürgerkrieg ausgelöst zu haben) ausgezeichnet worden war, kam der Skandal ins Rollen, an dessen Ende Relotius bestätigte, betrogen, gelogen und gefälscht zu haben.

Die genannten Fälle haben mehrere Regelverstöße (die auch Betrug an den Leserinnen und Lesern beinhalten) sichtbar gemacht: Die Journalisten haben nicht sorgfältig, zuverlässig, ehrlich und transparent gearbeitet. Sie haben ihre Vorgehensweise innerhalb ihrer Redaktionen verschwiegen. Diese wiederum haben ihren Redakteuren vertraut oder haben selbst bei Verdachtsmomenten die Texte beziehungsweise ihr Zustandekommen nicht hinterfragt (Dernbach 2017). Und damit haben sie gegen die Ziffern 1 und 2 des Pressekodex verstoßen: die Achtung vor der Wahrheit, die Wahrung der Menschenwürde und die wahrhaftige Unterrichtung der Menschenwürde sowie die Sorgfaltspflicht: „Recherche ist unverzichtbares Instrument journalistischer Sorgfalt. Zur Veröffentlichung bestimmte Informationen in Wort, Bild und Grafik sind mit der nach den Umständen gebotenen Sorgfalt auf ihren Wahrheitsgehalt zu prüfen und wahrheitsgetreu wiederzugeben. Ihr Sinn darf durch Bearbeitung, Überschrift oder Bildbeschriftung weder entstellt noch verfälscht werden. Unbestätigte Meldungen, Gerüchte und Vermutungen sind als solche erkennbar zu machen" (Pressekodex 2021, S. 3).

In der Recherchephase gibt es einen weiteren, kritisch zu betrachtenden Aspekt: den Abschluss von Exklusivverträgen. Die Richtlinie 1.1 des Pressekodex' lautet:

---

[54] Der Spiegel hat den Fall sehr gut dokumentiert: https://www.spiegel.de/kultur/gesellschaft/der-fall-claas-relotius-hier-finden-sie-alle-artikel-im-ueberblick-a-1245066.html.

3.5 Problemfelder der Berufspraxis

„Die Unterrichtung der Öffentlichkeit über Vorgänge oder Ereignisse, die für die Meinungs- und Willensbildung wesentlich sind, darf nicht durch Exklusivverträge mit den Informanten oder durch deren Abschirmung eingeschränkt oder verhindert werden. Wer ein Informationsmonopol anstrebt, schließt die übrige Presse von der Beschaffung von Nachrichten dieser Bedeutung aus und behindert damit die Informationsfreiheit." (Pressekodex 2021, S. 2)

Die Journalistin Christiane Schulzki-Haddouti hatte 2010 eine Beschwerde beim Presserat eingereicht, die sich gegen eine Exklusivvereinbarung zwischen dem Nachrichtenmagazin *Spiegel* und der Plattform *Wikileaks* richtete. Wikileaks hatte damals regelmäßig interne Berichte einiger US-Botschaften veröffentlicht. Neben vier anderen europäischen Redaktionen hatte die Spiegel-Redaktion einen Exklusivzugang („Embargo-Zugang") bekommen und konnte alle Depeschen auf einmal einsehen, während andere diese Informationen nur stückchenweise erhielten (Schulzki-Haddouti 2011). Der Presserat hatte die Beschwerde mit folgender Argumentation als unbegründet abgelehnt:

„Das Magazin hat sich ethisch zulässig verhalten. Initiative und Aktivität gehen von den Betreibern der Plattform Wikileaks und nicht von der Redaktion des Nachrichtenmagazins aus. Anders als dieses unterliegen die Verantwortlichen von Wikileaks nicht den berufsethischen Regeln des Pressekodex. Aus Sicht des Presserats handelt es sich bei ihnen nicht um journalistisch-redaktionell tätige Akteure." (Aktenzeichen 0849/10/2)

Nicht immer landen solche Fälle vor dem Presserat; sie führen aber immer wieder zu Schlagzeilen, beispielsweise wenn es um die Verpflichtung von Prominenten als Experten zur Kommentierung von Sport- und anderen Ereignissen geht.[55]

Das Problem, dass Interviewpartner ein Honorar für ihre Auskünfte verlangen, taucht immer wieder auf. Der Publizist und Coach Christian Sauer bezeichnete Info-Honorare einmal als „Pest" (Akademie für Publizistik 2016), die Rechtsanwältin Dorothee Bölke (ebd.) erachtet Honorare als bisweilen „notwendig und sinnvoll" und der Medienethiker Bernhard Debatin (ebd.) hält sie für eine „Fehlleistung eines nur noch auf Gewinn ausgerichteten Mediensystems". Für den sogenannten *Scheckbuch-Journalismus* gibt es im Laufe der Jahrzehnte zahlreiche Beispiele. Er ufert vor allem dann aus, wenn nicht nur Informationen für Texte, sondern exklusive Bilder angeboten werden, von Fotografen, die vor Ort waren und im richtigen Moment auf den Auslöser gedrückt haben.

---

[55] Der Fall des ehemaligen Radprofis Jan Ullrich, der exklusiv im Dienste der ARD stand, gehörte 2006 ebenso dazu (https://www.spiegel.de/kultur/gesellschaft/medienliebling-jan-ullrich-ard-verteidigt-exklusivvertraege-a-435303.html) wie die Zeugin im Prozess gegen den Wettermoderator Jörg Kachelmann 2010, die einen Exklusivvertrag mit der „Bunten" abgeschlossen hatte (https://www.n-tv.de/panorama/Zeugin-hat-Exklusivvertrag-article1902311.html).

Im Prozess um den Vergewaltigungsvorwurf gegen den Wettermoderator Jörg Kachelmann 2010 sorgte ein Exklusivvertrag einer Ex-Freundin mit der Illustrierten *Bunte* für Empörung. Sie hatte für ihre Aussage als Zeugin die Medienvertreter aus dem Gerichtssaal ausschließen lassen – aber bereits vorher aus dem intimen Nähkästchen geplaudert (Stern 2010). Drei Jahre vorher waren die Eltern des in der Türkei wegen sexueller Nötigung eines 13-jährigen Mädchens verhafteten Schüler Marco W. in die Schlagzeilen geraten, weil sie seine Geschichte exklusiv an RTL verkauft hatten (Hanfeld 2007). Ob der Informant im Falle Uli Hoeneß und dessen Steuerhinterziehung in Millionenhöhe Geld bekommen hatte, wurde nie publik.[56] Es wurde immer vermutet, dass es sich um einen Mitarbeiter des zuständigen Finanzamtes handelte; sein Anteil an der Verurteilung des prominenten Fußballmanagers jedenfalls war beachtlich. Allerdings hatte er sich selbst in existenzielle Gefahr begeben: Wäre er als Durchstecher der Informationen bekannt geworden, hätte er wohl seinen Job und – als Beamter – seine Pensionsansprüche verloren.

3.5.3.2 Phase II: während/mit der Veröffentlichung

Aus ethischer Perspektive heraus stellt sich die Frage, ob aus publizistischen (Wahrnehmung im Wettbewerb um Aufmerksamkeit innerhalb der Medienbranche), ökonomischen (privatwirtschaftliche Finanzierung der öffentlichen Aufgabe) und sozialpsychologischen Gründen (Eitelkeit und Geltungsbedürfnis des Einzelnen) das daraus resultierende Storytelling die normativen Forderungen an den Journalismus (Makroebene), an Redaktionen (Mesoebene) und an den einzelnen Journalisten gewahrt werden. Oder wird aufgrund des Mangels an Distanz, Sorgfalt, Authentizität, Zuverlässigkeit, Wahrung der Persönlichkeitsrechte das „Ansehen der Presse" gefährdet? Die juristischen und ethischen Leitplanken sind installiert und damit ist das Risiko potenziell reduziert – dennoch ergeben sich vor allem in der Phase der Veröffentlichung viele Herausforderungen und Fallen.

Die überwiegende Zahl der Ziffern und Richtlinien des Pressekodex bezieht sich auf die Rücksichtnahme gegenüber und den Schutz von Menschen, die bereits vor der Publikation gefährdet, aber aufgrund eines Artikels identifizierbar sind, in Gefahr geraten oder sogar angegriffen werden könnten. Dies gilt insbesondere für Opfer, aber auch manchmal für mutmaßliche Tatverdächtige – gleichgültig ob prominent oder nicht. Vor allem Amokläufe, Unglücke, Unfälle und andere Katastrophen, bei denen es viele Tote und Verletzte gibt, führten in den vergangenen Jahren zu heftigen Debatten über die Ethik von Journalisten. Im Zentrum stehen die Vorwürfe des Sensationsjournalismus, Voyeurismus, aber auch der Vorverurteilung.

Greifen wir zwei Beispiele heraus:

---

[56] Siehe https://www.stern.de/sport/fussball/das-komplette-stern-interview-was-der-geheime-hoeness-informant-erzaehlte-3408856.html.

Germanwings-Absturz am 24. März 2015
Bei dem Absturz einer Airbus-Maschine in den französischen Westalpen kamen alle 150 Insassen ums Leben, darunter auch der Co-Pilot Andreas Lubitz. Er hatte vermutlich das Flugzeug in selbstmörderischer Absicht geplant an einem Berg zerschellen lassen. Viele Medien hatten vor allem online sehr schnell den Namen des Piloten sowie Fotos veröffentlicht, noch bevor offizielle Ermittlungsergebnisse bekannt gegeben waren. Nicht nur *BILD* oder die *Hamburger Morgenpost* titelten in ihren digitalen und gedruckten Ausgaben: „Andreas Lubitz. Der Killer im Cockpit. Lebensmüder 27-Jähriger riss 149 Menschen mit in den Tod" (Morgenpost 2015). Auch Magazine wie der *Spiegel* oder *Stern* identifizierten den mutmaßlichen Täter in Wort und Bild. Aber nicht nur ihn: Auch viele der Opfer – darunter 16 Schüler und zwei Lehrerinnen aus Haltern in Nordrhein-Westfalen – werden in Wort und Bild in die Öffentlichkeit gezerrt; ebenso ergeht es später Eltern, Angehörigen, Freunden und Bekannten.

Weder vorher noch nachher trafen zur Medienberichterstattung über einen Fall so viele Beschwerden beim Presserat ein wie 2015: „430 Leser wandten sich an die Selbstkontrolle. Allein die Frage, ob der Co-Pilot namentlich genannt werden durfte, stellten rund 200 Leser. Die Berichterstattung über den Absturz war die größte Sammelbeschwerde, die der Presserat je zu einem Ereignis erhalten hat." (Kruse und Tillmans 2015, S. 6). Insbesondere Ziffer 8: Schutz der Persönlichkeit, aber auch 11, insbesondere die Richtlinien 11.1: Unangemessene Darstellung, 11.2: Berichterstattung über Gewalttaten und 11.3: Unglücksfälle und Katastrophen standen im Fokus.

Der Presserat hat im Übrigen die Nennung des Pilotennamens als zulässig erklärt, nicht aber die Abbildung von Opfern und deren Angehörigen:

> „Er kam zu der Auffassung, dass die Medien ab dem Zeitpunkt der Pressekonferenz der Staatsanwaltschaft Marseille am Mittag des 26.03.2015 davon ausgehen durften, dass der Co-Pilot das Flugzeug absichtlich zum Absturz gebracht hatte. Zu diesem Zeitpunkt hatten entsprechende Erkenntnisse durch die Auswertungen des Sprachrekorders und weitere Ermittlungen der französischen Luftfahrtbehörde vorgelegen. Zusammen mit der Einzigartigkeit des Falls war in der Gesamtschau eine Nennung des Namens des Co-Piloten aus Sicht des Presserats zulässig.(…) Die Abbildung von Opfern und deren Angehörigen war in der Regel unzulässig. Zu diesem Ergebnis kam der Presserat nach intensiven Beratungen. Namen und Fotos von Opfern und Angehörigen dürfen nur dann identifizierbar veröffentlicht werden, wenn es sich um Persönlichkeiten des öffentlichen Lebens handelt oder eine ausdrückliche Zustimmung vorliegt." (ebd., S. 15)

Das berechtigte öffentliche Interesse an dieser schweren Tat rechtfertigte, dass neben dem Piloten auch dessen Eltern aus der Berichterstattung heraus identifizierbar waren. Zu berücksichtigen war darüber hinaus, dass es sich um einen Suizid handelte. Entsprechend Richtlinie 8.7 ist bei Selbsttötung Zurückhaltung geboten, um vor allem keine Nachahmer zu motivieren. Doch angesichts von 149 weiteren Todesopfern trat dieser Aspekt zurück (Becker 2015). Das Gremium sprach drei Rügen, sechs Missbilligungen und neun Hinweise aus. *BILD, bild.de* und die *Rheinische Post* wurden gerügt, weil sie Bilder und Namen von Opfern und der Freundin des Co-Piloten veröffentlicht hatten. Das Besondere an diesem Fall war allerdings, dass in der Pressemitteilung des Presserats nicht nur die Rügen, sondern auch die zwei Missbilligungen gegen *Bild Online* bekannt gemacht wurden (Altrogge 2015). Die anderen Medien, die vier Missbilligungen kassierten, wurden nach gängiger Praxis anonymisiert. Und obwohl der Rat die 31 Beschwerden gegen einen Post des *Bild*-Kolumnisten Franz Josef Wagner für unbegründet hielt, kommentierte dieser: „Zu Entscheidungen über guten oder schlechten Geschmack ist der Presserat jedoch nicht berufen" (Altrogge 2015). Der Verlag reagierte mit zahlreichen Mails und Anrufen beim obersten Pressewächter.

Aufgrund der schwierigen ökonomischen Situation vor allem der Verlage befasst sich der Presserat häufig mit Verstößen gegen Ziffer 7: *Trennung von Werbung und Redaktion*. Davon betroffen sind nicht nur die großen überregionalen, sondern auch und gerade kleinere regionale Tageszeitungen. Im September 2015 beispielsweise sprach der Presserat sieben von zehn Rügen wegen des Verstoßes gegen Ziffer 7 aus.[57] Darunter waren unkritische bis werbende Beiträge über neue Kreditangebote einer Bank, einer Reitsportkollektion (mit einem Foto des Herstellers) oder anderer Unternehmen, die als Schleichwerbung, also nicht gekennzeichnete Werbung beurteilt wurden.

Problematisch wird es darüber hinaus für eine Redaktion, wenn sie nicht nur gegen Ziffer 7, sondern auch gegen Ziffer 15: *Vergünstigungen* verstößt. So gab es im Jahr 2020 eine öffentliche Rüge des Presserates für ein Magazin, das sich im Rahmen seiner Wirtschaftsberichterstattung mit dem Thema Haartransplantationen und Botox-Behandlungen bei Männern befasste. Der Autor nannte Namen und Adresse einer Firma, bei der sich Männer beraten und behandeln lassen könnten, und führte ein Wortlaut-Interview mit der ebenfalls namentlich genannten Ärztin. In derselben Ausgabe beschrieb ein Redaktionsmitarbeiter im Selbstversuch einen Aufenthalt auf einem Schiff der Kiel-Oslo-Route im Detail und warb für die Möglichkeit, Konferenzen abzuhalten. Der Leser, der Beschwerde eingereicht hatte, vermutete verdecktes Sponsoring. Die Klarstellung des Verlages reichte dem Presserat offensichtlich nicht aus, um die Beschwerde als unbegründet zu deklarieren – im Gegenteil: Er erteilte eine öffentliche Rüge, sowohl wegen Ziffer 7 als auch Ziffer 15. Denn: „In der Ver-

---

[57] Siehe unter https://www.presserat.de/presse-nachrichten-details/trennungsgrundsatz-nach-ziffer-7-h%C3%A4ufig-missachtet.html.

3.5 Problemfelder der Berufspraxis

öffentlichung wird dem porträtierten Unternehmen erheblicher Raum zur werblichen Selbstdarstellung geben, ohne dass diese journalistisch eingeordnet würde. Dem positiven Bericht über das Unternehmen ist ein Rabatt-Coupon eben dieses Unternehmens beigefügt. So kann beim Leser der Eindruck eines sogenannten Koppelungsgeschäfts entstehen" (Aktenzeichen 0691/20/3).

Der Grat zwischen informierender Berichterstattung beispielsweise in einer Rubrik mit dem Titel „Aus dem Wirtschaftsleben" und Schleichwerbung war schon immer schmal. Zumal sich aus Verbrauchersicht tatsächlich die Frage stellt, ob nicht auch ein Unternehmensportrait, ein Produkttest oder Ähnliches wichtige Informationen liefert. Immer wieder vom Grat abgestürzt sind Zeitungs- und Zeitschriftenredaktionen, die entweder sogenannte redaktionelle Sonderveröffentlichungen (Richtlinie 7.3) oder generell die Wirtschafts- und Finanzberichterstattung zum eigenen oder dem Vorteil anderer benutzt haben. Von 32 Fällen im Jahr 2021 (einschließlich drittes Quartal) wurden sechs als unbegründet zurückgewiesen, vier mit einem Hinweis versehen, sechs missbilligt und 16 öffentlich gerügt. In der letztgenannten Kategorie ist eine Programmzeitschrift zu finden, die in ihrer Rubrik „Hallo Doktor!" konkrete Präparate nannte. Die Redaktion verwies in ihrer Stellungnahme darauf, dass der Hinweis auf ein beispielhaft genanntes konkretes Präparat dem Leser einen schnellen, leicht zugänglichen Lösungsansatz aufzeige und damit dem Informationsinteresse der Leserinnen und der Leser entspreche (Aktenzeichen 0471/21/3). Dies überzeugte den Beschwerdeausschuss nicht.

Der Aspekt der Medizinberichterstattung ist nicht nur in diesem Zusammenhang heikel. Ziffer 14 lautet: „Bei Berichten über medizinische Themen ist eine unangemessen sensationelle Darstellung zu vermeiden, die unbegründete Befürchtungen oder Hoffnungen beim Leser erwecken könnte. Forschungsergebnisse, die sich in einem frühen Stadium befinden, sollten nicht als abgeschlossen oder nahezu abgeschlossen dargestellt werden." In den Jahren 2020 und (bis November) 2021 gab es fünf öffentliche Rügen u. a. wegen Verstößen gegen Ziffer 14, wobei alle Beiträge sich mit der Corona-Pandemie befassten: Eine Regionalzeitung propagierte ein Spray gegen das Corona-Virus, zwei andere warben für einen Heilpraktiker, der eine Selbstheilungstherapie entwickelt hatte, und einen Arzt, der mit Vitamin-D-Spritzen das Virus bekämpfen wollte; eine Boulevardzeitung führte mit der Schlagzeile in die Irre: „Experten sicher: RKI-Zahlen stimmen nicht – Es sterben weniger Menschen, als täglich gemeldet wird", und ein Lifestyle-Magazin gab Studienergebnisse zur Corona-Impfung nicht korrekt wieder.[58]

---

[58] Dies sind die Aktenzeichen 0456/20/3, 0447/20/3, 0071/21/1, 0305/21/3 und 0530/21/1.

3.5.3.3 Phase III: nach der Veröffentlichung

Ist der Beitrag erschienen, kann es auch im Nachgang zu Konflikten und Beschwerden kommen. Dabei gibt es zwei zentrale Aspekte: Was passiert mit den Fakten, Daten und Zitaten, die ein Journalist während der Recherche gesammelt, die er aber möglicherweise nicht alle veröffentlicht hat? Und zweitens: Inwieweit hat ein Journalist die Pflicht, Tatsachen richtig zu stellen? Beides ist im Wesentlichen juristisch geregelt: In der Strafprozessordnung ist das *Zeugnisverweigerungsrecht*[59] fixiert, das heißt, ein Journalist muss seine Quellen nicht nennen; in den Landespressegesetzen[60] ist festgelegt, unter welchen Bedingungen die strafrechtliche Verantwortung greift, Bußgelder und Strafen verhängt werden können und welche Voraussetzungen es für die Beschlagnahme von Material gibt. Auch der Datenschutz ist angesprochen sowie das *Gegendarstellungsrecht*[61] garantiert.

Weniger strenge Regeln gibt es für die im Pressekodex verankerte *Richtigstellung*. Ziffer 3 lautet: „Veröffentlichte Nachrichten oder Behauptungen, insbesondere personenbezogener Art, die sich nachträglich als falsch erweisen, hat das Publikationsorgan, das sie gebracht hat, unverzüglich von sich aus in angemessener Weise richtigzustellen" (Pressekodex 2021, S. 4). In Richtlinie 3.1 sind die Anforderungen festgelegt: Die Richtigstellung nimmt auf die entsprechende Falschmeldung Bezug, das heißt, wiederholt sie (v. a. bei Online-Veröffentlichungen), damit für alle Leser

---

[59] Siehe unter https://dejure.org/gesetze/StPO/52.html.
[60] Zum Beispiel im bayerischen LPG https://www.gesetze-bayern.de/Content/Document/BayPrG/true.
[61] Art. 10 Bayerisches Landespressegesetz lautet.

„Gegendarstellung
(1) Der verantwortliche Redakteur und der Verleger einer Zeitung oder Zeitschrift sind verpflichtet, zu Tatsachen, die darin mitgeteilt wurden, auf Verlangen einer unmittelbar betroffenen Person oder Behörde deren Gegendarstellung abzudrucken. Sie muss die beanstandeten Stellen bezeichnen, sich auf tatsächliche Angaben beschränken und vom Einsender unterzeichnet sein. Ergeben sich begründete Zweifel an der Echtheit der Unterschrift einer Gegendarstellung, so kann die Beglaubigung der Unterschrift verlangt werden.
(2) Der Abdruck muss unverzüglich, und zwar in demselben Teil des Druckwerks und mit derselben Schrift wie der Abdruck des beanstandeten Textes ohne Einschaltungen und Weglassungen erfolgen. Der Abdruck darf nur mit der Begründung verweigert werden, dass die Gegendarstellung einen strafbaren Inhalt habe. Die Gegendarstellung soll den Umfang des beanstandeten Textes nicht wesentlich überschreiten. 4Die Aufnahme erfolgt insoweit kostenfrei.
(3) Der Anspruch auf Aufnahme der Gegendarstellung kann auch im Zivilrechtsweg verfolgt werden." (BayPrG 2000).

3.5 Problemfelder der Berufspraxis

der korrekte Sachverhalt erkennbar ist. Im Gegensatz zur Gegendarstellung kann eine Richtigstellung auch von nicht direkt Betroffenen gefordert werden (über den beschriebenen Beschwerdeweg) (ebd.).

In der Datenbank des Presserates sind von 1986 bis Herbst 2021 genau 123 Fälle zu finden, in denen u. a. Ziffer 3 eine Rolle spielt, 35 davon wurden als unbegründet zurückgewiesen, in vier Fällen wurde eine öffentliche Rüge ausgesprochen, in 30 eine Missbilligung und in 41 ein Hinweis. Eine Rüge ging 2006 an eine Regionalzeitung, die über die Erstürmung einer Klosterkapelle von Nackten in der Neujahrsnacht berichtete.[62] Fotos und Text kamen von einer Agentur in London und wurden von der Regionalredaktion nicht überprüft. Ein Leser hatte seine Beschwerde damit begründet, dass die Aktion im „Gotteshaus einer Sekte" stattgefunden hätte. Die Chefredaktion argumentierte in der Stellungnahme, dass möglicherweise die Grenzen des guten Geschmacks überschritten worden seien, aber keine Religionsverunglimpfung stattgefunden habe; zudem habe es keine Verpflichtung gegeben, die Informationen einer Nachrichtenagentur zu überprüfen. Die Redaktion wollte den Fall nicht richtig stellen und handelte sich damit eine Rüge aufgrund des Verstoßes gegen Ziffer 3, aber auch gegen Ziffer 2 (Sorgfaltspflicht) ein.

Diese beiden Ziffern 2 und 3 stehen häufig in einem Zusammenhang, denn oftmals wird den Journalisten mangelnde Sorgfalt bei der Recherche vorgeworfen – oder gar die Erfindung von Tatsachen. Nicht nur Boulevardmedien stehen aufgrund ihrer Berichterstattung über mehr oder weniger prominente Menschen häufig im Scheinwerferlicht, sondern auch andere Medienformate. Der Medienrechtsanwalt Christian Scherz (2021) beschreibt die Situation wie folgt:

> „Im Ergebnis ist es auch nichts anderes als ein Skandal, dass ein paar wenige Verlage mit Magazinen mit so verharmlosenden Titeln wie „Freizeit Revue", „Das Goldene Blatt", „Freizeit Woche", „Viel Spaß" oder auch „neue woche" Millionenumsätze machen, obwohl die Inhalte dieser Blätter bewusst mit der Verbreitung von Unwahrheiten, komplett erfundenen Geschichten, massiven Eingriffen in die Privat- und Intimsphäre und teilweise sehr kreativen Ausdehnungen von Wahrheiten schlicht Rechtsverletzungen darstellen."

Die Prominenten, die es sich leisten können, ziehen vors Zivil-(Schadensersatz) oder sogar Strafgericht (Verleumdung, Beleidigung u. a.). Anderen bleibt nur die Gegen- oder Richtigstellung – oder noch nicht einmal das. Im Jahr 1999 erlangte die Hausfrau Regina Zindler aus der sächsischen Stadt Auerbach ungewollt große Aufmerksamkeit. Nachdem in der Gerichtsshow „Richterin Barbara Salesch" auf

---

[62] Aktenzeichen BK2-50/06.

Sat1 gezeigt worden war, wie sich Regina Zindler und ihr Nachbar um einen wuchernden Knallerbsenstrauch stritten, der den Maschendrahtzaun der Klägerin beschädigt haben sollte, kam der Ball mit Stefan Raab so richtig ins Rollen. Er hatte in ein selbstkomponiertes Lied die Worte Maschendrahtzaun und Knallerbsenstrauch in vogtländischem Dialekt eingebaut – und damit u. a. Fernsehteams und Schaulustige vor die Häuser der Kontrahenten gelockt. Regina Schindler verkaufte das Grundstück und zog weg. Vermutlich hatte sie von Stefan Raab freiwillige Zahlungen aus dem Verkauf der CD erhalten.[63]

Konflikte entstehen auch aufgrund einer Nachberichterstattung aus Prozessen, die gegen Medien und Journalisten geführt werden. So hatte der freigesprochene Wettermoderator Jörg Kachelmann u. a. die BILD-Zeitung wegen der Berichterstattung verklagt.[64] Er sah vor allem seine Persönlichkeitsrechte in erheblichem Umfang verletzt. Vom Springer-Verlag hatte er 950.000 € gefordert – und letztinstanzlich 395.000 € erhalten (plus Zinsen). Auch den Burda-Verlag hatte Kachelmann verklagt; das Verfahren wurde im Mai 2015 mit einem Vergleich abgeschlossen.

Im Zuge der Digitalisierung des Journalismus von der Recherche über die Publikation bis zur Rezeption spielen Fragen des Umgangs mit Daten nicht nur rechtlich, sondern auch ethisch eine Rolle. In der Präambel des Pressekodex' steht:

> „Die Regelungen zum Redaktionsdatenschutz gelten für die Presse, soweit sie personenbezogene Daten zu journalistisch-redaktionellen Zwecken erhebt, verarbeitet oder nutzt. Von der Recherche über Redaktion, Veröffentlichung, Dokumentation bis hin zur Archivierung dieser Daten achtet die Presse das Privatleben, die Intimsphäre und das Recht auf informationelle Selbstbestimmung des Menschen." (Pressekodex 2021, S. 2)

Auch in einzelnen Ziffern und Richtlinien wird darauf Bezug genommen: Nach Richtlinie 4.3 sind personenbezogene Daten, „die unter Verstoß gegen den Pressekodex erhoben wurden" zu sperren oder zu löschen; in Richtlinie 5.3 ist fixiert, dass alle zu journalistisch-redaktionellen Zwecken erhobenen Daten dem Redaktionsgeheimnis unterliegen (ebd., S. 5 f.). Laut Richtlinie 3.2 sind alle Daten, die im Zusammenhang mit der Veröffentlichung von Richtigstellungen, Widerrufen, Gegendarstellungen oder Rügen erhoben worden sind, zu den bereits gespeicherten Daten hinzuzufügen und genauso lange zu speichern (ebd., S. 4).

---

[63] https://dewiki.de/Lexikon/Maschen-Draht-Zaun.
[64] Süddeutsche.de (12.07.2016). „Bild" muss Kachelmann 395.000 € zahlenhttps://www.sueddeutsche.de/medien/vor-gericht-bild-muss-kachelmann-513-000-euro-zahlen-1.3074701; Leyendecker (2016), Janisch (2016).

3.5.4 Mögliche Wege zur Stärkung der Ethik im Journalismus

Der Presserat wird häufig als „zahnloser Tiger" bezeichnet, da er nur immaterielle Sanktionsmöglichkeiten (Hinweis, Missbilligung, Rüge) hat, aber keine materiellen Bußen aussprechen kann. Vor allem bei Fällen von nationaler oder gar überregionaler Reichweite wird regelmäßig debattiert, ob die Möglichkeiten der Sanktionen nicht verstärkt oder erweitert werden können. Dennoch ist selbst für die Mehrheit der Kritiker die Fremdregulierung durch Staat und/oder Politik keine Alternative zur Selbstregulierung. Schon seit langem arbeitet der Presserat mit den Justizbehörden zusammen, sodass Verstöße, die über die ethischen Grenzen hinausgehen, von der Staatsanwaltschaft übernommen werden (können). Wird der Begriff *Selbstregulierung* ernstgenommen, sind es die Medien selbst, die sich auf mindestens zwei Arten beobachten, bewerten und sanktionieren können: über sogenannte *Ombudsleute* oder über den *Medienjournalismus*.

Als Vermittler zwischen Publikum und Medienschaffenden sehen sich die *Ombudsleute* oder Leseranwälte. Sie klären über journalistische Grundsätze und Arbeitsweisen auf, beantworten Leseranfragen und versuchen, Konfliktfälle zu lösen. Neben sieben Verlagen sind 24 Einzelpersonen Mitglieder der *Vereinigung der Ombudsleute VDOMO* und als Ansprechpartner im Sinne der Qualitätssicherung in 16 Redaktionen präsent. Sie waren oder sind selbst als Redakteure tätig und haben eine Gemeinsamkeit: „Den Willen, dabei zu helfen, bestmögliche Produkte hervorzubringen. An der Schnittstelle zwischen Lesern und Redaktion wirken wir nach innen und aussen" (VDOMO 2014).

Die Figur der *Medien-Ombudsperson* kommt aus den USA (Ruß-Mohl 2009, S. 185 ff.). Traditionell gehören die Qualitätszeitungen wie die *New York Times* und die *Washington Post* zu denjenigen, die nicht nur diese Qualitätssicherungsinstanz eingerichtet haben, sondern auch eine *Correction Corner* und ein *Correction Management* (ebd.). In einem Themenheft hat die *Initiative Tageszeitung* den Status des redaktionellen Fehlermanagements in Deutschland zusammengefasst. Darin „geht es ausschließlich um solche Fehler, die bereits gedruckt worden sind und von irgendeiner Seite bemerkt wurden – Kollegen oder Lesern", also nicht um Beiträge, die rechtlich gegendarstellungsfähig sind, sondern allenfalls nach Pressekodex Ziffer 3 richtig gestellt werden könnten (Initiative Tageszeitung 2006, S. 1). In den Augen von Journalismusexperten sind Fehler beziehungsweise deren Eingeständnis und Korrektur eine Chance, systematisch die Qualität zu verbessern. Eine zentrale Bedingung sei: eine offene Redaktionskultur. Der Autor Volker Dick verweist außerdem auf die wichtige Rolle der Beobachtung von außen in Form sogenannter *Watchblogs*, wie beispielsweise den *BILDblog*, der 2004 unter anderem von Stefan Niggemeier eingerichtet worden ist. Seit 2009 haben die Autoren nicht nur die *BILD*-Zeitung im Auge (die selbst 2006 eine Korrekturspalte eingerichtet hatte), sondern auch andere Medien. Aufgabe und Ziel des *BILDblogs* sind:[65]

> „Wir dokumentieren die kleinen Merkwürdigkeiten und das große Schlimme der Medien. Dabei zeigen wir tagesaktuell sachliche Fehler, Sinnentstellendes und bewusst Irreführendes in den Berichterstattungen auf. Wir weisen auf Persönlichkeitsrechtsverletzungen und andere journalistische Unzulänglichkeiten hin und beschäftigen uns mit dem Selbstverständnis der Medien und ihrer Wechselwirkung untereinander. (…) BILDblog will aufzeigen, was im Medienbetrieb falsch läuft. Dabei geht es uns sowohl um bewusste Falschinformationen als auch um Fehler, die aus einem System entstehen, das vor allem auf Schnelligkeit, Aufmerksamkeit und geringe Produktionskosten aus ist."

Medienjournalismus ist vor dem Hintergrund medienpolitischer und medienökonomischer Veränderungsprozesse in der Mediengesellschaft entstanden. Konzentration und Monopolisierung, Diversifizierung und Verspartung, Verflechtungen und Crossownership sind wesentliche Schlagworte für Strategien nicht nur der privat-kommerziellen Medienunternehmen. Die Beobachterfunktion von Medien-Journalismus auf das eigene System ist per se ein Dilemma (Dernbach 2010, S. 146 und S. 151 ff.). Die Herausforderungen, Leistungen und Grenzen sind:[66]

- Medienjournalismus hat ein *Definitions- und Institutionalisierungsproblem*: Was gehört dazu und was nicht? Wie können sich Medienredaktionen dauerhaft etablieren und was ist ihr konkretes Berichterstattungsfeld? Der Abdruck des TV-Programms ist noch kein Medienjournalismus. Die oben beschriebene gegenseitige Beobachtung von Medienunternehmen ist heikel, denn sie sind Partner im Verlegerverband bzw. Verbündete im Kampf gegen Rundfunk- und Internetgiganten.

---

[65] Siehe https://bildblog.de/haeufig-gestellte-fragen/.
[66] Zusammengestellt aus folgenden Quellen: Weichert, S. (2006). Die Kulturrevolution lässt weiter auf sich warten. Warum Selbstkritik bei vielen Medien kaum möglich ist. In Journalistik Journal 15.10.2006, https://www.halem-verlag.de/die-kulturrevolution-lasst-weiter-auf-sich-warten/; Dernbach, B. (2010). Die Vielfalt des Fachjournalismus. Kapitel 8: Medienjournalismus. Wiesbaden, 142–153; Rentsch, M. (2010). Weicher Stachel im Fleische? Medienjournalismus als Instanz der Medienselbstkontrolle. In Zeitschrift für Kommunikationsökologie und Medienethik, 12. Jg., Ausgabe 1, S. 86–92; Haarkötter, H. & Kalmuk, F. (2021). Medienjournalismus in Deutschland. Seine Leistungen und blinden Flecken. OBS-Arbeitsheft 105. https://www.otto-brenner-stiftung.de/fileadmin/user_data/stiftung/02_Wissenschaftsportal/03_Publikationen/AH105_Medienjournalismus.pdf.

3.5 Problemfelder der Berufspraxis

- Medien sind ein *Querschnittsthema* mit Bezügen zu Politik, Ökonomie und Gesellschaft.
- Die *Binnenorientierung* bzw. Selbstreferenzialität der Medienjournalisten ist ein Problem: Der Vorwurf der Nestbeschmutzung, die Furcht vor immateriellen (Verlust der Anerkennung) und materiellen (Verlust des Jobs) Konsequenzen sowie die gleichzeitig hohe Verantwortung für die Darstellung des Mediensystems in der Öffentlichkeit fördert und hemmt gleichzeitig die Benennung von Fehlentwicklungen. Kurz: Medienjournalisten respektive Medienkritiker sitzen im sprichwörtlichen Glashaus.

Mathias Rentsch kommt in einer Befragung von 78 Medienredakteuren zum Ergebnis, dass der „Medienjournalismus bei der deutschen Presse nur schwach verankert ist" (2010, S. 87 f.); es gibt kaum eigenständige Medienredaktionen und/oder Medienseiten; vielfach werden Rezensionen über Hörfunk- oder Fernsehangebote als Medienkritik dem Medienjournalismus gleichgesetzt und damit sind sie stärker in Richtung Unterhaltung ausgerichtet. Zwei Drittel der Befragten halten Medienberichterstattung selbst für wichtig, aber nur die Hälfte glaubt, dass sie dem eigenen Haus wichtig ist. Hektor Haarkötter und Filiz Kalmuk haben zwischen Mai und August 2019 die Medienseiten von sechs deutschen Tageszeitungen[67] untersucht. Insgesamt konstatieren sie, dass es trotz schwindender Ressourcen noch immer – vor allem in der überregionalen Presse – einen „engagierten Medienjournalismus" gebe (Haarkötter und Kalmuk 2021, S. 5). Sie stellen allerdings auch fest, dass die Berichterstattung auf private Rundfunkmedien und Unterhaltungsthemen fokussiert ist (Haarkötter und Kalmuk 2021, S. 68). Vernachlässigt werden aus ihrer Sicht die gesellschaftliche Analyse der Digitalisierung und Medialisierung sowie die Tatsache, dass nicht nur Medienprofis kommunizieren, sondern dies über die digitalen (sozialen) Medien Viele tun (Haarkötter und Kalmuk 2021, S. 68).

Dies führt zu einem zweiten Weg der Stärkung journalistischer Ethik: dem Aufbau der *Kompetenzen der Mediennutzer*. Unter anderem die Landesmedienanstalten haben qua Gesetz die Pflicht, Medienkompetenzen zu fördern. Deren Verständnis ist:[68] „Medienkompetenz ist die Fähigkeit, Medien zu verstehen, sie sinnvoll zu nutzen und ihre Risiken einzuschätzen. Was macht WhatsApp mit meinen Daten? Darf ich Fotos meiner Freunde einfach auf Facebook teilen? Und spielt mein Smart-TV Big Brother mit mir?" Die Anstalten bieten einzelne aber auch gemeinsame Projekte an, darunter Flimmo, Klicksafe und Internet ABC.

---

[67] Süddeutsche Zeitung (SZ), Frankfurter Allgemeine Zeitung (FAZ), tageszeitung (taz), Westdeutsche Allgemeine Zeitung (WAZ), Berliner Tagesspiegel (TS), Kölner Stadt-Anzeiger (KStA).
[68] https://www.die-medienanstalten.de/themen/medienkompetenz.

Die UN-Organisation für Bildung (OECD 2005), die Kultusministerkonferenz (KMK 2017) sowie die Schul- beziehungsweise Bildungsministerien der Länder (ISB 2017) und viele andere deutsche, europäische und internationale Einrichtungen haben Schlüsselkompetenzen beschrieben, die in der globalisierten und digitalisierten Gesellschaft essenziell sind:

1. die interaktive Anwendung von Medien und Mitteln (Tools), wie Technologien, Sprachen, Symbole und Texte zur Nutzung von Wissen und Informationen;
2. das Interagieren in heterogenen Gruppen: mit Verschiedenartigkeit in pluralistischen Gesellschaften umgehen, gute tragfähige Beziehungen unterhalten, zusammenarbeiten, Konflikte bewältigen und lösen;
3. das eigenständiges Handeln im größeren Kontext, Verteidigung von Wahrnehmung von Rechten, Interessen, Grenzen und Erfordernissen, um eine persönliche Identität entwickeln und Ziele in einer komplexen Welt verwirklichen zu können.

Viele Studien zeigen, dass der Blick auf das sehr heterogene Publikum im digitalen Zeitalter notwendiger denn je ist, auch und vor allem deshalb, weil das Medium Internet inzwischen die klassischen Medien in Reichweite und Nutzung überholt hat (Newman et al. 2021; Hölig und Hasebrink 2020). Die Rolle der Sozialen Medien ist jedoch gleichzeitig ambivalent; ihnen wird misstraut und sie werden häufig kombiniert mit anderen Informationskanälen (Newman et al. 2021, S. 13; Hölig und Hasebrink 2020, S. 7). Gleichzeitig fehlt es den Mediennutzern an zentralen „digitalen Nachrichten- und Informationskompetenzen", konkret die der „digitalen Navigatorin" (die sich schnell durch unübersichtliche Informationsumgebungen navigiert), der „Journalistin" (die die Qualität von Nachrichten beurteilen kann), der „Kommunikationswissenschaftlerin" (die weiß, welche Mechanismen hinter digitalen Öffentlichkeiten stehen), des „Debatteurs" (der sich reflektiert in den digitalen Diskurs einbringt) und des „Fact-Checkers" (der Informationen prüft und verifiziert) (Meßmer et al. 2021, S. 17). Im analogen Zeitalter sind diese Aufgaben grundsätzlich von den Journalisten als Gatekeeper übernommen worden – in der digitalisierten Gesellschaft werden sie von jedem Nutzer gefordert, sollten aber von Journalisten professionell ausgeführt werden, um andere bei der Orientierung in der digitalen komplexen Themenwelt zu unterstützen.

Schon immer war es eine Teilaufgabe von Journalisten, aus publizistischen und ökonomischen Gründen mit Blick auf das Publikum zu kommunizieren – in der digitalisierten Gesellschaft, in der der Rezipient zum Prosumenten geworden ist, also Medienangebote nicht nur rezipiert sondern selbst herstellt, ist es zur Kernaufgabe geworden. „Umgekehrt ist das Publikum gehalten, den Wert des aufklärenden

3.5 Problemfelder der Berufspraxis

Journalismus (...) ebenso zu respektieren wie die Regeln für konstruktives Diskutieren" (Prinzing 2017, S. 35). Der gesellschaftliche Diskurs, angeregt und moderiert auch vom professionellen Journalismus, muss ethischen Regeln folgen; aber es ist „vergleichsweise wenig und eher Pauschales über das Publikum und das Potenzial (bekannt), das in ihm bezogen auf eine Qualitäts- und Debattenkultur steckt" (Prinzing 2017, S. 37).

Trotz aller Erweiterung des Berufsverständnisses gehört zur Profession des Journalismus die Kenntnis von ethischen Normen und Werten sowie deren Integration in den beruflichen Alltag. Sie ist und bleibt im Kern fester Bestandteil der Journalistenausbildung. Allerdings ist zu konstatieren, dass die (welt-)politischen, ökonomischen, technischen und sozialen Veränderungen ihre Spuren hinterlassen und der unabhängige und kritische Journalismus unter Druck geraten ist. Journalistenausbilder weltweit formulieren zehn Kernprinzipien, die in der Ausbildung vermittelt werden müssen (Bettels-Schwabbauer 2021, S. 2–4):

1. das Streben nach Objektivität und Wahrheit;
2. faktenbasierte Recherche und Berichterstattung;
3. exzellentes Storytelling;
4. Meinungs- und Medienfreiheit;
5. Unabhängigkeit;
6. Nutzung und Integration neuer Medien- und Kommunikationstechnologien;
7. Genauigkeit;
8. Inklusion, Diversity und Integration aller Menschen und Standpunkte;
9. Einordnung der Informationen in den jeweiligen geschichtlichen, politischen, kulturellen Kontext;
10. Ethik – sie „bietet den moralischen Kompass, der es Journalisten ermöglicht, verantwortungsbewusst zu arbeiten und die Unterstützung und das Vertrauen der Öffentlichkeit zu erhalten" (Bettels-Schwabbauer 2021, S. 4).

In den Diskussionen über Lehrpläne von Journalismus-Studiengängen wird selbstverständlich die Notwendigkeit von Ethik-Seminaren betont. Sie fallen allerdings bei der Betrachtung des Angebots[69] nicht ins Auge – im Gegensatz zur Betonung des praktischen Anteils oder der Nennung von Seminaren zu Medienrecht. Dies ist auf eine Vielzahl und Vielfalt intervenierender Variablen zurückzuführen: Die Medienbranche befindet sich seit knapp zwei Jahrzehnten in einem

---

[69] Zum Beispiel unter https://www.medienstudienfuehrer.de/studiengaenge/journalismus/.

technologischen (Digitalisierung), ökonomischen und auch publizistischen Umbruch (Veränderungen der Mediennutzung), was die Anforderungen an Journalist:innen immens erhöht hat (Gossel und Konyen 2019, S. 1). Gleichzeitig belegen Studien – vor allem in Form von Befragungen –, dass Berufseinsteiger „für eine Zukunft in der Vergangenheit" ausgebildet werden (ebd.). Der Blick auf die „Bewertung der Ausbildungsinhalte im Bereich Fachkompetenz" zeigt für Medienethik im Vergleich zu anderen Fächern, dass sie als relevant eingeschätzt wird; während 53 % von 219 Befragten den Input für „genau richtig" erachten, ist er für 40,2 % zu gering (Gossel und Konyen 2019, S. 29).

In Journalismus-/Journalistik-Studiengängen sind sowohl Einführungen in das Medienrecht als auch die Medienethik Pflicht, meist in Form von Vorlesungen oder Seminaren. Rüdiger Funiok (2012) plädiert dafür, dass „die Studierenden selbst Beispiele für die Unterschiede von Moral und Recht suchen, diese in Interviews von Dritten beantworten lassen oder in einer Pro- und Kontra-Diskussion unter sich bearbeiten. Einführungen in die Ethik erscheinen dann weniger „abgehoben" vom alltäglichen Leben und der Sprache, mit der wir heute moralische Fragen formulieren" (Funiok 2012, S. 154). Er unterscheidet „fünf aufeinander aufbauende Tätigkeiten oder Handlungsschritte:

- das Wahrnehmen eines berufsethischen Problems und der eigenen Mitverantwortlichkeit (moralische Sensibilität);
- das Ansprechen dieser Probleme und das Besprechen mit Anderen (Kommunizieren);
- das Argumentieren mit Normen, Prinzipien, Verantwortung (dabei ist oft ein Perspektivenwechsel nötig: Wie erlebt derjenige das, über den ich das – vielleicht mit dünner Recherchegrundlage – schreibe?);
- das abschließende Urteil, welches Handeln oder Unterlassen moralisch gefordert ist;
- das Handeln danach" (Funiok 2012, S. 154).

Ein Minimum an grundlegenden ethiktheoretischen Ansätzen (siehe Abschn. 3.3) ist unerlässlich, um Grundbegriffe zu klären und die „Eigenheit der moralischen Sprache" zu verstehen (Funiok 2012, S. 155). Eine pragmatische Diskussion des Berufsethos anhand konkreter Fälle sollte fünf W-Fragen klären: „*wer* (Akteure) verantwortet *was*, mit *welchen Folgen*, *weswegen* (Normen, Regeln), *wovor* (Instanzen wie Gewissen, Öffentlichkeit)?" (ebd.).

Damit schließt sich der Kreis. An einer Fallstudie werden nun die in den bisherigen Kapiteln angesprochenen Aspekte noch einmal aufgegriffen, konkretisiert und reflektiert.

> **Die ethischen Regeln in der Praxis des Journalismus**
> - Die Umsetzung ethisch-normativer Standards in der Praxis des Journalismus ist herausfordernd. Zum einen ändern sich diachron betrachtet die sozialen, politischen, ökonomischen und sonstigen Umweltbedingungen des Journalismus, zum anderen sind synchron betrachtet ethische weit weniger als rechtliche Regeln kontextabhängig und interpretationsfähig.
> - Veränderungen wie die Digitalisierung und die Diversität der Gesellschaft müssen sich auch in den ethischen Grundsätzen widerspiegeln.
> - Die Ethik im Journalismus, das heißt konkret der Presse- und andere Kodizes – müssen zwingend in die Ausbildung für das Berufsfeld Journalismus integriert sein.

3.6 Fallstudie zur Diskussion[70]

Selten hat ein Fall so viel und lange anhaltend öffentliche Aufmerksamkeit erfahren, wie die sogenannte „Silvester-Nacht in Köln" vom 31.12.2015 auf den 1. Januar 2016. Deshalb wird er hier chronologisch und auf der Basis der Dokumentation der Landesregierung von Nordrhein-Westfalen aufgearbeitet.

Im Kölner Bahnhof und auf dem Vorplatz sind

> „über eintausend Frauen und Männer, die friedlich in der Stadt den Wechsel ins Neue Jahr feiern wollten, Opfer von Straftaten geworden. Viele wurden bedroht, beraubt und gedemütigt. Mehr als 600 Frauen wurden Opfer von massiven sexuellen Misshandlungen, einige wurden sogar vergewaltigt. Die bisher ermittelten Tatverdächtigen sind größtenteils aus Marokko und Algerien." (Landesregierung NRW 2016)

In einer Pressemitteilung der Kölner Polizei vom 1. Januar 2016 – die per E-Mail auch an die Staatskanzlei gesendet worden war – hieß es, die Silvesternacht sei weitgehend friedlich verlaufen. Der Sachverhalt wurde von der Landesregierung NRW (2016) wie folgt beschrieben (Abb. 3.2)[71]:

Der Landesdienst Nordrhein-Westfalen der Deutschen Presseagentur dpa verbreitete unter Berufung auf die Meldung der Landesleitstelle der Polizei am Vormittag

---

[70] Der Fall ist unter dem Aktenzeichen 0021/16/2 in der Entscheidungen-Datenbank des Presserates zu finden.
[71] Deutscher Presserat (2023): Jahresbericht 2023.

> **4 Sachverhalt**
> ggf. mit Angaben zu Tatverdächtigen/Verursacher, Opfer/Geschädigte, Alter, Ursache/Motiv, Schadenshöhe, sonstige wesentliche Zahlenangaben, Angaben zu Gurtpflicht, Helmtragverhalten etc.
> Im Rahmen der Silvesterfeierlichkeiten kam es auf dem Bahnhofsvorplatz in der Innenstadt zu insgesamt bislang bekannten 11 Übergriffen zum Nachteil von jungen Frauen, begangen durch eine 40 bis 50 köpfige Personengruppe. Die Frauen wurden hierbei von der Personengruppe umzingelt, oberhalb der Bekleidung begrapscht, bestohlen und Schmuck wurde entrissen.
> In einem Fall wurden einem 19-jährigen deutschen Opfer Finger in die Körperöffnungen eingeführt. Die Tätergruppe wurde einheitlich von den Opfern als Nordafrikaner im Alter zwischen 17 und 28 Jahren beschrieben. Die Ermittlungen dauern an. Von weiteren Anzeigeerstattungen im Laufe des Tages ist auszugehen. Es wird nachberichtet.

Abb. 3.2 Beschreibung des Sachverhalts von der Landesregierung NRW 2016. (Quelle: Landesregierung NRW 2016)

des Neujahrstages: „Auf Vorjahresniveau: Polizei meldet landesweit ruhigen Jahreswechsel" (Landesregierung NRW 2016). Die lokalen Medien veröffentlichten diese Nachricht von einer eher ruhigen Nacht. Auch auf den Online-Portalen der Nachrichtenredaktionen von ARD und ZDF „standen die Ereignisse der Silvesternacht in Köln sowohl am 1. Januar 2016 als auch an den beiden darauf folgenden Tagen noch nicht im Fokus der Berichterstattung" (Landesregierung NRW 2016). Da in den folgenden Stunden und Tagen hunderte Anzeigen von Frauen eingingen, die in dieser Nacht ebenfalls Opfer von Gewalttaten geworden waren, reagierte die Polizei mit der Gründung einer Ermittlungsgruppe, was die dpa am 2. Januar 2016 um 18:07 Uhr erstmalig meldete.

Es dauerte Tage, bis das Ausmaß der Übergriffe deutlich wurde. Polizei und Behörden rechtfertigten sich damit, dass es für sie – trotz der Polizeiberichte – keine Hinweise auf eine hohe Zahl von Gewalttaten gegeben habe. Auch seien keine Medienanfragen bei den Pressestellen eingegangen. Erst ab dem 4. Januar 2016 nahm die Berichterstattung zu. Die Aufforderung an Opfer, sich bei der Polizei zu melden, führte zum rasanten Anstieg der Anzeigen: „Inzwischen wurden über 1500 Straftaten erfasst, denen mehr als 1200 Personen zum Opfer fielen. Davon sind mehr als 600 Personen Opfer von Sexualdelikten" (Landesregierung NRW 2016). Aus Hamburg und Stuttgart kamen Berichte über ähnliche Vorfälle.

Regionale und überregionale, tagesaktuelle Medien und Wochenmagazine griffen das Thema auf. Mehr und mehr kristallisierte sich heraus, dass der überwiegende Teil der Angreifer junge männliche Geflüchtete aus Nordafrika waren. Der Landesregierung und der untergeordneten Behörden – damals unter der Führung von Hannelore Kraft (SPD) – wurde vorgeworfen, die Lage völlig falsch eingeschätzt, sie nicht mehr unter Kontrolle gehabt und wesentliche Informationen verschwiegen zu haben.

Am 8. Januar 2016 titelte das Magazin *Focus* (sowohl online als auch in der gedruckten Ausgabe): „Frauen klagen an – Nach den Sex-Attacken von Migranten:

3.6 Fallstudie zur Diskussion

Sind wir noch tolerant oder schon blind?" (Focus 2016). Das Cover zeigte eine weiße, nackte, blonde Frau mit schwarzen Handabdrücken. Beim Presserat reichten 14 Leser eine Beschwerde ein:[72]

> „Sie halten im Kern diese Darstellung für diskriminierend, weil sie die Übergriffe von Köln auf den plakativ hergestellten Kontrast zwischen schwarzen Handabdrücken auf weißer Haut reduziere. Die Signalwirkung des Fotos sei, Migranten würden weiße Frauen angrapschen. Auf populistische Weise würde eine gesamte Bevölkerungsgruppe, eine Minderheit, diffamiert. In Verbindung mit der Überschrift erwecke das Magazin den Eindruck, dass die Gesamtheit der Migranten eine Bedrohung für Frauen in Deutschland darstelle. Nirgendwo werde erwähnt, dass es sich bei den Kölner Tätern um eine ganz kleine Gruppe von Migranten handele. Weitere Beschwerdeführer kritisieren, das Nachrichtenmagazin greife mit dem Bild klassisch rassistische Stereotypen und Angstmotive aus rechtsgerichteten Publikationen auf. Eine anonyme Masse nicht-weißer Männer beschmutze den Körper einer weißen Frau. Außerdem sei die Darstellung mit einer nackten Frau angesichts sexueller Übergriffe frauenverachtend und sexistisch. Die Frau werde ohne Augen gezeigt und dadurch zu einem passiven Objekt sexuellen Begehrens reduziert und herabgewürdigt." (0021/16/2)

Die Geschäftsstelle des Presserates bat den Chefredakteur um eine Stellungnahme, die folgendermaßen wiedergegeben wurde:

> „Ziel des Beitrags sei es gewesen, die Bedrohung und Entwürdigung zu dokumentieren, die viele Frauen in Köln und anderswo erlebt hätten. Wer die Schilderungen der Frauen gelesen habe, die zum Teil von hunderten fremder Männerhände begrapscht und gedemütigt worden seien, werde nachvollziehen können, dass sie sich beschmutzt fühlen. So illustriere es das Titelbild. Dabei spiele es keine Rolle, welche Hautfarbe die Grapscher gehabt hätten. Die Aufmachung symbolisiere nicht die Täter, sondern die Folgen ihrer Tat. Absurd sei auch der Vorwurf, das Foto sei sexistisch. Die Nacktheit des Titel-Models symbolisiere die Hilflosigkeit und Verletzlichkeit, die hunderte von Frauen auf dem Platz vor dem Kölner Hauptbahnhof hätten erleben müssen. Eine Vorverurteilung aller Migranten liege auch nicht vor. Es werde konkret benannt, um welche Vorgänge es gehe, nämlich um jene in der Silvesternacht. Dass es sich dabei um Sex-Attacken von Migranten gehandelt habe, sei unstrittig."

Der Presserat erklärte:

> „Die kritisierte Darstellung ist eine mögliche Auseinandersetzung mit der Thematik im Rahmen der Meinungsfreiheit. Auch die Überschrift ist zulässig, da es sich eindeutig um die Berichterstattung über einen bestimmten Vorfall handelt. Es geht dabei nicht um pauschale Aussagen über Migranten. Den Vorwurf, das Titel-Foto sei sexistisch,

---

[72] Der Fall ist unter der Nummer 0021/16/2 im Archiv des Presserats (https://recherche.presserat.info/) dokumentiert.

hält der Beschwerdeausschuss ebenfalls nicht für gerechtfertigt. Die Nacktheit des Titel-Models symbolisiert die Verletzlichkeit und Hilflosigkeit der Frauen in der Silvesternacht in plakativer Form." (0021/16/2)

Er hielt also die Beschwerden für unbegründet, da die Grenze zur Diskriminierung nach Ziffer 12 des Kodex nicht überschritten worden sei.

Zur Ziffer 12 hat der Presserat im Jahr 2016 über 46 Fälle entschieden; 13 wurden als unbegründet zurückgewiesen, ein Fall war begründet, wurde aber nicht sanktioniert, für 26 Redaktionen gab es einen Hinweis, für fünf eine Missbilligung und nur in einem Fall wurde eine öffentliche Rüge ausgesprochen. Eine Fachzeitschrift, die sich im Schwerpunkt mit dem Thema Mobilität beschäftigt, „veröffentlicht online einen Beitrag unter der Überschrift „Von wegen Sicherheit am Bahnhof und im Zug" (Aktenzeichen 0662/16/1). Im Vorspann heißt es: „Deutschland wird immer mehr von nordafrikanischem Gesindel überflutet, das sich durch die Willkommenskultur eingeladen fühlt. Die Folgen insbesondere für Frauen und Mädchen kennt man". Der Beschwerdeführer hält den Ausdruck „nordafrikanisches Gesindel" für beleidigend und sieht einen Verstoß gegen die Ziffer 12 des Pressekodex (Diskriminierungen)". Der Herausgeber und Chefredakteur stellt fest,

„dass man sich über die Bezeichnung „Gesindel" aufregen könne und müsse. Der Ausdruck sei nicht in Ordnung, auch wenn viele Bürger in Deutschland einschlägige und hautnahe Erfahrungen gemacht hätten und die geschilderten Vorgänge so sähen, wie sie im ursprünglichen Bericht dargestellt worden seien. Dennoch distanziere sich die Redaktion von dem herabwürdigenden Begriff, der mittlerweile aus dem Beitrag entfernt worden sei. Der kritisierte Vorspann stehe nunmehr so im Netz: „Deutschland wird immer mehr von nordafrikanischen Migranten überflutet, die sich durch die Willkommenskultur eingeladen fühlen. Die Folgen insbesondere für Frauen und Mädchen sind zum Teil erschreckend." Zur Nennung der ethnischen Hintergründe von Migranten meint der Chefredakteur, es sei in Deutschland offenbar üblich, den Täter- über den Opferschutz zu stellen. Es sei eine fatale Situation, wenn deutsche Medien und ihre Darstellung von Sachverhalten immer häufiger in Frage gestellt würden. In den USA würden immer Ross und Reiter genannt, wenn von gefassten mutmaßlichen Tätern berichtet werde."

Der Presserat sieht in der Erklärung keine Begründung für den in der ursprünglichen Fassung verwendeten Begriff „Gesindel" und spricht eine öffentliche Rüge wegen Verstoßes gegen Ziffer 12 aus: „Mit der im Beitrag verwendeten Formulierung werden nordafrikanische Zuwanderer diskriminiert. Kritisch sieht das Gremium auch die Metapher von der ‚Überflutung'. Auch diese ist geeignet, Einwanderer aus Nordafrika zu diskriminieren" (0662/16/1).

Die Ziffer 12 ist quantitativ nicht diejenige, zu der auffallend viele Beschwerden beim Presserat eingehen. Noch einmal im Jahresvergleich: 2016 waren es 46,

3.6 Fallstudie zur Diskussion

2015: 14, im Jahr 2017: 34 und 2020: 23 Fälle. Insgesamt lagen den Beschwerdeausschüssen zur Diskriminierungsrichtlinie zwischen 1985 und 2020 insgesamt 740 Fälle[73] vor. Im Vergleich beispielsweise zur Ziffer 8 (Schutz der Persönlichkeit) mit 1470 Fällen im gleichen Zeitraum sind dies also eher wenige. Aber: Die Ereignisse 2016 haben eine ausführliche und folgenreiche Diskussion provoziert und schließlich nicht zum ersten Mal zu einer Änderung der Ziffer 12 geführt. Deshalb hilft an dieser Stelle noch einmal ein Blick zurück in die 1970er-Jahre. Aufgrund von Berichten über Zwischenfälle mit US-Soldaten, in denen regelmäßig die Hautfarbe genannt wurde, hatte der Deutsch-Amerikanische Club empfohlen, darauf zu verzichten. Am 7. Dezember 1971 formulierte der Presserat erstmals einen *Grundsatz zur Diskriminierung* in einer Resolution und empfiehlt, „bei der Berichterstattung über Zwischenfälle mit US-Soldaten darauf zu verzichten, die Rassenzugehörigkeit der Beteiligten ohne zwingend sachbezogenen Anlass zu erwähnen" (epd Medien 2016).

In der ersten Fassung der *Publizistischen Grundsätze* aus dem Jahr 1973 bezieht sich Ziffer 11 (von 15) auf die Diskriminierung: „Niemand darf wegen seiner Zugehörigkeit zu einer rassischen, religiösen oder nationalen Gruppe diskriminiert werden." Drei Jahre später wird die Ziffer 11 zur Ziffer 12 und um den Zusatz ergänzt, dass niemand „wegen seines Geschlechts" diskriminiert werden dürfe. Aufgrund von Beschwerden des Zentralrates der Sinti und Roma in Deutschland ändert der Presserat im Jahr 1988 die Richtlinie 14:

> „Diskriminierung und Vorurteile – Der Deutsche Presserat empfiehlt zur Vermeidung diskriminierender Vorurteile, bei der Berichterstattung im Zusammenhang mit Straftaten die Zugehörigkeit zu religiösen, ethnischen und anderen Minderheiten nur dann zu erwähnen, wenn dies für das Verständnis des berichteten Vorgangs von Bedeutung ist." (epd Medien 2016)

In den 1990er-Jahren wird endgültig die Diskriminierung in Ziffer 12 fixiert; sie wird mehrfach umformuliert beziehungsweise Begriffe wie „begründbarer Sachbezug" geschärft oder andere ausgetauscht wie „schutzbedürftige Gruppen" gegen „Minderheiten" (epd Medien 2016). Im Jahr 2005 werden der Diskriminierungsschutz auf „Geschlecht" und „Behinderung" erweitert und 2007 das Wort „rassistische" gestrichen (epd Medien 2016). Seitdem blieb die Ziffer 12 (Diskriminierungen) unverändert. In der folgenden Tab. 3.3 werden die zwei Fassungen der Richtlinie 12.1 aus den Jahren 2015 und 2017 gegenübergestellt.

---

[73] Von diesen 740 Fällen waren 347 unbegründet, 50 begründet ohne Maßnahme, einen Hinweis gab es für 210, eine Missbilligung für 97 und 34 öffentliche Rügen.

Tab. 3.3 Fassungen der Ziffer 12

Fassung vom 11.03.2015	Fassung vom 22. März 2017
In der Berichterstattung über Straftaten wird die Zugehörigkeit der Verdächtigen oder Täter zu religiösen, ethnischen oder anderen Minderheiten nur dann erwähnt, wenn für das Verständnis des berichteten Vorgangs ein **begründbarer Sachbezug** besteht Besonders ist zu beachten, dass die Erwähnung Vorurteile gegenüber Minderheiten schüren könnte	In der Berichterstattung über Straftaten ist darauf zu achten, dass die Erwähnung der Zugehörigkeit der Verdächtigen oder Täter zu ethnischen, religiösen oder anderen Minderheiten nicht zu einer diskriminierenden Verallgemeinerung individuellen Fehlverhaltens führt Die Zugehörigkeit soll in der Regel nicht erwähnt werden, es sei denn, es besteht ein **begründetes öffentliches Interesse.** Besonders ist zu beachten, dass die Erwähnung Vorurteile gegenüber Minderheiten schüren könnte

An den beiden gefetteten Begriffen entzündete sich eine bis heute andauernde Diskussion: Wann gilt die Ausnahme für die Nennung der Herkunft eines mutmaßlichen Täters? Was ist „ein begründbarer Sachbezug"? Auch die Formulierung „begründbares öffentliches Interesse" ist nicht weniger (er-)klärungsbedürftig. Die Reaktionen aus den Medienhäusern reichten von „Aufweichung" bis „Der praxisferne Geist ist geblieben" (Lungmus 2017, S. 25). Einen bemerkenswerten Weg ging und geht die *Sächsische Zeitung* (Dresden/Leipzig) seit 1. Juli 2016: Die Redaktion beschloss – nicht zuletzt aufgrund der Vorwürfe der Pegida-Bewegung und des sinkenden Vertrauens in die Medien –, „in jedem Fall die Herkunft des Täters zu benennen" – also auch, wenn es sich um Deutsche handelt (Giese 2016, S. 29). Sie will damit Stigmatisierung verhindern, denn würde die Nationalität nicht genannt, könnten die Leser automatisch annehmen, es handle sich um einen Menschen ausländischer Herkunft.

Eine Arbeitsgruppe des Presserates überarbeitete nicht nur die Richtlinie 12.1 im Jahr 2017, sondern konkretisierte sie in Praxisleitsätzen; sie enthalten kein Verbot, aber die Verpflichtung, in jedem Einzelfall bewusst zu entscheiden. Sie sollen hier kurz referiert werden. Bedingungen für die Nennung der Nationalität als berechtigtes öffentliche Interesse sind:

- Es liegt eine besonders schwere oder in ihrer Art oder Dimension außergewöhnliche Straftat vor (z. B. Terrorismus).
- Sie wird von einer größeren, identifizierbaren Gruppe heraus begangen (z. B. Kölner Silvesternacht).
- Die Biografie des Verdächtigen/Täters ist für die Berichterstattung von Bedeutung (z. B. bei Mehrfachtätern).

3.6 Fallstudie zur Diskussion

- Der Zusammenhang zwischen Straftat und der Gruppenzugehörigkeit ist Gegenstand der Berichterstattung (z. B. bei Drogenhandel).
- Die Struktur der Herkunftsgruppe wird für die Tat genutzt (z. B. organisierte Kriminalität in Familienclans).
- Die Gruppenzugehörigkeit hat eine besondere Behandlung in Ermittlungsverfahren zur Folge (z. B. Haftbefehl wegen Fluchtgefahr ins Ausland).
- Die Gruppenzugehörigkeit spielt eine Rolle für die Art und Schwere der Tat.

Die Zugehörigkeit zu einer ethnischen, religiösen oder anderen Minderheit soll beim Risiko einer diskriminierenden Verallgemeinerung nicht genannt werden, wenn „lediglich diskriminierende Stereotype bedient oder Gruppen verunglimpft" werden, die Gruppenzugehörigkeit „unangemessen herausgestellt" (z. B. in der Überschrift) oder „als bloßes Stilmittel benutzt" wird.

Zusammenfassung

Zwar ist die Ziffer 12 mit der Richtlinie 12.1 nicht die im quantitativen Sinne herausstechendste im Pressekodex. Aber sie ist diejenige, die am stärksten im Zusammenhang mit gesellschaftlichem Wandel und entsprechenden konfliktbehafteten politischen Entscheidungen wie zum Beispiel im Umgang mit Geflüchteten steht. Hinzu kommen aber weitere Facetten von Diskriminierung, wie sie in der #MeToo-Debatte, der LGBTQ-Bewegung, der Integration und Inklusion von behinderten Menschen oder der nach wie vor existierenden Benachteiligung von Frauen deutlich werden. Vor diesem Hintergrund ist die Aufgabe des Journalismus mehr denn je, als Beobachter von Gesellschaft, als Informationsvermittler, Kritiker und Kontrolleur zu fungieren und deshalb zu allen Themen sorgfältig zu recherchieren und spätestens bei der Veröffentlichung eines Beitrags abzuwägen, ob alle ethischen Regeln beachtet worden sind. Bei strittigen Themen und polarisierten Positionen gilt eine besondere Sorgfaltspflicht im Sinne des Pressekodex'.

Diskussionsfragen zur Fallstudie

1. Haben Sie Erklärungen dafür, warum es Tage gedauert hat, bis die Medien über die Ausmaße der Kölner Silvesternacht berichtet haben?
2. Welche Rolle spielt die Frage nach der Nennung der Nationalitäten mutmaßlicher Täter?
3. Welche Relevanz hat Ihrer Meinung nach die Ziffer 12, Richtlinie 12.1 im journalistischen Alltag?

4. Welche Argumente sprechen für und welche gegen die Position der *Sächsischen Zeitung*, immer die Herkunft eines mutmaßlichen Täters zu nennen?
5. Ist es angemessen, die Ziffer 12, Richtlinie 12.1 nicht nur auf den Einzelfall, sondern im größeren Umfang auf gesellschaftspolitische Themen zu beziehen?
6. Wovon hängt der Umgang mit der Frage nach diskriminierender Berichterstattung, konkret: den Praxis-Leitsätzen zu Richtlinie 12.1 ab?
7. Wie würden Sie mit vergleichbaren Fällen wie der Kölner Silvesternacht im redaktionellen Alltag umgehen? Liegt es in Ihrem Ermessen, einen Beitrag mit oder ohne Nennung der ethnischen, religiösen oder sonstigen Zugehörigkeit zu einer Minderheit zu veröffentlichen?
8. Würden Sie den Fall in der Redaktion diskutieren? Welchen theoretischen Ansatz würden Sie wählen, um Ihre Position zu begründen?

Literatur

Akademie für Publizistik. (2016, 6 Juni). *Dürfen Redaktionen Interviewpartner bezahlen?* http://www.akademie-fuer-publizistik.de/akademie/ethikrat/themen-bisher/duerfen-redaktionen-interviewpartner-bezahlen/.

Altmeppen, K.-D. (2006). *Journalismus in Medien und Organisationen.* VS Verlag für Sozialwissenschaften.

Altrogge, G. (2015, 4. Juni). *Revanche für Protestaufruf? Presserat missbilligt Bild öffentlich, andere Medien aber nicht.* Meedia. https://meedia.de/2015/06/04/revanche-fuer-protestaufruf-presserat-missbilligt-bild-oeffentlich-andere-medien-aber-nicht/

Altrogge, G. (2018, 19. Dezember). *Das Nachrichtenmagazin und der talentierte Herr Relotius: Spiegel sucht im Betrugsskandal nach Fehlern im System.* Meedia.. https://meedia.de/2018/12/19/das-nachrichtenmagazin-und-der-talentierte-herr-relotius-spiegel-sucht-im-betrugsskandal-nach-fehlern-im-system/ (Zugegriffen am 29.11.2021)

Axel Springer SE (2021). *Code of Conduct.* https://www.axelspringer.com/data/uploads/2021/01/coc_deutsch.pdf.

BayPrG. (2000). https://www.gesetze-bayern.de/Content/Document/BayPrG/true

BDZV, Deutscher Journalisten-Verband e.V. & dju. (2021). *Tarifvertrag zur Sicherung der Tarifrunde 2021 für Redakteurinnen und Redakteure an Tageszeitungen.* https://www.bdzv.de/fileadmin/content/7_Alle_Themen/Tarifpolitik/Tarifvertraege/TARIFVERTRAG_ZUR_SICHERUNG_TARIFRUNDE_2021_-_CoronaTV_II_unterschrieben.pdf

Becker, A. (2015, 4. Juni). *Presserat zu Germanwings-Beschwerden: Name von Co-Pilot durfte genannt werden.* Meedia. https://meedia.de/2015/06/04/presserat-zu-germanwings-beschwerden-name-von-co-pilot-durfte-genannt-werden/

Beisel, K. M. (2016, 9. März). Kätzchen unter Verdacht. *Süddeutsche Zeitung,* S. 31.

Literatur

Bentele, G. (1993). Wie wirklich ist die Medienwirklichkeit? Einige Anmerkungen zum Konstruktivismus und Realismus in der Kommunikationswissenschaft. In G. Bentele & M. Rühl (Hrsg.), *Theorien öffentlicher Kommunikation* (S. 152–171). Ölschläger.

Bettels-Schwabbauer, T. (2021, 11. Januar). *Gute Ausbildung stärkt ethischen Journalismus und Demokratie.* Europäisches Journalismus-Observatorium (EJO). https://de.ejo-online.eu/ausbildung/gute-ausbildung-staerkt-ethischen-journalismus-und-demokratie

Boventer, H. (1992). Der Journalist in Platons Höhle: Zur Kritik des Konstruktivismus. *Communicatio Socialis, 25*(2), 157–167.

Brosda, C. (2010). Diskursethik. In C. Schicha & C. Brosda (Hrsg.), *Handbuch Medienethik* (S. 83–106). VS Verlag für Sozialwissenschaften.

Bundesministerium der Justiz (BMJ) (o.J.). *Grundgesetz für die Bundesrepublik Deutschland Art 5.* https://www.gesetze-im-internet.de/gg/art_5.html.

Burmester, S. (2012, 31. Juli). *Das selbstangerührte Dressing-Desaster.* https://taz.de/Kolumne-Die-Kriegsreporterin/!5087726/

Chill, H. & Meyn, H. (2012, 14. Januar). *Der journalistische Beruf.* Bundeszentrale für politische Bildung. https://web.archive.org/web/20120121040713/http://www.bpb.de/publikationen/05130450203270656971152197995037,2,0,Der_journalistische_Beruf.html

Chronologie Die Spiegel-Affäre. (2012, 17. September). *SPIEGEL.* https://www.spiegel.de/politik/deutschland/spiegel-affaere-die-chronologie-a-850071.html

Das Bundesarchiv. (o. D.). *6. Grundsätzliches für ein künftiges Bundespressegesetz, BMI.* https://www.bundesarchiv.de/cocoon/barch/0000/k/k1952k/kap1_2/kap2_15/para3_6.html

Dernbach, B. (2010). Medienjournalismus. In B. Dernbach (Hrsg.), *Die Vielfalt des Fachjournalismus* (S. 142–153). VS Verlag für Sozialwissenschaften.

Dernbach, B. (2017). Narration und Storytelling im medienethischen Diskurs. In I. Stapf, M. Prinzing & A. Filipovic (Hrsg.), *Gesellschaft ohne Diskurs* (S. 151–164). Nomos.

Dernbach, B., Godulla, A. & Sell, A. (Hrsg.)(2019). Komplexität im Journalismus. Springer VS.

Dernbach, B. (2020). *Volontär*in.* Journalistikon https://journalistikon.de/volontaer/

Deutscher Presserat. (o.D.-a). *Geschichte des Pressekodex.* https://www.presserat.de/geschichte-des-pressekodex.html

Deutscher Presserat. (o.D.-b). *Pressekodex.* https://www.presserat.de/pressekodex.html

Deutscher Presserat. (o.D.-c). *Selbstverpflichtung Online-Medien.* https://www.presserat.de/selbstverpflichtung-onlinemedien.html

Deutscher Presserat. (2013). *Chronik des Deutschen Presserates 1956 bis 2013.* https://www.presserat.de/files/presserat/dokumente/download/Chronik2013_web.pdf

Deutscher Presserat. (2015, 18. September). *Trennungsgrundsatz nach Ziffer 7 häufig missachtet* [Pressemeldung]. https://www.presserat.de/presse-nachrichten-details/trennungsgrundsatz-nach-ziffer-7-h%C3%A4ufig-missachtet.html

Deutscher Presserat (2023): *Jahresbericht 2023.* https://www.presserat.de/jahresberichte-statistiken.html

Die Medienanstalten. (o.D.). *Programmbeschwerde.* https://www.programmbeschwerde.de/

Die Medienanstalten. (2021). *Medienstaatsvertrag.* https://www.die-medienanstalten.de/fileadmin/user_upload/Rechtsgrundlagen/Gesetze_Staatsvertraege/Medienstaatsvertrag_MStV.pdf

Die Medienanstalten. (2023). *Medienkompetenz.* https://www.die-medienanstalten.de/themen/medienkompetenz

Digital Charta (2018). *Charta der digitalen Grundrecht der Europäischen Union.* https://digitalcharta.eu/wp-content/uploads/Digital_Charta_deutsch.pdf

DJV. (2020). *Berufsbild Journalistin – Journalist.* Deutscher Journalistenverband. https://www.djv.de/fileadmin/user_upload/Der_DJV/DJV_Infobrosch%C3%BCren/DJV_Wissen_4_Berufsbild_Febr._2020.pdf
DJV. (2021, 18. Oktober). *Redaktionelle Unabhängigkeit achten.* Deutscher Journalistenverband. https://www.djv.de/startseite/profil/der-djv/pressebereich-download/pressemitteilungen/detail/news-redaktionelle-unabhaengigkeit-achten
Dörner, A. (2010). Cultural Studies. In C. Schicha & C. Brosda (Hrsg.), *Handbuch Medienethik* (S. 124–135). VS Verlag für Sozialwissenschaften.
Donsbach, W. (1982). *Legitimationsprobleme des Journalismus.* Alber.
Donsbach, W., Rentsch, M., Schielicke, A.-M. & Degen, S. (2009). Entzauberung eines Berufs: Was die Deutschen vom Journalismus erwarten und wie sie enttäuscht werden. Herbert von Halem Verlag.
Dovifat, E. (1990). Die publizistische Persönlichkeit (1956). In D. von Dadelsen (Hrsg.), *Die publizistische Persönlichkeit* (S. 120–139). De Gruyter.
Eggert, W. (2018). *Meritorische Güter.* Gablers Wirtschaftslexikon. https://wirtschaftslexikon.gabler.de/definition/meritorische-gueter-41616
epd Medien (2016, 9. März). *Die Entwicklung der Diskriminierungsrichtlinie 12.1 des Presserats.* evangelisch.de. https://www.evangelisch.de/inhalte/132586/09-03-2016/die-entwicklung-der-diskriminierungsrichtlinie-121-des-presserats
Fengler, S. & Ruß-Mohl, S. (2005). *Der Journalist als „Homo oeconomicus".* UVK.
Luck, H. (2016, 18. März). *Woher kommt der Begriff „Amigo-Affäre"?* FOCUS Online. https://www.focus.de/politik/deutschland/csu/13-wahrheiten-ueber-die-csu-bayern_id_2096395.html
Franck, G. (1998). *Ökonomie der Aufmerksamkeit.* Carl Hanser Verlag.
Funiok, R. (2010). Publikum. In C. Schicha & C. Brosda (Hrsg.), *Handbuch Medienethik* (S. 232–243). VS Verlag für Sozialwissenschaften.
Funiok, R. (2011). *Medienethik: Verantwortung in der Mediengesellschaft* (2. Aufl.). Kohlhammer.
Funiok, R. (2012). Verantwortung im Journalismus: Methoden und Ziele der Einführung in die journalistische Ethik. In B. Dernbach & W. Loosen (Hrsg.), *Didaktik der Journalistik* (S. 151–163). VS Verlag für Sozialwissenschaften.
Giese, A. (2016, 7. September). „Wir nennen immer die Nationalität." *Nürnberger Nachrichten*, S. 29.
Gossel, B. M. & Konyen, K. (2019). Einleitung. In B. M. Gossel & K. Konyen (Hrsg.), *Quo Vadis Journalistenausbildung?* (S. 1–6). Springer VS.
Groth, O. (1962). *Die unerkannte Kulturmacht: Grundlegung der Zeitungswissenschaft (Periodik). Band 4: Das Werden des Werkes, 2.* De Gruyter.
Groth, O. (1972). *Die unerkannte Kulturmacht: Grundlegung der Zeitungswissenschaft (Periodik). Band 7: Das Wirken des Werkes, 3.* De Gruyter.
Guyton, P. (2021, 3. September). „Die Intransparenz sinkt gewaltig": Opposition in Bayern will Affären der CSU aufarbeiten. *Tagesspiegel.* https://www.tagesspiegel.de/politik/die-intransparenz-stinkt-gewaltig-opposition-in-bayern-will-affaeren-der-csu-aufarbeiten/27579722.html
Haarkötter, H. & Kalmuk, F. (2021). *Medienjournalismus in Deutschland. Seine Leistungen und blinden Flecken* (OBS-Arbeitsheft 105). Otto Brenner Stiftung https://www.otto-brenner-stiftung.de/fileadmin/user_data/stiftung/02_Wissenschaftsportal/03_Publikationen/AH105_Medienjournalismus.pdf

Literatur

Hanfeld, M. (2007, 16. Dezember). Das doppelte Verschwinden des Marco W. *Frankfurter Allgemeine Zeitung*. https://www.faz.net/aktuell/feuilleton/medien/exklusivvertrag-mit-rtl-das-doppelte-verschwinden-des-marco-w-1489030.html

Hanitzsch, T., Hanusch, F., Ramaprasad, J. & de Beer, A. S. (2019). *Worlds of Journalism: Journalistic Cultures Around the Globe*. Columbia University Press.

Harnischmacher, M. (2010). *Journalistenausbildung im Umbruch*. UVK.

Harnischmacher, M. (2019). Internationale Perspektive. In B. M. Gossel & K. Konyen (Hrsg.), *Quo vadis Journalistenausbildung* (S. 81–89). Springer VS.

Hölig, S. & Hasebrink, U. (2020). *Reuters Institute Digital News Report 2020: Ergebnisse für Deutschland*. Hans-Bredow-Institut. https://leibniz-hbi.de/uploads/media/default/cms/media/66q2yde_AP50_RIDNR20_Deutschland.pdf

Hömberg, W. & Klenk, C. (2010). Individualethische Ansätze. In C. Schicha & C. Brosda (Hrsg.), *Handbuch Medienethik* (S. 41–52). VS Verlag für Sozialwissenschaften.

Hülsen, I., Löffler, J., Kühn, A., Rainer, A., Schulz, T., Müller, M. U., Kuzmany, S. & Marcel Rosenbach, M. (2021, 22. Oktober). Sex, Lügen, Machtmissbrauch: Die Springer-Affäre. *SPIEGEL Online*. https://www.spiegel.de/wirtschaft/der-fall-julian-reichelt-axel-springer-ein-konzern-im-skandalsumpf-a-81679100-245e-41f4-a0db-f2b19ad023a6

Institut zur Förderung publizistischen Nachwuchses & Deutscher Presserat. (2005). *Ethik im Redaktionsalltag*. UVK

International Federation of Journalists. (2019). *Global Charter of Ethics for Journalists*. IFJ. https://www.ifj.org/fileadmin/user_upload/Global_Charter_of_Ethics_EN.pdf

Initiative Tageszeitung. (2006). Themenspecial „Fehlermanagement". *ITZ-mehrWERT, 2(06)*. https://initiative-tageszeitung.de/wp-content/uploads/2016/02/themenspecial_fehlermanagement.pdf

Janisch, W. (2016, 12. Juli). Der neue Preis der Ehre. *Süddeutsche Zeitung*, S. 2.

Käppner, J. & Mayer, C. (2020, 14. August). Die Lebensbegleiterin. *Süddeutsche Zeitung*. https://www.sueddeutsche.de/medien/geschichte-sueddeutsche-zeitung-sz-75-jahre-1.4998980

KMK. (2017). Kompetenzen – Bildung in der digitalen Welt. Kultusministerkonferenz. https://www.kmk.org/fileadmin/Dateien/pdf/PresseUndAktuelles/2017/KMK_Kompetenzen_-_Bildung_in_der_digitalen_Welt_Web.html

Kruse, T. & Tillmanns, L. (2015). *Deutscher Presserat: Jahresbericht 2015*. Deutscher Presserat. https://www.presserat.de/jahresberichte-statistiken.html

Lamnek, S. (2002). Professionalisierung. In G. Endruweit & G. Trommsdorf (Hrsg.), *Wörterbuch der Soziologie* (2. Aufl., S. 418–419). UTB.

Landesregierung Nordrhein-Westfalen (2016, 25. Mai). *Silvesternacht 2015 in Köln*. https://www.land.nrw/de/silvesternacht-koeln-landesregierung-traegt-konsequent-zur-transparenten-aufarbeitung-der-ereignisse (Zugegriffen am 18.11.2021)

Leicht, R. (2012, 2. August). Trunken vom Arbeitsweinchen. https://www.zeit.de/2012/32/Prantl

Leyendecker, H. (2012, 6. März). Der Lack ist ab. *Süddeutsche Zeitung*, S. 15.

Leyendecker, H. (2016, 13. Juli). Beißhemmung auf dem Boulevard. *Süddeutsche Zeitung*, S. 2.

Leyendecker, H. (2018). *Ethik der journalistischen Berichterstattung*. Digitale Bibliothek Thüringen. https://www.db-thueringen.de/servlets/MCRFileNodeServlet/dbt_derivate_00003483/leyendecker.pdf

Lünenborg, M. (2021). *Boulevardisierung*. Journalistikon. https://journalistikon.de/boulevardisierung/

Luhmann, N. (2008). *Die Moral der Gesellschaft*. Suhrkamp.

Lungmus, M. (2017). Leitsätze für die Praxis. *Journalist*, 5(2017), 24–25.
Martenstein, H. (2011, 11. Mai). Ein Artikel ist keine Doktorarbeit! *ZEIT Online*. https://www.zeit.de/gesellschaft/zeitgeschehen/2011-05/nannenpreis-pfister-spiegel-seehofer
Meier, K. & Wyss, V. (2020, 9. April). *Journalismus in der Krise: die fünf Defizite der Corona-Berichterstattung*. Meedia. https://meedia.de/2020/04/09/journalismus-in-der-krise-die-fuenf-defizite-der-corona-berichterstattung/
Meier, K. (2013). *Journalistik*. UVK.
Meier, K. (2014). *Redaktionen als Institutionen der Medienethik*. Springer VS.
Meßmer, A.-K., Sängerlaub, A. & Schulz, L. (2021). *„Quelle: Internet?" Digitale Nachrichten- und Informationskompetenzen der deutschen Bevölkerung im Test*. Stiftung Neue Verantwortung. https://www.stiftung-nv.de/sites/default/files/studie_quelleinternet.pdf
Müller, A. (2014, 16. Februar). Daimler verklagt den SWR. *Stuttgarter Zeitung*. https://www.stuttgarter-zeitung.de/inhalt.streit-um-undercover-reportage-daimler-verklagt-den-swr.81e1f04e-c15f-469b-bcb9-6d7a6125d418.html
Münch, R. (1992). *Dialektik der Kommunikationsgesellschaft*. Suhrkamp.
Netzwerk Recherche (2006). *Medienkodex*. https://netzwerkrecherche.org/wp-content/uploads/2015/02/nr-medienkodex.pdf
Netzwerk Recherche (2016). *Medienkodex*. https://netzwerkrecherche.org/wp-content/uploads/2018/10/nr-Medienkodex-2016.pdf
Newman, N., Fletcher, R. Schulz, A., Simge, A. & Kleis Nielsen, R. (2021). *Digital News Report 2020*. Reuters Institute for the Study of Journalism & University of Oxford. https://reutersinstitute.politics.ox.ac.uk/sites/default/files/2020-06/DNR_2020_FINAL.pdf
Niggemeier, S. (2014, 13. März). *Im Wortlaut: Der „Code of Ethics" von „Zeit Online"*. Stefan Niggemeier. http://www.stefan-niggemeier.de/blog/17470/im-wortlaut-der-code-of-ethics-von-zeit-online/
OECD. (2005). Definition und Auswahl von Schlüsselkompetenzen: Zusammenfassung. https://www.oecd.org/pisa/35693281.pdf
Pfister, R. (2010, 15. August). Am Stellpult. *Der SPIEGEL*, S. 40–43.
Pörksen, B. (2006). *Die Beobachtung des Beobachters: Eine Erkenntnistheorie des Journalismus*. UVK.
Pörksen, B. (2010). Konstruktivismus. In C. Schicha & C. Brosda (Hrsg.), *Handbuch Medienethik* (S. 53–67). VS Verlag für Sozialwissenschaften.
Pöttker, H. (2013). Öffentlichkeit oder Moral? Über den inneren Widerspruch des journalistischen Berufsethos am Beispiel des deutschen Pressekodex. *Publizistik*, 58(2), 121–139.
Prantl, H. (o. D.). *Das Rennen hat begonnen*. Cicero. https://www.cicero.de/wirtschaft/das-rennen-hat-begonnen/39729
Prantl, H. (2012, 10. Juli). Der Verfassungsschützer: Andreas Voßkuhle leitet das berühmteste Gericht der Welt. *Süddeutsche Zeitung*, S. 3.
Prinzing, M. (2017). Digitaler Stammtisch versus Diskursethik? Medienethische Überlegungen zur Beziehung zwischen Publikum und Journalismus. In I. Stapf, M. Prinzing & A. Filipovic (Hrsg.), *Gesellschaft ohne Diskurs?* (S. 35–52). Nomos.
Rentsch, M. (2010). Weicher Stachel im Fleische? Medienjournalismus als Instanz der Medienselbstkontrolle. *Zeitschrift für Kommunikationsökologie und Medienethik*, 12(1), 86–92.
Reporter ohne Grenzen. (2016). *Rangliste der Pressefreiheit 2016*. https://www.reporter-ohne-grenzen.de/fileadmin/Redaktion/Downloads/Ranglisten/Rangliste_2016/Rangliste_der_Pressefreiheit_2016.pdf

Reporter ohne Grenzen. (2021). *Rangliste der Pressefreiheit 2021*. https://www.reporter--ohne-grenzen.de/rangliste/rangliste-2021.

Ronneberger, F. & Rühl, M. (1992). Theorie der Public Relations. VS Verlag für Sozialwissenschaften.

Ruß-Mohl, S. (2009). Kreative Zerstörung. UVK.

Scherz, C. (2021, 24. April). Den Lügen der Boulevardpresse müssen Grenzen gesetzt werden. *Tagesspiegel*. https://www.tagesspiegel.de/gesellschaft/medien/rechtswidrig-gemeingefaehrlich-den-luegen-der-boulevardpresse-muessen-grenzen-gesetzt-werden/27128266.html

Schicha, C. (2019). *Medienethik*. UVK.

Scholl, A. (2010). Systemtheorie. In C. Schicha & C. Brosda (Hrsg.), *Handbuch Medienethik* (S. 68–82). VS Verlag für Sozialwissenschaften.

Schulzki-Haddouti, C. (2011). (Alp-) Traum WikiLeaks. *Menschen machen Medien, 1-2*, 8--11.

Schuster, M. (2016). Schlacht um die Wahrheit. *Der Wirtschaftsjournalist, 5*, 40–41.

Simon, U. (2012, 30. Juli). SZ-Autor trickst bei Voßkuhle-Porträt. *Frankfurter Rundschau*. https://www.fr.de/kultur/sz-autor-trickst-vosskuhle-portraet-11327575.html

Süddeutsche Zeitung. (2012, 17. Februar). *So kam es zum Rücktritt*. https://www.sueddeutsche.de/politik/bundespraesident-unter-druck-wie-wulff-durch-die-krise-schlingert-1.1286397

Süddeutsche Zeitung. (2016, 12. Juli). „Bild" muss Kachelmann 395.000 Euro zahlen. https://www.sueddeutsche.de/medien/vor-gericht-bild-muss-kachelmann-513-000-euro-zahlen-1.3074701

Süddeutsche Zeitung. (2021). *Transparenz-Blog: Wie wir arbeiten*. https://projekte.sueddeutsche.de/artikel/digital/sz-transparenz-blog-wie-wir-arbeiten-e723887/

Staatsinstitut für Schulqualität und Bildungsforschung (ISB) (2017). Kompetenzrahmen zur Medienbildung an bayerischen Schulen https://mebis.bycs.de/assets/uploads/mig/2_2017_03_Kompetenzrahmen-zur-Medienbildung-an-bayerischen-Schulen-1.pdf

Stern. (2010, 10. November). Heftiger Streit um Exklusivvertrag. Stern.de. https://www.stern.de/gesellschaft/kachelmann-prozess-heftiger-streit-um-exklusivvertrag-3036408.html

taz. (2008, 26. November). *Redaktionsstatut*. Taz die Tageszeitung https://taz.de/taz-die-tageszeitung/!114802/

Thomaß, B. (2016). Ethik des Journalismus. In M. Löffelholz & L. Rothenberger (Hrsg.), *Handbuch Journalismustheorien* (S. 537–550). Springer VS.

UNESCO. Communication and Information. Key Concepts. http://www.unesco.org/new/en/communication-and-information/freedom-of-expression/professional-journalistic-standards-and-code-of-ethics/key-concepts/

VDMO. (2014, 13. Juni). *Grundsätze VDMO*. VDMO. https://vdmo.clubdesk.com/hintergrund/grundsaetze_vdmo

VDMO. (2021). *Vereinigung der Medien-Ombudsleute*. https://vdmo.clubdesk.com/

Voß, J. (2008, 7. Januar). *„Süddeutsche": Bangen um Redaktionsstatut*. DWDL. https://www.dwdl.de/nachrichten/14073/sddeutsche_bangen_um_redaktionsstatut/?utm_source=&utm_medium=&utm_campaign=&utm_term=

Wallraff, G. (2016, 18. Januar). *Krankenhaus-Reportage von Team Wallraff: Das sind die Reaktionen im Netz*. RTL News. https://www.rtl.de/cms/krankenhaus-reportage-von-team-wallraff-das-sind-die-reaktionen-im-netz-2637000.html

WAZ Mediengruppe (2007). Verhaltenskodex. http://www.initiative-qualitaet.de/fileadmin/IQ/Archiv/Rundmails/iq_rundmail_19_kodex.pdf

Weichert, S. (2006). Die Kulturrevolution lässt weiter auf sich warten. Warum Selbstkritik bei vielen Medien kaum möglich ist. *Journalistik Journal, 9*(2), 11–13.

Weingart, P. & Schulz, P. (2014). *Wissen Nachricht Sensation: Zur Kommunikation zwischen Wissenschaft, Öffentlichkeit und Medien*. Velbrück Wissenschaft.

Weischenberg, S. (2002). *Journalistik: Theorie und Praxis aktueller* Medienkommunikation (Bd. 2 Medientechnik, Medienfunktionen, Medienakteure). Springer Fachmedien.

Weischenberg, S., Malik, M. & Scholl, A. (2006). Die Souffleure der Mediengesellschaft. UVK.

ZEIT Online. (2021, 15. Oktober). *Ippen will Recherchen zu Julian Reichelt nicht mehr veröffentlichen*. https://www.zeit.de/kultur/2021-10/julian-reichelt-bild-chefredakteur-recherchen-ippen-mediengruppe-nicht-veroeffentlichen

ZDF-Fernsehrat. (2021). *Bericht über die Sitzung am 1. Oktober 2021*. file:///C:/Users/dernb/Downloads/gremien-fernsehrat-1426.pdf.

Ethik im Berufsfeld Public Relations – Günter Bentele

4

Zusammenfassung

Das Berufsfeld Public Relations, das sich schon seit Beginn des 19. Jahrhunderts in Deutschland entwickelt und heute mindestens 60.000 Vollzeitbeschäftigte aufweist, ist ein Berufsfeld, das wesentlichen Einfluss dadurch hat, dass es einen großen Teil der öffentlich diskutierten Themen generiert. Die Beschäftigten sind in großen, mittleren und kleineren Unternehmen, in Institutionen auf Bundes-, Länder- und kommunaler Ebene, in Vereinen, Verbänden oder NGOs und im Dienstleistungssektor (Agenturen, Beratungen) vertreten. Interessenverbände (DPRG, BdKom und GPRA) sind die Vertretungen in die Gesellschaft hinein. Das Berufsfeld besitzt fast alle Kriterien, um von einer Profession sprechen zu können. Beispielsweise hat es international und national Ethik-Kodizes und Ethik-Einrichtungen, z. B. Organisationen der freiwilligen Selbstkontrolle, entwickelt. Der Deutsche Rat für Public Relations beobachtet das Berufsfeld und kann mit „weichen Sanktionen", d. h. öffentlichen Rügen, gegen Regelverstöße reagieren. PR-Ethik ist eine Handlungsethik und basiert auf Werten wie Transparenz, Integrität, Fairness, Wahrhaftigkeit, Loyalität und Professionalität. Eine Fallstudie stellt einen Fall vor, in dem Medien und Öffentlichkeiten getäuscht werden konnten und in dem aus diesem Grund in Deutschland und Österreich öffentliche Rügen erfolgten.

Schlüsselwörter

PR-Ethik · Berufsfeld PR · Deutscher Rat für Public Relations · Ethik der öffentlichen Kommunikation · Ethik-Kodizes · Deutscher Kommunikationskodex · Transparenz · Wahrhaftigkeit · Ethisches Bewusstsein

4.1 Zur Einleitung: Fälle aus der PR-Praxis

Im Jahr 2005 bezahlt eine führende Berliner Lotteriegesellschaft in mehreren Fällen bis zu 15.000 € pro Einzelfall an eine Vermittlungsagentur, die darin erfolgreich war, das Lotto-Spiel als Thema in öffentlich-rechtliche TV-Produktionen unterzubringen, ohne dass es als Werbung gekennzeichnet war. Zweimal wurde dieses Thema in einem Tatort untergebracht, einmal in einer Marienhof-Folge. Ist es in Ordnung, wenn in einer Tatort-Sendung das Thema Lotto in einem positiven Kontext in die Handlung eingebaut wird, ohne dass den Zuschauern deutlich wird, dass es nicht aus dramaturgischen Gründen, sondern aus dem Grund passiert, dass dafür bezahlt wurde? Im Jahr 2007 gibt die Deutsche Bahn AG im Zuge der Vorbereitung eines Börsengangs Aufträge zur Imageverbesserung der DB von insgesamt 1,3 Mio. € an mehrere Agenturen. Damit sollte öffentlich über Internetforen, Blogs und YouTube positive Stimmung für die Bahn gemacht werden. Dabei wurden nicht nur der Auftraggeber (DB) dieser bezahlten kommunikativen Aktivitäten verschwiegen, es wurden von den Agenturen auch vielfach „gefakte" Meinungsäußerungen eingebaut, also solche, die nicht von realen Personen stammten, sondern von den Agenturen erfunden worden waren, um Meinungen zu beeinflussen.

Im Juni 2020 rügt der Deutschen Rat für Public Relations (DRPR) die Kommunikationsagentur „StoryMachine" nach Anhörung der Beteiligten. Der Anfangsvorwurf der Intransparenz bei der Absenderkennzeichnung und der Sponsorennennung hatte sich zwar nicht bestätigt, die Agentur wurde aber wegen Rufschädigung des Berufsstandes und unprofessionellen Verhaltens gerügt. „Story Machine" hatte auf Twitter und Facebook die Dokumentation von Forschungsergebnissen angekündigt. In dem an Sponsoren versendeten Dokumentationskonzept fanden sich Zielsetzungen wieder, die darauf schließen ließen, dass es sich vielmehr um Maßnahmen mit dem Ziel, ein vorformuliertes Narrativ in der Öffentlichkeit zu platzieren, handelte.

Dies alles sind reale Fälle, die dem Deutschen Rat für Public Relations (DRPR), dem Selbstkontrollorgan für das PR-Berufsfeld zur Diskussion und Entscheidung vorlagen. In all diesen Fällen, die teilweise breit und öffentlich diskutiert wurden, wurden *öffentliche Rügen* gegen die PR-Akteure ausgesprochen, weil sie jeweils gegen einen oder mehrere ethische PR-Normen verstoßen hatten.[1] In einigen Fällen war auch durchaus Einsicht über das unethische und falsche Handeln vorhanden.

---

[1] Vgl. zu den Hintergründen und Entscheidungen zu diesen Fällen Avenarius/Bentele (2009) und www.drpr-online.de.

4.2 Das Berufsfeld

4.2.1 Zur Definition des Berufsfelds

Das Berufsfeld Public Relations beginnt in Deutschland – historisch betrachtet – zu Beginn des 19. Jahrhundert, und zwar damit, dass erste Abteilungen in Organisationen eingerichtet wurden, in denen ganz ähnliche, teilweise dieselben Tätigkeiten verrichtet wurden, wie dies heute der Fall in Kommunikationsabteilungen von Unternehmen, politischen Organisationen, Verbänden, NGOs etc. der Fall ist (Bentele 2013a, 2017).

Die ersten Akteure begannen vollberuflich zu arbeiten, und zwar mittels Tätigkeiten, die auch heute noch jeder Pressesprecherin oder jedem Kommunikationsmanager sehr bekannt vorkommen dürften. Die *Institutionalisierung* moderner Öffentlichkeitsarbeit hatte begonnen. Damit war der Anfang für ein Berufsfeld gemacht, das heute in Deutschland mit – geschätzt – mindestens 60.000 hauptberuflichen PR-Praktiker und Praktikerinnen größer ist als das journalistische Berufsfeld. Letzteres wurde 2005 auf ca. 48.000 beziffert und ist hat sich seither wohl kaum vergrößert (Weischenberg et al. 2006, S. 36).

Das Berufsfeld Public Relations zeichnet sich heute auch international durch bestimmte berufliche und organisatorische Strukturen, Berufsorganisationen, strukturierte Ausbildungswege und Studiengänge, einen „body of knowledge", der auch den Einsatz von Instrumenten (z. B. Pressemeldungen, Pressekonferenzen), Medien (z. B. Kunden- oder Mitarbeiterzeitschriften bzw. -medien) und Verfahren (z. B. Kampagnen, Issues Management, Krisenkommunikation) enthält, ethische Regeln, wissenschaftliche Grundlagen und Methoden und einiges mehr aus. Große Teile des Berufsfelds arbeiten zwar professionell, insgesamt kann das Berufsfeld (ebenso wie das journalistische Berufsfeld oder das Berufsfeld Werbung) aber nicht allen Kriterien für eine „Profession" genügen. Insbesondere der „freie Berufszugang" unterscheidet die Kommunikationsberufsfelder von den klassischen Professionen wie Medizinern und Medizinerinnen, oder Juristen und Juristinnen, die ein längeres Studium und staatlich beaufsichtigte Prüfungen machen müssen, um Zugang zum Beruf zu erhalten.

4.2.2 Die Struktur des Berufsfelds Public Relations/ Kommunikationsmanagement

4.2.2.1 Vorbemerkung

Im Folgenden wird das Berufsfeld Public Relations/Kommunikationsmanagement in Grundzügen skizziert. In Deutschland existieren einige Berufsfeldstudien, für die Darstellung hier stütze ich mich auf unsere eigenen Studien.[2] Das Berufsfeld wird unterschiedlich bezeichnet: Die gängigsten Begriffe sind „Öffentlichkeitsarbeit", Public Relations, Kommunikationsmanagement und Organisationskommunion. Seit einigen Jahren verbreitet sich der Begriff „strategische Kommunikation" immer mehr. Während „Öffentlichkeitsarbeit" bzw. „Public Relations" das Kommunikationsmanagement zwischen Organisationen und ihren verschiedenen Öffentlichkeiten (engl.: publics), aber auch das entsprechende Berufsfeld bezeichnet, fokussiert der Begriff „Kommunikationsmanagement" auf die Tätigkeit selbst. Der Begriff „Organisationskommunikation" wird vor allem im skandinavischen Raum, aber auch in den USA, verwendet. Der Begriff „strategische Kommunikation" trägt den Anspruch der strategischen Fundierung mit sich und enthält meist auch die Kommunikation mit Kunden, im Gegensatz zum Begriff „Öffentlichkeitsarbeit" oder „Public Relations".

Was die vorliegenden Berufsfeldstudien anbelangt, so wurde unsere eigene – als Online-Befragung – im Auftrag des Bundesverbandes deutscher Pressesprecher (BdP) alle zwei bis drei Jahre wiederholt und liefert damit nicht nur Querschnitts- sondern auch Längsschnittdaten bzw. Informationen zur Entwicklung des Berufsfeldes in Deutschland seit 17 Jahren. Befragungen mit meist mehr als 2000 Befragten fanden 2005, 2007, 2009, 2013, 2015 und 2018 statt. Durch diese Befragungen können die Strukturen dieses Berufsfeld, also die soziodemografischen Daten der PR-Akteure, aber auch die gesellschaftlichen Grobstrukturen recht klar beschrieben werden.

4.2.2.2 Größe und Grobstruktur des Berufsfeldes

Das Berufsfeld der Vollzeitarbeitenden dürfte mittlerweile – seriös geschätzt – etwa 60.000 Personen ausmachen. In welchen Organisationen arbeiten Vollzeit-PR-Praktiker und Praktikerinnen? Der größte Teil, mehr als die Hälfte der Befragten, arbeitet in Unternehmen: 2018 waren es 53 %. Etwa ein Drittel arbeitet in öffentlichen oder staatlichen Institutionen, also z. B. in Bundes- oder Landesministerien, in Landkreisen, Kommunen, in Gerichten, Hochschulen oder kulturellen Einrichtungen. Ein knappes Fünftel arbeitet für und in Vereinen, Verbänden, Organisationen der öffentlichen Willensbildung, z. B. in Wirtschafts- oder Branchenverbänden, Gewerkschaften, Umwelt- oder Wohlfahrtsorganisationen, politischen Parteien (Bentele et al. 2018, 13 ff.).

---

[2] Derzeit existiert für Deutschland noch keine streng repräsentative Erhebung zum Berufsfeld PR, wie es sie beispielsweise für den Journalismus gab (Weischenberg et al. 2006). In unseren eigenen Studien (Bentele et al. 2005, 2007, 2009, 2012, 2015, 2018) sind ab 2007 mit Ausnahme der ersten Studie immer über 2000 Akteure des Berufsfelds befragt worden.

4.2 Das Berufsfeld

Etwa ein knappes Fünftel arbeitet im Dienstleistungssektor, d. h. in kleinen oder mittleren Agenturen, als Einzelberater oder Beraterinnen oder auch in größeren Beratungsunternehmen wie z. B. die GCI Germany, die aus der HeringSchuppener Gruppe hervorgegangen ist, Kekst CNC, deekelingarndt/Amo etc. Es ist davon auszugehen, dass Pfeffers Agenturranking, das jährlich erhoben wird (vgl. hier die Daten für 2021: https://datenbanken.pr-journal.de/pr-agenturrankings/pfeffers-pr-ranking.html?view=ranking&layout=detail&type=1), den Großteil der Agenturlandschaft in Deutschland abbildet und daher einen aussagekräftigen Überblick liefert. Es erfasst die meisten der mittleren und auch größeren Agenturen (mit Ausnahme einiger großer und wichtiger Beratungsfirmen). Demnach beschäftigen allein die ersten 50 der gerankten Agenturen über 5500 Mitarbeiterinnen und Mitarbeiter. Die erstplatzierten fünf Agenturen haben im Jahr 2021 511 (fischerAppelt Agenturgruppe), 336 (mc Group), 266 (Serviceplan), 180 (Achtung! Agenturgruppe) und 222 (Oliver Schrott Kommunikation) Beschäftigte. Bei insgesamt 115 Agenturen, die im Ranking 2021 vertreten sind, summieren sich die Zahl der MitarbeiterInnen auf etwa 7000. Nimmt man die fehlenden Großen plus die vielen EinzelberaterInnen oder Kleinstagenturen mit höchstens 5 MitarbeiterInnen dazu, so kommt man auf eine geschätzte Größe des Agentur-/Beratungssektors von etwa 12.000 Beschäftigten.[3]

4.2.2.3 Organisationsgröße, organisatorische Positionen und Alter der PR-Akteure

Das Gros der PR-Akteure, knapp 50 %, ist bei kleineren Organisationen (bis 499 Beschäftigte) tätig. Knapp 20 % der PR-Akteure sind bei großen Organisationen (mehr als 5000 Beschäftigte) tätig und 34 % bei Organisationen, die zwischen 500 und 4999 Beschäftigte haben (Bentele et al. 2018, S. 14).

79 % der Befragten agieren in einer zentralen Organisationseinheit direkt unterhalb der Organisationsleitung, bei Unternehmen unterhalb des Vorstands. Diese Position wird auch normativ meist als „normale", sinnvolle bzw. anzustrebende *organisatorische Position* betrachtet. In der Regel berichtet der oder die Kommunikationsverantwortliche bei Unternehmen direkt an den oder die Vorstandsvorsitzende(n).

Das Durchschnittsalter der PR-Akteure war 2018 43,7 Jahre. Dabei waren die Männer mit 46,4 Jahren durchschnittlich deutlich älter als Frauen mit 41,9 Jahren (Bentele et al. 2018, S. 16). Das Durchschnittsalter hat sich seit 2005 sukzessive leicht erhöht.

---

[3] Diese Schätzung wurde mir gegenüber persönlich von Gerhard Pfeffer, dem Verantwortlichen des regelmäßig erstellten Agenturrankings, bestätigt.

4.2.2.4 Frauen und Männer im sowie Feminisierung des Berufsfelds

Die Feminisierung des Berufsfelds, d. h. eine deutlich quantitative Vergrößerung des Frauenanteils des Berufsfeldes, setzte in den USA schon deutlich früher ein und schreitet auch in Deutschland weiter voran: Frauen stellen 2018 schon einen Anteil von 60 % des gesamten Berufsfeldes, Männer sind deutlich in der Minderheit. 2005 war das Verhältnis noch 57 % Männer zu 43 % Frauen. Im Jahr 2009 fand der „Genderswitch" statt, das Geschlechterverhältnis war in diesem Jahr 50:50. Die Feminisierung des Berufsfelds wird sich in den nächsten Jahren voraussichtlich noch verstärken. Das ist daran erkennbar, dass 2018 in der Altersgruppe unter 30 Jahren bereits 84 % Frauen waren, in der Altersgruppe der 30–39-Jährigen 72 % (Bentele et al. 2018, S. 16). Zwar gibt es aus Gründen der Familienplanung bei Frauen den sog. „Opt-out-Effekt", aber viele Frauen kommen – nach Familienpause – wieder in den Beruf zurück. Innerhalb der letzten zehn Jahre ist das Berufsfeld Public Relations in Deutschland also eine Frauendomäne geworden.

Dass Frauen in der Mehrzahl sind, heißt aber nicht automatisch, dass sie das Berufsfeld auch dominieren: Sie verdienen weniger als Männer (s. Abb. 4.1), in Leitungspositionen sind häufig nach wie vor mehrheitlich Männer zu finden, und wenn Frauen in Leitungspositionen aufgestiegen sind, verdienen sie auch dort weniger. Das gilt für alle Organisationsgrößen (Bentele et al. 2018, S. 138). Was den Mann-Frau-Unterschied im Jahresverdienst anbelangt, so beträgt er knapp 24.000 € pro Jahr bei einem Durchschnittsverdienst von 72.309 € Bruttojahresgehalt (Median: 62.000 €). Das ist nicht wenig. Aber: Die Ursache für diesen Unterschied ist nur in ganz geringem Maß das Geschlecht. Das Geschlecht macht gerade mal 8,63 € Gehaltsunterschied pro Jahr aus. Verantwortlich für den Gehaltsunterschied sind folgende Gründe: Frauen sind jünger und haben demzufolge weniger Berufserfahrung als Männer, Frauen gelangen seltener in Führungs- und Personalverantwortung, Frauen arbeiten häufiger Teilzeit als Männer, Frauen erhalten seltener ein variables Gehalt, Frauen arbeiten auch eher als Männer in kleinen Organisationen und in Organisationen, in denen der Verdienst ohnehin niedriger ist, und Frauen arbeiten häufiger in Organisationen, in denen die PR-/Organisationskommunikationseinheit einen niedrigeren Status hat (Bentele et al. 2018, S. 139).

4.2.2.5 Bildung, Ausbildung und Arbeitszufriedenheit

Während der PR-Beruf bis in die neunziger Jahre hinein klar von Quereinsteigern, damals meist männlichen Geschlechts, dominiert war, weil sich das Berufsfeld viel schneller als die einschlägigen Ausbildungsmöglichkeiten entwickelt hatte, gibt es heute an Universitäten und Fachhochschulen viele spezialisierte Ausbildungsmöglichkeiten. Während Mitte der neunziger Jahre die ersten PR-Studiengänge in

4.2 Das Berufsfeld

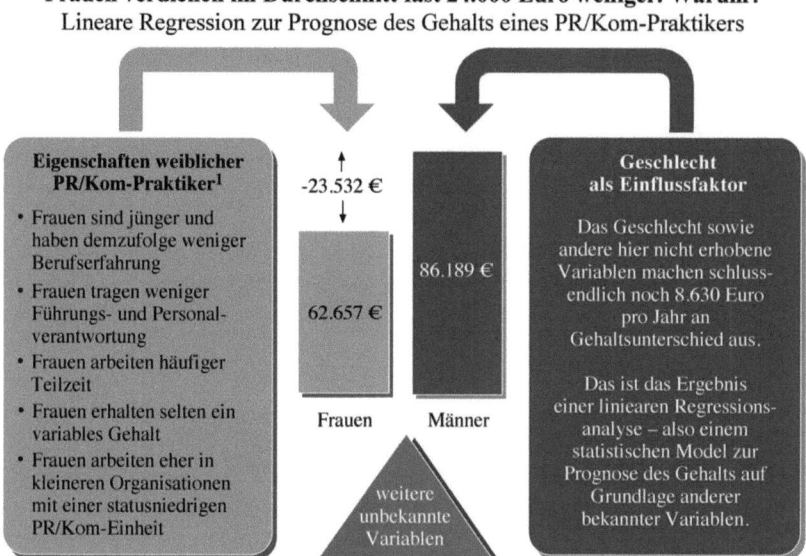

Abb. 4.1 Geschlechterabhängiger Jahresverdienst. (Quelle: Bentele et al. 2018, S. 139)

Hannover, Leipzig etc. entstanden, können Studierende heute in über 70 B.A.- und Masterstudiengängen Public Relations, Kommunikationsmanagement, oder Strategische Kommunikation studieren.[4] Die AbsolventInnen dieser Studiengänge – mittlerweile sind es 70 % und mehr Frauen – haben sehr gute Chancen, adäquate Stellen zu bekommen. Das Berufsfeld hat bislang mehr oder weniger alle Interessierten integrieren können, die in diesen Beruf wollten.

---

[4] Auf der Seite https://www.studycheck.de werden im Januar 2023 über 70 Studiengänge bei Universitäten, Fachhochschulen, Akademien nur in folgenden vier Rubriken ausgewiesen: Unternehmenskommunikation (12 Studiengänge), Public Relations (15), Wirtschaftskommunikation (13) Kommunikationsmanagement (18). Diese Zahlen können einen Eindruck vermitteln, was sich im Bereich Ausbildung innerhalb der letzten 25 Jahre getan hat. 1994 begann der Autor dieser Zeilen mit dem im deutschsprachigen Raum ersten „Schwerpunkt Öffentlichkeitsarbeit" innerhalb eines kommunikations- und medienwissenschaftlichen Magisterstudiums an der Universität Leipzig.

Berufseinsteiger sind in Deutschland heute recht gut *allgemein* akademisch ausgebildet: 93 % haben einen akademischen Abschluss, 6 % aller Befragten sind promoviert. Dass aber nach wie vor ein „freier" Berufszugang für diesen Kommunikationsberuf existiert, zeigt sich daran, dass immerhin 8 % im Beruf arbeiten, deren höchster Bildungsabschluss das Abitur ist.

2018 sind es 28 % der Befragten, die einen *berufseinschlägigen*, publizistik- bzw. kommunikations- und medienwissenschaftlichen oder zumindest einen Abschluss in Journalistik vorweisen können. Damit ist die Kommunikationswissenschaft das stärkste Einzelfach aller Studienabschlüsse, wie es auch logisch ist. 39 % haben andere Sozialwissenschaften bzw. Geisteswissenschaften studiert, zwölf Prozent kommen aus den Wirtschaftswissenschaften (Bentele et al. 2018, S. 63). Insgesamt haben 2018 etwa 50 % der Befragten – unabhängig vom Studium – eine PR-spezifische Zusatzausbildung, ein PR-Praktikum, ein journalistisches oder ein PR-Volontariat vorzuweisen (Bentele et al. 2018, S. 65). Der Anteil des beruflichen Quereinstiegshat sich innerhalb der letzten Jahre auf 20 % reduziert. Auch die Studiengänge der akademischen PR-Ausbildung sind bekannter als noch vor einigen Jahren: Der Bekanntheitsgrad ist um 12 % gestiegen. Die private Quadriga Hochschule und die Universität Leipzig sind die bekanntesten und werden auch im Praxisfeld am stärksten empfohlen.

Was die Arbeitszufriedenheit anbelangt, so sind fast acht von zehn Angehörige des Berufsfeldes *sehr zufrieden* (31 %) oder *zufrieden* (45 %) mit ihrem Beruf. Diese hohe Zufriedenheit ist in den letzten zehn Jahren nicht gesunken. Das hat sicher auch mit der vergleichsweise guten Einkommenssituation zu tun. Wichtigere Faktoren liegen in der innerorganisatorischen Dimension: Ratschläge werden berücksichtigt, die relative Größe der Organisationseinheit PR/Kommunikation, der beratende Einfluss der PR/OK dieser Organisationseinheit für die Organisationsleitung, die organisationsinterne Akzeptanz insgesamt etc. (Bentele et al. 2018, S. 99).

4.2.2.6 Einkommen

Das Durchschnittsbruttoeinkommen von Angehörigen des Berufsfelds in Deutschland liegt im Jahr 2018 bei 72.309 €. Das Einkommen variiert zwischen Männern und Frauen (wie vorhin dargestellt), aber natürlich auch gemäß der Altersgruppe, der Größe der Organisation, für die man arbeitet, ob man in den neuen oder alten Bundesländern arbeitet oder aber nach der Art der Organisation. Im Unternehmenssektor wird am besten verdient (80.455 €), jährlich ca. 20.000 € mehr als bei öffentlichen Institutionen (63.339 €) oder den Vereinen, Verbänden, NGOs, (62.286 €), etc. Auf eine einfache Formel gebracht: BMW und Bayer bezahlen besser als der Naturschutzbund Deutschlands (NABU) oder Greenpeace.

4.2.2.7 Ist das Berufsfeld eine Profession? Professionalisierung und Führungsanspruch

Die Frage, inwieweit PR/Kommunikationsmanagement auf dem Weg zu einer Profession ist, kann wie folgt beantwortet werden: Im Vergleich zu klassischen Professionen (z. B. den medizinischen Berufen) sind zwar die meisten Professionsmerkmale auch bei Public Relations bzw. Kommunikationsmanagement gegeben, z. B. der Einsatz spezieller Instrumente und Methoden, das spezialisierte, in einem Studium erworbene Wissen über Prozesse öffentlicher Kommunikation, die Existenz von Berufsverbänden oder die Existenz einer Berufsethik. Ein wichtiges Professionsmerkmal, der staatlich kontrollierte Berufszugang, der über ein einschlägiges Studium mit entsprechenden Prüfungen führt, fehlt aber völlig. Dies ist beim Journalismus und der Werbung ebenfalls so. Aus diesem Grund kann weder der Journalismus, noch die PR oder die Werbung streng genommen den klassischen Professionen zugerechnet werden. Es lässt sich aber sinnvoll von *Professionen neuen Typs* sprechen, in denen im Prinzip alle Professionsmerkmale mit Ausnahme des staatlich kontrollierten Berufszugangs über ein einschlägiges Studium vorhanden sind. Dieser „offene Berufszugang" ist auch historisch bedingt und hat in Deutschland mit den Erfahrungen während der Zeit des Nationalsozialismus zu tun: Während der Zeit zwischen 1933 und 1945 wurde der Berufszugang staatlich kontrolliert und es wurden durch Gesetzgebungsmaßnahmen z. B. jüdische Journalisten, auch wenige Frauen darunter, entlassen oder konnten nicht mehr eingestellt werden. Um eine solche staatliche Kontrolle zu verhindern, verzichtet man in der Bundesrepublik auf entsprechende Zugangsregulierungen.

4.2.2.8 Berufliches Selbstverständnis von PR-Akteuren in Deutschland

84 % der Befragten sehen sich 2018 als „Mittler zwischen Organisation und Öffentlichkeit", zwei Drittel auch als Berater der Organisationsleitung. Als Sprecher bzw. Sprecherin einer Organisation verstehen sich 61 %. Diese Selbstzuschreibung hat sich seit 2005 etwas erhöht.

Die Rolle des „Aufklärers" nehmen 45 % der Befragten für sich in Anspruch und immerhin 19 % sehen sich als „Journalist innerhalb der Organisation". Zwölf Prozent sehen sich 2018 selbst als „Influencer oder Blogger für eine Organisation". Wichtig sind auch die Begriffe, mit denen die Angehörigen der Branche sich selbst bezeichnen „Kommunikations- oder PR-Manager" (61 %) liegt dabei deutlich vor „Pressesprecher/Pressereferent" (54 %). Der Bund deutscher Pressesprecher (BdP) wurde auf seiner Mitgliederversammlung 2019 in „Bund deutscher Kommunikatoren" (BdKom) umbenannt.

Die Ziele der beruflichen Tätigkeit, die die befragten Kommunikationsmanagerinnen und Kommunikationsmanager 2015 verwirklichen wollen, auch dies ein Kriterium beruflichen Selbstverständnisses, sind sehr differenziert (s. Abb. 4.2). „Reputation und Vertrauen in die Organisation herstellen" sind für 91 %

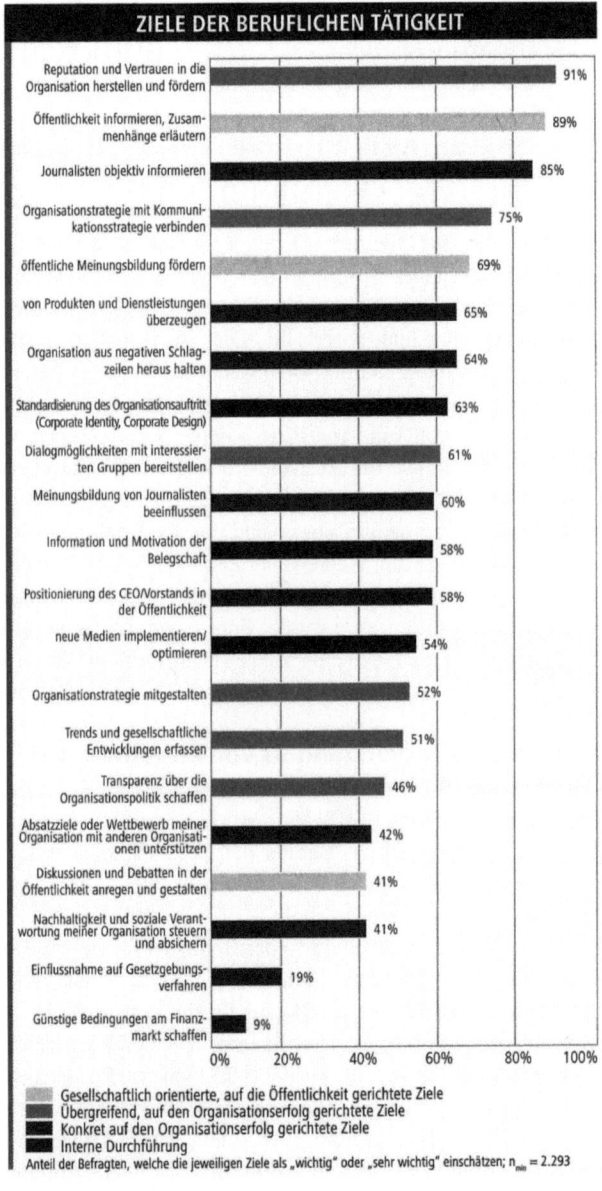

Abb. 4.2 Ziele beruflicher Tätigkeit bei Kommunikationsmanagern Kommunikationsmanagerinnen (2015). (n = 2293). (Quelle: Bentele et al. 2015, S. 187)

der Befragten ein wichtiges, allgemein auf die Organisation der dort tätigen Akteure bezogenes Ziel. Ein auf die gesamte Gesellschaft bezogenes Ziel ist es, „die Öffentlichkeit [zu] informieren, Zusammenhänge [zu] erläutern". Damit identifizieren sich 89 % der Befragten. Weil die Pressearbeit von einem Großteil der Befragten praktiziert oder verantwortet wird, ist auch das Ziel, „Journalisten objektiv [zu] informieren" ein für 85 % sehr wichtiges Ziel. Es folgen Ziele wie „Organisationsstrategie mit Kommunikationsstrategie verbinden" (75 %), die „öffentliche Meinungsbildung fördern" (69 %), die „Organisation aus den negativen Schlagzeilen heraushalten" (64 %). Immerhin 46 % der Befragten betrachten es als ihr Ziel, Transparenz über die Organisation, für die sie arbeiten, herzustellen.

Es lassen sich Ziele unterscheiden, die auf die Öffentlichkeit und die gesamte Gesellschaft gerichtet sind, Ziele, die auf den Erfolg der eigenen Organisation gerichtet sind und Ziele, die vor allem der internen Durchführung dienen

Nachdem sich das Berufsfeld im 19. Jahrhundert entwickelt, vergrößert, sich ausdifferenziert und Strukturen entwickelt hat, hat es sich im 20. Jahrhundert, insbesondere seit den 1980er-Jahren, deutlich professionalisiert.

Die Akteure dieses Berufsfelds haben heute – neben den Akteuren aus dem Journalismus – einen großen Einfluss auf öffentliche Diskussionen und Debatten. Das wird schon allein dadurch deutlich, dass ein großer Teil der öffentlich diskutierten Themen, wenn es „normale" Themen sind und keine Krisenthemen, von Seiten der PR initiiert werden und nicht von journalistischer Seite.[5] Eine Faustregel lautet: etwa zwei Drittel der politischen Berichterstattung, der Wirtschaftsberichterstattung, der Kulturberichterstattung, aber auch der Themen, die der Sport oder die Kultur bieten, werden von den (nicht-medialen) Organisationen und deren Kommunikatoren initiiert. Journalisten tragen die Themen an ein größeres Publikum, bewerten allerdings bestimmte thematische Aspekte, Akteure, Organisationen auch kritisch. Dies ist auch die normative Aufgabe von Journalismus. Public Relations und Kommunikationsmanagement haben heute wegen ihrer zentralen Funktion, den Medien und damit der Gesellschaft insgesamt Informationen zur

---

[5] Viele Studien aus den Forschungstraditionen der „Determinationsthese" (Baerns 1991; Raupp 2015) und des „Intereffikationsansatzes" (Bentele und Fechner 2015; Fechner 2019) haben seit Ende der siebziger Jahre zeigen können, dass ein großer Teil der in der normalen Medienberichterstattung aufgegriffenen Themen – zum großen Teil auch über die Nachrichtenagenturen – von Organisationen, deren Kommunikationsakteuren und den von ihnen beauftragten Dienstleistern (Agenturen) initiiert werden. Themeninitiierung (agenda building) und das Setzen wichtiger Themen für die gesellschaftliche Diskussion (agenda setting) sind wesentlich eine Sache der Organisationen und deren Akteuren. Der journalistischen Seite kommt aber nach wie vor die Rolle zu, dass sie wesentlich über die Platzierung, Gewichtung und die Bewertung der Themen und der in ihr vorkommenden Akteure mitentscheidet. Insbesondere die Kritikfunktion bleibt vor allem dem Journalismus vorbehalten.

Verfügung zu stellen, eine ähnlich wichtige gesellschaftliche Funktion wie der Journalismus. Diese Funktion kann durchaus „demokratiekonstitutiv" genannt werden (vgl. Ronneberger 1991[1977]; Bentele 1996a, 1998). Durch die Entwicklung digitaler Öffentlichkeiten ist diese starke Position der PR gegenüber dem Journalismus eher noch stärker geworden, allerdings haben sich die Themeninitiatoren auch ausdifferenziert und vervielfältigt. Die Vermittlungsinstanz „Journalismus" wird tendenziell unwichtiger. Neuberger und Quandt (2010, S. 68) sprechen hier von „Desintermediation".

4.3 Strukturen der Professionsethik

4.3.1 Gesetzesnormen, Ethik und die PR-Ethik: Zur Einordnung einer Ethik der Public Relations in einen größeren Kontext

Das Handeln von PR-Akteuren und PR-Organisationen findet prinzipiell in gesellschaftlichen und in organisatorischen Kontexten statt. Soziale und organisatorische *Normen* bilden dabei wichtige Rahmenbedingungen des beruflichen Handelns. Zwei Ebenen von Normen, die das Berufsfeld PR zentral tangieren, sind zu unterscheiden: *gesetzliche* und *ethische* Normen. Letztere *komplementieren* die in modernen Gesellschaften vorhandenen gesetzlichen Normen, teilweise *fundieren* sie sie auch. Historisch gesehen sind die Normen menschlichen Zusammenlebens in einer kaum trennbaren Gemeinsamkeit von Sitte, Religion und Moral in der griechisch-römischen Antike entstanden. Wesel (2006) betont, dass „Sitte" und „Recht" nicht definitorisch, sondern nur historisch zu unterscheiden sind. „Vorstaatliche Normen bilden eine moralische Ordnung, in fast unlösbarer Einheit mit Sitte und Religion" (Wesel 2006, S. 63). Ethische Normen sind aus der ursprünglichen Gemengelage von Sitte, Religion und Moral neben dem Recht entstanden. Institutionalisierte rechtliche Normen und Gesetze sind im Rahmen der ersten Staaten entstanden, zu denen Mesopotamien, Ägypten und China ab dem 3. Jahrtausend gehören (Wesel 2006, S. 47 ff.).

Heute wird Ethik als eine primär philosophische, bis zur griechischen Philosophie zurückreichende Teildisziplin begriffen, nämlich eine Disziplin der praktischen Philosophie. Sie beschäftigt sich mit dem moralisch-sittlichen *Handeln* der Menschen (deskriptive Ethik) bzw. mit moralischen *Normen* (normative Ethik). Die Grundfrage der praktischen Philosophie und speziell der normativen Ethik ist: „Was soll ich tun?" (Fenner 2010, S. 2), ethische Theorien versuchen, „allgemeine Kriterien für gut, richtig, gerecht, etc. zu entwickeln" (Nida-Rümelin 2005, S. 3).

In der Philosophie und in vielen Fachwissenschaften werden die Begriffe *Ethik* und *Moral* nicht synonym (wie in der Alltagssprache) gebraucht, sondern es wer-

4.3 Strukturen der Professionsethik

den meist drei Ebenen unterschieden: a) die Ebene praktisch-moralischen Handelns („Moral"), b) die ethische Ebene („Ethik") und c) die meta-ethische Ebene („Meta-Ethik").

Ausgehend von der Position, dass unter „Moral" die Gesamtheit der geltenden Normen zur Regelung des menschlichen Zusammenlebens inklusive des damit verbundenen Handelns verstanden wird (Fenner 2010, S. 6), stellen sich auf dieser *Ebene des praktisch-moralischen Handelns* Fragen wie die, welche sittlichen Einstellungen existieren, wie sie auf reales Handeln angewendet werden, ob und inwiefern sich Individuen an sittlich-moralische Vorstellungen, die in der Gestalt von *Ge-* oder *Verboten* vorliegen, gebunden fühlen usw.

Auf der *ethischen* oder *moraltheoretischen* Ebene, auf der praktisches, moralisches Handeln *reflektiert* wird, stellen sich Fragen nach der Begründungs- und Überzeugungskraft existierender Moralvorstellungen.

Auf der *metaethischen* Ebene schließlich werden unterschiedliche Ethiken diskutiert oder miteinander verglichen, dies vor allem in der Wissenschaft (vgl. u. a. Pieper 2007; Höffe 2008).

PR-Ethik kann sinnvoll als Teil der – allgemeineren – *Kommunikationsethik* verstanden werden, die wiederum mit der allgemeinen Ethik verbunden ist. Eine *Ethik der öffentlichen Kommunikation* stellt wiederum ein wichtiges Teilgebiet daraus dar (s. Abb. 4.3). Die Ethik der öffentlichen Kommunikation enthält die *journalistische Ethik,* die *Ethik der Public Relations,* die *Ethik der Werbung* und *Ethik der Propaganda.*

Begriffslogisch scheint es falsch, die Bereichs- und Berufsethiken des Journalismus, der Public Relations und der Werbung als Teile einer „Medienethik" zu definieren. Weder Public Relations als Tätigkeitsbereich oder Berufsfeld, noch Werbung, noch digitale Kommunikation lässt sich umstandslos als „mediale Tätigkeit" verstehen, wenn man als „mediale Tätigkeit" „Tätigkeit in einem Medium", z. B. einer Zeitung, einer Rundfunkanstalt, etc. versteht. Die Tätigkeiten in allen drei Berufsfeldern sind vielmehr Kommunikationstätigkeiten, die zwar auch Medien als Instrumente benutzen, aber nicht innerhalb eines Mediums stattfinden. Insofern ist die Entscheidung beispielsweise von Christian Schicha (2019) bzw. des herausgebenden Verlags (UTB), in seinem ansonsten sehr guten Lehrbuch zur „Medienethik" ein Kapitel zum Thema „Ethik Öffentlichkeitsarbeit und der Werbung" oder auch ein Kapitel „Internetethik" unter die Oberkategorie „Medienethik" zu subsummieren, begriffslogisch angreifbar. Weder kann „das Internet" umstandslos als Medium aufgefasst werden, noch ist die PR- oder Werbepraxis eine Medientätigkeit bzw. eine Tätigkeit, wie gerade ausgeführt wurde. Das Internet bietet vielmehr eine technische Infrastruktur für unterschiedliche Formen der Onlinekommunikation (Schweiger 2013).

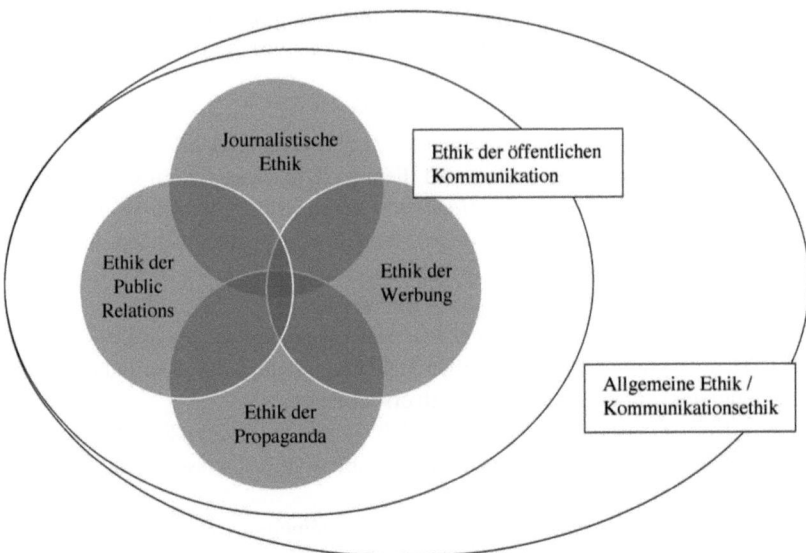

Abb. 4.3 Systematische Einordnung einer Ethik der Public Relations. (Quelle: eigene Abbildung)

Eine Ethik der Public Relations überlappt sich z. B. mit der *Wirtschaftsethik* (Homann und Lütge 2005; Suchanek 2007) oder der *Ethik politischen Handelns,* je nachdem in welchen gesellschaftlichen Subsystemen die Organisatoren, in denen die Akteure tätig sind, zugehören. Wenn die Organisationen der Wirtschaft zugehören, also z. B. Unternehmen oder auch Verbände sind, spielt die Wirtschaftslogik eine Rolle, wenn die Organisationen dem politischen System angehören, was z. B. bei Parteien oder Ministerien der Fall ist, spielen politische Logiken eine wichtige Rolle.

PhilosophInnen unterscheiden häufig zwischen Ethik allgemein oder auch „theoretischer Ethik" (Nida-Rümelin 2005) einerseits und „angewandter Ethik" andererseits (Fenner 2010; Knoepffler et al. 2006). Die angewandte Ethik wird dann unterteilt in verschiedene Bereichsethiken. Die bekanntesten darunter sind z. B. die Medizinethik oder die Wirtschaftsethik.

Wie andere Bereichsethiken wie z. B. die *journalistis*che oder die *Werbeethik* kann die PR-Ethik als ein Bereich der *angewandten* oder *praktischen Ethik* betrachtet werden. Diskurse über die PR-Ethik finden einerseits im Berufsfeld selbst statt, Branchenangehörige und entsprechend spezialisierte Institutionen diskutieren über Fragen der Bereichsethik, darüber hinaus natürlich die Wissenschaft, hier vor allem der Kommunikationswissenschaft, der auch die akademische Ausbildung für diese Berufsfelder obliegt.[6]

4.3.2 Aufgaben und Funktionen einer Ethik der Public Relations

Eine *Ethik der Public Relations* – verstanden als Reflexionsebene zum praktisch-moralischen Verhalten von Akteuren der PR-Praxis – beschäftigt sich mit dem moralisch-sittlichen Handeln von Angehörigen des PR-Berufsfeldes und den Normen, die diesem Handeln zugrunde liegen, deren *Begründung, Entstehung, Angemessenheit, Systematik* usw. Die PR-Ethik ist weniger eine *Tugend-* als zuallererst eine *Handlungsethik* (Nida-Rümelin 2005, S. 5 ff.), d. h. sie thematisiert Kriterien moralisch richtiger Entscheidungen und knüpft an das berufliche Handeln von Akteuren *individuelle und organisationsbezogene Verantwortlichkeiten.* Sie geht nicht von einem weitgehend ehernen Tugendkatalog aus, sondern nimmt das berufliche Handeln ins Visier. Vor allem diskursethische Positionen (z. B. nach Habermas 1981) mit Begriffen wie Dialog und Offenheit und Wahrhaftigkeit dominieren.

Konkret widmet sich die PR-Ethik z. B. Fragen von Transparenz und Offenheit von organisatorischem Handeln, Geheimhaltung, Wahrheit und Lüge, Wahrhaftigkeit, Täuschung, Objektivität, Präzision, Loyalität, Integrität und Fairness im Verhalten verschiedener Stakeholder oder Anspruchsgruppen gegenüber, Vertraulichkeit, dem Verschweigen von Information, den Problemen und Grenzen der Beeinflussung anderer, z. B. von Politikern und Politikerinnen (beispielsweise beim Lobbying), der Vergabe von Geschenken an Journalistinnen und Journalisten, generell Bestechung und Bestechlichkeit, dem Anbieten von Wirkungsgarantien und vieles andere mehr.

Die Aufgaben einer PR-Ethik können darin gesehen werden, einerseits *Wertvorstellungen, Normen* und *Handlungsempfehlungen* zu formulieren bzw. auszuarbeiten, andererseits tragfähige Argumentationen vorzulegen, um im Fall von Ansprüchen, die im Konflikt zueinander stehen (z. B. Loyalität gegenüber Auftraggebern versus Verantwortung gegenüber der Öffentlichkeit) eine *Güterabwägung* vornehmen zu können. Die Verantwortung für die Güterabwägung ebenso wie die Analyse und die ethische Diskussion kann dabei auf

---

[6]Vgl. z. B. die jährlichen Tagungen und die Publikationen des „Netzwerk Medienethik". Vgl. auch Schicha und Brosda (2010).

- individueller Ebene (*Individualethik*),
- auf Organisationsebene (*Organisationsethik*) oder
- auf Berufsfeldebene (*Branchenethik*)

angesiedelt werden. Akzeptiert man diese Unterscheidung in drei Typen von PR-Ethik analog zu der entsprechenden Unterscheidung im Bereich Medien und Journalismus (Weischenberg 1992, S. 210 ff.), so wird man den weltweiten PR-ethischen Diskurs vor allem als eine auf das Handeln des Individuums und der Organisation bezogene *Branchenethik* verstehen können. PR-ethische Normen und Werte sollen das Einzelhandeln von PR-Akteuren, aber auch das Handeln von Organisationen, in denen personale Akteure tätig sind, regeln bzw. normieren.

In der Praxis wird diese Aufgabe durch den – meist impliziten – Bezug auf unterschiedliche (allgemeine) Ethiken gelöst. Wenn beispielsweise eine *teleologische Ethik* zugrunde gelegt wird, bezieht man sich auf ideale Werte und Güter (wie z. B. Menschlichkeit). Im Rahmen einer *Verantwortungsethik* wird man sich auf konsequenzorientiertes Handeln (z. B. mit Blick auf Erhalt und Förderung öffentlichen Vertrauens) konzentrieren. Legt man eine *utilitaristische Ethik* zugrunde, wird man vor allem auf den Nutzen für die Organisation verweisen. Bei Zugrundelegung einer *prozessualen* Ethik wird man auf bestimmte *Verfahren* verweisen, wie z. B. das dialogische Aushandeln oder die Etablierung eines (PR-) Ethikrates, der dann Handlungen, auf Basis bestimmter normativer Grundsätze, ethisch *begründen* bzw. legitimieren oder kritisieren soll. Förg (2004, S. 191 ff.) schlägt dazu ein gestuftes Diskussionsverfahren zwischen philosophischen Ethikern und der Praxis vor.

Wie geschieht, wie funktioniert die „Normierung", d. h. die Entwicklung bzw. Festlegung von Normen? Ethische Normen der PR werden in der Regel nicht in der Philosophie oder in der Wissenschaft, sondern von den Akteuren nationaler und internationaler *Berufsorganisationen*, also Berufsverbänden, entwickelt. Aber auch viele große Organisationen (Unternehmen, Verbände, Kirchen, Gewerkschaften, Agenturen etc.) haben kommunikationsethische Regeln und Kodizes entwickelt. In der Regel diskutieren die Berufsorganisationen oder andere Organisationen berufsbezogene ethische Regeln kritisch und kommen als Ergebnis dieser Diskussionsprozesse zu einer Menge von Regeln, zu Regelsystemen, die in schriftlicher Form auch Kodizes genannt werden.

Kodizes und *Richtlinien* sind also verschriftlichte, berufsethische Verhaltens- und Handlungsnormen, die zumeist auch mit *Zielwerten* versehen sind. Ihre Überwachung und teilweise auch ihre Bildung obliegen in manchen Ländern, so auch in Deutschland, Österreich oder Finnland *Organen der freiwilligen Selbstkontrolle,*

4.3 Strukturen der Professionsethik

also von den Berufsverbänden geschaffenen *Organisationen*, die auf die Einhaltung ethischer Berufsstandards achten.

Die Sanktionsmöglichkeiten der „Organe freiwilliger Selbstkontrolle" im publizistischen Bereich, also in den Berufsfelder der öffentlichen Kommunikation, gehen allerdings, anders als die Sanktionsmöglichkeiten im Bereich der klassischen Professionen, aufgrund dieser Konstruktion nicht sehr weit. Anders als bei dem Zuwiderhandeln gegen rechtliche Normen bestehen keine Möglichkeiten, dies materiell zu bestrafen bzw. eine solche Bestrafung zu erzwingen. Stärkste Sanktionsmöglichkeiten sind für die PR-Branche z. B. ein Ausschluss aus dem Berufsverband oder die *öffentliche Rüge*, die nur durch die *Veröffentlichung* und die daraus resultierenden Effekte (z. B. auf Akteure des PR-Berufsfeldes, Kunden, Berufsverbände) Wirkungen über den kommunikativen „Prangermechanismus" entfalten kann.

Stärkere Sanktionsmöglichkeiten (z. B. Geldstrafen oder Berufsverbote) sind unter der Voraussetzung eines offenen Berufszugangs nicht möglich. Sie wären – wie im Bereich des Rechts oder der Medizin – nur mit einem staatlich geregelten, geschlossenen Berufszugang und einer „Verkammerung" des Berufs denkbar. In solchen Berufsfeldern sind nicht nur die Verletzung rechtlicher, sondern auch die Verletzung ethischer Normen mit materiellen Strafen sanktionierbar. Ein Beispiel: Die „Freiwillige Selbstkontrolle für die Arzneimittelindustrie e.V." (abgekürzt: FSA) ist als Verein organisiert und fördert das ethische Verhalten von Pharmaunternehmen in ihrem Verkehr mit medizinischen Fachkreisen und Patientenorganisationen. Auf Basis von Kodizes (z. B. Transparenzkodex) stellt sie auch Sanktionen in Aussicht. Die FSA kann z. B. Unterlassungserklärungen und Unterlassungsverfügungen verhängen und Strafen von 5000 € bis 400.000 € aussprechen (Stichwort „Freiwillige Selbstkontrolle für die Arzneimittelindustrie", o. J.).

Allerdings wären rechtliche Sanktionen auch im PR-Berufsfeld möglich, dann nämlich, wenn die Berufsfeldangehörigen sich bei ihren Arbeitgebern verpflichtet hätten, bestimmte Regeln einzuhalten. Ebenso wie viele Unternehmen ihre Beschäftigten auf allgemeine Corporate Governance-Regeln verpflichten, um z. B. Bestechung auszuschließen oder zumindest rechtlich ahnden zu können, könnten Angehörige des Berufsfelds Kommunikation in den Unternehmen auf eine Reihe dort geltender Kommunikationsregeln rechtlich verpflichtet werden.[7] Damit

---

[7] Eine Befragungsstudie bei den 100 größten Unternehmen in Deutschland hat im Jahr 2015 ergeben, dass viele große Unternehmen solche Regeln für die Pressearbeit, das Lobbying, die Online-Kommunikation oder die Finanzkommunikation haben. Abgesehen davon, dass die meisten nur unternehmensintern, also nicht-öffentlich sind, haben sie in der Regel keine rechtliche Verbindlichkeit (Bentele und Seiffert 2015).

könnte die *Verbindlichkeit* von Kodizes erheblich erhöht werden. Arbeitgeber könnten ihre PR-Angestellten auch rechtlich auf die Kodizes verpflichten. Das geschieht in der Praxis allerdings aber nur höchst selten.

In jedem Fall kann die Verletzung ethischer Regeln auf einer ethischen Ebene *sanktioniert* werden. Für solche Verletzungen können keine Geldstrafen oder Berufsverbote verhängt werden (wie in der Medizin), sondern „nur" Mahnungen und (öffentliche) Rügen. Solche „weichen Sanktionen" sind aber nicht völlig wirkungslos, sondern können z. B. Reputations- und Ansehensverluste nach sich ziehen.

4.3.3 Organisatorische und gesellschaftliche Funktionen von PR-Ethik oder: Relevanz der PR-Ethik für die PR-Berufspraxis

Inwiefern sind PR-ethische Fragen überhaupt ein Thema für eine Auseinandersetzung mit der PR-Praxis? Analysiert man die wichtigsten *Gründe*, die den Sinn, die Existenz und die Relevanz von Kodizes und Richtlinien für das Berufsfeld und die Arbeit entsprechender Räte begründen, die also ihre *Funktionen* ausmachen, dann können folgende Funktionen von Kodizes unterschieden werden (Bentele 2009):

- PR-Kodizes und Richtlinien geben *Orientierungshilfen für* einzelne PR-Akteure, Organisationen und das gesamte Berufsfeld und besitzen damit eine *Orientierungsfunktion*.
- Die Existenz von ethischen Grundsätzen ist ein wichtiges Merkmal von klassischen Professionen. Auch wenn sich PR, ebenso wie Journalismus (Kepplinger und Vohl 1979), vor allem aufgrund des freien Berufszugangs nicht zu den klassischen Professionen zählen lässt, so gehört die Existenz berufsethischer Grundlagen zu ihren Merkmalen. Sind solche ethischen Grundlagen und Kodizes vorhanden, so wird nicht nur die *Glaubwürdigkeit* des gesamten Berufsfelds verstärkt, sondern Kodizes, Richtlinien und entsprechende Organisationen wie der DRPR haben auch eine *Professionalisierungsfunktion*.
- Organisationen und Personen können nicht *nicht* moralisch sein im Sinne von sich moralisch „neutral" verhalten. Kommunikative Praxis ist *unauflöslich* mit ethischen Normen *verknüpft*, werden solche Normen nun befolgt oder verletzt. Mit jedem Akt der Kommunikation sind durch die explizit oder implizit damit verbundenen *Geltungsansprüche* (Wahrhaftigkeit, Wahrheit, Richtigkeit, Verständlichkeit) (Habermas 1981) auch moralische Ansprüche und damit auch Verantwortung anderen gegenüber verbunden. Die Verknüpfung zwischen dem

4.3 Strukturen der Professionsethik

kommunikativen Verhalten von Organisationen und den zugrunde liegenden ethisch-kommunikativen Normen wird von den jeweiligen Publika wahrgenommen und schlägt sich in Images der Organisationen nieder. Dieser Prozess geschieht zwar oft unbewusst, vermindert jedoch nicht die damit verbundenen *Wirkungen*. Insofern besteht eine Art „Zwang", sich kontinuierlich der moralischen Regeln zu vergewissern. Die Tatsache, dass man sich kommunikativ nicht aus der moralischen Dimension „herausstehlen" kann, lässt sich zu einer *Reflexionsfunktion* der Kodizes verdichten.

- PR-Akteure und ihre Tätigkeiten werden auch dadurch, dass ein kontinuierlicher Kontakt vor allem im Rahmen von Pressearbeit zum journalistischen Berufsfeld besteht, stärker als viele andere Berufsgruppen von diesem *beobachtet*. Verstärkt ist dies in Krisensituationen der Fall: Um Fehler mit größeren (ökonomischen) Auswirkungen zu vermeiden, bedarf PR-Kommunikation gerade in solchen Situationen einer Reflexion, einer systematischen Analyse bzw. Evaluation, also haben Kodizes niedergelegten Regeln auch hier eine *Reflexionsfunktion*.
- Akzeptierte ethische Grundsätze haben auch eine Funktion *innerhalb von Organisationen*: Sie erzeugen durch ihre Existenz Druck in der Binnenkommunikation von Organisationen und formulieren damit Verhaltensansprüche, die Tendenzen zur Demokratisierung stärken. Dies geschieht vor allem dadurch, dass die Grundsätze von *allen* Organisationsmitgliedern beachtet werden müssen, auch von den hierarchisch an der Spitze Stehenden. Existierende *Unternehmensgrundsätze*, die auch kommunikative Normen (z. B. Offenheit, Transparenz) enthalten, sind Beispiele. Für einzelne Angehörige des Praxisfeldes erleichtern solche Grundsätze Entscheidungen in Konfliktsituationen. Sie haben also auch eine *Entlastungs- und Demokratisierungsfunktion*.
- PR-Akteure und Organisationen, die kommunizieren, übernehmen damit – ob sie wollen oder nicht – *Verantwortung* ihren Stakeholdern gegenüber: Öffentlichkeiten, JournalistInnen, KundInnen, also allen unmittelbar von der Kommunikation Betroffenen. Daraus leiten sich auch *Verpflichtungen* diesen Gruppen gegenüber ab. Wir können hier von einer *Legitimations- und Verpflichtungsfunktion* gegenüber den Stakeholdern der Organisation sprechen.
- Die moralischen Verhaltensregeln und Werte einer Branche sind auch für die gesamte Gesellschaft wichtig. Durch beide wird das Handeln ihrer Mitglieder gegenüber anderen gesellschaftlichen Gruppen und gegenüber der Gesellschaft *legitimiert*. Ein entsprechender Ethik-Rat, in diesem Fall der Deutsche Rat für Public Relations (DRPR), hat auch die Aufgabe, dies für die gesamte Branche zu tun, zumal er von allen wichtigen Branchenverbänden getragen wird. Es

stellt eine Art „Branchengewissen" dar und übt gleichzeitig der Gesellschaft gegenüber eine *Legitimationsfunktion* für die Branche aus.

- Dadurch, dass die Werte, Normen und Regeln des Berufsfelds auch eine Wirkung in das Berufsfeld und in die Gesellschaft hinein haben, tragen sie auch dazu bei, das Bild des Berufsfeld (der Branche) für die Gesellschaft und das Handeln im Berufsfeld selbst zu *steuern*. PR-Kodizes und die dazu gehörigen Institutionen haben für das Berufsfeld eine *steuernde Funktion* und ist nicht im Sinne einer mechanischen Steuerung, so wie sich ein Auto oder ein Schiff steuern lässt, misszuverstehen. Gesteuert wird innerhalb eines sozialen Prozesses. Soziale Steuerung ist ein komplexer, vielfach durch Regeln, Erwartungen, Bewusstseinsprozesse vermittelter Prozess, der aber im Endeffekt dennoch Wirkungen zeitigt.

Die Analyse ergibt also *sechs* unterschiedliche Funktionen (s. Tab. 4.1), die die Kodizes (und die dazu gehörige Organisation) für den Einzelnen innerhalb und außerhalb von Organisationen, für die Organisationen selbst und für das gesamte Berufsfeld haben: *Orientierung, Professionalisierung, eine doppelte Reflexion, Demokratisierung, Legitimation und eine gewisse soziale Steuerung.* Damit dürfte der Stellenwert und die potenzielle Relevanz beschrieben sein, die Ethik-Kodizes im Rahmen einer Branchen-Governance, d. h. der Selbstregulierung, Selbstreflexion und Selbstkontrolle von Branchen (im Sinn von Berufsfeldern) innerhalb des größeren gesellschaftlichen Gemeinwesens (Jarren 2009) zukommt.

Tab. 4.1 Funktionen ethischer Normen, Kodizes und Institutionen

	Bezugsgrößen	Beispiele
Orientierung	Organisation, Berufsfeld	Schleichwerbung, Koppelungsgeschäfte
Professionalisierung	Berufsfeld	professionelles Verhalten im Beruf; Ausbildung; Fortbildung,
(doppelte) Reflexionsfunktion	Berufsfeld und Gesellschaft	Berufsverbände, Evaluation, Praktikertagungen, Wissenschaftliche Reflexion
Demokratisierung	Organisation	gleiche Regeln gelten für Beschäftigte, Manager und CEOs
Legitimation	Gesellschaft	Bei Verfehlungen kann auf Regeln, Kodizes, etc. verwiesen werden
Steuerung	Berufsfeld	Verhaltenssteuerungen über individuelle Reflexion, Ausbildung, Fort- und Weiterbildungsmaßnahmen

Quelle: eigene Abbildung

4.3.4 Rechtliche Grundlagen der Public Relations

4.3.4.1 Allgemeines

Die PR-Praxis findet nicht im rechtfreien Raum statt, sondern unterliegt einer Reihe von unterschiedlichen, internationalen und nationalen Gesetzesnormen und Vorschriften. Damit sind PR-Akteure an das in der Gesellschaft geltende Recht gebunden. Neben den allgemeinen, rechtlichen Normen, denen alle PR-Akteure unterliegen, welche beispielsweise im Bürgerlichen Gesetzbuch (BGB) oder auch im Strafrecht aufgelistet sind, gelten für bestimmte Bereiche noch spezielle Rechtsnormen. Beispielsweise müssen Agenturen, die Beratungen im Gesundheitsbereich anbieten, die also *Gesundheitskommunikation* betreiben, das Heilmittelwerbegesetz (HWG) kennen, weil es wichtige kommunikative Bestimmungen im Gesundheitsbereich enthält, so z. B. die Unzulässigkeit „irreführender Werbung". Das Gesetz führt hier nur den Begriff „Werbung" auf, der aber in der Gesetzesformulierung als sehr weit interpretiert werden muss und auch z. B. Pressemeldungen oder andere Formen von PR-Kommunikation enthält. „Irreführende Werbung" oder besser „irreführende Kommunikation" liegt beispielsweise dann vor, „wenn Arzneimitteln, Medizinprodukten, Verfahren, Behandlungen, Gegenständen oder anderen Mitteln eine therapeutische Wirksamkeit oder Wirkungen beigelegt werden, die sie nicht haben" (HMG, § 3 Abs. 1) oder „wenn fälschlich der Eindruck erweckt wird, dass a) ein Erfolg mit Sicherheit erwartet werden kann, b) bei bestimmungsgemäßem oder längerem Gebrauch keine schädlichen Wirkungen eintreten, c) die Werbung nicht zu Zwecken des Wettbewerbs veranstaltet wird" (HMG § 3, Abs. 2) oder „wenn unwahre oder zur Täuschung geeignete Angaben a) über die Zusammensetzung oder Beschaffenheit von Arzneimitteln, Medizinprodukten, Gegenständen oder anderen Mitteln oder über die Art und Weise der Verfahren oder Behandlungen oder b) über die Person, Vorbildung, Befähigung oder Erfolge des Herstellers, Erfinders oder der für sie tätigen oder tätig gewesenen Personen gemacht werden" (HMG, § 3, Abs. 3). Es wird deutlich, dass solche Konstellationen nicht nur bei der Werbung im engeren Sinn, sondern auch bei PR-Kommunikation, z. B. der Pressearbeit über Medizinprodukte, auftreten können.

Das „Handbuch PR-Recht" von Unverzagt und Gips (2018) geht ausführlich auf rechtliche (und auch ethische) Grundlagen, die sich der PR-Praxis stellen, ein. Es bringt eine systematische und umfassende Aufstellung von europäischen und deutschen Gesetzesnormen und -vorschriften: Das Handbuch nennt 11 europäische Gesetzesnormen, 37 nationale Gesetze und Verordnungen, zusätzlich 32 Mediengesetze, 16 Pflichtexemplargesetze und 12 Informationsfreiheits- oder Zugangsgesetze der Länder. Dies macht schon deutlich, dass die rechtlichen, aber auch ethischen Normen für den PR sehr vielfältig sind und das „PR-Recht" in Wirklichkeit eine Sammlung von sehr vielen, unterschiedlichen, normativ-rechtlichen (oder auch ethischen) Vorschriften ist, die je nach Gegenstand, je nach gesellschaftlichem Bereich (z. B. Wirtschaft, Politik, Verbände, Non-Profit-Bereich), dem die jeweilige Organisation zugehört, unterschiedlich relevant werden, sodass sie auch von Juristen kaum noch überschaut werden kann (Unverzagt und Gips 2018, S. 9). In den folgenden Abschnitten können daher nur ausschnitthaft einige Rechtsbereiche, Gesetze oder Vorschriften beispielhaft genannt werden, die für die PR-Praxis wichtig sind.

Unter den *europäischen Gesetzen und Richtlinien*, die auch für deutsche PR-Akteure relevant sind, findet sich z. B. die „CSR-Richtlinie zur Offenlegung von nichtfinanziellen und die Diversität betreffenden Informationen" (2014/95/EU-Richtlinie) (Unverzagt und Gips 2018, S. 10 ff.).

Was die Rechtsgrundlagen, also Gesetze und Verordnungen in Deutschland anbelangt, so sind darunter beispielsweise: das Aktiengesetz (AktG), das Bundesdatenschutzgesetz (BDSG), das Betriebsverfassungsgesetz (BetrVG), das Bürgerliche Gesetzbuch (BGB), der Deutsche Corporate Governance Kodex (DCGK) und viele weitere aufgeführt. Dazu kommen die Mediengesetze der Bundesländer, Pressegesetze sowie die Staatsverträge, beispielsweise der Rundfunkstaatsvertrag, der die Veranstaltung und Verbreitung von Rundfunk (Radio und Fernsehen) regelt. Das Vereinsgesetz, das Versammlungsgesetz und das Wertpapierhandelsgesetz, das einige Bereiche der Finanzkommunikation regelt, schließen diese Liste ab.

4.3.4.2 Die rechtliche Einordnung der PR

Unter dieser Überschrift wird von Unverzagt und Gips (2018, 37 ff.) die Frage diskutiert, ob PR ein „freier Beruf" oder ein Gewerbe sei. Die Rechtsprechung zeige eine „deutliche Tendenz zur Einordnung der PR-Beratung als Gewerbe" (Unverzagt und Gips 2018, S. 45). Dies gilt jedoch nur für die PR im privatwirtschaftlichen Bereich. Wichtig, auf das gesamte Berufsfeld der PR bzw. Öffentlichkeitsarbeit bezogen, sind einige *Gerichtsurteile* zur Öffentlichkeitsarbeit, zuallererst das Urteil des Bundesverfassungsgerichts von 1977 zur politischen Werbung und Öffentlichkeitsarbeit. Damals wird grundsätzlich festgestellt, dass „Öffentlichkeitsarbeit von Regierung und gesetzgebenden Körperschaften […] in Grenzen nicht nur verfassungsrechtlich zulässig, sondern auch notwendig [ist]" (Urteil BVerfG 1977, 137). Das Urteil diente auch dazu, eine Abgrenzung von staatlicher Öffentlichkeitsarbeit der Regierung und Wahlwerbung zu treffen: „Die Öffentlichkeitsarbeit der Regierung findet dort ihre Grenze, wo die Wahlwerbung beginnt" (Urteil BVerfG 1977, 125). Damit wurde also verfassungsrechtlich festgestellt, dass staatliche Öffentlichkeitsarbeit zur Information der Bürger nicht nur zulässig, sondern auch notwendig ist. Argumentative Grundlage dieser Position ist der „informierte Bürger" als Grundvoraussetzung jeder demokratischen Ordnung:

4.3.4.3 Urheberrecht und Presserecht

Das *Urheberrecht* besteht aus einer Vielzahl von Gesetzen und Vorschriften, die das Recht am geistigen Eigentum regeln. Zu den PR-Leistungen, die durch das UrhG geschützt sind, gehören alle Artikel, und PR-Texte, die als Sprachwerke anzusehen sind, auch Filme und Pressefotos, Websites, Vorträge, etc. Nicht geschützt sind in der Regel kurze Pressemeldungen, kurze Emails, Pressereisen, etc.

Der Umgang mit Journalisten und Journalistinnen, allgemein Presse- bzw. Medienarbeit, ist nach wie vor – quantitativ gesehen und auf das gesamte Berufsfeld bezogen – der wichtigste Teil der PR-Aktivitäten. Innerhalb dieser Tätigkeiten stellt das Presserecht, also vor allem die Landespressegesetze, einen grundlegenden und wichtigen Pfeiler dar.

Wichtig für die Kommunikation der Organisationen, die ja in der Regel den informationsproduzierenden Part darstellen, sind die *Informations- und Auskunftsansprüche*, die von Seiten der Presse bzw. der Medien an sie gestellt werden können. Behörden sind generell (in gewissen Grenzen) auskunftspflichtig, Landespressegesetze regeln u. a. Verweigerungsgründe. Solche können z. B. internationale Beziehungen, militärische Belange, laufende Gerichtsverfahren, öffentliche Sicherheit, Geheimhaltungs- und Vertraulichkeitspflichten oder aber Datenschutz sein (Unverzagt und Gips 2018, S. 121). Die Auskunftspflicht gilt nicht für Privatpersonen oder private Unternehmen.

4.3.4.4 Trennungsgebot, Schleichwerbung und Koppelgeschäfte

Das Verhältnis von Akteuren des PR-Berufsfeldes einerseits, die in vielen Fällen die für die Berichterstattung notwendigen Informationen liefern, und denen des journalistischen Berufsfeldes andererseits ist ein altes Spannungs- und Konfliktverhältnis, in dem auch viele Regeln zum Vorteil beider Seiten gereichen, wenn sie richtig angewandt werden. Dazu gehört die Kennzeichnungspflicht von Anzeigen, das Verbot von Schleichwerbung, d. h. das Verbot, Werbeinhalte in den redaktionellen Teil aufzunehmen, ohne dass es Rezipienten bemerken. Dazu gehört auch das Verbot von Koppelgeschäften, d. h. die Verknüpfung von Anzeigenzahlungen mit gewogener oder positiver Berichterstattung (Unverzagt und Gips 2018, S. 167 ff.).

Der Trennungsgrundsatz hat eine rechtliche Grundlage schon im Artikel 5, Abs. 1, Satz 2, der die Pressefreiheit und die Freiheit von Rundfunk und Film gewährleistet. Dieser Paragraf stellt historisch und strukturell ein Abwehrrecht der Presse gegen den Staat dar, wobei die Presse- und Medienfreiheit nach Unverzagt und Gips (2018, S. 171) auch eine Art „Beeinflussungsverbot" in dem Sinn aufstellen würden, als Werbung und Werbetreibende redaktionellen Inhalte der Berichterstattung nicht *unerkannt* beeinflussen dürfen. Es geht um formale Transparenz in der öffentlichen Kommunikation, es geht darum, kenntlich zu machen, ob man für irgendetwas werben möchte oder ob man in der journalistischen Berichterstattung über Sachverhalte der Welt nur berichtet oder kommentiert.

Der Trennungsgrundsatz findet sich auch in europäischen Gesetzestexten, in den „Gemeinsamen Richtlinien der Landesmedienanstalten für die Werbung zur Durchführung der Trennung von Werbung und Programm und für das Sponsoring im Fernsehen", in den entsprechenden ARD- und ZDF-Richtlinien, aber auch in Ethik-Kodizes wie dem Deutschen Pressekodex oder dem Deutschen Kommunikationskodex des DRPR und teilweise seinen Richtlinien (z. B. „DRPR-Richtlinie PR und Journalismus" (2013) oder „DRPR-Richtlinie zur Schleichwerbung" (2011)).

4.3.4.5 Online-Kommunikation und Social Media

Für Online-Kommunikation gelten nach Unverzagt und Gips (2018, S. 206) „nahezu alle rechtlichen Rahmenbedingungen wie für die Offline-Kommunikation", d. h. dass auch hier die Regelungen u. a. des Urheberrechtsgesetzes (UrhG), des Rundfunkstaatsvertrages (RStV) und einiger anderer Gesetze gelten.

Da digitale Kommunikation für alle Organisationen immer wichtiger wird, werden auch die rechtlichen Rahmenbedingungen zur Online-Kommunikation immer breiter und differenzierter. Neben den rechtlichen Rahmenbedingungen sind eine Reihe von ethischen Regeln entstanden, angefangen von der „Nettiquette" über „Social Media Guidelines" von Unternehmen und anderen Organisationen bis zu ethischen Regeln für Influencer. 2019 ist – in Zusammenarbeit zwischen Bundesverband Influencer Marketing und Universität Leipzig – ein „Ethik-Kodex" für die Influencer-Kommunikation entstanden, der neben den bestehenden rechtlichen Regelungen auch einen ethischen Rahmen vorgibt, der, so ist zu hoffen, Unkenntnis bei den Beteiligten verbessert und diese Kommunikation verbessern soll (vgl. Borchers und Enke 2021).

Eine Reihe von Einzelproblemen rechtlicher Art, z. B. bei der Krisen-PR, bei der Pressearbeit, dem Datenschutz oder der Kennzeichnungspflicht, dem Markenrecht und vielen anderen Bereichen, können hier nicht abgehandelt werden. Hier hilft nur, als ersten Schritt ein hilfreiches Überblickswerk wie Unverzagt und Gips (2018) zu konsultieren, um sich dann von da aus weiter zu informieren. Interessant ist, dass im rechtlichen Diskurs ethische Regulierungen unter dem Begriff „außergerichtliche Streitbeilegung" gefasst werden.

4.4 Institutionen der Selbstregulierung

4.4.1 Internationale und nationale Institutionen

Institutionen der PR-Ethik sind nach wie vor eine vor allem nationale Angelegenheit. Es gibt bislang keinen internationalen PR-Ethik-Rat oder eine internationale Institution, die PR-ethische Konflikte regeln würde. Allerdings existieren internationale PR-Verbände, wie z. B. die International Public Relations Association (IPRA) oder die Global Alliance, der Dachverband von nationalen PR-Verbänden. Diese Verbände thematisieren, teilweise auch zentral, ethische Probleme. Gleichwohl verbleibt diese Befassung auf der reflektiven und diskursiven Ebene. Es existiert international *keine Instanz, keine Organisation der Konfliktbefassung und Konfliktregelung*. Das ist aber auch in den Bereichen des Journalismus und der Werbung nicht entscheidend anders.

Seit einigen Jahren existieren allerdings – auf nationaler Ebene – Organisationen, die es sich zur Hauptaufgabe gemacht haben, ethische Verfehlungen zu beobachten und auch, soweit die Länderregelungen das zulassen, zu sanktionieren. In Deutschland etwa ist dies der Deutsche Rat für Public Relations (https://drpr-online.de), in Österreich der PR-Ethik-Rat (http://www.prethikrat.at), in Finnland Procom (https://procom.fi/english). Im folgenden Kapitel wird das deutsche Organ der freiwilligen Selbstkontrolle, der Deutsche Rat für Public Relations, historisch und in seiner Arbeitsweise beschrieben.

4.4.2 Der Deutsche Rat für Public Relations (DRPR): Geschichte, Selbstverständnis, Arbeitsweise

4.4.2.1 Entstehung und Entwicklung des DRPR

Ethik-Kodizes (vgl. dazu den folgenden Abschn. 4.5) sind im PR-Berufsfeld – historisch gesehen – zeitlich deutlich *vor* entsprechenden Institutionen bzw. Organisationen entstanden. Allerdings können Kodizes nur dann überhaupt eine gewisse Wirkung zeigen, wenn auch entsprechende Institutionen existieren, die das Berufsfeld und darin vorkommende, ethische Konflikte oder Zuwiderhandeln gegen ethische Normen beobachten, auf die Einhaltung von Kodizes achten, Stellung dazu beziehen und gegebenenfalls Verfehlungen auch sanktionieren.

In Deutschland fungiert der am 1. Mai 1987 von der Deutschen Public Relations Gesellschaft (DPRG) und der Gesellschaft Public Relations Agenturen (GPRA) gegründete Deutsche Rat für Public Relations (DRPR) als Organ der freiwilligen Selbstkontrolle für das Berufsfeld Public Relations.[8] Damit sieht er sich in Analogie zum Deutschen Presserat und zum Deutschen Werberat, die ebenfalls das Selbstverständnis eines Organs der freiwilligen Selbstkontrolle haben.

Nach seiner Gründung im Jahr 1987 hatte der DRPR zunächst eine sehr „ruhige" und inaktive Phase von fünf Jahren (Hacker 2009). Dies lag möglicherweise daran, dass in dieser Zeit der damalige Vorsitzende des Gremiums, Friedrich von Friedeburg, und die anderen damaligen Mitglieder des DRPR die Aufgaben eines solchen Ethik-Rates, die auch in der öffentlichen Kommunikation liegen, noch verkannten. Es sollte in der Öffentlichkeit wohl keine „schmutzige Wäsche" über den eigenen Berufsstand gewaschen werden, eine Argumentation, die in die damalige Zeit passen dürfte. Jedenfalls verstand der damalige Vorsitzende des DRPR, der in den ersten fünf Jahren seines Bestehens nur zehn Fälle bearbeitet hatte, seine Arbeit im Rat damals eher als Arbeit einer „leisen Führung" und er war nicht darauf aus, öffentlich zu wirken. Die Fälle seien alle „im Vorfeld" gelöst worden. Dies hatte Friedrich von Friedeburg, der in seinem beruflichen Leben als Kommunikationschef der Deutsche Maschinenbau Aktiengesellschaft (DEMAG) fungierte, mir in einem Telefongespräch im November 1990 mitgeteilt, in dem ich herausfinden wollte, welche Aktivitäten der DRPR bis dahin überhaupt unternommen hatte. Ich schrieb damals gerade den ersten wissenschaftlichen Aufsatz zum Thema PR-Ethik (Bentele 1992) und versuchte, auch über Telefonrecherche, Informationen über alle Ethik-Initiativen des Berufsfeldes zusammenzutragen. PR-Ethik war Anfang der neunziger Jahre in Deutschland für die Vertreter des DRPR noch etwas ziemlich Unbekanntes, man hielt sich über kritische Fälle bedeckt; es existieren auch keine Protokolle über die damaligen Sitzungen, die damaligen Mitglieder sind mittlerweile alle verstorben.

Mit der Übernahme des DRPR-Vorsitzes durch Horst Avenarius, dem ehemaligen PR-Chef von BMW, im Jahr 1991, wurde der Rat deutlich aktiver. Avenarius hat durch seine organisatorischen und publizistischen Aktivitäten maßgeblich dazu beigetragen, dass der DRPR und seine Entscheidungen öffentlich und transparent wurden. Man kann nach diesen ersten fünf Jahren von einem *Professionalisierungsschub* sprechen. Avenarius hat die „Sieben Selbstverpflichtungen" zu Anfang der neunziger Jahre, darüber hinaus eigene „DRPR-Richtlinien" entwickelt, in der Regel aufgrund konkreter Fälle aufgestellt wurden. Zu diesen Dokumenten kam im Jahr 2012 noch

---

[8] Im Vorfeld der in jenem Jahr stattfindenden DPRG-Mitgliederversammlung wurde ein gemeinsames Papier von DPRG und GPRA erarbeitet, das die Zusammensetzung und Arbeitsweise des Rates thematisierte (Avenarius und Bentele 2009, S. 268).

4.4 Institutionen der Selbstregulierung

der neue Deutsche Kommunikationskodex hinzu (vgl. dazu Abschn. 4.5). Die Aktivitäten des Rats, seien sie normgebender Art oder betreffen sie Entscheidungen in Konflikten, sind heute inklusive aller Jahresberichte auf der DRPR-Website nachzulesen (vgl. https://drpr-online.de/dokumentation-2/jahresberichte).

Nach einer Strukturreform in den Jahren 2011 und 2012 – der DRPR hatte mittlerweile vier Trägerorganisationen – wurde nach dem Vorbild des Deutschen Presserats ein Trägerverein gegründet, in dem die (damals) vier Trägerorganisationen DPRG, GPRA, BdP und de'ge'pol Mitglied waren. Die seinerzeitigen *Statuten* (Avenarius und Bentele 2009, S. 270 ff.) wurden aufgegeben und eine *Trägervereinssatzung* entwickelt, die auch einige Passagen über den DRPR selbst enthielt. Der DRPR bestand satzungsgemäß zunächst aus bis zu 21 Mitgliedern: Die DPRG, der BdP und die GPRA entsandten jeweils sechs Mitglieder, die de'ge'pol drei Mitglieder. Am 9. Oktober 2017 trat die de'ge'pol nach Konflikten im Trägerverein mittels einer Pressemitteilung aus dem DRPR aus.[9] Seither gehören dem DRPR nur noch 18 Mitglieder an. Das Gremium tagt mindestens einmal im Jahr physisch, dazwischen findet viel Online-Kommunikation statt, die Beschlussfassungen, Diskussionen und Entscheidungen ermöglicht. Der Rat kann satzungsgemäß, nachdem ein Fall angenommen, bearbeitet, diskutiert und entschieden wurde, vier unterschiedliche Entscheidungen treffen:

1) Freispruch[10]
2) eine Mahnung (bei minderschweren Fällen)
3) eine (öffentliche) Rüge und
4) eine Missbilligung.[11]

Freisprüche erfolgen in der Regel dann, wenn der DRPR einen Fall angenommen und diskutiert hat und zum Schluss gekommen ist, dass der oder die Beschuldigte

---

[9] Über diesen Konflikt vgl. Dillmann (2017), wo auch die Kurzstellungnahmen der Verbandsvorsitzenden von DPRG, GPRA und des BdP nachzulesen sind. Die ausführliche Stellungnahme des DRPR findet sich auf https://drpr-online.de/.

[10] Die Handlungsoption „Freispruch" existiert in der gültigen Beschwerdeordnung eigentlich nicht, ist aber faktisch schon häufiger vom DRPR angewandt worden.

[11] Streng genommen – dies legt die Beschwerdeordnung von 2015 fest – sind es noch zwei Handlungsoptionen mehr: einmal die *Einstellung* des Falls z. B. wegen offensichtlicher Unbegründetheit und die *Zurückweisung* wegen Unbegründetheit. Diese Handlungsoptionen werden aber in der Regel schon im „Vorverfahren" geprüft und umgesetzt.

zu Unrecht beschuldigt wurde oder wenn er zur Überzeugung kommt, dass hier keine Normverletzung vorliegt.

Wenn sich der DRPR gar nicht für einen Fall zuständig fühlt, sondern z. B. eher den Presserat für zuständig hält, würde dieser Fall an den Presserat weitergereicht, was in der Praxis schon mehrfach vorgekommen ist.

Eine *Mahnung* wird in der Regel bei minderschweren Fällen ausgesprochen oder bei Fällen, bei denen der beschuldigte Akteur selbst schon Aktivitäten zur Verbesserung der Situation unternommen hat.

Eine (öffentliche) *Rüge* wird dann ausgesprochen, wenn ein eindeutiger Fall von Regelverletzung vorliegt und der beschuldigte Akteur (Person oder Organisation) für die unethische Handlung verantwortlich gemacht werden kann. Alle Fälle der vom DRPR ausgesprochenen öffentlichen Rügen sind auf der Website des DRPR dokumentiert.

4.4.2.2 Selbstverständnis und Zielsetzungen des DRPR

Der Kern des Selbstverständnisses des DRPR hat sich in den Jahren seines Bestehens kaum verändert. Der DRPR versteht sich als *Organ der freiwilligen Selbstkontrolle* für das PR-Berufsfeld und hat sich selbst folgende Hauptaufgaben gestellt:[12]

a) dieses Berufsfeld im Rahmen seiner Möglichkeiten kritisch zu beobachten,
b) kommunikative Normen zu formulieren, zu entwickeln und weiterzuentwickeln und
c) auf Basis dieser Normen kommunikatives Fehlverhalten gegenüber Öffentlichkeiten zu mahnen oder zu rügen.

---

[12] Lange Zeit hatte der Rat – auch in seiner alten Ratssatzung – sich immer nur auf die Hauptaufgabe „Missstände und Fehlverhalten (...) zu benennen und auf deren Beseitigung hinzuwirken" gegeben (vgl. auch die oben zitierte Satzungsformulierung in § 11 Abs. 1). Dann wurde 2012 in die Trägervereinssatzung die Aufgabenstellung „den Deutschen Kommunikationskodex [...] formulieren und ihn und andere Berufsnormen weiterzuentwickeln" hinzugenommen. Es hatte sich in der Ratspraxis gezeigt, dass diese *normengenerierende* Aufgabe *ebenso wichtig* war wie die konkrete Fallbearbeitung. Da beides, Fälle bearbeiten, diskutieren und entscheiden und die Entwicklung von ethischen Normen nicht geht, ohne das Berufsfeld zu beobachten, habe ich als damaliger DRPR-Vorsitzender die obenstehenden drei Hauptaufgaben schon in mehreren Tätigkeitsberichten, zuletzt im Tätigkeitsbericht 2017, formuliert (DRPR 2017, S. 4).

> **Ausschnitt aus der Trägervereinssatzung des DRPR**
> Die *Trägervereinssatzung,* die am 27.02.2012 verabschiedet wurde, formuliert in § 9 wie folgt:
> „**§ 9 Deutscher Rat für Public Relations (DRPR)**
> Abs. 1: Der „Deutsche Rat für Public Relations (DRPR)" ist ein Gremium des Trägervereins des Deutschen Rates für Public Relations e. V. (…)
> Abs. 2: Die Mitglieder des DRPR sind in Ihrer Ratstätigkeit unabhängig und an Weisungen der sie entsendenden Organisationen nicht gebunden. (…) Ihre Tätigkeit ist ehrenamtlich."
> „**§ 11 Aufgaben des DRPR**
> Der DRPR hat die folgenden Aufgaben:
>
> 1) Missstände und Fehlverhalten bei der Kommunikation mit Öffentlichkeiten zu benennen und auf deren Beseitigung hinzuwirken,
> 2) normenkonformes und verantwortungsbewusstes Handeln einzufordern,
> 3) Beschwerden über einzelne Vorgänge zu prüfen und in begründeten Fällen Ermahnungen und Rügen auszusprechen,
> 4) auf Fairness in den Beziehungen zwischen den Organisationen und ihren Publika hinzuwirken,
> 5) den Deutschen Kommunikationskodex zu formulieren und ihn und andere Berufsnormen weiterzuentwickeln.
>
> Durch seine Aktivitäten greift der DRPR aktiv in das Geschehen des Berufsfeldes ein. Dies geschieht sowohl durch *aktive Normierung* (z. B. Entwicklung und Weiterentwicklung des Deutschen Kommunikationskodex sowie der DRPR-Richtlinien), als auch durch die Diskussion kritischer Fälle und dem Treffen von Entscheidungen (Ratssprüche). In den letzten Jahren kam aber auch aktive Vortrags- und Seminartätigkeit zu ethischen Problemen, sowie Beratung hinzu. Der DRPR sieht seine Funktion und Tätigkeiten analog zu denen des Deutschen Presserats und des Deutschen Werberats, die sich in benachbarten Berufsfeldern der öffentlichen Kommunikation auch als Organe der freiwilligen Selbstkontrolle sehen und dieselben oder ähnliche Aufgaben wahrnehmen."

Während in den ersten zehn Jahren seines Bestehens die Arbeit des Rats vor allem darin bestand, konkrete Fälle von Regelverletzungen zu diskutieren und zu entscheiden (*normierende Tätigkeit*), kam zusätzlich zu dieser fallbezogenen

Arbeit die *normengenerierende Tätigkeit* dazu: 1997 wurde die erste DRPR-Richtlinie erarbeitet und beschlossen, mittlerweile existieren neun Richtlinien, einige davon sind aktualisiert und überarbeitet worden. 2012 kam der Deutsche Kommunikationskodex als nationaler Ethik-Kodex und als Leitkodex dazu.

4.4.3 Zur Arbeitsweise des DRPR

Der DRPR arbeitet seit vielen Jahren nach folgendem Procedere:

1) Den Anfang einer Falldiskussion bildet ein Fall. Dieser bildet sich entweder durch eine Beschwerde aus der Öffentlichkeit, der Medienberichterstattung oder dadurch, dass der Rat selbst bzw. eines oder mehrere seiner Mitglieder ein Problem aufgreift und zum Fall macht. Ein Beschwerdeführer oder eine Beschwerdeführerin formuliert eine (in der Regel) schriftliche *Beschwerde*, die dann zunächst dazu führt, dass die Ratsmitglieder eine Mehrheitsentscheidung darüber herstellen, ob der Fall als DRPR-Fall akzeptiert (Falldefinition und Zuständigkeitsprüfung) wird. Sollte dies nicht der Fall sein, wird das Problem nicht weiter verfolgt oder der Fall bzw. das Problem an ein anderes Gremium (z. B. Deutscher Presserat) zur Bearbeitung weitergeleitet.
2) Ist der Fall als DRPR-Fall akzeptiert, erfolgt eine Nummerierung des Falls, eine Beschreibung des Sachverhalts sowie von Regelverletzungen, die dann zu einer Reaktion führen kann. Diese Fallbeschreibung wird allerdings seit einiger Zeit schon vor der Entscheidung, ob der Fall ein DRPR-Fall wird, erstellt.
3) Ist diese Entscheidung darüber positiv getroffen, wird er ausführlich recherchiert. Dies wird in der Regel von den Mitgliedern eines bestimmten Beschwerdeausschusses gemacht. Die Auswertung von Dokumenten (z. B. Medienberichterstattung) oder eine Befragung der beteiligten Akteure, der *Betroffenen*, sind zwei wesentliche Recherchemethoden. Bei Unklarheiten können die Befragungen mehrfach bzw. mehrstufig erfolgen. In bestimmten Fällen können mündliche Anhörungen der Beschuldigten angesetzt werden.
4) Auf Basis dieser Informationen diskutiert der Rat, bildet sich eine Meinung und kommt zu einem Urteil. Dies muss (mit einfacher Mehrheit) abgestimmt werden und wird Beschwerdeführern und Beschuldigten mitgeteilt. Sollten die Beschuldigten Widerspruch gegen das Urteil einlegen wollen, kann das schriftlich und argumentativ geschehen. Der Rat berät dann aufgrund des Widerspruchs nochmals und kommt wieder zu einem (nun endgültigen) Urteil.
5) Das Ratsurteil wird über einen Presseverteiler den Medien und damit der Öffentlichkeit zugänglich gemacht und ggf. auf Reaktionen eingegangen bzw. solche beantwortet.

4.4 Institutionen der Selbstregulierung

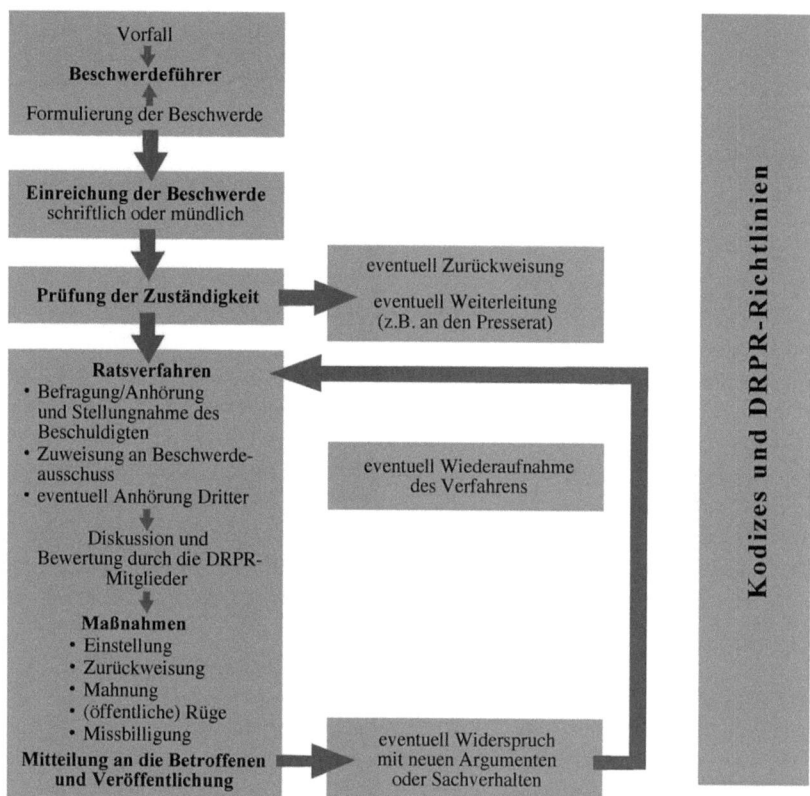

Abb. 4.4 Schema zur Arbeitsweise des DRPR. (Quelle: Avenarius und Bentele (2009, S. 265))

In der Beschwerdeordnung des DRPR von 2015 sind Einzelheiten, auch zeitliche Fristen, Maßnahmen des Rats (Einstellung, Zurückweisung, Mahnung, Rüge, Missbilligung), und auch das Widerspruchsverfahren, etc. genauer geregelt (s. Abb. 4.4).

Vor allem Rügen können dadurch, dass sie – von den Medien verbreitet – Verhalten öffentlich „an den Pranger" stellen, wirksam werden, wenn sie z. B. aktuelle oder potenzielle Kunden und Kundinnen, Angehörige des Berufsfelds selbst oder die allgemeine Öffentlichkeit beeindrucken (Avenarius 2009). Seit 1991 hat der DRPR regelmäßig getagt und eine Reihe von Entscheidungen getroffen, die alle auf seiner Website (https://drpr-online.de) nachlesbar sind.

Die durchschnittliche Zahl der Fälle, die der Rat pro Jahr behandelt, liegt etwa zwischen 10 und 20 Fällen, ist also deutlich niedriger als beim Deutschen Presserat oder Deutschen Werberat. Das hat verschiedene Gründe. Dazu gehören zum einen die begrenzten finanzielle Ressourcen des Rats sowie die Tatsache, dass die Arbeit der Mitglieder des DRPR ehrenamtlich ist und damit auch die zeitlichen Ressourcen beschränkt sind. Daneben existieren zwei strukturelle Gründe: Erstens: PR-Arbeit ist für die Öffentlichkeit meist nur *indirekt zugänglich* während journalistische Produkte oder Produkte der Werbung meist *direkt* zugänglich sind. Mediennutzer und Mediennutzerinnen können die Produkte journalistischer Arbeit (in Zeitungen oder Fernsehnachrichten oder auch der Online-Berichterstattung) unmittelbar wahrnehmen. Dasselbe gilt auch für Werbeplakate oder Werbespots in den elektronischen Medien. Das gilt aber nicht für PR-Texte: wer erkennt schon die Informationsbroschüren eines Landratsamts als Produkt der Presseabteilung und damit als PR-Produkt? Der zweite Grund: die Fälle, die der DRPR bearbeitet, sind in der Regel deutlich *komplexer* als ein einzelner Zeitungsartikel oder eine Werbeanzeige bzw. ein Werbespot, welche die Grundlagen der Arbeit des Presserats oder des Werberats sind. Meist muss mit mehreren Akteuren Kontakt aufgenommen werden, oftmals ist eine weitere, sich gelegentlich in die Länge ziehende Kommunikation unumgänglich.

Seit dem Jahr 2003 haben sich die Fälle, die an den DRPR herangetragen wurden oder die er selbst auf die Agenda gesetzt hat, gehäuft. In den Berichtsjahren 2006 und 2007 wurden 13 und 12 Beschwerden behandelt, im Jahr 2009 17. Danach sank die Zahl wieder etwas. In den letzten Jahren (bis 2020) waren es jeweils etwa 10 Fälle, die der DRPR behandelt hat, in jedem Jahr werden einige Fälle eingestellt und einige öffentliche Rügen ausgesprochen.

Der DRPR ist in den Jahren seiner Existenz zu einer wichtigen Institution für das Berufsfeld Public Relations und Kommunikationsmanagement geworden, wird er doch von allen wichtigen Berufsverbänden getragen und – sehr bescheiden – finanziert. Er hat gewisse öffentliche und berufsfeldbezogene Funktionen. Die Verabschiedung des Deutschen Kommunikationskodex (2012), die Entwicklung von bislang neun DRPR-Richtlinien, die regelmäßig aktualisiert werden, sowie eine ständige Reflexion von Fällen haben die Grundlagen für die PR-Ethik in Deutschland gelegt und gefestigt.

4.5 Bestehende Normen und Kodizes

4.5.1 International: Von der Declaration of Principles (Ivy L. Lee) bis zum Global Code der Global Alliance

Moralische Verhaltensanforderungen an PR-PraktikerInnen haben sich mit der Geschichte des Berufsfelds entwickelt. Die älteste bekannte und schriftlich fixierte PR-Richtlinie international gesehen dürfte die „Declaration of Principles" von Ivy L. Lee sein, die dieser ab 1906 im Rahmen seiner Pressearbeit in den USA mit versandte (Hiebert 2005, S. 482 ff.). Sie enthielt u. a. die Forderungen nach *Offenheit* der Pressearbeit (gegenüber der damals eher dominierenden verdeckten, geheimen Pressearbeit) und *Genauigkeit* (accuracy). Mit dieser Deklaration revolutionierte Lee das damals vorherrschende Selbstverständnis der PR und läutete eine neue Epoche ein. Interessanterweise nannte die erst im Jahr 2000 als Vereinigung nationaler und regionaler PR-Verbände gegründete, internationale PR-Organisation *Global Alliance* ihren Ethik-Kodex ebenfalls *Declaration of Principles*. In diesem werden Integrität (integrity), Wahrheit (truthfulness), Genauigkeit (accuracy), Fairness (fairness), Verantwortlichkeit (responsibility) den Kundinnen und der Gesellschaft gegenüber ebenso wie das professionelle Eintreten für Interessen (advocacy), Ehrlichkeit (sincerity)Sachverständigkeit (expertise) und Loyalität (loyalty) als Grundwerte beruflichen Handelns hervorgehoben (https://www.globalalliancepr.org/code-of-ethics/).

Die von vielen nationalen Berufsverbänden heute anerkannten internationalen (europäischen) Kodizes sind der *Code d'Athènes* und der *Code de Lisbonne*. Der *Code d'Athènes* oder *Code of Athens* wurde am 12. Mai 1965 von der Generalversammlung der International Public Relations Association in Athen beschlossen,[13] die DPRG hat ihn 1966 übernommen. Watson (2014) hat die Entstehung und Entwicklung dieses Kodex nachgezeichnet. Die IPRA hat den *Code d'Athènes* zusammen mit dem *Code of Venice* (1961) und dem *Code of Brussels* (2007) im Jahr 2011 zu einem IPRA *Code of Conduct* integriert.[14]

Das erstmals 2003 beschlossene „Gobal Protocol" wurde 2018 erneuert und enthält nunmehr 16 Prinzipien und damit verbundene Handlungsanweisungen oder Empfehlungen, etwas zu tun oder nicht zu tun.[15] Es wird zwischen neun „Guiding

---

[13] Vgl. zur Entstehungsgeschichte des Code d'Athènes Watson (2014).
[14] Vgl. https://www.ipra.org/static/media/uploads/code_of_conduct/english.pdf.
[15] Vgl. https://www.globalalliancepr.org/code-of-ethics.

principles" und sieben „Principles of professional practice" unterschieden. Was die leitenden Prinzipien anbelangt, so werden z. B. „Working in the public interest", „Freedom of media", „Honesty, truth and fact based communication", „Integrity", „Transparency and disclosure" genannt. Die „Principles of professional practice" werden mit „Commitment to continuous learning and training", „Avoiding of conflict of interest", „Advocating for the profession", u. v. a. m. benannt. Mit diesen Prinzipien dürfte die Global Alliance weltweit auf große Zustimmung stoßen. Wichtig ist, dass die Global Alliance den nationalen Verbänden die Freiheit lässt, ihre eigenen Kodizes als (nationale) Richtschnur zu behalten. Es wird ein Prozess angeregt, diesen Kodex weltweit als den globalen Ethik-Kodex der PR-Branche anzuerkennen und auch die nationalen Kodizes auf diesen Kodex hin mittelfristig auszurichten.

4.5.2 National: Von den informellen Regeln des 19. Jahrhunderts bis zum Deutschen Kommunikationskodex

Für Deutschland finden sich ethische Regeln für *Pressearbeit* historisch schon früh, also im 19. und im frühen 20. Jahrhundert, als *informelle Regeln (Bentele 2013a)*. Regeln dafür, was an Berufspraktiken erlaubt und was nicht erlaubt ist, was offen kommuniziert werden konnte und was zwar gemacht wurde, aber verheimlicht werden musste, zeigt, dass durchaus ein Bewusstsein über ethisch korrektes oder inkorrektes Verhalten vorhanden war. Die offiziösen Zeitungen oder Quellen beispielsweise wurden in der Regel von staatlicher Seite bezahlt oder gefördert, formal waren sie selbstständig. *Absendertransparenz* wurde auf diese Weise negiert oder verschleiert.

Die damalige PR-ethische Grundhaltung: nicht Absendertransparenz, sondern „verdeckte PR", war das Ziel dieser Kommunikation. Man hoffte so, die Öffentlichkeit darüber zu täuschen, wer der eigentliche Initiator der Kommunikation war. Dies in der Hoffnung, dass die Glaubwürdigkeit eines solchen „unabhängigen" Informationsdienstes höher bewertet würde als die eines Informationsdienstes, der offiziell von der preußischen Regierung stammte.

PR-Berufsregeln werden in Deutschland erst mit den ersten Buchpublikationen in der Zeit nach dem 2. Weltkrieg systematischer schriftlich formuliert bzw. kodifiziert. Die im Jahr 1951 erschienene Schrift von Carl Hundhausen „Werbung um öffentlich es Vertrauen" (Hundhausen 1951, S. 159 ff.) diskutiert zum ersten Mal mit einer gewissen Systematik *sechs Grundprinzipien* der Public Relations: das Prinzip der *Wahrheit,* das Prinzip der *vollständigen Wahrheit,* der *Offenheit,* das

4.5 Bestehende Normen und Kodizes

Prinzip der *Selbsterziehung,* das Prinzip *des ersten Schritts* und das Prinzip *übereinstimmender Interessen.*

Mit diesen sechs Grundsätzen bzw. Prinzipien hat Hundhausen einen ethischen Rahmen, präziser formuliert, den *ersten deutschen Ethik-Kodex* geschaffen, der für Unternehmenskommunikation und Organisationskommunikation insgesamt grundlegende Kommunikationsprinzipien formuliert, die heute noch, 70 Jahre später, als relativ modern anmuten. Sieben Jahre vor Gründung der DPRG – und historisch zum ersten Mal in Deutschland – liegt hier also faktisch ein *schriftlich formulierter Ethik-Kodex* für PR-Verhalten vor. Zweifellos wird mit diesen Grundsätzen ein *ethisches Fundament* des Berufs und der Berufsausübung errichtet, das zu dem damaligen Zeitpunkt, nachdem von 1933 bis 1945 in Deutschland eine zwölfjährige Vorherrschaft des Propagandadenkens zu beobachten war, durchaus bemerkenswert war. Die Abwendung von diesem Propagandadenken der nationalsozialistischen Zeit wird vor allem durch die *Betonung der Wahrheitsnorm,* der Norm der *vollständigen Wahrheit* und der *Offenheitsnorm* vollzogen.

Gemeinsam mit älteren, nationalen deutschen Kodizes, insbesondere den schon 1964 verabschiedeten *Grundsätzen der DPRG* und den 1991 verabschiedeten *Sieben Selbstverpflichtungen,* in denen Normen wie Wahrhaftigkeit, Fairness, Redlichkeit an zentraler Stelle genannt werden (Avenarius 1998, S. 56 ff.), bilden diese Normen eine Grundlage für die *Spruchpraxis des Deutschen Rats für Public Relations.* Dieser hat am 1. Dezember 2011 nach zweijähriger Analysephase und Diskussion den Entwurf eines *Deutschen Kommunikationskodex* einstimmig beschlossen, der nach ausführlicher öffentlicher Diskussion schließlich am 29.11.2012 in Kraft trat. Der Deutsche Kommunikationskodex ist heute der *Leitkodex* für das gesamte Berufsfeld in Deutschland.

In einem längeren Diskussionsprozess ist dieser Kodex von einer kleinen Diskussionsgruppe mit anschließender öffentlicher Diskussion entwickelt worden. Ich wurde vom DRPR am 22.06.2009 beauftragt, einen modernen Kommunikationskodex zu entwickeln und leitete das entsprechende „steering committee". Die Motive, die für diesen Auftrag genannt wurden, waren erstens, dass wichtige, bisher vorliegenden internationalen Kodizes, (*Code d'Athènes, Code de Lisbonne*), aber auch die alten die Formulierungen der DPRG-Grundsätze von 1964 und auch die „Sieben Selbstverpflichtungen" von 1991, den aktuellen Anforderungen an einen „modernen Kodex" nicht mehr genügten. Zweitens gab es das Motiv, dass in Deutschland kein wirklicher, nationaler PR-Kodex existierte. Der neu zu formulierende Kodex sollte wichtige Normen und Werte enthalten, die auch in internationalen Kodizes enthalten waren. Deshalb wurde eine Analyse dieser Kodizes durchgeführt. Auch sollte der neue Kodex in der Sprache „moderner" sein: Viele

DRPR-Mitglieder störten sich an der sprachlichen Form der „Sieben Selbstverpflichtungen", die in der Ich-Form („Ich verpflichte mich ...") formuliert waren, eine Form, die in Gelöbnissen, auch beruflichen Gelöbnissen, verwendet wird.

Die Entstehung des deutschen Kommunikationskodex
- Juni 2010: Erster Kodex-Entwurf (Bentele, Nothhaft, Tanck)
- 2. Oktober 2010 Überarbeitung und 2. Entwurf (Bentele, Gaul, Güttler. Kretschmer, Reuter)
- November 2010: 3. Entwurf (Bentele, Gaul, Güttler, Kretschmer, Reuter)
- 1.12.2011: einstimmiger Beschluss und vorläufige Endfassung in DRPR-Sitzung
- Eröffnung einer Website
- 22.02.2012: Veröffentlichung mittels PM und auf kommunikationskodex.de
- Ab 20.02.2012 Eröffnung der Website „www.kommunikationskodex.de" mit Beiträgen von Heiko Kretschmer, Alexander Güttler und Günter Bentele. Danach öffentliche Online-Diskussion mit viel Stellungnahmen
- 12.05.2012 Zustimmung DPRG-Vorstand
- 22.05.2012 Unterstützung durch BdP-Präsidium
- Juni 2012 Zustimmung durch GPRA-Vorstand
- 19.06.2012 DRPR-Podiumsdiskussion und öffentliche Abschlussdiskussion
- 25. September 2012: Zustimmung bei BdP-Mitgliederversammlung
- 17. November 2012: letzte Überarbeitung
- 29. November 2012: Der Deutsche Kommunikationskodex wird in seiner Endfassung auf einer DRPR-Sitzung offiziell beschlossen, danach kommuniziert.

Mit dem „Deutschen Kommunikationskodex" hatte die Kommunikationsbranche in Deutschland zum ersten Mal einen modernen, nationalen Ethik-Kodex vorgelegt, der sich international sehen lassen konnte. In der Folge ging es darum, diesen Kodex im Berufsfeld bekannter zu machen, aber auch darum, seine Verbindlichkeit zu erhöhen. Von Menschen gemachte Regeln oder Regelmengen (Kodizes) können nur in dem Maße Kraft für menschliches und gesellschaftliches Handeln entwickeln, in dem sie von Menschen, Organisationen und Gesellschaften auch befolgt werden. Was die *Bekanntheit* anbelangt, so konnte diese durch Diskussionsbeiträge in Fachmedien oder Präsentationen von Umfragen auf wichtigen einschlägigen Expertenveranstaltungen mit großem Publikum schnell auf ein

4.5 Bestehende Normen und Kodizes

einigermaßen akzeptables Niveau gehoben werden: immerhin 52 % der Befragten sagten 2018, dass sie den Kommunikationskodex gut (19 %) oder flüchtig kennen würden, 24 weitere Prozent hatte schon mal von ihm gehört (Bentele et al. 2018, S. 25).

Neben dem Kommunikationskodex – als Leitkodex – greift der Rat auf selbst entwickelte *DRPR-Richtlinien* zurück, die für konkrete PR-Arbeitsfelder und ethische Problemzonen erarbeitet wurden. Der Kommunikationskodex und DRPR-Richtlinien ergänzen einander, ihr Verhältnis zueinander ist das einer unterschiedlichen Abstraktheit der Normen. Ebenso wie das Grundgesetz sehr allgemein und auf der anderen Seite die Strafgesetzgebung oder die Gesetze in unterschiedlichen Bereichen in unterschiedlicher Konkretion auf Situationen eingehen und noch dazu Gerichte anhand einzelner Fälle konkrete Rechtsprechung und damit auch Gesetzesinterpretation betreiben müssen, lassen sich im Bereich PR-Ethik drei Ebenen unterscheiden:

(1) die Ebene des allgemeinen Leitcodes (Deutscher Kommunikationskodex),
(2) die Ebene der Bereichsregeln (DRPR-Richtlinien), die beispielsweise für die Pressearbeit, die Finanzkommunikation oder das Lobbying zutreffen,
(3) die Ebene der konkreten Spruchpraxis.

Bei den Falldiskussionen im Rat werden vor allem der Kommunikationskodex und die DRPR-Richtlinien herangezogen, gelegentlich auch internationale Codizes wie der *Code de Lisbonnne*. Insbesondere Verletzungen der Norm, der Offenheit bzw. der Transparenz im Kommunikationskodex sind schon sehr oft als Begründung für das Aussprechen einer öffentlichen Rüge herangezogen worden.

Die meisten ethischen Normen haben eine mittlere Gültigkeitsdauer, d. h. sie sind zwar nicht für die „Ewigkeit" gemacht, sie sollten aber auch nicht jedes Jahr aktualisiert werden müssen. Einige DRPR-Richtlinien mussten schon nach einigen Jahren aktualisiert werden, so z. B. die Online-Richtlinie, weil die digitale Welt sich sehr schnell ändert.

Der DRPR geht davon aus, dass mit diesem Normensystem auf drei Ebene eine gute Lösung für das Berufsfeld in Deutschland vorhanden ist (s. Abb. 4.5), das heißt, die Grundlagen für eine „funktionierende PR-Ethik" (Bentele 2009, S. 26) gegeben sind. Das heißt nicht, dass dieses System nicht noch zu verbessern wäre. Die Bekanntheit und vor allem die Verbindlichkeit der Kodizes lässt noch deutlich zu wünschen übrig. Wenn jetzt schon klar ist, dass die Bekanntheit und das Wissen über die Kodizes deutlich verbessert werden müssten, muss auch die Verbindlichkeit der Kodizes erhöht werden. Finanzielle oder andere Bestrafungen sind bei einem Berufsfeld mit freiem Berufszugang nicht möglich, könnten nicht erhoben

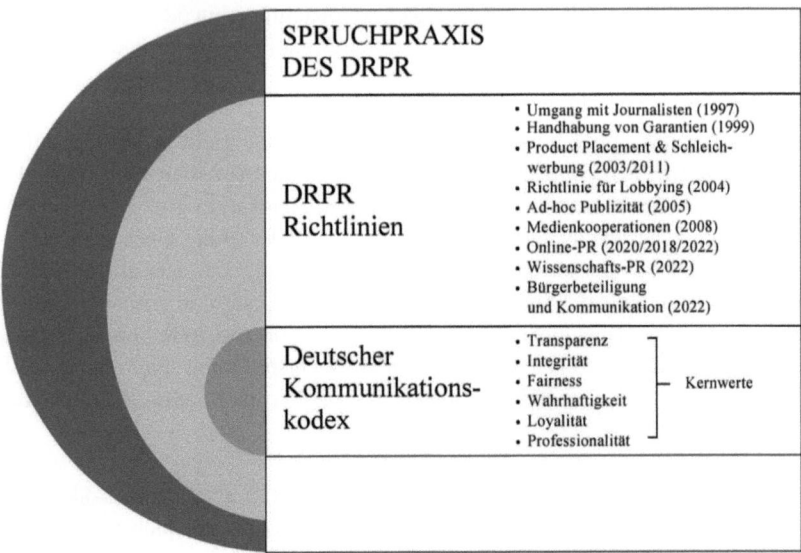

Abb. 4.5 Das System von PR-Normen und Spruchpraxis des DRPR. (Quelle: eigene Abbildung)

oder durchgesetzt werden. Aber kommunikative Sanktionen wie öffentliche Rügen, die auf einen Prangermechanismus setzen, sind auch Möglichkeiten, Verbindlichkeiten zu erhöhen.

Einen Überblick über die wichtigsten Kodizes und Richtlinien, die in Deutschland gelten, gibt Tab. 4.2.

4.5.3 Einschätzung und Kritik der Kodizes

Bei Betrachtung der älteren Kodizes, des *Code d'Athènes*, des *Code de Lisbonne* und der Grundsätze der DPRG fällt auf, dass ein großer Teil ihres Inhalts sich auf allgemeine Normen menschlichen Zusammenlebens stützt, z. B. die Charta der Vereinten Nationen. Insbesondere der *Code d'Athènes* kommt erst nach einem langen Vorlauf zu den eigentlichen PR-spezifischen Grundsätzen. Erst in Punkt 10 wird gefordert, dass Verbandsmitglieder es unterlassen sollten, die Wahrheit anderen Ansprüchen unterzuordnen. Dieser Kodex scheint aus heutiger Perspektive a) viel *zu allgemein*, auf allgemeine Moralgrundsätze bezogen und damit zu b) *unspezifisch* für PR-Fragestellungen zu sein. Er weist zudem keine erkennbare Systematik auf.

4.5 Bestehende Normen und Kodizes 139

Tab. 4.2 Internationale und deutsche PR-Kodizes und Richtlinien

Kodex/Richtlinie	Wann durch welche Organisation verkündet/verabschiedet
I. International	
Code d'Athènes (*Code of Athens*) (auch *Code d'Ethiques*)	Am 12.05.1965 von der International Public Relations Association (IPRA) verabschiedet, 1966 von der *Deutschen Public Relations Gesellschaft* (DPRG) angenommen,
Code de Lisbonne: Der europäische Kodex professionellen Verhaltens in der Öffentlichkeitsarbeit	1978 von der CERP angenommen; 1980 von der DPRG in reduzierter Fassung übernommen. 1991 abermals in veränderter, immer noch reduzierter Fassung von der DPRG bekräftigt
ICO International Professional Charter, auch *Rome Charter*	1991 durch das *International Commitee of Public Relations Consultancies Associations* (ICO) in Rom verabschiedet, 1995 von der deutschen *Gesellschaft Public Relations Agenturen* (GPRA) übernommen
IPRA Code of Conduct (Zusammenführung des Code of Venice (1961), Code of Athens (1965) und des Code of Brussels (2007)	2010 vom IPRA-Vorstand angenommen, 2011 verabschiedet
IPRA Code of Conduct (Zusammenführung des Code of Venice (1961), Code of Athens (1965) und des Code of Brussels (2007)	2010 vom IPRA-Vorstand angenommen, 2011 verabschiedet
Declaration of Principles (Global Protocol on Ethics in Public Relations) **Global Code of Ethics**	2002 von der *Global Alliance*, dem internationalen Verband der PR-Verbände in Rom beschlossen 2018 (Mai) von der Global Alliance verabschiedet
II. Deutschland	
Grundsätze der Deutschen Public Relations Gesellschaft	1964 von der Mitgliederversammlung der DPRG angenommen
Grundsätze für GPRA-Agenturen	Von der GPRA 1995 verkündet
Die Sieben Selbstverpflichtungen eines DPRG-Mitglieds	1991 von der Ethikkommission der DPRG erarbeitet, 1995 als einer der ethischen Maßstäbe des Berufsstandes in die DPRG-Leitlinien übernommen
Deutscher Kommunikationskodex	Am 29.11.2012 vom *Deutschen Rat für Public Relations* nach ausführlicher interner und öffentlicher Diskussion beschlossen

(Fortsetzung)

Tab. 4.2 (Fortsetzung)

Kodex/Richtlinie	Wann durch welche Organisation verkündet/ verabschiedet
DRPR-Richtlinien:	
DRPR-Richtlinie PR und Journalismus	1997 „Richtlinie zum Umgang mit Journalisten" vom DRPR verabschiedet, Okt. 2013 aktualisiert, erweitert, umbenannt
DRPR-Richtlinie für die Handhabung von Garantien	am 22.01.1999 vom DRPR verabschiedet
DRPR-Richtlinie über Product Placement und Schleichwerbung	2003 vom DRPR verabschiedet, am 1.12.2011 aktualisiert
DRPR-Online-Richtlinie zur Kontaktpflege im politischen Raum (Lobbying-Richtlinie)	am 12.05.2004 vom DRPR verabschiedet
DRPR-Richtlinie zur ordnungsgemäßen ad-hoc-Publizität	am 21.11.2005 vom DRPR verabschiedet
DRPR-Richtlinie zu Medienkooperationen	am 3.12.2008 verabschiedet
DRPR-Richtlinie – Richtlinie zu PR in digitalen Medien und Netzwerken	am 27.08.2010 vom DRPR verabschiedet, am 19.09.2018 und am 25.04.2022 überarbeitet und aktualisiert
DRPR-Richtlinie zur Wissenschafts-PR	am 25.04.2022 verabschiedet
DRPR-Richtlinie zur Bürgerbeteiligung und Kommunikation	am 23.09.2022 verabschiedet

Quelle: eigene Abbildung

Der *Code de Lisbonne* ist demgegenüber deutlich klarer strukturiert: Es werden *allgemeine*, berufliche Anforderungen von *spezifischen* Verhaltensnormen gegenüber den Auftrag- oder Arbeitgebern, gegenüber der Öffentlichkeit und den Medien und gegenüber dem Berufsstand bzw. den Berufsangehörigen unterschieden. *Aufrichtigkeit*, moralische *Integrität*, gleichzeitig *Loyalität* sind allgemeine Werte, Offenheit der PR-Arbeit und Zurückhaltung in der Eigenwerbung werden als allgemeine PR-Normen genannt. Eine Reihe von spezifischen Normen, darunter das Verbot von Erfolgshonorierung und Erfolgsgarantien (Rothe 1999), Respektierung des Berufsgeheimnisses, Täuschungsverbote gegenüber Journalisten, usw. sind einige der aufgeführten Regeln. Dieser Kodex ist deutlich berufsspezifischer und enthält gute Ansätze für einen modernen PR-Kodex.

Der im Dezember am 29.11.2012 vom DRPR verabschiedete *Deutsche Kommunikationskodex* ist nach dem Selbstverständnis des Rates ein moderner Ethik-Kodex für Angehörige des Berufsfelds, der einen „verbindlichen Verhaltensrahmen" für dieses mittels fünfzehn verschiedener Leitsätze erbringt. Als bewusst gewählte Leitwerte bzw. -normen werden Transparenz, Integrität, Fairness, Wahrhaftigkeit, Loyalität und Professionalität genannt. Eng im Zusammenhang mit dem Kommunikationskodex zu sehen sind die seit 1997 vom DRPR meist aufgrund konkreter Anlässe, d. h. *induktiv* entwickelten *Richtlinien* (s. Tab. 4.2), die einerseits weniger allgemein sind und andererseits näher an Arbeitsfeldern der PR-Praxis liegen. Sie ziehen verallgemeinerte, normative Schlussfolgerungen aus der Diskussion konkreter Fälle und markieren, durchaus analog zu den Richtlinien des Deutschen Pressekodex, eine Zwischenebene zwischen tatsächlichem Handeln und dem allgemeiner gehaltenen Kodex. Diese *Zwei-Ebenen-Struktur von Kodex und Richtlinien* wird durch die Spruchpraxis des DRPR weiter auf einzelne Fälle bezogen und konkretisiert.

Um – analog zu medizinischen Berufsfeldern – zu einem weltweit gültigen und allseits akzeptierten Ethikkodex zu kommen, scheint der von der Global Alliance eingeleitete Prozess und der entsprechende Kodex (Global Ethics Code) am vielversprechendsten zu sein.

4.6 Ethische Problemfälle in der PR-Praxis

4.6.1 Die ersten Ratsfälle und der Fall Hunzinger

Diejenigen Probleme, die sich in der Berufspraxis immer wieder stellen, lassen sich an der Spruchpraxis des DRPR, den Berichten und Entscheidungen zu den Fällen und aus deren Jahres- bzw. Tätigkeitsberichten ablesen.[16]

Der erste Fall, der das Berufsfeld Public Relations, aber auch den DRPR, in einer breiteren Öffentlichkeit bekannt machte, über den alle überregionalen Tageszeitungen, Spiegel, Stern, etc. und die Hauptfernsehnachrichtensendungen berichteten, war der „Fall Hunzinger".[17] Moritz Hunzinger hatte als „Kontaktmakler" – so sah er sich selbst – beispielsweise in Veranstaltungen immer wieder wichtige Leute aus Politik, Wirtschaft und anderen Bereichen in Kontakt zueinander gebracht, brachte Wirtschaftsakteure mit Politikern und Politikerinnen

---

[16]Vgl. Avenarius und Bentele (2009). In diesem Buch sind alle DRPR-Fälle und Fallentscheidungen bis zum Jahr 2009 enthalten: Auf der Website des DRPR sind u. a. alle Fälle über das Jahr 2009 hinaus sowie alle Tätigkeitsberichte des DRPR, seit es diese Berichte gibt (1987 bzw. 1994/95; Avenarius und Bentele 2009, S. 142 ff.), enthalten. Die Jahresberichte über die Ratsaktivitäten ab 2002/2003 befinden auch auf der DRPR-Website unter https://drpr-online.de/dokumentation-2/jahresberichte/. Im Folgenden werden nur die Jahresberichte und das Jahr als Quelle genannt.

[17]Vgl. Bentele (2003); Ahrens, R. & Knödler-Bunte, E. (2003b), S. 12.

zusammen und ließ sich diese Tätigkeit (von der Wirtschaft) auch gut honorieren. Sein Geschäftsmodell bestand u. a. darin, sich von Akteuren aus der Wirtschaft beauftragen zu lassen, Kontakt zu Wirtschaftsakteuren (z. B. auf einer halböffentlichen Veranstaltung, beispielsweise einer Buchvorstellung) herzustellen in der Hoffnung, dass diese Kontakte sich zumindest mittelfristig auszahlen. Die Akteure der Parteien bekamen einen Teil des Geldes in Form von Parteispenden und bekamen vermutlich ihre Auslagen ersetzt.

Nach Auffassung vieler Akteure im Berufsfeld missverstand und vernachlässigte Hunzinger aber seine eigentliche PR-Aufgabe, bespielweise seine Kunden in Krisen zu schützen (Ahrens und Knödler-Bunte 2003a). Stattdessen versuchte er, sich selbst – eitel und geschwätzig – zur Nachricht und zum „Medienstar" zu machen. Durch diese „Affäre", in der Hunzinger versuchte das, was er tat, fälschlicherweise als „Normalfall von Public Relations" darzustellen und mit dieser Tätigkeit auch Loyalitäten gegenüber seinen Auftraggebern verletzte, wurden dem ganzen Berufsfeld ein großer Imageschaden zugefügt. Moritz Hunzinger wurde in der Öffentlichkeit vielfach als „Gesicht eines zwielichtigen Gewerbes" (Leif 2003, S. 45) gesehen. Dies war auch das Hauptargument für den DRPR, ihm für sein Verhalten eine „öffentliche Rüge" zu erteilen.[18] Aber der Fall bot auch den Anlass für eine Selbstreflektion der Branche: Eine große Expertenkommission konnte aus diesem Anlass eine „Lobbying-Richtlinie" („Verhaltensrichtlinie zur Kontaktpflege im öffentlichen Raum") entwickeln, in der zum ersten Mal in Deutschland Regeln für ethisch legitimes und „richtiges" Lobbying formuliert wurden.[19] Darin werden z. B. Geldzuwendungen an Politiker ausgeschlossen und Absendertransparenz für Lobby-Tätigkeit gefordert.

Fälle wie der Fall Hunzinger veranlassten Unternehmen und die Kommunikationsbranche dazu, etwas nachdenklicher zu werden und Regeln auch in Frage zu stellen bzw. sie auch zu ändern.

---

[18] Vgl. https://drpr-online.de/dokumentation-2/jahresberichte/jahresbericht-2002/2003/.

[19] Dass Lobbying, also kommunikative Interessenvertretung gesellschaftlicher Akteure gegenüber der Politik nicht per se unethisch, illegitim oder gar illegal ist, hat sich inzwischen auch bei vielen kritischen Zeitgenossen, z. B. auch im Journalismus, herumgesprochen. Hätte man doch ansonsten Probleme, die Lobbyarbeit z. B. von Gewerkschaften, Naturschutzverbänden und vieler anderer NGOs noch als gut oder gar notwendig zu betrachten. Vgl. zur Legitimität und zur Notwendigkeit von Lobbyarbeit innerhalb von parlamentarischer Demokratien den gut informierten Beitrag des Politikwissenschaftlers Lösche (2006).

4.6.2 Schleichwerbung

Schleichwerbung ist eine Missachtung ethischer und auch rechtlicher Regeln der öffentlichen Kommunikation. Explizit wird sie im Gesetz gegen den unlauteren Wettbewerb (UWG) vor allem im Paragrafen 5, Abs. 6 untersagt: „(6) Unlauter handelt auch, wer den kommerziellen Zweck einer geschäftlichen Handlung nicht kenntlich macht, sofern sich dieser nicht unmittelbar aus den Umständen ergibt" Es muss nach UWG also transparent kommuniziert werden, ob es sich um Werbung für ein Produkt oder eine Dienstleistung *oder* einen redaktionellen Beitrag handelt, in dem z. B. redaktionell notwendig ein Produkt- oder Firmenname auftaucht. Auch in Ziffer 7.2 des Pressekodex wird aus *journalistischer Perspektive* und in der DRPR-Richtlinie zur Schleichwerbung vom 1.12.2011 wird aus *PR-Perspektive* Schleichwerbung gebrandmarkt. Unethisch ist diese Praxis deshalb, weil sie die Öffentlichkeit täuschen will und dies in den meisten Fällen auch tut. Schleichwerbung ist vor allem dann gegeben, wenn Geld oder sonstige werthaltige Zuwendungen dafür geflossen sind, dass Medieninhalte auf Produkte, Dienstleistungen oder auch Themen verweisen. Keine Schleichwerbung ist es, wenn Produkte, Dienstleistungen oder Themen – redaktionell begründet – thematisiert werden und keinerlei Transfer von Geld oder sonstigen werthaltigen Leistungen erfolgt ist, z. B. wenn in einem Bericht über das Jubiläum eines Unternehmens auch dessen Produkte im Artikel benannt werden.

Ein besonders prominenter Fall von Schleichwerbung war der Fall *Weight Watchers* und *Andrea Kiewel*. Seit 2008 unterhielt die Weight Watchers Deutschland GmbH PR-Verträge mit Andrea Kiewel. Nach Spiegel-Informationen waren dies 180.000 DM pro Jahr vom Februar 2001 an. Zusätzlich gab es Nutzungsrechte für Vorher-Nachher-Fotos etc. Andrea Kiewel, ehemalige DDR-Leistungsschwimmerin und Fernsehmoderatorin vieler Sendungen (u. a. seit vielen Jahren: ZDF-Fernsehgarten) sollte in einer Weight Watchers-Gruppe Pfunde verlieren und verpflichtete sich in dieser Vereinbarung, ihre Kontakte zur Medienbranche, insbesondere im Rahmen von Talkshows und Interviews, einzusetzen, um dort Weight Watchers positiv zu erwähnen und zu „platzieren". In einer Sendung am 23. Januar 2007 bei Johannes B. Kerner fragt dieser, nachdem Kiewel Weight Watchers in der Sendung mehrmals recht auffällig erwähnt hatte:

> „„Jetzt hast du's vier oder fünfmal gesagt. Nur dass wir das mal geklärt haben: Jetzt kommen sicher viele auf den Gedanken: Moment, die hat doch ‚nen Werbevertrag, die ist doch von denen bezahlt! Nur dass wir das mal geklärt haben. Du bist dort normal Mitglied, du zahlst alles selbst, keine Vergünstigungen?"

Andrea Kiewel antwortet: „Jede Woche, die ich mich auf die Waage stelle, bezahle ich selbst, keine Werbeverträge, natürlich nicht!""[20]

Es stellt sich kurz danach heraus, dass Kiewel gelogen hat, was sie dann auch zugeben musste und sich entschuldigte. Das ZDF kündigt ihr die Mitarbeit am 21. Dezember 2007 auf, allerdings moderierte sie ein gutes Jahr später wieder dieselbe Sendung.

Der DRPR erlässt am 3.12.2008 eine öffentliche Rüge gegen das Unternehmen Weight Watchers, nachdem Frau Claudia Bachhausen-Dewerf, die Leiterin Unternehmenskommuni-kation von Weight Watchers, vom Rat öffentlich angehört worden war.

4.6.3 „Verdeckte PR" als Übel – Absendertransparenz als PR-Norm

Ein interessanter Fall war der Fall Deutsche Bahn (Fälle 4, 5 und 6/2009), der sich vor allem von Februar 2007 bis Dezember 2007 abgespielt hat, allerdings erst im Jahr 2009 öffentlich wurde und ebenfalls zu mehreren öffentlichen Rügen führte. Die Bahn hatte – noch unter dem damaligen Bahnchef Hartmut Mehdorn – einen Auftrag in Höhe von mindestens 1,3 Mio. € an die „European Public Policy Advisors" (EPPA) GmbH erteilt, die dann Unteraufträge vergab. Das wichtigste Ziel der Bahn-Kampagne war, vor dem damals geplanten Börsengang das Image der Bahn zu verbessern. Die Bahn und EPPA sprachen von „no badge"-Public Relations, wenn sie ein wichtiges Kommunikationsinstrument der Kampagne benannten. Das Instrument ist allerdings seit langem als „verdeckte PR" bekannt. Innerhalb der Kampagne wurden von EPPA z. B. eine „Initiative Mobil in die Zukunft" gestartet, bahnfreundliche Beiträge in Print und Online entwickelt und publiziert, Umfragen mit teilweise „bahnfreundlichen Fragen" gestartet und deren (bahnfreundliche) Ergebnisse publiziert. Es wurden Prominente dafür gewonnen (Barbara Eligmann oder der frühere RTL-Moderator Hans Meiser) sich z. B. in der *Bild* bahnfreundlich zu äußern, ohne ihre Auftraggeber zu nennen, es wurden gefakte Beiträge in Kundenforen, die pro Bahn waren, erstellt, etc. Oberster Verantwortlicher für diese Aktionen war der Generalbevollmächtigte für Marketing und Kommunikation,

---

[20] Auf youtube.com kann man noch heute einen Beitrag von „Blogmedien-TV", Nr. 3 sehen, der Ausschnitte aus dieser Sendung von Kerner zeigt, darunter auch die Äußerungen von Johannes B. Kerner und Andrea Kiewel. Vgl. https://www.youtube.com/watch?v=5VQDYeL5scg.

4.6 Ethische Problemfälle in der PR-Praxis

Ralf Klein-Bölting. Der leitende Pressesprecher der Bahn, Oliver Schumacher, war in diese Aktivitäten nach eigenen Aussagen nicht eingeweiht. Als Nachfolger in der CEO-Position der Deutschen Bahn begann am 1. Mai 2009 Rüdiger Grube, der als Nachfolger von Hartmut Mehdorn benannt worden war.

Lobbycontrol e. V. hatte diesen Fall recherchiert, die verdeckte PR wahrgenommen und wandte sich an den neuen CEO Rüdiger Grube sinngemäß mit der Frage, ob dies der normale Kommunikationsstil der Bahn sei. Lobbycontrol macht den Fall Ende Mai 2009 publik.[21] Es geht also vor allem um „verdeckte PR", um Kommunikationsmassnahmen, die das Transparenzgebot der Ethikkodizes (z. B. *Code de Lisbonne*, Art. 3, 4, 13 und 15) sowie die DRPR-Richtlinie zur Kontaktpflege im öffentlichen Raum verletzen. PR-Aktivitäten müssen nach Artikel 4 *Code de Lisbonne offen* durchgeführt werden, leicht als solche erkennbar sein und sie dürfen Dritte nicht irreführen. Im Auftrag der Deutschen Bahn wurden von mehreren Agenturen Kommunikationsaktivitäten im Auftrag der Deutschen Bahn entwickelt, die von dem seinerzeit geplanten Börsengang der Deutschen Bahn deren Image in der Bevölkerung verbessern sollte, die aber mit unlauteren Mitteln arbeiten. Als Ergebnis der Fallbefassung des DRPR wurden insgesamt vier öffentliche Rügen von Juni bis September 2009 ausgesprochen: gegen die Deutsche Bahn AG, die European Public Policy Advisers (EPPA), die Berlinpolis e. V. bzw. GmbH und gegen die Allendorf Media AG bzw. GmbH (DRPR-Verfahren 06/2009).

Zwei Folgen bzw. Konsequenzen aus diesem Bahn-Skandal sind noch erwähnenswert: Als die Deutsche Bahn diesen Fall (sehr schnell) intern aufgeklärt hatte, erklärt Rüdiger Grube in einer Pressemitteilung der DB am selben Tag (28.05.2009), an dem Lobbycontrol an die Öffentlichkeit gegangen war:

> „Diese Form von PR-Maßnahmen lehne ich entschieden ab. Solche Aktivitäten sind mit dem Grundsatz eines transparenten und redlichen Dialogs mit der Öffentlichkeit in keiner Weise vereinbar. Ich werde umgehend im Unternehmen die notwendigen Konsequenzen daraus ziehen, um auch hier den zugesagten Neubeginn in der Unternehmenskultur zu dokumentieren."

Ralf Klein-Bölting wurde wegen seiner Verantwortung für diese verdeckte PR entlassen.[22]

---

[21] Vgl. z. B. https://www.lobbycontrol.de/2009/05/lobbycontrol-enthullt-verdeckte-pr-aktivitaten-der-deutschen-bahn/.

[22] Vgl. https://www.newsroom.de/news/aktuelle-meldungen/pr-17/wegen-pr-skandals-deutsche-bahn-stoppt-kommunikationschef-klein-boelting-521585/.

Noch eine andere Nachricht ist bemerkenswert: Die WAZ vom 4.11.2009 meldet, dass das NRW-Wirtschaftsministerium als Konsequenz aus der öffentlichen Rüge des PR-Rates einen 1,8 Mio.-Euro-Vertrag mit der Agentur EPPA „im gegenseitigen Einvernehmen" aufgelöst hat. Diese Konsequenz hatte der DRPR natürlich nicht beabsichtigt, aber sie zeigt, dass die öffentlichen Rügen eines solchen Selbstkontrollrates doch nicht immer nur wie ein „zahnloser Tiger" wirken, sondern dass sie manchmal für den Gerügten sowohl Reputationsschäden haben können, gelegentlich aber auch sehr unangenehme materielle Nachteile.

Der DRPR hatte immer wieder Fälle zu bearbeiten, bei denen „mangelnde Absendertransparenz" zu kritisieren und teilweise auch öffentlich zu rügen waren. Ein neuerer Fall aus dem Jahr 2020 ist Wikipedia.[23] Es geht in diesem Fall ebenfalls um mangelnde Transparenz, nämlich um den Vorwurf der Verschleierung bezahlter Autorentätigkeit bei Wikipedia-Einträgen. Bezahlte Autorentätigkeit ist bei Wikipedia grundsätzlich akzeptiert, unterschiedliche Auffassungen zwischen Wikipedia und dem DRPR existieren zur Frage, wie dies kommuniziert werden sollte. Der DRPR ist der Auffassung, dass bezahlte Autorentätigkeit möglichst direkt beim Artikel angezeigt werden sollte. Das Problem wurde mit Wikipedia seit 2018 diskutiert. 2019 wurde eine Mahnung ausgesprochen, die allerdings nicht dazu führte, dass bezahlte Autorentätigkeit bei Wikipedia-Einträgen gut erkennbar geworden wäre. Aus diesem Grund ist am 3.04.2020 eine öffentliche Rüge an Wikipedia ergangen, die einige öffentliche Resonanz gezeigt hat.

4.6.4 Das Wahrheits- und Wahrhaftigkeitsproblem in der PR. Dürfen (oder müssen?) PR-Leute lügen?

Den Einstieg in diese Thematik kann ein DRPR-Fall bieten, bei dem das Wahrhaftigkeits- und Wahrheitsgebot im Mittelpunkt steht: Der Fall ADAC im Jahr 2014, den der DRPR als DRPR-Verfahren 01/2014 behandelt hat.[24] Am 14. Januar 2014 berichtet die Süddeutsche Zeitung über mögliche Manipulationen beim ADAC-Publikumspreis „Gelber Engel". Die absoluten Zahlen der abgegebenen Stimmen sollen im Jahr 2013 deutlich nach oben korrigiert worden sein, von tatsächlichen

---

[23] Es handelt sich um Fall 4/2018: Vgl.: https://drpr-online.de/wp-content/uploads/2020/04/Erg%C3%A4nzung-Beschluss_Wikipedia_R%C3%BCge-1.pdf sowie die Pressemeldung: https://drpr-online.de/deutscher-rat-fuer-public-relations-ruegt-wikipedia-deutschland/.

[24] Vgl. https://drpr-online.de/wp-content/uploads/2015/03/Beschlussentwurf_01_2014_R%C3%BCge_AD-AC_be.pdf. Dieser Text übernimmt Teile aus der DRPR-Fall-Darstellung, ohne sie formal zu zitieren.

4.6 Ethische Problemfälle in der PR-Praxis

76.000 auf 290.000. Auch beim VW Golf, dem „Lieblingsauto der Deutschen" sollen nur ca. 10 % der Stimmen, die der ADAC für das Siegerauto angegeben hatte, tatsächlich vorhanden gewesen sein. Diese Vorwürfe wurden zunächst vom ADAC und vom Präsidenten Peter Meyer dementiert. Die Veranstaltung im Rahmen der Preisverleihung zum „Gelben Engel" fand wie geplant statt. Wenige Tage später wurden die Vorwürfe allerdings vom Geschäftsführer Karl Obermaier in der Presse, u. a. bei Spiegel Online vom 22.01.2014, bestätigt. Daraufhin tritt der Kommunikationsverantwortliche des ADAC, Michael Ramstetter zurück. Zunächst wird von Seiten des ADAC versichert, dass die Rangfolge der Platzierungen nicht verändert bzw. manipuliert worden sei.

Ein externer Prüfbericht vom 10.02.2014 (Deloitte) kann jedoch zeigen, dass im Gegensatz zu den öffentlichen Verlautbarungen des ADAC sowohl die Gesamtzahl der abgegebenen Stimmen, als auch die Platzierungen bewusst verändert worden waren. Am Tag dieser Nachricht tritt auch Peter Meyer als Präsident zurück. Der ADAC hatte also – wer immer persönlich auch dafür zuständig war – die Unwahrheit gesagt bzw. gelogen. Sowohl die Beachtung der Wahrheit (*Code d'Athènes*) wie auch die Beachtung der Wahrhaftigkeit (Deutscher Kommunikations-kodex) wurden also klar verletzt.

Dieses Problem der *Wahrheit* bzw. *Wahrhaftigkeit* bei der Kommunikation im Berufsfeld PR ist ein altes und auch viel und kontrovers diskutiertes Problem der PR-Ethik.[25]

Einerseits wird *Wahrheit* als Wert, zumindest aber das subjektiv wahrhaftige Kommunizieren, in den meisten PR-Kodizes als wichtige Zielgröße definiert. Auf der anderen Seite wissen viele PraktikerInnen, dass es nicht einfach ist, immer, zu jedem Zeitpunkt „wahre" Aussagen zu tätigen. Da ist die Furcht davor, Reputation zu verlieren, in den Augen von Medien und Öffentlichkeit „schlecht dazustehen", wenn Fehler (die man als SprecherIn einer Organisation durchaus kennt) zugegeben werden. Manch ein Sprecher oder manche Sprecherin mögen schon in dieser Situation gewesen sein, zumindest unangenehme Information einfach auszulassen, zu übergehen oder erst gar nicht zu thematisieren, wohl wissentlich, dass es das Gebot „Wahrheit" erfordern würde. Oder gar die Erfüllung der Forderung „die ganze Wahrheit" von Carl Hundhausen (1951) zu realisieren. Die Praxis hat hier

---

[25] „Wahrheit" wird in der Regel als die richtige Beschreibung des Verhältnisses zwischen Wirklichkeit und Aussage verstanden, während „Wahrhaftigkeit" immer als eine auf das handelnde Subjekt bezogene Norm verstanden wird, möglichst wahrheitsgemäß zu kommunizieren. Wahrhaftigkeit bezeichnet das subjektive ‚Für-wahr-halten' von etwas. Eine wahrhaftig formulierte Aussage eines Akteurs muss nicht notwendigerweise auch wahr sein. Wenn sich später herausstellen sollte, dass die Aussage falsch war, kann dies beispielsweise an einem Irrtum oder auch an einem Missverständnis gelegen haben (Bentele 2016).

eine weitverbreitete Lösung parat, zwar nicht direkt zu lügen, d. h. die Unwahrheit zu sagen und damit die Adressanten der Information zu täuschen, aber doch unangenehme Information zu übergehen, gar nicht zu thematisieren. Etwa 80 % der in sechs Umfragen zwischen 2005 und 2018 befragten Praktiker wählten diese Antwort: Man dürfe zwar nicht lügen, man müsse aber auch nicht alles sagen (vgl. dazu Abschn. 4.8.1.2).

Eine kontroverse Diskussion entzündete sich etwa ab 2005 teilweise in reichweitenstarken Publikumsmedien, hauptsächlich in Branchenmedien, Blogs und in der wissenschaftlichen Community, um die Frage, ob oder inwieweit PR-Praktiker tatsächlich lügen, ob sie lügen dürfen oder sogar müssen, also eine Diskussion um die Normen „Wahrheit" oder „Wahrhaftigkeit" im Berufsfeld PR. Mit mehreren Beiträgen haben sich vor allem Klaus Kocks, Kommunikationsberater und Honorarprofessor an der Hochschule Osnabrück, sowie der 2020 verstorbene Kommunikationswissenschaftler Klaus Merten hervorgetan. Auf der anderen Seite haben insbesondere der 2021 verstorbene Horst Avenarius, ich selbst und einige andere, diese Werte umgekehrt hochgehalten.

Kocks greift 2005 in einer „Vorlesung zur Einführung in die PR" an der Universität Münster das Lügenthema auf und vertritt – wortreich und zynisch – die Meinung, dass PR-Manager beruflich gesehen natürlich faktisch lügen und dass sie auch lügen dürfen. Der Titel der Vorlesung lautete „PR-Manager lügen nicht. Die Erde ist eine Scheibe, Schweine können fliegen, und Brutus ist ein ehrenwerter Mann: Erkenntnisse eines soziologischen Experiments" (Kocks 2005). Während die erstere Aussage angesichts der Tatsache, dass jeder, auch Ärzte und Ärztinnen, sogar Professoren und Professorinnen gelegentlich lügen, recht banal scheint, enthält die zweite Aussage erhebliches Widerspruchs- und Provokationspotenzial. Kocks in der Vorlesung:

> „„komme ich zu einem gänzlich anderen Urteil als die Medienpresse in der geschätzten FAZ und der Süddeutschen (…): Natürlich darf ein PR-Manager lügen; das ist vielleicht ja sein Job. Oft sollte er es vielleicht nicht tun, aber immer gut." (Kocks 2005, Zeile 280 ff.) (…) „Der PR-Manager darf, das nehmen wir jetzt mal an, lügen und stehlen, wenn er im Auftrag steht; das ist so wie bei James Bond und der Agentennummer 007, die sprichwörtliche Lizenz zum Töten"". (Zeile 322 ff.)

Eine „Lizenz zum Lügen und Stehlen" also für PR-Manager? Eine Metapher, die Klaus Merten 2008 aufgreift. Weil solcherlei Auffassungen nicht mit den Kodizes, auf die sich die PR beruft, vereinbar sind, wird Klaus Kocks aus dem Berufsverband DPRG ausgeschlossen, ein Wiederaufnahmeantrag wird 2005 abgelehnt.

Kocks und Merten müssen mit solchen Auffassungen und Formulierungen wie der „Lizenz zu lügen" verständlicherweise jeden Berufsverband, den PR-Ethik-Rat

4.6 Ethische Problemfälle in der PR-Praxis

und viele Akteure der Berufspraxis provozieren, die sich auf den Boden internationaler Ethik-Kodizes stellen, die der Wahrheits- bzw. Wahrhaftigkeitsnorm verpflichtet sind. Von daher war es nicht nur logisch und nachvollziehbar, dass Kocks seiner DPRG-Mitgliedschaft verlustig gegangen ist, sondern auch, dass Merten am 6.10.2008 vom Deutschen Rat für Public Relations eine „scharfe Missbilligung" erfahren hat: „Der DRPR missbilligt scharf und einstimmig Aussagen von Prof. Dr. Klaus Merten, Münster, in denen er behauptet, die Profession Public Relations habe insgesamt eine Lizenz zur Täuschung" (vgl. das DRPR-Verfahren 14/2008 in Avenarius und Bentele 2009, S. 253). In der Begründung führt die Pressemeldung des DRPR u. a. aus: „Der Deutsche Rat für Public Relations sieht in solchen falschen und verallgemeinernden Äußerungen einen eklatanten Widerspruch zu den wichtigen Berufskodizes *Code d'Athènes* (Punkt 10), *Code de Lisbonne* (Art 3 und 4) sowie den ‚Sieben Selbstverpflichtungen der DPRG'. Dort werden Lügen in der Ausübung von Öffentlichkeitsarbeit sowie die Täuschung von Öffentlichkeiten ausdrücklich ausgeschlossen" (vgl. https://drpr-online.de/kodizes-2/).

Zusammenfassend: Es ist genauso banal wie richtig, festzustellen, dass PR-PraktikerInnen (faktisch) lügen. Weil jeder Mensch gelegentlich lügt, weil Lügen in allen gesellschaftlichen Bereichen verbreitet sind, gehört Lügen zum Leben. Sie gehört mit Sicherheit aber *nicht* zu jedem kommunikativen Akt, nicht zu jeder Kommunikation. Beide, Kocks wie Merten, können aber empirisch nicht zeigen, dass Lügen bei Akteuren der PR-Berufspraxis besonders stark ausgeprägt ist, ausgeprägter beispielsweise als bei Akteuren des journalistischen Berufsfelds. Wer etwas Substanzielles über das Lügen in der PR sagen möchte, muss dies auch empirisch zeigen können. Behauptungen reichen hier nicht aus.[26]

Umgekehrt ist es aber auch unbestreitbar so, dass Kommunikation *nur* mit Lügen, Unwahrheiten, Täuschungen völlig unmöglich wäre. Darauf gehen allerdings weder Merten noch Kocks ein. *Weil* gelegentlich gelogen wird und *weil* eine zu große Unsicherheit darüber, dass andauernd gelogen wird, jede Kommunikation zerstören würde, gibt es Regeln und Codes, die generell verbieten, zu lügen. Die Regel, nicht zu lügen einerseits und andererseits die Tatsache, dass faktisch gelogen wird, sind komplementär, bedingen einander. Lügen ist ein kommunikativer Akt, der nur selten vorkommen darf, ansonsten wird Kommunikation insgesamt zerstört.

---

[26] Die Dissertation von Kerstin Thummes (2013), eine von der Fragestellung her hochinteressante Arbeit, versucht als theoretische, nicht empirische Arbeit eine strukturelle Notwendigkeit von Täuschungen in der PR zu zeigen. Sie zeigt zwar Strategie*möglichkeiten* für Täuschungen auf, die Notwendigkeit für Täuschungen in der PR wird aber weder theoretisch und schon gar nicht empirisch belegt.

Die Wahrheitsnorm wird in der PR-Praxis zwar immer mal wieder verletzt (sonst wäre ihre Existenz eben unsinnig), aber eine – kontrafaktische – Ausrichtung an dieser Wahrheitsnorm, eine normative Orientierung aller kommunikativen PR-Praxis an der Wahrheitsnorm scheint mir *überlebenswichtig* für das Funktionieren und die Bestandserhaltung aller Organisationskommunikation. Das genau ist der *Sinn der Wahrheitsnorm* und des Täuschungsverbots in den PR-Kodizes. Es wird also umgekehrt ein Schuh daraus: nicht „nur wer lügen darf, kann kommunizieren", sondern „Wer das Wahrheitsgebot nicht beachtet, wird bestraft." Die Strafen beim beruflichen Lügen können neben Glaubwürdigkeits- und Reputationsverlusten auch Entlassungen oder Geld- oder Gefängnisstrafen sein.

Faktisches Lügen ist vermutlich auch relativ gleich auf verschiedene Berufe und Professionen verteilt. Angehörige aller Berufe lügen – mehr oder weniger – privat und auch beruflich bedingt. Ich sehe bislang keine empirischen Argumente dafür, dass dies in der Politik, der Wirtschaft, beim Journalismus oder in der PR häufiger vorkommen sollte als bei in der Medizin, dem Recht, bei Geistlichen oder Hochschullehrern. Aber letztlich ist das eine empirische Frage.

Praktisch alle vorhandenen PR-Kodizes, speziell die beiden wichtigsten europäischen Kodizes, der *Code d'Athènes* und der *Code de Lisbonne*, sowie der Deutsche Kommunikationskodex schließen Lügen normativ aus. Glatte Lügen, also bewusst falsche, auf Täuschung angelegte Aussagen, „fakes", wie sie im Journalismus und in der Journalistik zu Recht kritisiert werden, verletzen diese Normen und sollen den Normen gemäß unterbleiben, obwohl sie immer wieder einmal faktisch vorkommen.

Wie sieht die PR-Praxis das Problem Lügen selbst? Mehrere in Deutschland durchgeführte Umfragen, an der sich jeweils über 2000 Befragte des Berufsfelds beteiligten (Bentele et al. 2007, 2009, 2015, 2018) zeigen, dass diese auf die Frage: „Muss ein Pressesprecher immer die Wahrheit sagen?" jeweils etwa 80 % und mehr die Antwortmöglichkeit bevorzugen: „Ein Pressesprecher darf nicht lügen, aber er darf bestimmte Sachverhalte bei seinen Äußerungen weglassen." Sie nehmen damit eine weit verbreitete – pragmatische – Haltung von Personen ein, die im Licht der Öffentlichkeit stehen.

4.7 Zentrale Normen und Werte und Spannungsfelder zwischen ihnen

Um einigermaßen systematisch die ethischen Problem- bzw. Spannungsfelder der Praxis zu beschreiben, so kann man z. B. mit den Normen und Werten beginnen, die in internationalen oder nationalen PR-Kodizes genannt werden. Im Deutschen

Kommunikationskodex sind Transparenz, Integrität, Fairness, Wahrhaftigkeit, Loyalität und Professionalität genannt. PR-Leute und Organisationen sollen Absendertransparenz herstellen, integer und fair agieren. Integrität schließt Zuverlässigkeit, Konsistenz und Berechenbarkeit ein, Integrität gilt auch bei der geforderten Trennung von Amt und Mandat, d. h. Akteure dürfen nicht gleichzeitig in einer PR-Funktion und in journalistischer Funktion tätig sein. Bezieht es sich auf das Kommunikationsverhalten in der Kommunikationspaxis, so sind deren Akteure gehalten, ihre Kommunikationspartner nicht z. B. durch Androhung von Nachteilen unter Druck zu setzen und sie sollen in ihrer Arbeit rassistische, sexistische, oder religiöse Diskriminierung oder andere menschenverachtende Praktiken ausschließen. Praktiker und Praktikerinnen sollen wahrhaftig sein und keine falschen und irreführenden Informationen oder auch ungeprüfte Gerüchte verbreiten. Gleichzeitig sollen sie aber auch loyal gegenüber ihren Arbeit- oder Auftraggebern sein. Und schließlich sollen sie sich professionell verhalten, was nicht nur die Kenntnis und Anwendung professioneller Fähigkeiten und Fertigkeiten, sondern auch die Kenntnis von Ethik-Kodizes und die Teilnahme an Fortbildungsveranstaltungen einschließt.

Dieser Katalog von Normen und Werten variiert international ein wenig, aber beim Vergleich mit den von der Global Alliance formulierten „Global Code of Ethics (2018)" fallen große Übereinstimmungen auf. Normen, die hier unter der Überschrift „Principles of Professional Practice" genannt werden, sind 1) Interessenvertretung (advocacy), 2) Offenlegung von möglichen Konflikten (Disclosure of interests and offering of transparency), 3) Ehrlichkeit (Honesty), wobei darunter auch Genauigkeit (accuracy) und Wahrheit (truth) subsumiert werden. Daneben werden Normen wie 4) „Integrität" (integrity), 5) Fachwissen (Expertness) und 6) Loyalität (Loyalty) genannt.[27] Dieser globale Kodex scheint gut geeignet dafür zu sein, eine zukünftige Grundlage für eine weltweit anerkannte Normengrundlage für PR-Profis zu werden, ähnlich der Rolle, die das Genfer Gelöbnis für Ärzte beiderlei Geschlechts weltweit spielt.

Nun ist es nicht so, dass die leitenden Normen und Werte prinzipiell nur gleichwertig nebeneinander stehen würden. Zumindest je nach Situation mag es Widersprüche und Reibungen zwischen einzelnen Normen, Normenkonflikte, geben, die nicht prinzipiell und ein für alle Mal aufgelöst werden können.

Es ist ein Normenkonflikt und kein logischer Widerspruch, wenn PR-Leute einerseits ihren Auftrag- oder Arbeitsgebern und andererseits der Öffentlichkeit gegenüber verpflichtet sind.

---

[27] Vgl. die Website der Global Alliance: https://www.globalalliancepr.org/code-of-ethics.

Avenarius (2019, S. 55) bezieht sich zu Recht auf das Phänomen der „doppelten Loyalitäten" (dual obligations), so auch in der PR, das Fitzpatrick und Bronstein (2006, IX) als „one of the most perplexing and persistanz dilemmas of public relations" bezeichnen. Doppelte Loyalitäten können zu Konflikten und daraus erwachsenden Gewissensentscheidungen führen. Sie sind für Mittlerfunktionen typisch. „Doppelte Loyalitäten kennen Berufsgruppen, deren Charakteristikum die amerikanische Literatur auf den Begriff des ‚boundary spanners' bringt. Sie liegen auch der viel beschworenen Ehrbarkeit des Kaufmannsstands zu Grunde" (Avenarius 2019, S. 55).

Normenkonflikte oder *Normenkollisionen* sind in der Rechtswissenschaft nichts Neues und kommen im praktischen Handeln nicht selten vor. Wenn solche Kollisionen eintreten, gibt es meist auch *Verfahren*, die Konflikte miteinander zu „versöhnen". Man nennt sie „Kollisionsregeln". Eine Möglichkeit, Normenkollisionen zu überwinden, ist es, eine *Güterabwägung* zwischen dem Befolgen beider in Widerspruch stehender Normen vorzunehmen, also z. B. die Vor- und Nachteile des Befolgens beider Normen zu reflektieren (oder zu diskutieren) und dann zu einer Lösung zu kommen. Eine andere Möglichkeit ist, die Normen zu *priorisieren*, also die Norm A gegenüber der Norm B als die wichtigere zu betrachten. Auch in solchen Fällen sind Abwägungsprozesse notwendig. Im vorliegenden Fall hieße das, die Loyalität der Organisation oder die Loyalität der Gesellschaft gegenüber zu priorisieren. Es scheint nicht die Ausnahme, sondern ganz normal zu sein, dass im beruflichen Handeln Normenkollisionen, ethische Dilemmata, etc. auftreten, die durch Reflexion und Handeln selbst gelöst werden müssen und in der Regel auch gelöst werden können. Das Ganze kann natürlich nur im dialogischen Modus bzw. im aktiven Diskurs geschehen. Förg (2004, S. 192 ff.) schlägt für die Lösung solcher Konflikte sogar ein formales Verfahren zwischen Angehörigen des PR-Berufsfelds und PhilosophInnen vor.

4.8 Entwicklung der Forschung zur PR-Ethik

4.8.1 Forschung zum Thema PR-Ethik international und national

4.8.1.1 Internationale Forschungsergebnisse zum Thema PR-Ethik

Die Forschung aus den USA und England ist wohl am weitesten entwickelt. Aus diesen Gründen konzentriere ich mich hier in diesem Abschnitt vor allem auf die englischsprachige Forschung, im nächsten Abschn. (4.8.1.2) auf die deutschsprachige

4.8 Entwicklung der Forschung zur PR-Ethik

Forschung. Gleichwohl kann hier kein systematischer Forschungsbericht zur PR-ethischen Forschung in den USA vorgelegt werden, sondern nur die Darstellung einiger wichtiger Ergebnisse zum Thema erfolgen.

Das Thema PR-Ethik in amerikanischen Lehrbüchern

In den amerikanischen Textbooks – das ist die schriftliche Form, in der an amerikanischen Universitäten das Fach „Public Relations" oder „Strategic Communication" gelehrt wird, konzentriert sich die Darstellung der vorhandenen Forschungsergebnisse. Heute hat praktisch jedes Textbook ein Kapitel über die PR-Ethik. 1985 war dies noch anders: In der achten Ausgabe des Textbooks von Scott Cutlip, Alan Center und Glen Broom von 1985 fehlt noch ein Kapitel mit der Überschrift „PR-Ethik". Einige wenige Informationen werden in einem Kapitel gegeben, in dem die Entwicklung des PR-Berufsfeldes zu einer Profession behandelt wird („Toward A Profession"). Hier wird auf die „Codes of Ethics" sowie die rechtlichen Aspekte der Public Relations eingegangen (Cutlip et al. 1985, S. 457 ff.). Der *Code of Athens* und der *Code of Professional Standards* der Public Relations Society of America (PRSA) werden genannt. Nach einem längeren Diskussionsprozess wurden die Kernwerte Ehrlichkeit (honesty), Fairness, Interessenvertretung (advocacy) und Loyalität ebenso wie Unabhängigkeit (indepencence) und Fach- und Sachkompetenz (expertise) aufgestellt.

Das Lehrbuch „Effective Public Relations" ist das in den USA nach wie vor verbreitetste PR-Lehrbuch, hat also einen großen Einfluss in der PR-Ausbildung und somit auf die künftigen PR-PraktikerInnen. Heute sind die Herausgeber Glen Broom und Bey-Ling Sha aus San Diego, die letzte Auflage ist die 11. Auflage von 2013 (Broom und Sha, 2013). Heute lernen die Studierenden, dass Berufsethik und Professionalität sehr viel miteinander zu tun haben. Professionalität im Bereich der PR wird sehr eng mit Vertrauen (am Beispiel von Ärzten und Ärztinnen exemplifiziert) oder sozialer Verantwortlichkeit (Social Responsibility) in Verbindung gebracht. Ausführlich wird über die Ethik-Codizes der PRSA (Public Relations Society of America) und der IABC (International Association of Business Communicators) informiert, zuallererst auch über die sieben Prinzipien von Arthur Page (Broom und sha, 2013, S. 115) referiert. Darüber hinaus wird das amerikanische Verfahren der *Akkreditierung*, das eine Art Ersatz für staatliche Zulassung oder Lizensierung (licensing) bedeutet, thematisiert. Staatliche Zulassung ist in den USA verfassungsrechtlich nicht möglich, aus diesem Grund hat die amerikanische

PR-Branche ein *Akkreditierungsverfahren* (accreditation) beschlossen. Obwohl das Durchlaufen des Akkreditierungsprozesses rechtlich nicht bindend ist, durchlaufen viele Praktiker jedes Jahr diese Prüfung, die im Wesentlichen aus einer Portfolio-Präsentation und einem Interview mit drei Akkreditierten PR-Praktikern plus einem 4-stündigen, computer-unterstützten Test besteht. Erfolgreiche Kandidaten erhalten das Recht, die professionelle Bezeichnung „APR" (Accredited in Public Relations) zu verwenden. Eine Umfrage von 2005 konnte zeigen, dass APR-Mitglieder ca. 20 % mehr verdienen als nicht-akkreditierte (vgl. Broom und Sha 2013, S. 122).

Im Jahr 1995 erschien die knapp 150 Textseiten umfassende Monografie „Public Relations Ethics" von Seib und Fitzpatrick (Seib und Fitzpatrick 1995). Im Kapitel „Ethical Decision Making in Public Relations" zählen sie die verschiedenen Verpflichtungen, die PR-Praktiker und Praktikerinnen haben, auf: sich selbst gegenüber, der Kundenorganisation gegenüber, dem Arbeitgeber gegenüber, der Profession und der Gesellschaft gegenüber. Zwei ethische Ansätze (Teleologischer Ansatz und Deontologischer Ansatz) werden unterschieden und ein Modell ethischen Entscheidens, die „Potter Box",[28] werden vorgestellt. In dem Artikel „The Ethics of Advocacy"[29] zählt Baker (2009) die Bereiche Public Relations, Marketing, Werbung, Verkauf (Sales), Recht und Politik als Berufsfelder bzw. Professionen auf, die sich dem Bereich „Anwaltschaft und Persuasion" (advocacy and persuasion) zurechnen lassen. Sie erwähnt fast 50 verschiedene moralische Versuchungen und Dilemmata (Baker und Martinson 2001; Baker 2009), und entwickelt dann den TARES-Test (s. a. den Beitrag zur Werbeethik in diesem Band von Nils Borchers), der grundlegende ethische Pflichten für Berufsgruppen, die advocacy-Kommunikation machen, enthält:

1) Wahrhaftigkeit der Botschaft (**Truthfulness of the message**),
2) Authentizität (**Authenticity of the Persuader**),

---

[28] Die „Potter Box" geht auf Ralph Potter zurück und besteht als Modell ethischen Entscheidens aus vier Schritten: 1) der Situationsdefinition, 2) der Identifikation von Werten, 3) der Auswahl von Prinzipien und 4) der Auswahl von Loyalitäten gegenüber Stakeholdern. Vgl. Seib und Fitzpatrick (1995, S. 34 ff.). Vgl. auch Parsons (2004, S. 143 ff.).

[29] „Advocacy" lässt sich in diesem Kontext am besten als „Anwaltschaft" oder „Fürsprecherschaft" übersetzen, es mangelt im Deutschen aber an einer eleganten und gängigen Übersetzung in einem einzigen Wort.

4.8 Entwicklung der Forschung zur PR-Ethik

3) Respect (Respect for the Pursuadee).
4) Wert (Equity of the Appeal) des Appells und
5) Soziale Verantwortlichkeit (Social Responsibility for the Common Good).

Diese fünf Prinzipien, die – oberflächlich betrachtet – durchaus Sinn machen, allerdings in ihrer Auswahl nicht weiter begründet und diskutiert werden, aber durch einen Fragenkatalog noch weiter für die Praxis operationalisiert werden, mögen ein sinnvoller Leitfaden für die Praxis sein, sie sind aber andererseits eine Stufe abstrakter als die existierenden Ethik-Kodizes oder Berufscodizes und sind demgemäß in konkreten Situationen noch stärker als diese interpretationsbedürftig.

Seit einigen Jahren ist der von Ansgar Zerfaß, Universität Leipzig initiierte *„European Communication Monitor"* im Feld. 2012 wurden zum ersten Mal Fragen zur Wahrnehmung ethischer Herausforderungen im Berufsfeld gestellt. Ein Ergebnis: die ethischen Herausforderungen werden größer. Schon 2012 wurden einige Fragen zum ethischen Bewusstsein von über 2000 europäischen Kommunikationsverantwortlichen gestellt. Knapp 60 % der Befragten gaben an, dass ethische Herausforderungen im Jahr 2012 wichtiger seien als früher. Als *Ursachen* wurden genannt, dass Compliance- und Transparenz-Regeln dazu zwingen würden, vorsichtiger zu sein, dass das Vordringen der Social-Media-Kommunikation zu neuen ethischen Herausforderungen führen würde und dass auch die internationale Kommunikation ethisch anspruchsvoller geworden sei. 93 % der Befragten sahen eine Notwendigkeit für PR-Branchen-Codizes, allerdings nutzen nur knapp 30 % diese Codizes in der Praxis zur Problemlösung (Zerfass et al. 2012). 2020 war das Thema Ethik wiederum ein Schwerpunktthema innerhalb der Studie ECM (Zerfass et al. 2020). 2324 TeilnehmerInnen nahmen an der Umfrage teil. Einige Ergebnisse: Etwa 2/3 der Befragten nimmt zumindest einmal, 47 % der Befragten nehmen mehrmals pro Jahr ethische Herausforderungen in ihren Organisationen wahr. In Beratungsunternehmen und Agenturen werden diese Herausforderungen etwas stärker als in anderen beruflichen Segmenten wahrgenommen (ebd., S. 23). Während 86 % der Befragten angeben, dass ihre *individuellen Werte und Überzeugungen die Richtschnur ihres Handeln sind*, werden die Richtlinien der eigenen Organisation von 77 % der Befragten und die Ethik-Kodizes der Berufsverbände nur von 58 % als wichtige Richtschnur des ethischen Verhaltens angegeben (ebd., S. 24).[30] Der Gebrauch von Bots und

---

[30] Das Ergebnis, dass die berufsethischen Regeln der Berufsverbände nur von 58 % der Befragten als wichtige Richtschnur ethischen Verhaltens gesehen werden, bewerte ich eindeutig negativ, es lässt sich darin ein Indikator für einen vergleichsweise geringen Stellenwert einer Berufsethik und damit auch ein Indikator für einen geringen Professionalisierungsgrad des Berufsfeldes zumindest in dieser Hinsicht sehen.

Big-Data-Analysen ist für 68 % der Befragten eine große ethische Herausforderung, für 55 % stelle die Bezahlung von Social Media InfluencerInnen eine große Herausforderung dar. Männer nehmen eigentlich alle ethischen Herausforderungen stärker wahr als Frauen (ebd., S. 21). 40 % der Befragten haben ethische Probleme nie, weder in ihrer Ausbildung, noch in der betrieblichen oder einer von Berufsverbänden angebotenen Fortbildung wahrgenommen (Zerfass et al. 2020).

4.8.1.2 Deutschsprachige Forschung zum Thema PR-Ethik – in chronologischer Ordnung

Bis zu Anfang der neunziger Jahre des 20. Jahrhunderts existierte in Deutschland *keine wissenschaftliche* Beschäftigung zum Zusammenhang zwischen Public Relations und Ethik, es gab allerdings den ein oder anderen – normativen – Beitrag von Praktikern, beispielsweise bei Hundhausen (1951), Oeckl (1964, 1976) und Zedtwitz-Arnim (1982). Zedtwitz-Arnim (1982) trägt z. B. einen Essay bei, dessen Quintessenz darin besteht, dass die Grundlagen von PR Vernunft und Dialog bleiben müssten.

Den ältesten, wissenschaftlich angelegten Aufsatz zum Thema PR-Ethik in Deutschland publizierte ich selbst zu Anfang der neunziger Jahre (Bentele 1992). Hier gehe ich auf den grundsätzlichen Zusammenhang von Public Relations und Ethik und die Versuche des deutschen PR-Berufsfelds und seiner Akteure (z. B. in der DPRG) ein, einen Zusammenhang zwischen der Befolgung ethischer Normen und beispielsweise Vertrauen in die Organisationen herzustellen. Ich nenne drei Gründe, sich wissenschaftlich überhaupt mit PR-Ethik zu befassen, versuche, PR-Ethik von angrenzenden Bereichen (wie Wirtschaftsethik) abzugrenzen und diskutiere den Forschungsstand zum Thema PR-Ethik anhand eines Stakeholder-Modells (PR-Akteure selbst, Journalistinnen und Journalisten, verschiedene Publika, Vorgesetzte und auftraggebende Organisationen sowie – sehr wichtig – die darzustellenden und herzustellenden Sachverhalte. Darauf aufbauend benenne ich die wichtigsten Aufgabengebiete einer PR-Ethik (Bentele 1992, S. 161). Reflektiert wird im letzten Abschnitt die Relevanz von Vertrauen und der Wahrnehmung von Diskrepanzen als wichtigste Ursache für Vertrauensverluste von Organisationen.

In der neueren, einführenden PR-Literatur Deutschlands ist – wie in den amerikanischen Textbooks – die Behandlung des Themas Ethik mittlerweile ein festes Element. In praktisch jedem Lehrbuch wird das Problemfeld angesprochen.[31] Ausführlicher ist dies z. B. in dem älteren Kapitel über ethische

---

[31] Vgl. unter anderem: Avenarius (2000, S. 376 ff.); Faulstich (2000: 93 ff.); Kunczik (2010, S. 162 ff.); Röttger, Kobusch und Preusse (2018, S. 232 ff.), Bentele (2015), Hoffjann (2020, S. 62 ff.).

4.8 Entwicklung der Forschung zur PR-Ethik

Fragen bei Avenarius (2000), im „Handbuch der Public Relations" (Bentele et al. 2018) oder auch bei Hoffjann (2020) der Fall. Handbuch-Beiträge zur Ethik der Unternehmenskommunikation finden sich bei Schicha (2019) oder Rademacher (2020). Beide behandeln PR-Ethik und Werbeethik als zwei Aspekte der *Ethik von Unternehmenskommunikation*. Rademacher verweist auf die Möglichkeit, dass bestimmte Normen miteinander in Konflikt treten, z. B. die Wahrhaftigkeitsnorm und die Loyalitätsnorm.

Eine Bestandsaufnahme zu Problemen zu ethischen Problemen und zur Selbstkontrolle im Berufsfeld Public Relations haben im Jahr 2009 der langjährige DRPR-Vorsitzende Horst Avenarius und ich selbst – ich war von 2012 bis 2018 DRPR-Vorsitzender – vorgelegt (Avenarius und Bentele 2009). Der größte Teil der wissenschaftlichen Literatur ist deskriptiv und normativ ausgerichtet und kann der *deskriptiven, angewandten Ethik* zugerechnet werden. Das heißt, es wird über die wichtigsten Kodizes, Werte und Normen des PR-Berufsfelds informiert und reflektiert. Eine aus meiner Sicht kurze und prägnante, dennoch sehr informative und gute Lehrbuch-Einführung in die Problematik liefert Hoffjann (2020, S. 62 ff.). Neben der Einführungsliteratur sind die Ergebnisse empirischer Studien bedenkenswert. Die meisten vorliegenden Ergebnisse können als Ergebnisse zur Ausprägung von „ethischem Bewusstsein" der Angehörigen des Berufsfelds interpretiert werden.

Was ist *ethisches Bewusstsein* in einem Berufsfeld? Unter ethischem Bewusstsein kann das Wissen um ethische Probleme und Dilemmata, ethikbezogene Institutionen und deren Entscheidungen, sowie ethikbezogene Haltungen und Einstellungen verstanden werden. Für das medizinische Berufsfeld dürfte „ethisches Bewusstsein" recht einfach zu bestimmen sein. Ein Teil dieses ethischen Bewusstseins besteht sicher schon in der Kenntnis des Hippokratischen Eides bzw. seiner aktuellen, modernen Form, des Genfer Gelöbnisses. In dieser *Genfer Deklaration* werden die Grundwerte des Ärzte-Berufs formuliert, wie das, dass die Gesundheit und das Wohlergehen der Patienten oberstes Gebot für jeden Arzt und jede Ärztin sind und dass die Autonomie und die Patientenwürde oberstes Anliegen für die Ärzteschaft ist, Jeder Arzt, jede Ärztin beschäftigt sich im Studium mit Grundlagen und Problemen medizinischer Ethik. Darüber hinaus wird das Genfer Gelöbnis häufig zum Abschluss des Studiums mündlich nachgesprochen, d. h. ein Berufseid ausgesprochen. Dadurch erhöht sich die Sensibilität für ganz unterschiedliche ethische Probleme von MedizinerInnen und es entsteht eine moralisches bzw. *„ethisches Bewusstsein"*.

Wie sieht dieses ethische Bewusstsein im PR-Berufsfeld aus? Das ethische Bewusstsein hat Einfluss auf individuelle, moralische Urteile und das berufliche, moralische Verhalten oder Handeln. Im weiteren Sinne hat dieses Verhalten dann wieder Auswirkungen auf das Agieren von Organisationen, dem gesamten Berufsfeld und die Gesellschaft.

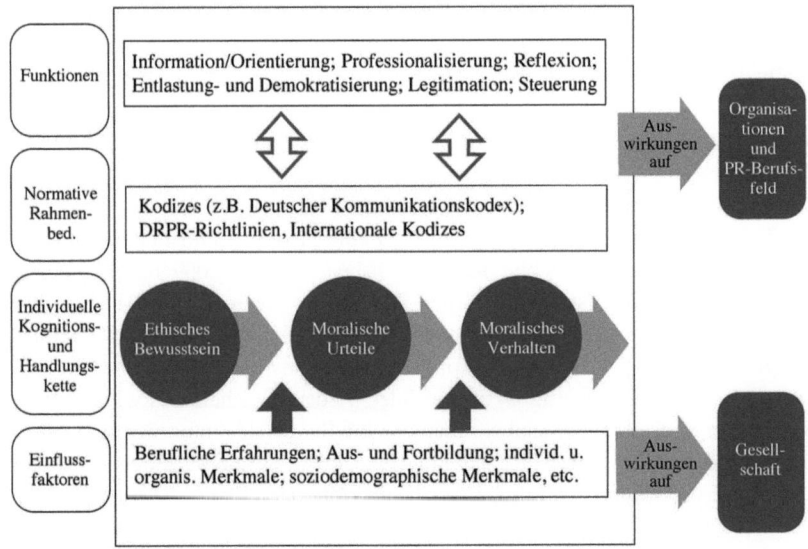

Abb. 4.6 Ethisches Bewusstsein. (Quelle: eigene Abbildung)

Abb. 4.6 zeigt idealtypisch den Zusammenhang von ethischem Bewusstsein, moralischen Entscheidungen und moralischem Verhalten als *individuelle Kognitions- und Handlungskette* auf. Gleichzeitig sind wichtige Faktoren, die diese Kette beeinflussen (z. B. *Ausbildung* als wichtiger, auch empirisch nachgewiesener Faktor) benannt. Ebenfalls benannt werden normative Rahmenbedingungen (z. B. Kodizes, Richtlinien), die in der Regel jedem Akteur bewusst sind, aber auch die „verobjektivierten" normativen Rahmenbedingungen, die man als „Funktionen" bezeichnen kann.

Nach einigen älteren Studien,[32] die schon Indikatoren für ethisches Bewusstsein ermittelt haben, wissen wir nach neueren Studien mehr über den Zusammenhang von ethischem Bewusstsein im PR-Berufsfeld.

In Deutschland haben 2015 56 % von über 2300 befragten Berufspraktikern festgestellt, dass sie heute mit ethischen Herausforderungen stärker als vor fünf Jahren konfrontiert seien. Die Gründe sehen 71 % der Befragten in höheren Compliance- und Transparenzanforderungen, 64 % in der Entwicklung von Social Media und 61 % in Prozessen der Globalisierung.

---

[32] Riefler (1988), Becher (1996).

4.8 Entwicklung der Forschung zur PR-Ethik

Die Kenntnis des *Code d'Athènes* und des *Code de Lisbonne* und seit 2012 des Deutschen Kommunikationskodex ist in Deutschland als Indikator gut geeignet, *ethisches Bewusstsein* im PR-Berufsfeld zu erheben. Die fünf Studien „Profession Pressesprecher" von 2005, 2007, 2009 und 2012, 2015 und 2018 ergaben, dass die Kenntnis von Ethik-Kodizes in diesen dreizehn Jahren tendenziell zugenommen hat. In diesem Zeitraum ließ sich ein eindeutiger Anstieg des Prozentsatzes derjenigen, die angeben, die Kodizes *gut* zu kennen: von 7 % (2005) über 8 % (2007) auf 13 % (2009 und 2012) feststellen. Umgekehrt sind die Prozentangaben derjenigen, die angeben, *keinen der beiden Kodizes* zu kennen, gefallen. Von 54 % (2005) über 53 % (2007) zu jeweils 45 % (2009 und 2012). Ab 2015 ist die Kenntnis der Kodizes für jeden Kodex getrennt erhoben worden. Die Ergebnisse sind in Tab. 4.3 dargestellt.

Der bekannteste PR-Ethik-Kodex war schon ab 2012 der im selben Jahr verabschiedete *Deutsche Kommunikationskodex*: 19 % der Befragten gaben im Jahr 2018 an, ihn sehr gut zu kennen, 33 % sagten, sie kennen die Inhalte flüchtig (Summe = 52 %) und 24 % hatten schon mal von diesem Kodex gehört. Diese Werte sind insgesamt allerdings eher schlecht, verglichen beispielsweise mit der Kenntnis des Hippokratischen Eides oder seiner aktuellen Form, des Genfer Gelöbnisses bei der deutschen Ärzteschaft. Jedoch sind solche Werte dadurch erklärlich, dass nach wie vor mehr als die Hälfte der Berufsfeldangehörigen Quereinsteiger sind und in ihrem Studium (im Gegensatz zu Medizinern) nicht für PR-ethische Fragen sensibilisiert werden können.

Von denjenigen, die eine akademische PR-Ausbildung oder eine PR-Zusatzausbildung absolviert hatten, waren es in allen Befragungen immer deutlich mehr Befragte als diejenigen ohne PR-spezifische Ausbildung, die die Ethik-Kodizes oder den DRPR kannten (Bentele et al. 2015, S. 223 ff.). Auch der PR-Bereich, in dem die einzelnen Akteure arbeiten, ist relevant: Eine ältere Berufsfeldstudie von Szyszka

Tab. 4.3 Ausprägungen PR-ethischen Bewusstseins: Wieviel Berufsangehörige kennen den DRPR und die Kodizes? (Längsschnittvergleich)

Gute und flüchtige Kenntnisse	2009	2012	2015	2018
DRPR	70 %	71 %	68 %	76 %
Deutscher Kommunikationskodex		43 %	43 %	52 %
Sieben Selbstverpflichtungen			27 %	29 %
Code de Lisbonne			27 %	27 %
Code d'Athènes			24 %	26 %
Total	100 %	100 %	100 %	100 %
Basis	*n = 2272*	*n = 2335*	*n = 2328*	*n = 1546*

Quelle: Bentele et al. 2018, S. 127

et al. (2009) ergab, dass 56 % der Kommunikatoren in den *Unternehmen* den *Code d'Athènes* nach eigenen Angaben nicht kannten, 59 % kannten den *Code de Lisbonne* nicht. Die schlechtesten Werte hatten die Verbandskommunikatoren, die besten Werte fanden sich bei den in PR-Agenturen-Beschäftigten.

Auch noch 2018 waren es etwa die Hälfte der über 1500 Befragten, denen die beiden Codizes gänzlich unbekannt waren (Bentele et al. 2018, S. 125). Immerhin war der Deutsche Rat für Public Relations (DRPR) im Jahr 2018 76 % der Befragten bekannt, das kann vorsichtig optimistisch so interpretiert werden, dass ethische Probleme im Berufsfeld wahrgenommen werden. Die Branchenmedien berichten mehrmals im Jahr über die Aktivitäten des Rats. Klar wird hier auch, dass diejenigen Befragten, die ein fachlich einschlägiges Studium absolviert hatten, mehr wissen: Bei diesen Befragten sind es 9 % mehr, die angeben, den DRPR zu kennen (Bentele et al. 2018, S. 124 ff.).

Innerhalb der eben zitierten Berufsfeldstudien wurden auch *ethische Einzelprobleme* und *-fragen* untersucht, z. B. die Akzeptanz von „Koppelgeschäften", d. h. z. B. Anzeigenschaltungen gegen (positive) Berichterstattung oder die Akzeptanz bei Angehörigen des Berufsfelds, die Unwahrheit zu sagen. Oder es wurde die nicht-triviale Frage gestellt, ob Pressesprecher und Pressesprecherinnen lügen dürfen. Was das Problem *Koppelgeschäfte* anbelangt, so gibt die größte Gruppe der Befragten, 46 %, im Jahr 2015 an, Koppelgeschäfte prinzipiell abzulehnen, aber eine Minderheit von 12 % geht offensichtlich zumindest teilweise auf solche Angebote ein.

Relativierend äußerte sich jeder Vierte (25 %), 29 % lehnen Koppelgeschäfte hingegen nicht prinzipiell ab. Zusammen 47 % halten Koppelgeschäfte prinzipiell für legitim oder zumindest teilweise für legitim. Es bleibt demzufolge festzuhalten: *Persönlich* sieht man Koppelgeschäfte im Berufsfeld eher kritisch. Das bedeutet aber im Einzelfall nicht zwangsläufig, dass man sie gleichzeitig als illegitim erachtet. Am ehesten kommen Koppelgeschäfte laut Aussage der PR/Kom-Verantwortlichen zustande, wenn sie von Medienunternehmen *initiiert* werden. Ein gutes Drittel sagt aus, dass sie auf Angebote für Koppelgeschäfte eingehen würden, sechs Prozent in jedem Fall und weitere 31 % zumindest teilweise. Selbst aktive Angebote für Koppelgeschäfte, in denen also Anzeigen für gewogene Berichterstattung angeboten werden, machen nach ihren eigenen Aussagen lediglich 12 % der Befragten, größtenteils aber nur unter bestimmten Bedingungen (neun Prozent).

Bezüglich der Frage, ob Pressesprecher oder Pressesprecherinnen lügen dürfen, zeigt sich das Berufsfeld sehr „berufspragmatisch" und das stabil über 15 Jahre hinweg: sie dürfen nicht lügen, so stellen durchgehend über 80 % der Befragten fest, sie müssen aber auch nicht „alles" sagen (s. Tab. 4.4).[33]

---

[33] Die Werte bewegen sich zwischen 82 % im Jahr 2005 und 85 % im Jahr 2018 (Bentele et al. 2005, 2007, 2009, 2012, 2015, 2018).

4.8 Entwicklung der Forschung zur PR-Ethik

Tab. 4.4 Wahrheits-/Wahrhaftigkeitsanspruch im Kommunikationsmanagement und bei Pressesprechern und Pressesprecherinnen im Längsschnittvergleich. (Anteil der Befragten)

Gute und flüchtige Kenntnisse Statements	2005*	2007	2009	2012	2015	2018
Ein Pressesprecher darf nie lügen	11 %	11 %	13 %	12 %	9 %	12 %
Ein Pressesprecher darf nicht lügen, aber er darf bestimmte Sachverhalte bei seinen Äußerungen weglassen	82 %	83 %	84 %	85 %	86 %	85 %
Unter bestimmten Umständen darf ein Pressesprecher auch mal lügen	6 %	6 %	3 %	3 %	5 %	3 %
Total	100 %	100 %	100 %	100 %	100 %	100 %
Basis	n = 667	n = 2298	n = 2258	n = 2374	n = 796	n = 1414

*Es wurden ausnahmslos BdP-Mitglieder befragt
Quelle: Bentele et al. (2018, S. 127)

Die Interpretation dieser Daten von Rademacher (2020), dass nämlich die deutliche Mehrheit der Befragten Loyalität über die Wahrhaftigkeit stellen würden, ist m. E. nicht zwingend. Das Ergebnis muss *keinen Widerspruch* zwischen Loyalität und Wahrhaftigkeit ausdrücken: Man kann in seiner Kommunikation durchaus wahrhaftig sein und trotzdem nicht alles sagen, was man weiß. Empirisch gesehen ist es wohl in den meisten Fällen so, dass Pressesprecher oder Pressesprecherinnen in solchen Situationen sagen: „Dazu will oder kann ich (noch) nichts sagen", oder auch: „Kein Kommentar".

Empirische Berufsfeldstudien sind zwar in Deutschland keine Mangelware mehr, aber beispielsweise wären international vergleichende, kritische Analysen bestehender Kodizes[34] und internationale Vergleichsstudien sinnvoll, die moralische Werte, Zielsetzungen und Haltungen von PR-Akteuren vergleichend untersuchen. Es existiert auch bislang keine solide Übersicht über die Verfahren, mit denen in den einzelnen Ländern mit ethischen Problemen und Herausforderungen umgegangen wird. Im deutschsprachigen Raum existiert noch kein Case-Study-Buch,[35] das ethische Konfliktfälle aus der Praxis nicht nur dokumentiert, sondern

---

[34] Die Arbeit von Förg (2004) machte hier für Deutschland einen Anfang. Weitere Ergebnisse enthalten z. B. die Arbeiten von Skinner, Mersham und Valin (2003), die die Kodizes von 17 nationalen PR-Verbänden analysiert und Yang (2014), die die Kodizes von 33 nationalen und von acht internationalen PR-Verbänden vergleichend untersucht hat.

[35] Vgl. z. B. Parsons (2004) oder Seeger (2002).

auch reflektiert und für die Ausbildung nutzbar machen würde. Es mangelt im deutschsprachigen Raum durchaus an engagierten Beiträgen, um das Problem PR-Ethik etwas weiter zu denken.

Was die Legitimität von Lügen in der Organisationskommunikation anbelangt, so sind es fünf Prozent der Befragten, die Lügen unter bestimmten Umständen für legitim halten, den Löwenanteil (ca. 85 %) stellen diejenigen, die Lügen für illegitim halten, aber – praxisnah – davon ausgehen, dass nicht alles, was man weiß, gesagt werden muss.

Die vergleichsweise geringe Bekanntheit der älteren, internationalen Standesregeln für die Berufsbranche ist schon etwas beschämend für das Berufsfeld: Wenn 50 % der Ärzte und Ärztinnen den Hippokratischen Eid oder den Nürnberger Kodex nicht kennen würden, würden wir an der Professionalität dieses Berufszweigs zweifeln.

Immerhin wird der erst 2012 verabschiedete „Deutsche Kommunikationskodex" 2018 von über 76 % der Befragten nach ihren Angaben gut oder flüchtig gekannt. Positiv zu bewerten ist auch, dass es innerhalb der letzten 15 Jahre einen Trend hin zu etwas größeren Kenntnissen dieser Kodizes gibt und dass 76 % der Befragten angeben, immerhin den Deutschen Rat für Public Relations (DRPR) zu kennen. Dass einschlägige Ausbildungen und Studiengänge hier die Kenntnisse klar verbessern können, ist evident, die Befragten mit einschlägigem Studium zeigen bei allen Ethik-Fragen bessere Werte.

4.9 Die Fallstudie: Fake-News aus Tirol – Die Pistenraupe von Seefeld[36]

4.9.1 Der Vorfall

Die folgende Fallstudie, die Beschreibung eines Vorfalls, die darauf folgenden öffentlichen Rügen und das juristische Nachspiel sind deshalb hier ausgewählt worden, weil der Fall a) eine gewisse *Einfachheit* aufweist, in dem nicht zu viele Akteure „mitmischen", b) weil der Fall vielleicht typisch für die Verbreitung von falschen Nachrichten (Fake News) insbesondere auf Social Media-Kanälen ist und c)

---

[36] Die Beschreibung und Bewertung der Fallstudie geht nicht nur auf den Vorfall direkt zurück, sondern auch auf eine gemeinsame Publikation vonGabriele Faber-Wiener, seinerzeit Vorsitzende des Österreichischen PR-Ethik-Rats, und mir (Bentele und Faber-Wiener 2017). Ich bedanke mich bei Gabriele Faber-Wiener dafür, dass ich die von ihr stammenden Textpassagen, die sich vor allem auf die österreichische Seite des Vorfalls konzentrieren, benutzen darf.

4.9 Die Fallstudie: Fake-News aus Tirol – Die Pistenraupe von Seefeld

weil es ein Fall mit einem „Schmunzeleffekt" ist: Viele Leute müssen schmunzeln, wenn man ihnen den Fall schildert, und einige davon halten solche Praktiken für nicht so schlimm bzw. entschuldbar.

Die Beschreibung: Am Mittwoch, den 23. November 2016 geht eine Meldung über eine angebliche Irrfahrt einer Pistenraupe über die Ticker: dpa und viele andere Medien berichten am 24.11. darüber. Angeblich ist der Fahrer eines LKWs, der eine Pistenraupe nach Seefeld, Tirol in Österreich bringen sollte, nach Seefeld in Norddeutschland (einem Ortsteil von Bad Oldesloe) gefahren, weil er nur den Ort „Seefeld" in sein Navigationsgerät eingegeben habe. Ein Stammgast aus Norddeutschland, der regelmäßig in Tirol Urlaub mache, habe ein Foto von der Pistenraupe ins „richtige" Seefeld nach Österreich geschickt. Die Meldung verbreitet sich schnell in verschiedenen Medien, auch international, über Europa hinaus. Alle wichtigen Print- und Online-Medien berichten darüber. In Deutschland sind es u. a. Spiegel Online, die FAZ und Bild, in Österreich die Nachrichtenagentur APA, der ORF und andere. Auch der Deutsche Rat für Public Relations (DRPR) sowie den Österreichische PR-Ethik-Rat werden aktiv.

Erst am Sonntag, den 27. November, also am vierten Tag nach dem Vorfall, deckt der verantwortliche Urheber dieser Falschmeldung, Elias Walser, Geschäftsführer des *Tourismusverbandes Seefeld*, Tirol, den „fake" auf. Am 28. November klärt ein dokumentarischer Artikel des Stormarner Tageblatts von Christina Norden die Sache präzis auf und beschreibt, wie Walser und andere Mitspieler die gesamte Rezipientenschaft tagelang getäuscht haben.

Was ursprünglich – in Walser Worten – als „Werbegag/Gimmick" geplant war, um mediale Aufmerksamkeit für den Ort Seefeld zu generieren, lief medial sehr schnell „aus dem Ruder" (O-Ton Walser). Sicher erheiterte die „Story" viele Facebook- und Zeitungsnutzer in Österreich, Deutschland und anderen Ländern, aber mit welchen Folgen für Nachrichtenagenturen, Mediennutzerinnen und Mediennutzer und auch den Berufsstand der PR? Viele haben sich nach der Aufklärung und Richtigstellung vermutlich gedacht: Man hat immer schon gewusst, dass PR-Leute tricksen, lügen und täuschen. Das schillernde Image bzw. das Negativimage des gesamten Berufsstandes wurde sicher für viele bestätigt.

4.9.2 Der ethische und rechtliche Nachklang in Österreich und Deutschland

Beim Österreichischen PR-Ethik-Rat wurde dieser Fall am 29. Dezember 2016 als Beschwerde eingereicht. Er holte eine Stellungnahme beim Tourismusverband Seefeld ein und schickte diesem einen umfangreichen Fragenkatalog zum Vorfall. In seiner Antwort entschuldigte sich der Tourismusverband und gab an, dass zu keiner Zeit beabsichtigt worden sei, Medien und RezipientInnen durch Falschmeldungen zu täuschen. Ziel wäre es vielmehr gewesen, eine „sympathische Geschichte in Form eines künstlerisch-komödienhaft angehauchten Kurzfilms" zu erzählen. Der Österreichische PR-Ethik-Rat prüfte den Sachverhalt und sprach am 15.02.2017 eine öffentliche Rüge gegenüber dem verantwortlichen Tourismusverband Olympiaregion Seefeld aus. In seiner Begründung führte der Rat aus: „Selbst wenn die Irreführung nicht beabsichtigt war, so bleibt die Tatsache, dass die Umsetzung der Aktion so erfolgte, dass sich mehrere Medien nachweislich in die Irre geleitet fühlten. Der springende Punkt ist nach Ansicht des PR-Ethik Rates zudem, dass diese Irreführung andauerte, d. h. die – in der Stellungnahme so bezeichneten – ‚Missverständnisse' wurden über mehrere Tage hinweg nicht aufgeklärt, trotz vieler konkreter Nachfragen von Medien." Damit verstößt der Tourismusverband Seefeld nach Meinung des PR-Ethik-Rats sowohl gegen die Grundsätze des international anerkannten *Code de Lisbonne* als auch gegen die Leitlinien des österreichischen Ehrenkodex des österreichischen PR-Verbandes (PRVA).

Der Deutsche Rat für Public Relations (DRPR) hatte am 2. Dezember 2016 zufällig eine von zwei jährlichen Sitzungen. Er hatte diesen Fall – bedingt durch die mediale Berichterstattung kurz zuvor – auf der Tagesordnung, diskutierte ausführlich und beschloss noch auf dieser Sitzung, eine *öffentliche Rüge* auszusprechen. Die Begründung für die Rüge wurde noch 2016 abgestimmt und im Januar 2017 veröffentlicht. Aufgrund der Klarheit des Falles und des Eingeständnisses von Elias Walser, das zu diesem Zeitpunkt schon öffentlich vorlag, hatte der DRPR darauf verzichtet, noch einmal beim Tourismusverband in Seefeld nachzufragen und eine Stellungnahme zu erbitten, wie es das normale Procedere gewesen wäre. In seiner Rüge zum Fall 08/2016, die vom Beschwerdeausschuss „Unternehmen und Markt" (Vorsitzender Prof. Dr. Güttler) formuliert und mit allen Ratsmitgliedern abgestimmt worden war, führt der PR-Rat aus:

> „„Der DRPR rügt den Geschäftsführer des Tourismusverbandes Seefeld in Österreich, Elias Walser, den in die Durchführung involvierten Kabarettisten Alex Kröll und Karl Royer, Geschäftsführer der österreichischen Werbeagentur SR1, aufgrund der bewussten Täuschung der dpa und anderer Medienvertreter sowie der Schädigung des Berufsfeldes der PR." (Rüge auf www.drpr-online.de). (...) „Vorhaben und Aktionen dieser Art verstoßen gegen Art. 1, 2 und 12 des Deutschen Kommunikationskodexes sowie gegen Art. 4, 15, 18 und 19 des *Code de Lisbonne*."" (Begründung ebenfalls auf www.drpr-online.de)

In Deutschland hatte der Fall noch ein für dem DRPR teures juristisches Nachspiel. Elias Walser, dem die Rüge vor der Veröffentlichung per E-Mail zugegangen war, hatte ebenfalls per E-Mail kurz geantwortet: „Vielen Dank für die Information über die Rüge. Diese akzeptiere ich natürlich. Ich möchte nur höflich darauf hin-

4.9 Die Fallstudie: Fake-News aus Tirol – Die Pistenraupe von Seefeld

weisen, dass eine Information im Anhang leider so nicht stimmt" (E-Mail von Elias Walser an den damaligen DRPR-Vorsitzenden Günter Bentele am 24. Januar 2017). In einer weiteren E-Mail vom 25. Januar kündigt Elias Walser an, dass die Kanzlei bzw. Herr Christoph-Oliver Moser sich als Rechtsbeistand des Tourismusverbandes melden würden. Diese Berliner Anwaltskanzlei meldete sich dann auch beim Rat am 26. Januar 2017 und forderte vom DRPR eine Unterlassungserklärung dergestalt, dass zu einer Unterlassung von Formulierungen wie „bewusste Täuschung von Medienvertretern" und „bewusste Täuschung von Journalisten" aufgefordert wird (Irlemoser 2017, S. 5). Der DRPR hatte sich ebenfalls kompetenten Rechtbeistand geholt, er hielt die Rüge vollumfänglich aufrecht und lehnte eine Unterlassung oder Abschwächung dieser Formulierungen ab. Inhaltlich ging es insbesondere um den Begriff der „bewussten Täuschung" und das absichtsvolle Handeln des Tourismusverbandes. Die vom Vorsitzenden des Trägervereins, Herrn Dr. Schillinger, beauftragte Hamburger Anwaltskanzlei Prinz Neidhardt Engelschall führt in ihrem Schriftsatz vom 3.02.2017 aus, dass Elias Walser und der Tourismusverband sehr wohl „bewusst getäuscht" hätten, und führt eine Reihe von Indizien und Beweisen dafür an, so u. a. das eigene Eingeständnis Walsers nach einigen Tagen, dass der zunächst behauptete Sachverhalt einer „irrtümlichen" Fahrt der Pistenraupe so nicht stimme. Die eigene Facebookseite von Elias Walser wurde nach der Auflösung der Geschichte wie folgt zitiert: „Das große Märchen der kleinen Pistenraupe/Wie es eine kleine Pistenraupe in die große, weite Medienwelt geschafft hat" (Dünnwald 2017, S. 6).

Der nächste Schritt hätte eine Klage des Tourismusverbandes durch die gegnerische Anwaltskanzlei sein müssen, dieser Schritt ist aber nicht erfolgt, vermutlich hat der Tourismusverband und die Anwaltskanzlei darauf verzichtet, weil es bei dieser Beweislage sehr schwer gewesen wäre, ein Gericht davon zu überzeugen, dass dies keine „bewusste Täuschung" von Medien und Öffentlichkeit gewesen war.

Dieser an sich – von der Ausgangsrelevanz her gesehen – „kleine" Fall, bezogen auf die Medienresonanz und das öffentliche Aufsehen aber „große Fall" kann mehreres zeigen:

- Auch bei „kleinen" Fake-Geschichten in den sozialen Medien, die gelegentlich auch zum Schmunzeln anregen, sollten die grundlegenden Kommunikationswerte und -normen der PR-Branche wie Transparenz und Wahrhaftigkeit befolgt werden.
- Wenn dies nicht der Fall ist, führt es zu Glaubwürdigkeitseinbußen und Rufschädigungen nicht nur für die eigene Organisation, sondern auch für das ganze Berufsfeld. Es bestätigt Vorurteile gegenüber der PR-Branche, die gerade für diejenigen, die sich an die Regeln halten, ärgerlich sind.

- Die Nichteinhaltung zentraler Normen der öffentlichen Kommunikation hat Wirkung auch dann, wenn diejenigen, die die Norm verletzen, die Normen gar nicht kennen. „Unwissenheit schützt vor Strafe nicht" nennt der Volksmund diesen Kommunikationsmechanismus.
- Man kann davon ausgehen, dass solche oder ähnliche Fälle auch heute häufig vor allem in den Sozialen Medien vorkommen.
- Elias Walser hat nach dem Vorfall argumentiert: „Es ist ja niemand zu Schaden gekommen". Dem muss hier deutlich widersprochen werden: Nachrichtenagenturen, und alle Medien, die diesem Fake aufgesessen sind, sind zu Schaden gekommen und mit ihnen alle, die getäuscht worden sind.
- Empathisch gesprochen hat die „Wahrheit" und die „Wahrhaftigkeit" und somit auch die Reputation des Berufsfeldes darunter gelitten.

4.9.3 Und die „Moral von der Geschicht'"?

Als die „Moral von der Geschicht'" wird seit Wilhelm Busch die tiefere Einsicht in den Ausgang einer Geschichte benannt. Seit mehr als einem Jahrhundert, spätestens seit den „Declarations of Principles" (1906) von Ivy L. Lee in den USA kennen nationale Berufsfelder der Public Relations ethische Regeln für berufliches Handeln. Die bekanntesten *internationalen* und *nationalen* Ethik-Kodizes wurden oben behandelt. Gemäß all diesen Kodizes ist es für PR-PraktikerInnen bzw. Organisationen, die öffentlich kommunizieren, nicht statthaft, wissentlich falsche Nachrichten (Fake News) zu verbreiten und damit Einzelne oder ganze Öffentlichkeiten zu täuschen. Der DRPR geht in der Begründung seiner Rüge vom Vorliegen einer Täuschungsabsicht aus, gerade weil ja ein „Gimmick" geplant war. Der Fall „Pistenraupe", so unbedeutend er im globalen Gesamtkontext falscher Nachrichten sein mag, ist ein kleines Beispiel für Falschmeldungen, wie es sie eigentlich nicht geben sollte, wie sie aber durchaus vorkommen.

Ethik, normengemäßes Verhalten zahlt sich aus – nicht nur kurzfristig. Es hat sich auch bestätigt, wie wichtig Selbstkontrollorgane sind. In beiden Ländern – Österreich und Deutschland – existieren PR-Ethik-Räte, die Fehlverhalten aufzeigen und thematisieren. In vielen europäischen Ländern sind derartige Instanzen einer kritischen Selbstbeobachtung alles andere als selbstverständlich – wären aber gerade in Zeiten von Fake News und zunehmender Intransparenz nötiger ist denn je.

Diskussionsfragen für die Fallstudie
Worum ging es beim Fall „Pistenraupe"?
Welche Prinzipien der PR-Arbeit sind beim Fall „Pistenraupe" verletzt worden?

Warum ist Absendertransparenz bei PR-Arbeit so wichtig?
Welche Konsequenzen/Effekte können öffentliche Rügen des DRPR für Unternehmen und andere Organisationen haben?

Literatur

Ahrens, R. & Knödler-Bunte, E. (Hrsg.) (2003a). Public Relations in der öffentlichen Diskussion. *Die Affäre Hunzinger: Ein PR-Missverständnis.* media mind.

Ahrens, R. & Knödler-Bunte, E. (2003b). Public Relations in der öffentlichen Diskussion. Die Affäre Hunzinger – Ein PR-Missverständnis. In: R. Ahrens & E. Knödler-Bunte. Public Relations in der öffentlichen Diskussion. Die Affäre Hunzinger – ein PR-Missverständnis, S. 11–18.

Avenarius, H. (1998). *Die ethischen Normen der Public Relations: Kodizes, Richtlinien, freiwillige Selbstkontrolle.* Luchterhand.

Avenarius, H (2000). Public Relations. Die Grundform der gesellschaftlichen Kommunikation. Darmstadt: Primus Verlag.

Avenarius, H. (2009). Aufgaben, Struktur und Wirken des deutschen PR-Rats. In H. Avenarius & G. Bentele (Hrsg.), *Selbstkontrolle im Berufsfeld Public Relations: Reflexionen und Dokumentation* (S. 69–87). VS Verlag für Sozialwissenschaften.

Avenarius, H. (2019). Die ersten beiden Selbstverpflichtungen: Eine Exegese. In H. Avenarius & G. Bentele (Hrsg.), *Nachdenken über Public Relations: Aufsätze, Reden und Gespräche eines PR-Menschen* (S. 49–57). Springer VS.

Avenarius, H. & Bentele, G. (2009). *Selbstkontrolle im Berufsfeld Public Relations: Reflexionen und Dokumentation.* VS Verlag für Sozialwissenschaften.

Baerns, B. (1991). *Öffentlichkeitsarbeit oder Journalismus? Zum Einfluss im Mediensystem.* Verlag Wissenschaft und Politik.

Baker, S., & Martinson, D. L. (2001). The TARES test: Five principles for ethical persuasion. Journal of Mass Media Ethics, 16(2–3), 148–175. https://doi.org/10.1080/08900523.2001.9679610

Baker, S. (2009). The Ethics of Advocacy: Moral Reasoning in the Practice of Public Relations. In L. Wilkins & C. G. Christians (Hrsg.), *The Handbook of Mass Media Ethics* (S. 115–129). Routledge.

Becher, M. (1996). *Moral in der PR? Eine empirische Studie zu ethischen Problemen im Berufsfeld Öffentlichkeitsarbeit.* Vistas.

Bentele, G. (1992). Ethik der Public Relations als wissenschaftliche Herausforderung. In H. Avenarius & W. Armbrecht (Hrsg.), *Public Relations als Wissenschaft: Grundlagen und interdisziplinäre Ansätze* (Bd. 1, S. 151–170). Westdeutscher Verlag.

Bentele. G. (1996a). Public Relations: ein konstitutives Element demokratischer Kommunikationsgesellschaften. Thesen zu den Zukunftsperspektiven der Öffentlichkeitsarbeit. In H. Süssmuth (Hrsg.), Düsseldorfer Medienwissenschaftliche Vorträge (S. X–X) Universität Düsseldorf.

Bentele, G. (1998). Politische Öffentlichkeitsarbeit. In U. Sarcinelli (Hrsg.), *Politikvermittlung und Demokratie in der Mediengesellschaft* (S. 124–145). Westdeutscher Verlag.

Bentele, G. (2003). The "Hunzinger case". Lobbying and the ethics of public relations. In: Ahrens, R. & Knödler-Bunte (2003a), S. 127–140.

Bentele, G. (2008b). *Objektivität und Glaubwürdigkeit: Medienrealität rekonstruiert.* VS Verlag für Sozialwissenschaften.
Bentele, G. (2009). Ethik der Public Relations: Grundlagen, Probleme, Herausforderungen. In H. Avenarius & G. Bentele (Hrsg.), *Selbstkontrolle im Berufsfeld Public Relations: Reflexionen und Dokumentation* (S. 12–41). VS Verlag für Sozialwissenschaften.
Bentele, G. (2013a). Der Diskurs über PR-Geschichte und PR-Historiographie. In O. Hoffjann & S. Huck-Sandhu (Hrsg.), *UnVergessene Diskurse: 20 Jahre PR- und Organisationskommunikationsforschung* (S. 197–235). Springer VS.
Bentele, G. (2016). Wahrheit. In J. Heesen (Hrsg.), *Handbuch Medien- und Informationsethik* (S. 59–66). Metzler.
Bentele, G. (2017). Eine zweihundertjährige Entwicklung: Kurze PR-Geschichte in Deutschland. *pr-magazin, 2017*(1), 40–47.
Bentele, G., Dolderer, U., Fechner, R. & Seidenglanz, R. (2012). *Profession Pressesprecher 2012: Vermessung eines Berufsstandes.* Helios.
Bentele, G. & Faber-Wiener, G. (2017). Fake News aus Tirol: Die Pistenraupe von Seefeld. PR-Räte rügen Tourismusverband. *Communicatio Socialis, 50*(2), 292–233.
Bentele, G. & Fechner, R. (2015). Intereffikationsmodell. In R. Fröhlich, P. Szyszka &G. Bentele (Hrsg.), *Handbuch der Public Relations: Wissenschaftliche Grundlagen und berufliches Handeln. Mit Lexikon* (S. 319–340). Springer VS.
Bentele, G., Großkurth. L. & Seidenglanz, R. (2005). Profession Pressesprecher: Vermessung eines Berufsstandes. Helios.
Bentele, G., Großkurth, L. & Seidenglanz, R. (2007). *Profession Pressesprecher 2007: Vermessung eines Berufsstandes.* Helios.
Bentele, G., Großkurth, L. & Seidenglanz, R. (2009). *Profession Pressesprecher 2009: Vermessung eines Berufsstandes.* Helios.
Bentele, G., Seidenglanz, R. & Fechner, R. (2015). *Profession Pressesprecher 2015: Vermessung eines Berufsstandes.* Helios.
Bentele, G., Seidenglanz, R. & Fechner, R. (2018). *Kommunikationsmanagement 2018: Vermessung eines Berufsstandes.* Helios.
Bentele, G. & Seiffert, J. (2015). *Ethische Richtlinien in der Unternehmenskommunikation: Eine Befragung zu Kommunikationswerten und Normen der größten deutschen Unternehmen. Forschungsberichte zur Unternehmenskommunikation, Nr. 4 der Akademischen Gesellschaft für Unternehmensführung & Kommunikation.* Universität Leipzig.
Borchers, N. S. & Enke, N. (2021). Influencer-Kommunikation benötigt ethische Regeln. Ein Ethikkodex für die Branche. *Communicatio Socialis, 54*(4), 537–547.
Broom, G. M. & Sha, B.-L. (2013). *Cutlip & Center's Effective Public Relations* (11. Aufl.). Pearson.
Bundesverfassungsgericht (1977) siehe „Presse- und Informationsamt der Bundesregierung in Zusammenarbeit mit dem Bundesverfassungsgericht (Hrsg.) (1977)" Vgl. auch https://www.bverfg.de/e/qs19771016_1bvq000577.html.
Cutlip, S., Center, A. & Broom, G. M. (1985). *Effective Public Relations* (6. Aufl.). Prentice Hall.
Dillmann, T. (2017, 27. Oktober). *Zoff im DRPR: de'ge'pol tritt aus und überzieht BdP, DPRGudn GPRA mit Vorwürfen.* pr-journal. https://pr-journal.de/nachrichten/organisationen/19666-zoff-im-drpr-de-ge-pol-tritt-aus-und-ueberzieht-bdp-dprg-und-gpra-mit-vorwuerfen.html.
DRPR. (2017). *Tätigkeitsbericht des Deutschen Rates für Public Relations e.V. (DRPR) 2017.* Deutscher Rat für Public Relation. https://drpr-online.de/wp-content/uploads/2018/03/Ta%CC%88tigkeitsbericht_2017.pdf.

Literatur

Dünnwald, D. (2017). Letter from the law firm Prinz Neidhardt Engelschall dated February 3, 2017 "Tourism Association Seefeld and Elias Walser / DRPR their warning dated January 26, 2017.
Faulstich, W. (2000). *Grundwissen Öffentlichkeitsarbeit*. Fink (UTB).
Fechner, R. (2019). *Journalismus und Presse- bzw. Medienarbeit im 21. Jahrhundert: Erweiterung des Intereffikationsmodells im Rahmen von zwei Fallstudien*. Springer VS.
Fenner, D. (2010). *Einführung in die Angewandte Ethik*. Narr Francke Attempo Verlag.
Fitzpatrick, K. & Bronstein, C. (2006). *Ethics in Public Relations: Responsible Advocacy*. Sage.
Förg, B. (2004). *Moral und Ethik der PR. Grundlagen – Theoretische und empirische Analysen – Perspektiven*. Verlag für Sozialwissenschaften.
Habermas, J. (1981). *Theorie des kommunikativen Handelns. Bd. 1: Handlungsrationalität und gesellschaftliche Rationalisierung. Bd. 2: Zur Kritik der funktionalistischen Vernunft*. Suhrkamp.
Hacker, P. (2009). Zur Geschichte des DRPR. In H. Avenarius & G. Bentele (Hrsg.), *Selbstkontrolle im Berufsfeld Public Relations: Reflexionen und Dokumentation* (S. 90–105). VS Verlag für Sozialwissenschaften.
Hiebert, R. E. (2005). Lee, Ivy. In R. L. Heath (Hrsg.), *Encyclopedia of Public Relations* (Bd. 1, S. 482–486). Sage.
Höffe, O. (2008). *Lexikon der Ethik*. Beck.
Hoffjann, O. (2020). *Grundwissen Public Relations: Ein Leitfaden für Studium und Praxis*. UVK.
Homann, K. & Lütge, C. (2005). *Einführung in die Wirtschaftsethik*. Lit.
Hundhausen, C. (1951). *Werbung um öffentliches Vertrauen: "Public Relations"*. Girardet.
Jarren, O. (2009). Auf gutem Wege...? Governance in der Kommunikations- und Medienbranche: 20 Jahre Deutscher Rat für Public Relations. In H. Avenarius & G. Bentele (Hrsg.), *Selbstkontrolle im Berufsfeld Public Relations: Reflexionen und Dokumentation* (S. 58–68). VS Verlag für Sozialwissenschaften.
Kepplinger, H. M. & Vohl, I. (1979). Mit beschränkter Haftung: Zum Verantwortungsbewusstsein von Fernsehredakteuren. In: H. M. Kepplinger (Hrsg.), *Angepasste Außenseiter: Was Journalisten denken und wie sie arbeiten* (S. 223–259). Alber-Broschur.
Knoepffler, N., Kunzmann, P., Pies, I. & Siegetsleitner, A. (2006). *Einführung in die Angewandte Ethik*. Verlag Karl Alber.
Kocks, K. (2005). *PR-Manager lügen nicht. Die Erde ist eine Scheibe, Schweine können fliegen, und Brutus ist ein ehrenwerter Mann: Erkenntnisse eines soziologischen Experiments (Vorlesung zur Einführung in die PR Westfälische Wilhelms-Universität Münster 13. Juni 2005)*. Cato Manuskript.
Kunczik, M. (2010). *Public Relations: Konzepte und Theorien* (5. Aufl.). Böhlau (UTB).
Leif, T. (2003). Der V-Mann der Branche. Moritz Hunzinger hat einem zwielichten Gewerbe ein Gesicht gegeben. In R. Ahrens & E. Knödler-Bunte (Hrsg.), *Die Affäre Hunzinger: Ein PR-Missverständnis* (S. 45–52). media mind.
Lösche, P. (2006). Demokratie braucht Lobbying. In T. Leif & R. Speth (Hrsg.), *Die fünfte Gewalt: Lobbyismus in Deutschland*. VS Verlag für Sozialwissenschaften.
Neuberger, C. & Quandt, T. (2010). Internet-Journalismus: Vorm traditionellen Gatekeeping zum partizipativen Journalismus? In W. Schweiger & K. Beck (Hrsg.), *Handbuch Online-Kommunikation* (S. 59–79). VS Verlag für Sozialwissenschaften.

Nida-Rümelin, J. (2005). *Angewandte Ethik: Die Bereichsethiken und ihre theoretische Fundierung. Ein Handbuch* (2. Aktualisierte Aufl.). Kröner.
Oeckl, A. (1964). *Handbuch der Public Relations: Theorie und Praxis der Öffentlichkeitsarbeit in Deutschland und der Welt.* Süddeutscher Verlag.
Oeckl, A. (1976). *PR-Praxis: Der Schlüssel zur Öffentlichkeitsarbeit.* Econ.
Parsons, P. J. (2004). *Ethics in Public Relations: A Guide to Best Practice.* The Institute of Public Relations.
Pieper, A. (2007). *Einführung in die Ethik.* A. Francke Verlag.
Rademacher, L. (2020). Ethische Aspekte der Unternehmenskommunikation: Problemfelder und Selbstregulierung. In A. Zerfaß, M. Piwinger & U. Röttger (Hrsg.), *Handbuch Unternehmenskommunikation* (S. 1–20). Springer Gabler.
Raupp, J. (2015). Determinationsthese. In R. Fröhlich, P. Szyszka & G. Bentele (Hrsg.), Handbuch der Public Relations. *Wissenschaftliche Grundlagen und berufliches Handeln. Mit Lexikon. 3. Aufl.* (S. 305–317). Springer VS.
Riefler, S. (1988). Public Relations als Dienstleistung: Eine empirische Studie über Berufszugang, Berufsbild und berufliches Selbstverständnis von PR-Beratern in der Bundesrepublik Deutschland. *PR-Magazin, 18*(5), 33–44.
Ronneberger, F. (1991[1977]). Legitimation durch Information. Düsseldorf und Wien. In J. Dorer & K. Lojka (Hrsg.), *Öffentlichkeitsarbeit: Theoretische Ansätze, empirische Befunde und Berufspraxis der Public Relations* (S. 8–19). Wilhelm Braumüller.
Rothe, R. (1999). PR-Erfolgsgarantien sind rechtswidrig. *Public Relations-Forum, 4*(99), 178–179.
Röttger, U., Kobusch, J. & Preusse, J. (2018). *Grundlagen der Public Relations: Eine kommunikationswissenschaftliche Einführung.* Springer VS.
Schicha, C. (2019). *Medienethik: Grundlagen – Anwendungen – Ressourcen.* UVK.
Schicha, C. & Brosda, C. (2010). *Handbuch Medienethik.* VS Verlag für Sozialwissenschaften.
Schweiger, W. (2013). Internet. In G. Bentele, H.-B. Brosius O. Jarren (Hrsg.), Lexikon Kommunikationswissenschaft. (2. Aufl., S. 134–135). Springer VS.
Seeger, M. W. (2002). *Ethics and Organisational Communication.* Hampton.
Seib, P. & Fitzpatrick, K. (1995). *Public Relations Ethics.* Harcourt Brace College Publishers.
Skinner, C., Mersham, G., & Valin, J. (2003). Global protocol on ethics in public relations. Journal of Communication Management, 8(1), S. 13–28. https://doi.org/10.1108/13632540410807510
Suchanek, A. (2007). *Ökonomische Ethik.* Mohr Siebeck.
Szyszka, P., Schütte, D. & Urbahn, K. (2009). *Public Relations in Deutschland: Eine empirische Studie zum Berufsfeld Öffentlichkeitsarbeit.* UVK.
Thummes, K. (2013). *Täuschung in der strategischen Kommunikation: Eine kommunikationswissenschaftliche Analyse.* Springer VS.
Unverzagt, A. & Gips, C. (2018). *Handbuch PR-Recht.* Springer VS.
Watson, T. (2014). IPRA Code of Athens – The first international code of public relations ethics: Its development and implementation since 1965. *Public Relations Review, 40*(2014), 707–714.
Weischenberg, S. (1992). *Journalistik: Theorie und Praxis aktueller Medienkommunikation. Bd. 1: Mediensystem, Medienethik, Medieninstitutionen.* Westdeutscher Verlag.

Weischenberg, S., Malik, M. & Scholl, A. (2006). *Die Souffleure der Mediengesellschaft: Report über die Journalisten in Deutschland.* UVK.
Wesel, U. (2006). *Geschichte des Rechts: Von den Frühformen bis zur Gegenwart* (3. Aufl.). Beck.
Wikipedia (Hrsg.) (o.J.). Freiwillige Selbstkontrolle für die Arzneimittelindustrie. Download am 21. 06.06.2023 (https://de.wikipedia.org/wiki/Freiwillige_Selbstkontrolle_f%C3%BCr_ die_Arzneimittelindustrie)
Yang, A. (2014). *Have global ethical values emerged in the public relations industry? Evidence from national and international professional public relations associations.* Unpublished Paper, ICA conference 2014 in Seattle.
Zedtwitz-Arnim, G.-V. (1982). *Degen gegen Maschinenpistole? Oder Voltaire gegen den missverstandenen Rousseau: Ein Essay über Veränderungen in Grundlagen und Bedingungen von Theorie und Instrumentarien der Public Relations seit den fünfziger Jahren.* Verlag für deutsche Wirtschaftsbiographien Heinz Flieger.
Zerfass, A., Verčič, D., Verhoeven, P., Moreno, A., & Tench, R. (2012). *European Communication Monitor 2012: Challenges and Competencies for Strategic Communication. Results of an Empirical Survey in 42 Countries.* EACD/EUPRERA. http://www.communicationmonitor.eu/wp-content/uploads/2018/03/ECM-2012-Results-ChartVersion-European-Communication-Monitor-Trends-Strategic-Communication-Management-Corporate-Communication-Public-Relations-PR.pdf
Zerfass, A., Verhoeven, P., Moreno, A., Tench, R., & Verčič, D. (2020). *European Communication Monitor 2020: Ethical challenges, gender issues, cyber security, and competence gaps in strategic communication. Results of a survey in 44 countries.* EUPRERA/EACD. https://www.communicationmonitor.eu/wp-content/uploads/dlm_uploads/ECM2020-Results-ChartVersion.pdf

Ethik der Werbekommunikation – Nils S. Borchers

5

Zusammenfassung

„Die Werbung" gilt seit jeher als das schwarze Schaf der Medienbranche. In ihrem Kern, so der Vorwurf, zielt sie darauf ab, Menschen zu Handlungen zu verführen, die sie eigentlich gar nicht ausführen wollen. Nicht zuletzt deshalb ist viel über die Ethik der Werbebranche geschrieben und geforscht worden, und zwar nicht nur in der Kommunikations- und Medienwissenschaft, sondern auch in vielen weiteren Disziplinen wie der Marketingforschung, der Philosophie und der Soziologie. Dieses Kapitel gibt einen Überblick über die Forschung zur Werbeethik. Besonderes Augenmerk liegt auf einer Fundierung dieser Ethik durch die angewandte Ethik; auf den Strukturen der Professionsethik, die in Deutschland insbesondere durch den Deutschen Werberat definiert werden; und auf verschiedenen Problemfeldern der Berufspraxis, nämlich problematischen Darstellungen in Werbeangeboten, problematischen Produktionsbedingungen, problematischen Beeinflussungstechniken und problematischen Zielgruppen. Das Kapitel schließt mit einer allstudie zu einer Kampagne des Unternehmens *True Fruits*.

Schlüsselwörter

Werbung · Ethik · Deutscher Werberat · Selbstregulierung · Sexismus

5.1 Einleitung

„Erzählt meiner Mutter nicht, dass ich in der Werbung arbeite. Sie denkt, ich bin Pianist in einem Bordell." Mit diesem Bonmot, das dem französischen Werbekreativen Jacques Séguéla zugeschrieben wird, ist, könnte man meinen, bereits alles gesagt, was sich zum Zusammenhang zwischen Werbung und Ethik sinnvollerweise sagen ließe: Eben weil die Werbung – professionell! – übertreibt, lügt, manipuliert, und das aus reinem Eigennutz und vor aller Augen, kann es mit der Ethik der Werbung nicht allzu weit her sein. Werbende schaffen es daher in Bevölkerungsumfragen immer wieder zielsicher in Shortlists der Berufe, gegenüber denen die Öffentlichkeit große ethische Bedenken hegt (Zurstiege 2015). Und das zum Teil ganz selbstbewusst: Lieber als böse und effektiv eingeschätzt werden als als ethisch, aber nutzlos, so Rory Sutherland im Jahr 2011, damaliger Präsident des *Institute of Practitioners in Advertising*, der britischen Interessenvertretung der Werbewirtschaft (Cluley 2017, S. 204).

Ein zwiegespaltenes Verhältnis zur Ethik scheint der Werbung bereits per functionem eingeschrieben zu sein. Begreift man Werbung abstrakt als einen sozialen Mechanismus mit dem Zweck, einen Umworbenen von der Selektion einer von der Werbenden gewünschten Anschlussselektion zu motivieren (Borchers 2014b), dann liegt auf der Hand, dass immer wieder Präferenzkonflikte auftreten werden: Es ist nicht wenig wahrscheinlich, dass das, was eine Werbende möchte, nicht im besten Interesse des Umworbenen ist (Baker und Martinson 2001, S. 154). So gerät die Werbung unter Generalverdacht: Liegt der Werbenden so viel am Erreichen ihres Ziels, kann sie immer verleitet sein, dieses Ziel nicht allein mit moralisch angemessenen Mitteln zu verfolgen. Dieser Generalverdacht ist durchaus wirkmächtig.

David Ogilvy (1963), einer der großen US-Amerikanischen Werber des 20. Jahrhunderts, pocht dagegen auf die Gültigkeit des Kant'schen kategorischen Imperativs auch für die Werbung: „Never write an advertisement which you wouldn't want your own family to read. You wouldn't tell lies to your own wife. Don't tell them to mine. Do as you would be done by" (S. 87). Hyman und Skipper (1993) wiederum sammeln Vorwürfe an die Werbung aus ethischer Perspektive – z. B. dass Werbung Konsument*innen manipuliere – und liefern Gegenargumente – z. B. dass Werbung Konsument*innen nicht manipulieren könne, weil diese einen freien Willen hätten. Dass Werbende mitunter moralisch falsch handeln, sehen auch Hyman und Skipper. Allerdings sind solche Handlungen für die beiden Autoren wie auch für viele andere Verteidiger*innen der Werbung bloße Einzelfälle.

5.1 Einleitung

Auf welche Seite im Disput zwischen Einzelfall und systematischem Verstoß man sich aber letztlich schlägt: Für beide Positionen erscheint die Beschäftigung mit Werbeethik wichtig. Sie ist wichtig zum einen zur kritischen Beobachtung der „Machenschaften" der Werbebranche. Denn der Werbung werden ganz unterschiedliche Einflussmöglichen auf Individuen und Gesellschaft zugeschrieben, sodass es angezeigt erscheint, gerade auch aus ethischer Perspektive zu hinterfragen, welche Werbeaktivitäten moralisch angemessen sind. Zum anderen kann die Werbeethik aber auch in der Lage sein, Werbenden als Kompass und Entscheidungshilfe zu dienen.

Das Ansinnen dieses Kapitels ist es daher, einen Überblick über das Themenfeld Werbeethik zu geben. Dazu ist es zunächst notwendig zu klären, auf welches soziale Phänomen sich diese Ethik beziehen soll: Wofür steht also das „Werbe-" in der Werbeethik? Eine betriebswirtschaftliche Definition von Werbung lautet: „Advertising is a paid nonpersonal communication from an identified sponsor, using mass media to persuade or influence an audience" (Richards und Curran 2002, S. 64). Diese Definition begreift Werbung als ein spezifisches Marketinginstrument, das von anderen Marketinginstrumenten wie z. B. Verkaufsförderung, Sponsoring, Direktverkauf, aber auch Public Relations zu unterscheiden ist. Aus dieser Herangehensweise folgt ein relativ enges Verständnis von Werbung, das zwar hilfreich ist, um Marketingmaßnahmen zu planen. Allerdings, so Dahlén und Rosengren (2016), ist eine solche Definitionen veraltet, weil sie viele Entwicklungen verpasst, die die Digitalisierung der Werbung angestoßen hat. Sie schlagen im Gegenzug vor, Werbung zu definieren als „brand-initiated communication intent on impacting people" (ebd., S. 343). Diese Definition ist ungleich breiter, hat aber u. a. den Nachteil, nun gar nicht mehr zwischen den verschiedenen Kommunikationsinstrumenten des Marketing zu unterscheiden.

Aus einer kommunikationswissenschaftlichen Perspektive lässt sich Werbung definieren als „Versuch, die Selektion eines aus Eigeninteresse vorgeschlagenen Anschlusses ohne die Androhung negativer Sanktionen zu motivieren" (Borchers 2014b, S. 270). Diese Definition führt mit dem Eigeninteresse und dem Verzicht auf eine Sanktionsandrohung zwei Kriterien ein, die die Marketingforschung aus ihrer Perspektive nicht erkennen kann: Alle Marketingmaßnahmen haben ein Eigeninteresse und sind (aus ideologischen Gründen) sanktionsfrei. Aus dieser Definition ergibt sich aber auch die Notwendigkeit, und das ist die relevante Konsequenz an dieser Stelle, stärker zwischen drei empirischen Phänomenen bzw. Erkenntnisobjekten zu unterscheiden, die in der Alltagssprache, zum Teil aber auch in der Wissenschaft allesamt mit dem Schlagwort Werbung belegt werden: Werbung, Werbeangebot und Werbewirtschaft (Borchers 2014a). Das dritte dieser Erkenntnisobjekte, die Werbewirtschaft, steht im Fokus dieses Kapitels: Spricht man von Werbeethik, meint man für Gemeinhin die ethische Beschäftigung mit der Werbewirtschaft als dem sozialen Sinnzusammenhang, in dem professionell und dauerhaft Werbeangebote produziert und distribuiert werden (Borchers 2014b, S. 93).

5.2 Das Berufsfeld „Werbung"

Die Werbewirtschaft (oder auch: Werbeindustrie oder Werbebranche oder Werbepraxis) ist heute ein Milliardengeschäft. In Deutschland investieren jedes Jahr vor allem Unternehmen einen zweistelligen Milliardenbetrag in Werbemaßnahmen – inzwischen circa 48 Mrd. € (ZAW 2023). Damit gehört der deutsche Werbemarkt zu den fünf größten der Welt und wird in Europa nur vom britischen übertroffen. Gerade im Vergleich zu den Aufwendungen für Public Relations sind das beträchtliche Summen.

> Branchendaten 2023, zusammengestellt vom Zentralverband der deutschen Werbewirtschaft ZAW https://zaw.de/wirtschaft-und-werbung/

Dass Milliarden in Werbemaßnahmen investiert werden, liegt nicht zuletzt daran, dass nicht nur Herstellungskosten für die Werbeangebote anfallen, sondern dass Werbende in der Regel für die Verbreitung ihrer Werbeangeboten zahlen müssen. Hier gilt in etwa: Ein Drittel der Kosten fallen aus Sicht der Auftraggeber*innen für Werbekreation und -beratung an, während zwei Drittel für den Werbeplatz aufgewendet werden (Statistisches Bundesamt 2018, S. 9). Aus Perspektive von privaten Medienorganisationen bedeutet das: Werbeeinnahmen stellen eine zentrale Finanzierungsquelle dar, ohne die viele Organisationen nicht überleben könnten. So lagen die Werbeträgerumsätze zum Beispiel 2020 bei rund 24 Mrd. € (ZAW 2021). Auch in Deutschland ist dabei das Internet zum umsatzstärksten Werbeträger avanciert. Auf den Plätzen zwei und drei folgen TV und Print.

Die Werbebranche kann als ein Handlungsfeld betrachtet werden, das durch verschiedene Akteursgruppen bzw. Handlungsrollen geprägt wird. Die zentralen Akteursgruppen, entlang derer sich das Handlungsfeld strukturieren lässt, sind nach Schmidt (1991):

- *Auftraggeber*: Auftraggeber*innen in der Werbebranche sind häufig Unternehmen, aber auch andere Organisationen wie z. B. Nicht-Regierungsorganisationen, staatliche Akteure, zu Wahlzeiten politische Parteientreten als Auftraggeber*innen auf.

5.2 Das Berufsfeld „Werbung"

- *Werbeschaffende*: Auftraggeber*innen beauftragen Werbeschaffende, Werbeangebote zu erstellen. Zumeist sind das Agenturen.
- *Distributoren*: Die Verbreitung erfolgt klassischerweise über die Medienorganisationen und Plakatunternehmen. Insbesondere die Digitalisierung hat neue Werbeformen ermöglicht, für die Werbende auf die Zusammenarbeit mit weiteren Akteuren angewiesen sind. So ist in den letzten zwei Jahrzehnten eine Vielzahl neuer Werbeformen entstanden wie z. B. Social-Media-Werbung, Search Ads bei Suchmaschinen, Advergames, In-Game-Advertising oder Influencer Marketing.
- *Umworbene*: Umworbene sollen zur Selektion einer bestimmten Handlungsoption motiviert werden. Sie werden, je nach Werbezweck, in unterschiedlichen Rollen angesprochen: In der Wirtschaftswerbung als Konsument*innen, in der Wahlwerbung als Wähler*innen, in Aufklärungskampagnen als Patienten*innen etc.
- *Verarbeiter*: Medienkritiker*innen und Medienforscher*innen machen die Akteursgruppe der Verarbeiter*innen aus. Sie sind die distanziert beobachtende Instanz der Werbewirtschaft.

Natürlich lassen sich aus ethischer Perspektive prinzipiell Anforderungen an alle Gruppen stellen. Der Großteil der Verantwortung für ethisches Verhalten liegt jedoch bei den ersten drei Gruppen (Drumwright 2012). Daneben diskutiert die Kommunikationswissenschaft aber auch die ethische Verantwortung des Publikums, also der Umworbenen (Funiok 2010). Für die Werbung ließe sich z. B. der Anspruch formulieren, dass Konsument*innen keine Produkte kaufen sollen, die in einer unmoralischen Weise beworben werden. An dieser Stelle soll das Interesse aber den Werbeschaffenden gelten, um so einen besseren Einblick in die „Lebenswelt Werbung" zu vermitteln, also den Kontext, in dem Werbeangebote letztlich entstehen.

In Deutschland arbeiten etwa 150.000 Menschen in den Bereichen Werbegestaltung, -produktion und -verbreitung (ZAW o.D.b). Für Agenturen gilt dabei, dass ca. zwei Drittel der Mitarbeiter*innen über einen akademischen Abschluss verfügen (Gesamtverband Kommunikationsagenturen 2017). Das Geschlechterverhältnis in der Branche ist in etwa ausgeglichen, wobei der Anteil der Frauen leicht überwiegt (Statistisches Bundesamt 2018). Diese Tendenz ist in den Agenturen noch stärker ausgeprägt: 60 % der Agenturmitarbeiter*innen sind weiblich (Gesamtverband Kommunikationsagenturen 2017). Trotz dieser Zahlen gilt die Werbewirtschaft aber noch immer als männliche Branche. Dieser Umstand hält aus geschäftsethischer Sicht durchaus Zündstoff bereit, deutet er doch auf eine systematische Benachteiligung von Frauen hin.

5.3 Forschungsstand

Die Forschung zu werbeethischen Fragestellungen gilt als eines der etablierten Themen in der Werbeforschung (Drumwright 2007). Dennoch lassen sich Klagen zum Stand der Forschung vernehmen, insbesondere zur konzeptionellen und theoretischen Entwicklung des Feldes (etwa Hyman et al. 1994; Lee 2016; Thomaß 2010). Im Folgenden werden zunächst der Geltungsbereich der Werbeethik definiert und bestehende Systematisierungen zur Ordnung des Forschungsfelds vorgestellt. Danach werden bestehende werbeethische Grundlegungen eingeführt, also Ansätze, die entlang ethischer Überlegungen bestimmen, wie moralisch richtiges Handeln in der Werbewirtschaft aussehen könnte. Zuletzt lege ich dar, was über ethische Aspekte von Entscheidungsprozessen in der Branche bekannt ist.

5.3.1 Definition und Systematisierung

Werbeethik beschäftigt sich laut Cunningham (1999, S. 500) mit „what is right and good in the conduct of the advertising function. It is concerned with questions of what ought to be done, not just what legally must be done." Sie hat daher „die Aufgabe, Werbung unter Rückbezug auf normative Kriterien zu reflektieren, Verantwortungsverhältnisse zu benennen, also die verantwortbaren Folgen individuellen und korporativen Handelns zu beurteilen und ergänzend zu bestehenden werberechtlichen Bestimmungen konkrete Handlungsempfehlungen bereit zu stellen" (Köberer 2016, S. 321). Nun besteht die Funktion der Werbung darin, dass eine Werbende versucht, eine andere Person davon zu überzeugen, dass sie das will, was sie sie zu wollen will (Borchers 2014b). In dieser Funktion ist bereits ein Konflikt angelegt. Denn das, was die Werbende will, muss nicht zwangsläufig die beste Option für den Umworbenen sein. Deshalb wird die Auseinandersetzung damit, unter welchen Bedingungen ein Beeinflussungsversuch als moralisch legitim angesehen werden kann, zu einem zentralen Gegenstand der Werbeethik. Andersen (1978, S. 7) definiert ethisch gerechtfertigte Beeinflussung als den Versuch, eine gewünschte Einstellungs- oder Handlungsänderung *freiwillig* herbeizuführen – also auf eine Weise, die die Autonomie des Umworbenen nicht unzulässig einschränkt.

Ein anderer Zugriff auf Werbeethik ergibt sich, wenn man den Kontext der Werbung berücksichtigt. Werbung als professionelle und institutionalisierte Produktion und Distribution von Werbeangeboten wird in der Praxis (und in der Betriebswirtschaftslehre) für gewöhnlich als ein Bestandteil des Marketing betrachtet. Entsprechend ist die Werbeethik immer auch eingebettet in die Marketingethik, die

5.3 Forschungsstand

Marketingethik wiederum in die Wirtschaftsethik und die Wirtschaftsethik als angewandte Ethik in die allgemeine Ethik. Allgemeine ethische, wirtschaftsethische und marketingethische Grundsätze gelten darum gleichsam auch für die Werbung. Werbeethik lässt sich dabei auch begreifen als die werbespezifische Ausformulierung der Marketingethik. Wenn man Marketingethik mit Laczniak und Murphy (2006, S. 159) definiert als „the societal and professional standards of right and fair practices that are expected of marketing managers in their oversight of strategy formulation, implementation, and control", folgt daraus für die Werbeethik: Werbeethik bestimmt die gesellschaftlichen und professionellen Standards für richtige und faire Praktiken, die von Werbenden bei Strategieformulierung, -umsetzung und -kontrolle erwartet werden. Diese Definition präzisiert gegenüber der bereits eingeführten von Cunningham Ursprung und Anwendungsbereich der Erwartungen an die Werbebranche.

Für die Ordnung des Feldes der Werbeethik macht Drumwright (2007, 2012) zwei Strukturierungsvorschläge. Erstens unterscheidet sie ethische Fragen, die sich auf die Werbebotschaft beziehen (*message*), von solchen, die die Geschäftsorganisation betreffen (*business*). Die Botschaftsethik umfasst alle Themen, die mit der Erstellung und Verbreitung von Werbebotschaften in Zusammenhang stehen. Sie fragt also beispielsweise, ob bestimmte Beeinflussungstechniken oder Darstellungen von Geschlechterrollen zulässig sind, ob und unter welchen Bedingungen Kinder als Zielgruppe angesprochen werden dürfen und ob Werbemaßnahmen für gesundheitsgefährdende Produkte wie Tabak und Alkohol akzeptabel sind. Wenn man so will, ist die Botschaftsethik damit der tatsächlich inhärent werbespezifische Teil der Werbeethik, denn hier geht es um Fragestellungen, die sich so in anderen Handlungszusammenhängen nicht stellen. Die Geschäftsethik hingegen beschäftigt sich mit Aspekten der Führung von Werbeagenturen bzw. -abteilungen. Sie fragt etwa: Wie sollten Agenturen mit ihren Auftraggeber*innen umgehen? Welche Arbeitsbedingungen in einer Agentur sind vertretbar? Sollte der Anteil weiblicher Führungskräfte erhöht werden? Diese Fragen sind allgemeinerer Natur als die Fragen der Botschaftsethik, denn sie lassen sich im Grunde auch für andere Organisationen als Werbeagenturen und -abteilungen stellen.

Zweitens ordnet Drumwright die Fragestellungen, mit denen sich die Werbeethik beschäftigt, nach *Mikro-*, *Meso-* und *Makroebene*. Auf Mikroebene liegen Fragestellungen, die sich auf einzelne Akteure oder Anwendungsfälle beziehen. So lässt sich fragen, welche Stufe der persönlichen moralischen Entwicklung einzelne Werbende erreicht haben oder wie sie zu ethischen Urteilen kommen. Aber auch Fragen der Botschaftsgestaltung liegen auf der Mikroebene: Ist eine Werbebotschaft moralisch falsch, weil sie eine unzulässige Persuasionstechnik nutzt, weil sie unverhältnismäßig übertreibt oder weil sie ihre Beeinflussungsabsicht nicht eindeutig offenlegt? Auf der Mesoebene geraten hingegen Fragestellungen ins Blickfeld, die sich auf Organisationen in der Werbebranche beziehen. Das sind z. B. Fragen zu Arbeitsbedingungen und -strukturen: Wie beeinflusst die Organisationskultur in einer Werbeagentur die Entscheidungen der Angestellten? Und was sollte die Agentur machen, um eine gewünschte Kultur zu schaffen? Daneben stehen Fragen zur Zusammenarbeit von Organisationen: Welche Leistungen sollten Werbeagenturen ihren Auftraggeber*innen in Rechnung stellen (und welche nicht)? Wie schreiben sich Agenturen, Auftraggeber*innen und Medienorganisationen (als Distributoren von Werbebotschaften) gegenseitig Verantwortungen für die Einhaltung ethischer Erwartungen im Werbeprozess zu? Auf der Makroebene schließlich beschäftigt sich die Werbeethik mit Fragen der gesellschaftlichen Auswirkungen der Werbebranche. Das sind in der Regel Fragen größerer Tragweite wie: Führt die Werbung zu materialistischen Werthaltungen? Zu Übergewichtigkeit von Kindern und Jugendlichen? Zur Verfestigung überkommener Geschlechterstereotype? Fragestellungen auf der Makroebene hinterfragen oftmals kritisch die Rolle der Werbung in einem kapitalistischen Wirtschaftssystem.

5.3.2 Fundierung einer Werbeethik

Die zentrale Aufgabe der Werbeethik als angewandter Ethik besteht darin, ein moralisches Regelsystem für die Werbebranche zu entwickeln, das ethisch fundiert ist. Der Klassiker der Werbeethik ist Bishops *The Ethics of Advertising* von 1949. In seiner Arbeit positioniert Bishop – als Vertreter des britischen Branchenverbandes selbst Werbefunktionär – die (Wirtschafts-)Werbung als Verteidigerin der individuellen Freiheit und damit als Bollwerk gegen staatliche Übergriffe, wie sie in faschistischen und kommunistischen Staaten zu beobachten waren bzw. sind. Diese Rolle kommt der Werbung laut Bishop zu, weil sie ein integraler Bestandteil eines ökonomischen und politischen Systems ist, für das die Freiheit des Individuums den zentralen Wert darstellt – und das im Zweiten Weltkrieg von den Westmächten verteidigt wurde. Bishop legt sein Konzept der Werbeethik so an, dass es nur in ihrem spezifischen sozio-historischen Kontext Gültigkeit besitzt: Die Regeln, die eine Werbeethik der Werbebranche auflegt, „[should] meet the practical requirements of society at a given stage of development" (Bishop 1949, S. 88). Im Nachkriegsgroßbritannien befanden sich sowohl Produktion als auch Konsum auf niedrigem Niveau. Zur Steigerung des Wirtschaftswachstums, das, so Bishop, das demokratische System stabilisieren würde, sollten Wünsche (*wants*) bei den Konsument*innen stimuliert werden – und diese Stimulierung ist Aufgabe der

5.3 Forschungsstand

Werbung. Damit aber verwickelt sich Bishops Argumentation, wie Nevett (1985) betont, in einen Widerspruch: Auf der einen Seite besitzt die Werbung die Funktion, Konsument*innen zu informieren, damit diese in Anwendung ihrer Freiheit rationale Entscheidungen treffen. Auf der anderen Seite soll sie aber gleichzeitig Wünsche wecken, ohne dass gewährleistet ist, dass diese Wünsche den tatsächlichen Bedürfnissen entsprechen.

Bishops Gedanke, dass ethische Anforderungen an die Werbung stets in Relation zu einem sozio-historischen Kontext stehen, findet sich auch in seinem Umgang mit der Wahrhaftigkeit wieder. Bishop unterstellt, dass die britischen Konsument*innen zu seiner Zeit um die Parteilichkeit und daher die Verzerrungen in werblichen Darstellungen wissen und diese daher berücksichtigen. Auch können Konsument*innen unzutreffende werbliche Darstellungen als solche entlarven, wenn sie das Produkt tatsächlich kaufen. Sie werden es dann kein zweites Mal erwerben. Folglich ist für Bishop nicht-wahrhaftige Werbung auch nicht moralisch falsch.

Mit der Werbung aus Sicht der katholischen Sozialethik beschäftigt sich Dreier (1965) in *Funktion und Ethos der Konsumwerbung*. Diesem Werk kommt für die werbeethische Debatte in Deutschland eine Pionierrolle zu. Ähnlich wie Bishop argumentiert Dreier, dass der Zweck der Werbung über den bloßen Absatz einzelner Produkte hinausgehen muss. Er legitimiert diese Schlussfolgerung jedoch anders als Bishop nicht mit dem Allgemeinwohl, sondern mit dem „Dienst an Gottes Ordnung" (ebd., S. 24): Werbung hat die Funktion, Gottes Ordnung zu erneuern und zu verbessern.

Auf individueller Ebene bedeutet dies für Dreier, dass Werbung den menschlichen Wachstums- und Reifeprozess unterstützen soll. Wie eine Werbeaktivität moralisch zu bewerten ist, entscheidet sich für ihn deshalb daran, ob sie „in ihrer theoretischen Grundlegung und in ihrer Praxis die Ordnung der Werte achtet und personales Sichentscheiden, Verantworten und Entfalten behindert oder fördert" (ebd., S. 27). Nur wenn sie das tut, kann sie wahr und angemessen sein. Auf gesellschaftlicher Ebene bedeutet Dienst an Gottes Ordnung, dass Werbung zu einer „menschenwürdigen Bedarfsdeckung" (ebd., S. 229) beiträgt – und zwar weltweit. Damit verpflichtet Dreier die Werbung auf Verteilungsgerechtigkeit: „Sittliche Bewältigung der Werbung zielt darum auf einen Dienst zur immer besseren Ausübung des *dominium naturale* [sehr vereinfacht: das Recht, auf Gaben der Natur zuzugreifen] ab, auf eine Beseitigung von materieller Not und ungerechter Verteilung der Erdengüter" (ebd., S. 268).

Aus der Philosophie stammend, setzten sich *Leiser* (1988) und *Santilli* (1983) in einem wegweisenden Disput über die Maßstäbe der ethischen Beurteilung von Werbeangeboten mit der Werbeethik auseinander. Leiser (1988) geht davon aus, dass das Werbeobjekt den Maßstab für die ethische Beurteilung eines Werbeangebots liefert. Für ihn besteht die Funktion der Werbung darin, auf die Existenz eines bestimmten Produkts hinzuweisen. Er fragt dann, ob das Produkt dazu beiträgt, menschliches Lebensglück zu erhöhen oder menschliches Leiden zu verringern. Tut es das, so argumentiert er, muss auch das Bewerben dieses Produkts moralisch legitim sein: „If it is morally right for women, under some circumstances, to seek abortions, then it is also morally right to inform them of the availability of safe abortions" (Leiser 1988, S. 62). In Reaktion auf Leiser argumentiert Santilli (1983), dass es nicht das beworbene Produkt ist, das den Maßstab für die Beurteilung liefert, sondern die Art und Weise, auf die das Produkt beworben wird. Für ihn wird Leiser dem Werbeangebot nicht gerecht, weil er dessen Beurteilung an die Beurteilung des Werbeobjekts bindet und es somit nicht eigenständig bewertet. Stattdessen befindet Santilli: „Surely, if I serve notice that I am willing to drown a person of your choosing at a reasonable price, there may be something wrong with my service, but there is nothing particularly wrong with my saying that it is my service" (ebd., S. 31). Santilli unterscheidet sodann zwischen informativer und persuasiver Werbung. Als informative Werbung versteht er solche Werbeangebote, die grundlegende Informationen über ein Produkt vermitteln wie z. B. Preis, Gewicht und Vertriebsort und die keine wichtigen Informationen auslassen wie z. B. ernstzunehmende Risiken und Nebenwirkungen. Der Idealtyp der informativen Werbung ist für Santilli die Kleinanzeige. Der informativen Werbung setzt er die persuasive Werbung entgegen. Diese versucht, Wünsche bei den Konsument*innen zu erzeugen, selbst wenn diese nicht durch ein Bedürfnis gedeckt sind. Die ethische Beurteilung macht Santilli nun daran fest, wie gut die entsprechenden Werbeangebote einen rationalen Entscheidungsprozess unterstützen. Weil persuasive Werbung rationale Entscheidungsprozesse per definitonem untergräbt, kommt er entsprechend zu dem Ergebnis: „The only moral kinds of advertising are straightforward announcements of the availability of goods and services which are honest about all relevant matters" (ebd., S. 32).

Einen anderen Weg, zu einem ethischen Urteil über Werbeangebote zu gelangen, wählen Baker und Martinson (2001) mit ihrem *TARES-Test*. Sie formulieren fünf Prinzipien, die die moralische Angemessenheit von Beeinflussungsversuchen gewährleisten sollen. Sie haben dabei nicht nur Werbende im Blick, sondern auch alle anderen Akteure, die professionell beeinflussen – also Marketingpraktiker*innen und Öffentlichkeitsarbeiter*innen.

Baker und Martinson setzen am Zweck eines Werbeangebots an, um zu entscheiden, ob eine einzelne Werbeaktivität moralisch richtig ist oder nicht. Sie unterscheiden dabei einen Endzweck und vorgelagerte (Zwischen-)Zwecke. Entscheidend für die ethische Beurteilung ist, ob der Endzweck eigennützig ist oder ob er jenseits eines Eigennutzens liegt. Nur wenn die Werbung einen Endzweck verfolgt, der nicht eigennützig ist, ist sie nach Baker und Martinson ethisch zu rechtfertigen. Die zwei Autor*innen identifizieren sodann die Steigerung von Verkaufszahlen als einen eigennützigen Zweck. Daher schlussfolgern sie, dass eine solche Steigerung nie Endzweck, sondern nur ein vorgelagerter Zweck sein sollte. Dem stellen sie den Zweck entgegen, die Umworbenen dazu zu befähigen, gute (Konsum-)Entscheidungen zu treffen. Entscheidungen sind ihnen zufolge dann gut, wenn sie freiwillig und rational, also unter sachkundiger Erwägung der Alternativen, getroffen werden und wenn sie im Interesse des Umworbenen liegen. Verfolgen Werbende diesen Zweck als Endzweck, lässt sich ihr Handeln ethisch legitimieren. Zentral für das Argument von Baker und Martinson ist der Respekt gegenüber den Umworbenen. Der Endzweck, mehr Produkte zu verkaufen, kann zur Wahl von persuasiven Techniken führen, die die Präferenzen, Interessen oder das Wohlbefinden der Umworbenen nicht beachten – Techniken also, die die eigene Agenda der Umworbenen nicht respektiert. Solche Techniken sind ausgeschlossen, wenn der Endzweck in der Befähigung der Umworbenen liegt. Baker und Martinson machen sich dann daran zu bestimmen, welche Bedingungen gewährleisten, dass der Endzweck nicht eigennützig ist. Dazu identifizieren sie fünf Prinzipien: Wahrhaftigkeit der Botschaft, Authentizität des Werbenden, Respekt für den Umworbenen, Billigkeit des persuasiven Appells und soziale Verantwortung für das Gemeinwohl. Diese fünf Prinzipien geben ihrem Ansatz den Namen: TARES ist das Akronym aus den englischen Bezeichnungen der Prinzipien (*truthfulness, authenticity, respect, equity, social responsibility*).

5.3.3 Die Moral der Werbenden

Nach dieser Tour de force durch die Grundlagen der Werbeethik soll nun der Frage nachgegangen werden, welche Aspekte der Werbeethik sich im Arbeitsalltag von Werbenden wiederfinden. Die empirische Untersuchung der Moralvorstellungen von Werbenden hat eine längere Tradition (Pratt und James 1994; Rotzoll und Christians 1980). Entsprechende Studien interessieren sich dafür, welche Probleme Werbende in welchem Ausmaß überhaupt wahrnehmen. Es zeigt sich, dass sie einerseits von klassischen Problemen aus dem Bereich der Geschäftsethik berichten. Das sind v. a. Herausforderungen in Geschäftsbeziehungen mit Medienorganisationen und mit Auftraggeber*innen, also die Priorisierung von Auftraggeberinteressen gegenüber Agenturinteressen; aber auch der Umgang der Mitarbeiter*innen einer Agentur miteinander kann als ethisch problematisch wahrgenommen werden (Drumwright und Murphy 2009; Hunt und Chonko 1987). Andererseits benennen Werbende auch

Problemstellungen aus dem Bereich der Botschaftsethik wie das Erschaffen aufrichtiger, nicht irreführender Werbeangebote oder die Ansprache problematischer Zielgruppen wie Kindern (Hunt und Chonko 1987; Nwachukwu et al. 1997). Mit der Digitalisierung sind seit den 2000er-Jahren weitere Problemstellungen der Botschaftsethik hinzugekommen, insbesondere die Themen Werbekennzeichnung und Achtung der Privatsphäre der Konsumenten (Drumwright und Murphy 2009; Schauster und Neill 2017). Generell geben befragte Werbende an, dass durch die Digitalisierung die Möglichkeiten für moralisch falsches Verhalten zugenommen haben.

Die empirische Erforschung von Moralvorstellungen
Wie kommen die hier besprochenen Studien zu ihren Ergebnissen? In der empirischen Forschung zu den Moralvorstellungen von Werbenden dominieren zwei methodische Zugriffe, mit denen Daten erhoben werden: standardisierte Befragungen und leitfadengestützte Interviews. Eine standardisierte Befragung führt beispielsweise Davis (1994) durch. Er fordert seine 206 Befragten dazu auf, die dominanten Rationalitäten (gesetzlich, ethisch, geschäftlich und organisational) anzugeben, die ihre Entscheidungsprozesse in bestimmten, vorgegebenen Situationen beeinflussen. Auf leitfadengestützten Interviews fußt hingegen die Studie von Drumwright und Murphy (2004). Sie lassen sich von 51 interviewten Agenturmitarbeiter*innen schildern, wie ihre Auftraggeber*innen mit ihnen über Werte sprechen. Andere Methoden wie Inhaltsanalysen (etwa in Drumwright und Murphy 2009), Experimente (etwa in Nwachukwu et al. 1997) oder ethnografische Ansätze (etwa in Schauster 2015) finden seltener Anwendung.

Ein häufig genutzter Ansatz, um in Befragungen Daten zu Moralvorstellungen zu erheben, ist der Einsatz von Szenarien (zur Einführung etwa Weber 1992). Diese Szenarien schildern ethische Problemstellungen anhand von Beispielen. Die Befragten werden aufgefordert anzugeben, wie sie etwa ein geschildertes Verhalten bewerten oder wie sie sich in einer geschilderten Situation selbst verhalten würden. Aus diesen Antworten schließen die Forscher*innen dann auf Moralvorstellungen und Begründungen für diese Vorstellungen. Eine Studie, die mit Szenarien arbeitet, ist Keith, Pettijohn und Burnetts (2008) *Ethics in Advertising: Differences in Industry Values and Student Perceptions*. Auf Grundlage einer Literaturrecherche erarbeiteten Keith und Kolleg*innen 20 Szenarien, die ethische Dilemmata schildern. Die Befragten sollten dann angeben, inwiefern sie das im jeweiligen Szenario geschilderte Verhalten selbst zeigen würden. Die Szenarien berührten neben Themen der Botschafts- auch Themen der Geschäftsethik, die zum Teil moralisches Verhalten im beruflichen Kontext allgemein abfragten, statt immer eindeutig auf die Werbebranche zugeschnitten zu sein. Unter ihnen befanden sich die folgenden Szenarien:

- Für eine Anzeige, die Sie entwerfen, möchte die Kundin, eine Fast-Food-Restaurant-Kette, dass der Burger um einiges größer erscheint, als er in Wirklichkeit ist. Sie nutzen ein Kameraobjektiv und Retusche, um die Objekte im Hintergrund kleiner wirken zu lassen.
- Sie besuchen eine Klient*in in einer anderen Stadt. Sie haben einen freien Abend und beschließen, mit einigen Freund*innen von der Uni Abendessen zu gehen. Das Abendessen stellt sich als ziemlich teuer heraus. Sie übernehmen die Rechnung und belasten das Konto Ihrer Agentur.
- Bei der Überprüfung der Abrechnungen stellen Sie fest, dass Sie einer Ihrer Kund*innen einen deutlich zu hohen Betrag in Rechnung gestellt haben. Die Kund*in hat diese Forderung allerdings bereits beglichen. Sie ignorieren den Fehler.

Und wie wahrscheinlich ist es, dass Sie diese Verhaltensweisen zeigen würden?

Neben der Identifikation konkreter ethischer Problemstellungen ist auch die Sensibilität der Werbenden für diese Probleme von Interesse. Drumwright und Murphy (2004) haben in der wohl einflussreichsten Studie in diesem Feld drei verschiedene Strategien herausgearbeitet, wie Werbetreibende ethische Probleme umgehen – bzw. wie sie sich sie vom Halse halten: moralische Kurzsichtigkeit (*moral myopia*), moralische Stummheit (*moral muteness*) und Erkennen-Besprechen (*seeing, talking*). Ich werde die drei Strategien im Folgenden vorstellen.

Als *Moralische Kurzsichtigkeit* bezeichnen Drumwright und Murphy den Ansatz, moralische Problemstellungen nicht oder nur verzerrt wahrzunehmen. Eine solche Kurzsichtigkeit untergräbt die Möglichkeit, moralisch richtige Entscheidungen zu treffen. In extremen Ausprägungen verlieren Werbende gar ihren Status als moralische Subjekte: „It can be so severe that it may render a person effectively morally blind" (ebd., S. 11). Moralische Kurzsichtigkeit hängt auch vom Typ der ethischen Problemstellung ab. Dabei gilt: Problemstellungen, die die eigenen Interessen der Werbenden betreffen (z. B. ob eine Konkurrent*in die eigene

Idee stiehlt), finden eher Beachtung. Problemstellungen der Werbegestaltung und der Geschäftspraktiken werden seltener genannt. Am geringsten ist schließlich die Sensibilität für mögliche gesellschaftliche Auswirkungen des eigenen Handelns. Moralische Kurzsichtigkeit kann aus einem generellen Unverständnis gegenüber ethischen Fragestellungen resultieren. Dann besteht in den Augen der Werbenden auch keine Notwendigkeit, ihre Kurzsichtigkeit zu legitimieren. Sie kann Werbenden aber auch begründungsbedürftig erscheinen, d. h. sie finden Gründe, um ihre Nicht- oder Kaum-Beschäftigung mit ethischen Fragestellungen zu rechtfertigen. Gängige Begründungen sind u. a.: Konsument*innen sind aufgeweckt, d. h. sie erkennen moralisch falsche Werbeaktivitäten und lassen sich von diesen nicht beeinflussen; alles, was legal ist, ist auch ethisch vertretbar; die anderen tragen die Verantwortung – wobei andere z. B. Auftraggeber*innen, Gesetzgeber*innen, Kolleg*innen oder die Massenmedien sein können.

Die nächste von Drumwright und Murphy herausgearbeitete Umgangsstrategie ist die *moralische Stummheit*. Werbende, die sich dieser Strategie bedienen, erkennen zwar ethische Probleme in ihrer Arbeit, sprechen sie aber nicht an. Auch diese Strategie erfordert eine Legitimation. Gründe für die Nicht-Adressierung sind u. a. die Einstellung, dass die Auftraggeber*innen stets im Recht sind und man deshalb das auszuführen hat, was sie wünschen; die Vorstellung, dass Ethik schlecht ist für das Geschäft, weil ethische Ansprüche kreatives Arbeiten beschränken; und eine gedankliche Trennung von beruflichem und privatem Ich, d. h. das Anlegen lockerer ethischer Maßstäbe in beruflichen Belangen als in privaten.

Schließlich gibt es aber auch Werbende, die sich dazu entschließen, proaktiv mit ethischen Problemen umzugehen. Werbende, die nach der Umgangsstrategie *Erkennen-Besprechen* handeln, reflektieren ethische Problemstellungen und adressieren sie in Gesprächen mit Kolleg*innen und Auftraggeber*innen. Sie sind bereit, die Zusammenarbeit mit Auftraggeber*innen zu beenden, wenn diese auf Werbepraktiken bestehen, die sie für moralisch falsch halten. Bemerkenswert ist, dass Drumwright und Murphy die Wahl dieser Strategie nicht auf oftmals in der Forschung betrachtete, individuelle Faktoren wie Alter, Geschlecht oder Bildung zurückführen (etwa Davis 1994; Keith et al. 2008). Stattdessen identifizieren sie die Agenturkultur als entscheidenden Faktor: Wenn diese Kultur das Ansprechen von Problemen unterstützt und wenn Normen für moralisch richtiges Verhalten, die breit geteilt und klar artikuliert werden, bestehen, dann adaptieren Werbende eher die Erkennen-Besprechen-Strategie. Während sich die Ergebnisse von Drumwright und Murphy auf die USA beziehen, berichten Müller et al. (2018) ähnliche Befunde für Deutschland.

Nun hilft es jedoch wenig, wenn Werbende zwar selbst moralisch richtig handeln möchten, sie aber in einem Umfeld arbeiten, das dieses Handeln nicht unterstützt oder gar erschwert. Drumwright und Murphy (2004) deuten in der oben vorgestellten Studie bereits die Wichtigkeit von Strukturen an, innerhalb derer sich Werbende bewegen. Vor allem Schauster (2015, 2019) hat sich mit diesen Strukturen, genauer: der Organisationskultur beschäftigt. Als Organisationskultur bezeichnet man in der Forschung ein kollektives Handlungsmuster, das durch gemeinsame Werte, Orientierungen etc. das Handeln der Mitglieder einer Organisation kohärent macht (Schreyögg und Koch 2015, S. 248). Diese Kultur wird laut Schauster in Werbeagenturen bestimmt durch die Führungskräfte und die Art ihrer Führung. Neue Mitarbeiter*innen verinnerlichen die Organisationskultur in einem organisationalen Sozialisationsprozess. Schauster kommt zu dem Ergebnis, dass bestimmte Eigenschaften von Führungskräften, etwa Integrität und Aufrichtigkeit, und bestimmte gelebte Werte, etwa faire Behandlung und Vertrauen, die Sensibilität für ethische Probleme in Werbeagenturen fördern. Gleichzeitig stellt auch Schauster fest, dass der dringendste Zwang in einer Agentur darin besteht, kreative Lösungen für die Auftraggeber zu entwickeln, um so den Erfolg der Agentur zu sichern. Ethischen Abwägungen kommt dagegen eine deutlich geringere Rolle zu. Eine Marginalisierung ethischer Problemstellungen durch eine Führungskraft wirkt sich jedoch auf die Entscheidungen aus, die in der Agentur beschäftigte Werbeschaffende fällen.

Das Wissen um die Wichtigkeit individueller Moralvorstellungen und struktureller Bedingungen bündelt Hunt und Vitells (1986, 1993, 2006) Modell ethischer Entscheidungsprozesse im Marketing. Das Ziel, den Entscheidungsprozess zu erklären, impliziert, dass Hunt und Vitell ihr Modell – anders als die zuvor besprochenen Ansätze (s. Abschn. 5.5.4) – nicht normativ anlegen, sondern deskriptiv. Sie machen also keine Vorgaben, wie sich Werbende verhalten sollen, sondern sie möchten nachvollziehen, weshalb sie so entscheiden, wie sie entscheiden, wenn sie sich mit ethischen Problemen konfrontiert sehen. Ausgangspunkt des Entscheidungsprozesses ist laut Vitell und Hunt die Frage, ob Werbende bei einer zu fällenden Entscheidung einen möglichen ethischen Konflikt erkennen („wahrgenommenes ethisches Problem"). Ob sie das tun, hängt von mehreren Faktoren ab: vom allgemeinen kulturellen Kontext, von berufsspezifischen Kontexten, bestehend aus Professionskontext, Branchenkontext und Organisationskontext, sowie von verschiedenen Persönlichkeitsmerkmalen. Erkennen Werbende einen Konflikt, werden sie sich verschiedene Alternativen überlegen, wie sie ihn auflösen könnten. Diese subjektiv vorhandenen Alternativen bewerten sie und wiegen sie gegeneinander ab, um zu entscheiden, welche der Alternativen sie auswählen sollten. Bewertung und Abwägung der Alternativen erfolgen anhand verschiedener Kriterien, die das Modell aus analytischen Gründen zu zwei unterschiedlichen moralphilosophischen Traditionen zuordnet: Deontologie und Teleologie. Die Deontologie geht davon aus, dass bestimmte Prinzipien das Handeln anleiten sollten, die bestimmen, ob eine Handlung (intrinsisch) als gut oder schlecht bewertet werden kann. Werbende prüfen die Alternativen anhand individuell anerkannter ontologischer Normen. Beispielsweise beurteilen sie sie danach, ob sie ihren Vorstellungen von Aufrichtigkeit und Fairness entsprechen. Die Teleologie hingegen orientiert sich, vereinfacht gesagt, an den Resultaten von Handlungen. Um zu einer teleologischen Bewertung zu kommen, betrachten Werbende die möglichen Konsequenzen verschiedener Handlungsalternativen und beurteilen deren Wahrscheinlichkeit und Erwünschtheit. Zusätzlich fragen sie sich, was die Folgen für einzelne Stakeholder bedeuten und wie wichtig die betroffenen Stakeholder im Vergleich zu anderen Stakeholdern sind.

Die ethische Einschätzung der Entscheidungssituation folgt dann als Kombination aus der deontologischen und der teleologischen Beurteilung der subjektiv verfügbaren Alternativen. Allerdings liegt es nicht immer in der Hand der Werbenden, ob sie die Handlung, die ihnen am sinnvollsten erscheint, auch umsetzen können. Denn für gewöhnlich existieren situative Beschränkungen, die beeinflussen, ob und in welcher Form sich ihre Absicht in eine entsprechende Handlung übersetzen lässt. Daher berücksichtigt das Modell auch die unterschiedliche individuelle Handlungskontrolle, d. h. Möglichkeiten der Werbenden, ihre Absicht so umzusetzen, wie sie möchten. Nachdem Werbende gehandelt haben, wirken sich die tatsächlichen Folgen ihres Handelns durch eine Feedbackschleife auf die persönlichen Eigenschaften aus und können ggf. dazu führen, dass sich z. B. ihre ethische Feinfühligkeit erhöht.

Die Befunde, die aus empirischen Studien zum Umgang mit ethischen Problemstellungen in der Werbepraxis vorliegen, sprechen eine recht klare Sprache (etwa Drumwright und Murphy 2009; Müller et al. 2018; Schauster und Neill 2017; für die Ausnahme bei Führungskräften Schauster und Plaisance 2021): Sowohl Aufmerksamkeit für als auch Reflexion von ethischen Problemstellungen befinden sich in der Werbebranche auf niedrigem Niveau. Ethische Fragestellungen spielen im Arbeitsalltag von Werbenden, wenn überhaupt, eine geringe Rolle. Entsprechend resigniert formuliert Cunningham (2005, S. 122) das Fazit zu ihrer Studie zu Moralvorstellungen von Werbenden: „Advertising professionals do lack ethics, or at the very least choose not to exercise the ethical reasoning abilities they have." Die Werbebranche scheint sich ihren schlechten Leumund also durchaus verdient zu haben.

5.4 Strukturen der Professionsethik

Werbende handeln nicht im luftleeren Raum, sondern immer innerhalb von Strukturen. Schauster (2015) und andere haben darauf hingewiesen, dass der organisationale Rahmen – also die Strukturen etwa der Werbeagentur oder der

5.4 Strukturen der Professionsethik

Marketingabteilung – wichtig sind, wenn man verstehen möchte, wieso Werbende moralisch richtig (oder: falsch) handeln. Und das Entscheidungsmodell von Hunt und Vitell (2006) berücksichtigt neben dem Organisationskontext auch die kulturellen, Professions- und Branchenkontexte. Von den Letztgenannten handelt dieser Abschnitt: Als Teil des kulturellen Kontexts gibt das Rechtssystem der Werbebranche feste Regeln vor, an die sich Werbende zu halten haben. Ergänzt werden diese gesetzlichen Regeln durch selbstauferlegte Regeln, die die Branche im Rahmen ihrer Selbstregulierung formuliert. Entsprechend besagt ein Grundprinzip der von Laczniak und Murphy (2006) formulierten Marketingethik, dass sich Marketingpraktiker*innen nach Verhaltensstandards richten sollen, die über die rechtlichen Anforderungen hinausgehen. Im Modell von Hunt und Vitell fallen diese selbstauferlegten Regeln unter den Punkt Branchenkontext, haben aber auch Implikationen für den Professionskontext.

5.4.1 Rechtliche Grundlagen der Werbekommunikation

Es gibt in Deutschland kein eigenständiges Werberecht, das alle werberelevanten Regelungen an einer Stelle bündelte. Stattdessen finden sich Regelungen zur werblichen Kommunikation in unterschiedlichen Gesetzen und Verordnungen. Sie haben zwei zentrale Zwecke: Zum einen schützen sie die Werbetreibenden vor Mitbewerber*innen – das ist der Teil der Bestimmungen, der schon lange umfangreich ausgebaut ist (Schweiger und Schrattenecker 2017, S. 425). Zum anderen schützen sie die Umworbenen vor Irreführungen und, wenn man so möchte, vor einzelnen gefährdenden Produkten wie Zigaretten und alkoholhaltigen Getränken.

Grundlegend für die Werbung ist das Recht auf Meinungsfreiheit, das durch Artikel 5 des *Grundgesetzes* festgeschrieben ist. Dieses Recht gilt auch für die werbliche Kommunikation, so das Bundesverfassungsgericht, „wenn die Werbung einen wertenden, meinungsbildenden Inhalt hat oder Angaben enthält, die der Meinungsbildung dienen" (BVerfGE 95, 173).

Daneben gilt das *Gesetz gegen den unlauteren Wettbewerb* (UWG) als zentraler Referenzpunkt für die werbliche Kommunikation. Das UWG trat 1896 – also noch in Wilhelminischer Zeit – zur Absicherung der eingeführten Gewerbefreiheit und zum Schutz von Marken zunächst als *Gesetz zur Bekämpfung des unlauteren Wettbewerbes* in Kraft. Mit einer grundlegenden Überarbeitung erhielt es 1909 seinen heute noch gültigen Namen (Hartwich 2004). Im Laufe der Jahrzehnte wurde das UWG immer wieder überarbeitet. Seit 2004 ist das UWG im Rahmen der Harmonisierung des europäischen Rechts an bestehende EU-Richtlinien angeglichen. Diente das Gesetz ursprünglich vor allem dem Schutz der Mitbewerber*innen vor einem unlauter – bzw. vor 2004 „sittenwidrig" – agierenden Unternehmen, hat es heute als weiteres Ziel, die Verbraucher*innen vor unlauterem Wettbewerb zu schützen (UWG, § 1). Das Gesetz definiert verschiedene Formen unlauteren Handelns. Unlauteres Handeln ist dabei nicht beschränkt auf werbliche Kommunikation, sondern betrifft z. B. auch unwahre, geschäftsschädigende Tatsachenbehauptungen über Mitbewerber*innen oder die Nachahmung ihrer Produkte. In Hinblick auf die Werbung handelt beispielsweise unlauter, wer Verbraucher*innen irreführt, sie unter Druck setzt oder sie „unzumutbar belästigt", d. h. sie mit werblicher Absicht kontaktiert, obwohl erkennbar ist, dass sie diese Kontaktaufnahme nicht wünschen. Ebenfalls für werbliche Kommunikation relevant: Das UWG regelt in einem eigenen Paragrafen die vergleichende Werbung, bei der Werbende ihr Produkt mit den Produkten von Mitbewerber*innen vergleichen. Das UWG zählt in seinem Anhang eine Reihe an Handlungen auf, die in seinem Sinne unzulässig sind, die z. T. im Alltag aber dennoch immer wieder beobachtbar sind. Im Falle einer Zuwiderhandlung sieht das UWG Geld- und sogar Freiheitsstrafen von bis zu zwei Jahren vor.

Unzulässige Geschäftshandlungen laut Gesetz gegen den unlauteren Wettbewerb (UWG)

Das UWG enthält in seinem Anhang eine Liste von 30 Geschäftshandlungen, die in seinem Sinne unzulässig sind. Zu diesen Handlungen gehören u. a.:

- „der vom Unternehmer finanzierte Einsatz redaktioneller Inhalte zu Zwecken der Verkaufsförderung, ohne dass sich dieser Zusammenhang aus dem Inhalt oder aus der Art der optischen oder akustischen Darstellung eindeutig ergibt"
- „die unwahre Angabe oder das Erwecken des unzutreffenden Eindrucks, der Unternehmer sei Verbraucher oder nicht für Zwecke seines Geschäfts, Handels, Gewerbes oder Berufs tätig"
- „die unwahre Angabe, bestimmte Waren oder Dienstleistungen seien allgemein oder zu bestimmten Bedingungen nur für einen sehr begrenzten Zeitraum verfügbar, um den Verbraucher zu einer sofortigen geschäftlichen Entscheidung zu veranlassen, ohne dass dieser Zeit und Gelegenheit hat, sich auf Grund von Informationen zu entscheiden"
- „die Verwendung von Gütezeichen, Qualitätskennzeichen oder Ähnlichem ohne die erforderliche Genehmigung"

- „das Angebot eines Wettbewerbs oder Preisausschreibens, wenn weder die in Aussicht gestellten Preise noch ein angemessenes Äquivalent vergeben werden"
- „das Erwecken des Eindrucks, der Verbraucher könne bestimmte Räumlichkeiten nicht ohne vorherigen Vertragsabschluss verlassen"
- „die unwahre Angabe, eine Ware oder Dienstleistung könne Krankheiten, Funktionsstörungen oder Missbildungen heilen"

Betrachtet man das UWG genauer, so fällt auf, wie sehr es sich bemüht, die Werbung auf Wahrheit zu verpflichten. Besonders augenscheinlich wird das etwa in der Besprechung irreführender Handlungen (§ 5). Dort heißt es in Abs. (1): „Unlauter handelt, wer eine irreführende geschäftliche Handlung vornimmt, die geeignet ist, den Verbraucher oder sonstige Marktteilnehmer zu einer geschäftlichen Entscheidung zu veranlassen, die er andernfalls nicht getroffen hätte. Eine geschäftliche Handlung ist irreführend, wenn sie unwahre Angaben enthält". Mit anderen Worten: Lügt die Werbung, macht sie sich strafbar. Zurstiege (2007) hat pointiert auf eine Paradoxie hingewiesen, die sich aus diesem im UWG festgeschriebenen Wahrheitsgebot ergibt. Gerade das Wahrheitsgebot führt, so Zurstiege, dazu, dass Werbeangebote den „Boden der Tatsachen" verlassen und sich in Mehrdeutigkeiten flüchten: „Wenn die Wahrheit werblicher Versprechen und Tatsachenbehauptungen so unmissverständlich gefordert wird, wie dies im Gesetz gegen den unlauteren Wettbewerb geschieht, verzichtet man aus nahe liegenden Gründen am besten auf solche Versprechen und Tatsachenbehauptungen, deren Wahrheitsgehalt tatsächlich überprüfbar wäre" (ebd., S. 60).

Ein weiteres Regelwerk, das insbesondere Bedeutung für die Rundfunk- und Onlinewerbung besitzt, ist der *Medienstaatsvertrag*. Dieser ist ein Vertrag zwischen den 16 Bundesländern, der Regelungen für den Rundfunk in Deutschland trifft. Der RStV umfasst erstens Bestimmungen zum Schutz der Konsument*innen. So besagt er, dass Werbung klar von redaktionellen Inhalten zu trennen ist und Konsument*innen nicht irreführen oder schaden darf. In diesem Zuge verbietet er auch den Einsatz subliminaler Beeinflussungstechniken (s. Abschn. 5.4.3). Zweitens enthält der Medienstaatsvertrag Bestimmungen zu werblichen Darstellungen. Demnach dürfen solche Darstellungen weder diskriminierend sein, noch gesundheits- oder sicherheitsgefährdendes Verhalten fördern. Drittens regelt der Medienstaatsvertrag Umfang und Platzierung von Werbeangeboten. Er legt fest, wie häufig und wann Werbeangebote Programme unterbrechen dürfen. Momentan gilt, dass private Anbieter pro Sendestunde 12 min Werbung senden dürfen. Für ARD und ZDF gelten strengere Regeln. So ist ihnen etwa nur die Ausstrahlung von werktäglich zwanzig Minuten Werbung im Jahresdurchschnitt erlaubt. Zudem dürfen sie nach 20 Uhr keine Werbung senden. Viertens untersagt der RStV die Beeinflussung redaktioneller Inhalte durch Werbende.

Für Werbeangebote, die sich an Kinder und Jugendliche richten, gelten gesonderte Bestimmungen. Diese Regulierung beruht auf der Annahme, dass Kinder und Jugendliche noch keine voll entscheidungsfähigen Marktteilnehmer*innen und daher schutzbedürftig sind (s. Abschn. 5.5.4). Die entsprechenden Bestimmungen sind in § 6 des *Jugendmedienschutz-Staatsvertrags* (JMStV) der Länder festgehalten. Dieser Paragraf besagt, dass Werbeangebote Kinder und Jugendliche nicht körperlich oder seelisch beeinträchtigen dürfen. Des Weiteren versucht er, Kinder und Jugendliche durch das Verbot bestimmter Beeinflussungstechniken davor zu schützen, dass ihre geringere Werbekompetenz ausgenutzt wird. Beispielsweise dürfen Werbeangebote, die sich an Kinder und Jugendliche richten, ihre Unerfahrenheit und Leichtgläubigkeit nicht ausnutzen. Als einzelne Produktkategorie thematisiert der JMStV schließlich alkoholische Getränke. Sie dürfen nicht an Kinder und Jugendliche beworben werden.

Neben diesen allgemeineren gesetzlichen Regelungen existieren Bestimmungen zur Bewerbung einzelner Produktkategorien. Besonders stark reguliert ist, auch jenseits des Jugendschutzes, die Werbung für alkoholische Getränke, Tabakerzeugnisse und Arzneimittel.

5.4.2 Institutionen der Selbstregulierung in der Werbekommunikation

Der zentrale Akteur in der Selbstregulierung ist der Zentralverband der Deutschen Werbewirtschaft (ZAW). Neben dem ZAW existieren weitere Verbände, die ebenfalls Verhaltensrichtlinien und Ethikkodizes herausgeben, die für die Werbekommunikation von Relevanz sind, wie der Bundesverband Digitale Wirtschaft (BVDW) und der Bundesverband Influencer Marketing (BVIM). Diese Verbände sind im Zuge der Ausdifferenzierung von Werbe- und Marketingformen entstanden. Auf europäischer und globaler Ebene organisiert sich die Werbeselbstregulierung in verschiedenen internationalen Organisationen wie der European Advertising Standards Alliance (EASA).

5.4.2.1 Zentralverband der Deutschen Werbewirtschaft

Der ZAW mit Sitz in Berlin versammelt als Dachverband der deutschen Werbewirtschaft insgesamt 45 Verbände und Unternehmen. Zu den Mitgliedern gehören Organisationen aus den Bereichen werbende Unternehmen, Werbung Durchführende und Werbemittelhersteller, Agenturen sowie Werbeberufe und Marktforschung. Der ZAW wurde im Januar 1949 zunächst als Zentralausschuss der Werbewirtschaft gegründet und hat sich seitdem als Ansprechpartner in Wirtschaft und Politik etabliert.

> Die Mitglieder des Zentralverbands der Deutschen Werbewirtschaft https://zaw.de/der-zaw/mitglieder/

Als Dachverband koordiniert der ZAW die Positionen seiner Mitglieder. Positionen werden in der Regel in Arbeitsgruppen entwickelt. Der ZAW hat Gruppen zu so unterschiedlichen Themen wie Werberecht, Werbestatistik und Arzneimitteln eingerichtet. Die entwickelten Positionen vertritt der ZAW im Rahmen seiner Lobbying-Tätigkeit nach außen. Er informiert zum einen über den Wert der Werbebranche für Volkswirtschaft und Gesellschaft. So ermittelt der ZAW den Umfang der Werbeinvestitionen (2020 knapp 45 Mrd. €) und die Anzahl der Arbeitsplätze, die von der Werbebranche abhängen (2020 ca. 900.000), stellt in Umfragen fest, weshalb Verbraucher*innen Werbeangebote schätzen (hilfreich und unterhaltsam), und mahnt, dass Medien- und Kulturvielfalt von Werbefinanzierung abhängen. Zum anderen setzt sich der ZAW für den Erhalt und Ausbau der Freiheit der Wirtschaftswerbung ein, d. h. er versucht, gesetzliche Regulierungen abzuwenden, wenn sie zu „unverhältnismäßigen produkt- oder medienbezogenen Verboten und Beschränkungen kommerzieller Kommunikation" (ZAW o.D.a) führen. Dass Beschränkungen aus Perspektive des ZAW relativ schnell unverhältnismäßig erscheinen, liegt dabei in der Natur der Sache, schließlich vertritt der Verband nicht die Interessen der Konsument*innen, sondern die der Werbeindustrie. Als Alternative zu gesetzlichen Regelungen propagiert der ZAW das Modell der Selbstkontrolle der Werbewirtschaft. Dazu hat der ZAW zwei Räte eingesetzt: den Deutschen Werberat und den Deutschen Datenschutzrat Online-Werbung.

5.4.2.2 Der Deutsche Werberat

Der Deutsche Werberat (DWR) ist die zentrale Selbstkontrolleinrichtung der deutschen Werbewirtschaft. Er entstand 1972 als Reaktion auf eine zunehmend kritische öffentliche Haltung gegenüber der Werbung (Gottzmann 2005), die im Zuge der 1968er – führende Denker*innen der akademischen Linken, allen voran

Marcuse (1968), hatten die Werbung als repressives Herrschaftsinstrument identifiziert – an Einfluss gewann. Mit der Einrichtung des Rates versuchte der ZAW, einer drohenden verstärkten gesetzlichen Regulierung der Werbewirtschaft vorzukommen (Heyd 2011; Nida-Rümelin 2002).

Der Deutsche Werberat besteht aus einem Entscheidungsgremium, dem 15 ehrenamtlich tätige Mitglieder angehören. Die Positionen werden nach einem festen Schlüssel an die vier im ZAW vertretenen Organisationsgruppen vergeben. Er hat zwei große Aufgaben. Erstens erarbeitet er spezielle Normen für die Werbebranche, die er in einem Werbekodex festschreibt (s. Abschn. 5.4.3). Der Kodex soll gesetzliche Regelungen ergänzen, indem er moralische Grenzen der Werbung definiert. In den Worten des Deutschen Werberats: Die Normen sorgen dafür, „dass über gesetzliche Vorgaben hinaus allgemein anerkannte Grundwerte der Gesellschaft wie Anstand, Moral und soziale Verantwortung in der Werbung beachtet werden" (DWR o.D.a). Zweitens verhandelt der Werberat eingereichte Beschwerden über konkrete Werbeangebote.

> **Der Verfahrensweg bei Beschwerden**
> Empfinden Verbraucher*innen ein Werbeangebot als moralisch verwerflich, können sie sich mit ihrer Beschwerde an den Deutschen Werberat wenden. Grundlage der Beschwerde ist die Verfahrensordnung des Werberats. Die eingegangene Beschwerde wird zunächst vom Werberat gesichtet. Falls die Beschwerde als gültig erachtet wird, erhält das angezeigte Unternehmen die Möglichkeit zur Stellungnahme. Das Gremium des Werberats trifft dann eine Entscheidung auf Grundlage von Beschwerde und Stellungnahme. Falls ein Verstoß gegen die Grundregeln oder Kodizes des Werberats festgestellt wird oder der Werberat das Werbeangebot aus anderen Gründen für beanstandenswert hält, fordert er das Unternehmen auf, die Verwendung des Werbeangebots zu unterlassen oder es abzuändern. Weigert sich das Unternehmen, dies zu tun, spricht der Werberat eine öffentliche Rüge aus. Die Durchsetzungsquote liegt hier im Durchschnitt über die Jahre bei 94 % – Rügen müssen nur in wenigen Fällen ausgesprochen werden.

Privatpersonen und gesellschaftliche Gruppierungen können Beschwerde einlegen zu allen Werbemaßnahmen von Unternehmen, die nicht gegen geltendes Recht verstoßen. Diese Formulierung impliziert dreierlei Zuständigkeiten des Deutschen Werberates: Erstens begutachtet der Rat Werbeangebote unabhängig von ihrem

5.4 Strukturen der Professionsethik

Format. Neben traditionellen Werbeformaten, also TV-Spots, Zeitschriftenannoncen etc., erklärt er sich zuständig auch für Online- und Mobile-Werbung, Sponsoring-Maßnahmen und Werbung am Verkaufsort. Er geht also in seiner Zuständigkeit über das hinaus, was in der Betriebswirtschaftslehre gemeinhin als Werbung bezeichnet wird (Richards und Curran 2002). Dieser Universalzuständigkeit in Hinblick auf die Formate steht zweitens eine Selbstbeschränkung auf Wirtschaftswerbung entgegen. Beschwerden etwa über Werbeangebote von Parteien, NGOs, religiösen Gemeinschaften oder staatlichen Behörden nimmt der Deutsche Werberat nicht entgegen. Es besteht also eine Lücke in der werblichen Selbstregulierung in Deutschland, denn es existiert keine andere Instanz, die nichtwirtschaftliche Werbeangebote jenseits der gesetzlichen Regelungen kontrollieren würde. Die selbsterklärte Nicht-Zuständigkeit des Werberats verwundert insofern, als im ZAW und damit gleichzeitig im Deutschen Werberat beispielsweise auch Werbeagenturen und Berufsverbände organisiert sind, die eben Kampagnen auch für Auftraggeber*innen aus anderen gesellschaftlichen Bereichen erstellen. Drittens begutachtet der Deutsche Werberat nur solche Werbeangebote, die nicht gegen geltendes Recht verstoßen. Wird ein solcher Verstoß in einer Eingangsprüfung festgestellt, verweist der Werberat Beschwerdeführende an klagebefugte Institutionen oder reicht den Fall selbst weiter. Akteure, die in einem solchen Fall in Erscheinung treten können, sind etwa die *Zentrale zur Bekämpfung unlauteren Wettbewerbs*, der *Verein für lautere Heilmittelwerbung*, aber auch staatliche Einrichtungen wie die Landesmedienanstalten, Ordnungsämter oder die Bundesnetzagentur.

Die öffentliche Rüge, die per Pressemitteilung bekannt gegeben wird, ist das einzige Sanktionsmittel des Deutschen Werberates. Es handelt sich bei der Rüge um eine weiche Sanktion (Heyd 2011). Die Sanktionskraft des Rates hängt daher im Wesentlichen davon ab, ob ein Unternehmen befürchten muss, durch die Rüge nennenswerte Nachteile zu erfahren, wenn es seine beanstandete Werbepraxis fortführt. Die Anzahl der ausgesprochenen Rügen lag in den vergangenen zehn Jahren bei einem Jahresschnitt von 12,4. In Anbetracht von mehreren Tausend Werbekontakten pro Tag, denen ein einzelner Mensch in der westlichen Konsumgesellschaft statistisch begegnen (Simpson 2017), scheint das eine niedrige Zahl zu sein. Sie bedeutet allerdings gleichzeitig auch, dass der Deutsche Werberat den Einsatz selbst eines beanstandeten Werbeangebots nicht verhindern kann – er hat keine Rechtsetzungsbefugnis. Der Rat bemerkt dazu lapidar: „Ein Eingreifen in die Veröffentlichungspraxis der Unternehmen und Medien wäre nicht im Sinne der Meinungsfreiheit und könnte als zensurähnliche Maßnahme angesehen werden." (DWR o.D.b) Inwiefern ein durch ein gesellschaftlich akzeptiertes Verfahren als moralisch falsch festgestelltes Verhalten noch von der Meinungsfreiheit zu decken ist, thematisiert der Rat dabei nicht. Trotz dieser Begründung offenbart sich hier eine wesentliche Schwäche des Deutschen Werberates, denn de facto werden seine Entscheidungen immer wieder von Unternehmen ignoriert – ein Vorgehen, das bei einer gesetzlichen Regelung deutlich unwahrscheinlicher ist.

Daneben lässt sich als weiterer Kritikpunkt an der Selbstregulierung durch den Deutschen Werberat anbringen, dass das Kontrollgremium ausschließlich mit Vertreter*innen aus der Werbewirtschaft besetzt ist. Das ist in der Werbeselbstregulierung anderer Ländern durchaus anders – in dreizehn Staaten, darunter Australien, Frankreich und Großbritannien, sind maximal die Hälfte der Gremienmitglieder Vertreter*innen der Werbebranche (International Council for Ad Self-Regulation 2018). Bohrmann (2010, S. 299) stellt somit zurecht fest: „Der Werberat ist daher zwar eine Kontrollinstitution der Wirtschaft für die ganze Gesellschaft, er ist jedoch keine Institution der gesamten Gesellschaft." Das hat Auswirkungen auf die Spruchpraxis des Rates, und man kann die Frage stellen, inwiefern ein Rat mit einer solchen Zusammensetzung sensibel sein kann für andere gesellschaftliche Perspektiven als die der Werbewirtschaft (Auxtova et al. 2021). Unbestreitbar ist in den vergangenen Jahren die Sensibilität auch des Rates gerade für bestimmte Formen der Diskriminierung gestiegen. Das Fazit „Frauenfeindliche Werbung? Gibt es nicht! – sagt die Werbung", das die Kommunikationswissenschaftlerin Eva Heller (1992) in einem Bericht über ihre Arbeit beim Deutschen Werberat fällte, ist in seiner Pauschalität heutzutage sicherlich nicht mehr gültig. Dennoch trifft der Rat auch heute ab und an fragwürdige Entscheidungen.

Ein Gesetz gegen sexistische Werbung?
Es mag den Anschein haben, dass die Selbstregulierung sexistische Darstellungen in Werbeangeboten nicht komplett in den Griff bekommt. Entsprechend gab es immer wieder Versuche, sexistische Darstellungen gesetzlich zu untersagen. Der vorerst letzte Versuch: 2016 kündigte der damalige Bundesjustizminister Heiko Maas (SPD) an, eine Ergänzung des UWG um den Tatbestand geschlechterdiskriminierender Darstellungen auf den Weg zu bringen (was Anfang 2021 noch nicht geschehen ist). Der ZAW reagierte prompt. Unter der Überschrift „Werbeverbote helfen nicht gegen Sexismus" (ZAW 2016) stellte er fest: „Die SPD-Verbotspläne ignorieren, dass Deutschland ein modernes Geschlechterbild hat, das gerade auch die Werbung immer wieder zeigt. Über gesetzliche Werbeverbote ein neues Geschlechterbild zu verordnen, geht an den Fakten vorbei: Die Bürger brauchen nicht den Staat, damit er ihnen Werbebilder vorsortiert und vorschreibt".

> Eine andere Meinung vertritt etwa die Bloggerin Stefanie Urbach (2016) in einer Kolumne mit dem Titel „Der Werberat ist ein stumpfes Schwert". Sie diskutiert verschiedene kritische Fälle, die der Deutsche Werberat für nicht beanstandenswert hielt. Unter diesen Fällen: ein Spot des Autoverleihers Sixt, in dem eine Sixt-Angestellte sich lasziv auf einem Auto rekelt, es küsst und mit der Zunge über die Karosserie fährt, sich dabei selbst sinnlich streichelt. Dann löst sie sich vom Auto, rückt ihren Rock zurück und verlässt die Szenerie. Es folgen die Frage: „Auch Frühlingsgefühle?", und die Lösung: „Jetzt Cabrio mieten". Der Deutsche Werberat befand, diese Darstellung sei moralisch unbedenklich, denn es handle sich um eine Frau zwar in sexy Pose, die aber deutlich selbstbestimmt auftrete (Becker 2016). Urbach folgert aus dieser Entscheidung: „Ich bin überzeugt davon, dass das mit 15 klugen und erfolgreichen Köpfen besetzte Expertengremium des Rats seine Entscheidungen gründlich abwägt. Aber es ist eben ein Gremium aus VertreterInnen von Werbe- und Wirtschaftsunternehmen. Welche in der Geschichte des Feminismus bisher keine tragende Rolle gespielt haben – und wohl auch nie werden. Im Gegenteil. It's a man's world. Wer darin lebt, orientiert sich am männlichen Mainstream der eigenen Branche. Und der findet sexistische Darstellungen manchmal eben einfach geil." Darum, so Auerbach, ist eine gesetzliche Regelung wünschenswert.
>
> Zum Sixt-Spot „Auch Frühlingsgefühle?" auf YouTube: https://youtu.be/w0_D3ubQLoo.

5.4.2.3 Der Deutsche Datenschutzrat Online-Werbung

Der Deutsche Datenschutzrat Online-Werbung (DDOW) wurde 2012 vom ZAW einberufen als Reaktion auf den verstärkten Einsatz von Online Behavioral Targeting bzw. Online Behavioral Advertising (OBA), also der werblichen Ansprache auf Grundlage gesammelter Nutzungsdaten. Das Gremium des DDOW besteht aus 16 Mitgliedern, die wie die Mitglieder des Deutschen Werberats vom Präsidium des ZAW auf drei Jahre ernannt werden. Die Aufgaben des DDOW bestehen im Wesentlichen darin, Transparenz im Hinblick auf den Datenumgang bei OBA zu fördern und die informationelle Selbstbestimmung der Verbraucher*innen in Bezug auf OBA zu stärken. Dazu hat der DDOW zwei Kodizes erstellt (s. Abschn. 5.4.3). Er beteiligt sich außerdem an einem zentralen Präferenzmanagementsystem, das es Internetnutzer*innen erlauben soll, ihre OBA-Einstellungen zu verwalten. Schließlich lizensiert der DDOW das EU-weit

Abb. 5.1 Bannerwerbung mit Piktogramm zur Kennzeichnung von OBA auf Zeit ONLINE (oben rechts). (Quelle: https://www.zeit.de/sport/2023-05/uli-hoeness-oliver-kahn-fehler-bayern-muenchen (Datum des Aufrufs 30.05.2023))

verwendete und von der *European Interactive Digital Advertising Alliance* (s. unten) entwickelte Piktogramm zur Kennzeichnung von Werbeanzeigen, die OBA im Sinne des Kodex einsetzen (s. Abb. 5.1).

> Stellen Sie Ihre eigenen OBA-Vorlieben im Zentralen Präferenzmanagementsystem ein https://www.youronlinechoices.eu

Wie der Deutsche Werberat auch hat der DDOW ein Beschwerdeverfahren eingerichtet. Das Verfahren ähnelt dem des Werberates. Allerdings müssen Beschwerden, anders als beim Werberat, direkt auf die Vorgaben der vom DDOW vorgelegten Kodizes Bezug nehmen. Wie auch der Werberat kennt der DDOW den Sanktionsmechanismus der öffentlichen Rüge. Darüber hinaus hat er die Möglichkeit, gerügten Unternehmen die Nutzung des Kennzeichnungspiktogramms zu untersagen.

5.4.2.4 International tätige Akteure in der Werbeselbstregulierung

Auf europäischer Ebene organisieren sich in der 1992 gegründeten *European Advertising Standard Alliance* (EASA) 39 Organisationen der Werbebranche, darunter die Selbstregulierungsinstanzen aus 26 Ländern inkl. Deutschem Werberat. Sitz der EASA ist Brüssel. Die EASA ist eine komplexe Institution mit verschiedenen Organen. Sie hat sich – neben der Lobbyarbeit – zur Aufgabe gemacht, einen europäischen Grundstandard für die Werbeselbstregulierung zu etablieren. Dazu hat sie gemeinsame Grundsätze für die Organisation der Selbstregulierung erarbeitet. Diese *Common Principles and Operating Standards of Best Practice* beschreiben einerseits Kernwerte wie Unabhängigkeit, Transparenz, Zugänglichkeit und Effizienz, auf die die Selbstregulierung verpflichtet werden sollte. Andererseits treffen sie aber auch konkretere Aussagen zur Durchführung, so etwa zur Ressourcenausstattung der Selbstregulierungsinstanzen, zur Auslegung der Kodizes und zu nötigen Durchsetzungskompetenzen der Instanzen.

> The EASA Statement of Common Principles and Operating Standards of Best Practice https://www.easa-alliance.org/publication/best-practice-recommendations/

Ein weiterer relevanter Akteur in der Selbstregulierung – und der Dinosaurier unter den Organisationen – ist die 1919 in Paris gegründete *Internationale Handelskammer* (International Chamber of Commerce (ICC)). Die ICC ist mit mehr als sechs Millionen Mitgliedern die weltweit größte Wirtschaftsorganisation. Zwar besitzt die ICC kein Organ, das wie der Deutsche Werberat über die Zulässigkeit bestimmter Werbeangebote entscheiden würde. Allerdings hat sie bereits 1937 einen eigenen Werbekodex vorgelegt, der noch immer – natürlich beständig überarbeitet und angepasst – als internationaler Referenzkodex gilt. Dieser Kodex wird auch als Grundlage genutzt, wenn, wie etwa 2011 in China, nationale Regelwerke eingeführt werden sollen.

> Der *ICC Advertising and Marketing Communications Code* der Internationalen Handelskammer https://iccwbo.org/news-publications/policies-reports/icc-advertising-and-marketing-communications-code/

5.4.3 Bestehende Normen und Kodizes

Die in den vorangegangenen Abschnitten vorgestellten Organisationen der Selbstregulierung haben zum Teil eigene Ethikkodizes bzw. Regelwerke erarbeitet, die in Ergänzung zu den rechtlichen Regelungen das werbliche Handeln anleiten sollen.

Die wichtigsten dieser Ethikkodizes sollen in diesem Abschnitt besprochen werden: die Kodizes des Deutschen Werberats, des Deutschen Datenschutzrats Online-Werbung und der Internationalen Handelskammer.

5.4.3.1 Der Kodex des Deutschen Werberats

Der Kodex des Deutschen Werberats stellt kein in sich geschlossenes Dokument dar, sondern ist vielmehr eine Sammlung von Einzeldokumenten. Im Zentrum dieser Sammlung stehen die sog. „Grundregeln". Sie bestehen zum einen aus einigen wenigen allgemeingültigen Regeln, zum anderen aus sechs unsystematisch benannten, konkreten Anwendungsfällen. Diese Grundregeln stellen laut Bohrmann (2010) die „moralische Basis der gesamten Werbewirtschaft" (S. 298) dar. Die zweite Säule des Kodex bildet eine Reihe an spezifischen sog. „Verhaltenskodizes", die sich auf ausgewählte Themengebiete beziehen – wobei gleich angemerkt sein soll, dass die Bezeichnung „Kodex" ein recht großes Wort ist für die zum Teil kleinteiligen Richtlinien.

Laut Grundregeln soll werbende – oder wie sie vom Rat bezeichnet wird: „kommerzielle" – Kommunikation „die allgemein anerkannten Grundwerte der Gesellschaft und die dort vorherrschenden Vorstellungen von Anstand und Moral (…) beachten. Sie muss stets von Fairness im Wettbewerb und Verantwortung gegenüber der Gesellschaft getragen sein" (DWR o.D.c, S. 2). (s. Box 5.4.3.1b).

Der Werbekodex des Deutschen Werberats https://www.werberat.de/content/leitfaden-zum-werbekodex-des-deutschen-werberats

---

Grundregeln der kommerziellen Kommunikation des Deutschen Werberats

Der Deutsche Werberat führt in seinen „Grundregeln" der kommerziellen Kommunikation eine Reihe an Regeln auf, die umfassend Gültigkeit beanspruchen. Diese Regeln sind interessanterweise nicht positiv, sondern negativ formuliert: Sie geben an, was Werbung nicht machen darf, und können daher als die zentralen Verbote aufgefasst werden, die die prinzipielle Freiheit der Werbung begrenzen. An entsprechender Stelle heißt es:
„Insbesondere darf Werbung

- das Vertrauen der Verbraucher nicht missbrauchen und mangelnde Erfahrung oder fehlendes Wissen nicht ausnutzen
- Kindern und Jugendlichen weder körperlichen noch seelischen Schaden zufügen

> - keine Form der Diskriminierung anregen oder stillschweigend dulden, die auf Rasse, Abstammung, Religion, Geschlecht, Alter, Behinderung oder sexuelle Orientierung bzw. die Reduzierung auf ein sexuelles Objekt abzielt
> - keine Form gewalttätigen, aggressiven oder unsozialen Verhaltens anregen oder stillschweigend dulden
> - keine Angst erzeugen oder Unglück und Leid instrumentalisieren
> - keine die Sicherheit der Verbraucher gefährdenden Verhaltensweisen anregen oder stillschweigend dulden" (DWR o.D.c, S. 2).

Die sechs Anwendungsfälle beziehen sich sowohl auf bestimmte Werbedarstellungen (Horror und Grusel; Verletzung religiöser Gefühle; Darstellung toter Menschen; Nachahmungsgefahr gefährlichen Verhaltens; gewalttätiges, aggressives oder unsoziales Verhalten) als auch auf bestimmte Werbeobjekte (Werbung für Erotikprodukte). Sie lassen sich als Auslegungen der allgemeingültigen Regeln durch den Deutschen Werberat im Rahmen seiner Spruchpraxis auffassen. Als solche geben sie keine Grundsätze vor, sondern erläutern anhand konkreter Beispiele, welche Formen der Bewerbung der Rat für zulässig oder eben nicht zulässig hält. So befindet der Deutsche Werberat (DWR o.D.c) etwa zur Werbung für Erotikprodukte, dass „die bloße Abbildung von Erotikprodukten oder auch humorvolle Anspielungen auf ihren Gebrauch (…) aus Sicht des Werberats nicht zu beanstanden" sind, denn: „Jüngere Kinder werden solche Werbemaßnahmen nicht zwingend als solche für Sexspielzeuge auffassen. Jugendliche werden durch den Anblick nicht geschädigt". Hingegen kann Werbung für Erotikprodukte „zu beanstanden sein, wenn der konkrete Einsatz des Sexspielzeugs gezeigt wird" (S. 3). Mit Blick auf die Verletzung religiöser Gefühle wiederum bescheidet der Rat, dass die Verwendung religiöser Motive innerhalb bestimmter Grenzen zulässig ist. Allerdings: „Die Grenze ist überschritten, wenn religiöse Bekenntnisse beschimpft oder verächtlich gemacht werden. Religiöse Gefühle werden aus Sicht des Werberats beispielsweise in einer Werbung verletzt, die das Leid Jesus Christus am Kreuz ins Lächerliche zieht" (DWR o.D.c, S. 5).

> Beanstandete Verletzung religiöser Gefühle in der Anzeige für die MTV-Sendung *Popetown* https://www.spiegel.de/fotostrecke/skandalwerbung-fotostrecke-108318-15.html

Die spezifischen Verhaltenskodizes ergänzen die Grundregeln. Diese Kodizes sind im Detail unterschiedlich aufgebaut, bestehen aber zumeist aus einer allgemeineren Einleitung, die die Freiheit der Werbung bei gleichzeitig bestehender Verantwortung von Werbenden betonen, um dann – ggf. nach Definition relevanter Konzepte – konkrete Regeln aufzustellen. Es bestehen Kodizes zu neun Themenfeldern. Sie verhandeln inhaltlich unterschiedliche Gegenstände: werbliche Darstellungen, werbliche Zielgruppen, Werbeobjekte und Persönlichkeitsrechte:

- *Herabwürdigung/Diskriminierung*: Der Kodex untersagt Herabwürdigung und Diskriminierung in der werblichen Kommunikation. Herabwürdigung bedeutet im Sinne des Kodex, dass „Personen in ihrer Würde verletzt oder verächtlich gemacht werden" (DWR o.D.c, S. 2). Diskriminierung liegt laut Kodex vor, „wenn vermittelt wird, dass eine Person oder Personengruppe weniger wert sei als andere." Beschwerden wegen Geschlechterdiskriminierung, der häufigste Grund für Beschwerden beim Deutschen Werberat, werden durch diesen Kodex ermöglicht. Hierzu heißt es u. a., dass keine Darstellungen zu verwenden sind, die „den Eindruck erwecken, Personen seien käuflich zu erwerben, oder Personen mit Objekten gleichsetzen; die Personen auf ihre Sexualität reduzieren oder ihre sexuelle Verfügbarkeit nahelegen; die mit übertrieben herausgestellter Nacktheit eine Herabwürdigung des Geschlechts vermitteln" (DWR o.D.c, S. 7).
- *Kinder und Jugendliche*: Weil Kinder und Jugendliche nur eingeschränkt werbekompetent sind, formuliert der Kodex spezifische Regeln für sie adressierende Werbeangebote. Er unterscheidet dabei zwischen Kindern (bis elf Jahre) und Jugendlichen (12 bis 17 Jahre), wobei er für Werbeangebote, die sich an Kinder richten, strengere Regeln formuliert. Die Regeln betreffen erstens Werbetechniken. So sollen Kinder keine unnatürlichen Vorträge über Produkte halten, und es sollen keine direkten Kaufaufforderungen ausgesprochen werden. Auch ist die Werbeabsicht besonders transparent zu machen. Zweitens sollen die Darstellungen von Gefährdungssituationen und Fehlverhalten vermieden werden. Drittens sind Darstellungen von Belastungssituationen zu unterlassen, wenn sie nicht positiv aufgelöst werden. Gleichfalls sollen Werbende das Verhältnis von Kindern und Jugendlichen zu Eltern, Lehrer*innen und anderen Vertrauenspersonen nicht ausnutzen. Zuletzt sollen Kindern nicht als Sexualobjekte dargestellt werden.
- *Lebensmittel*: Der Kodex stellt zunächst fest, dass Fettleibigkeit nicht auf Werbung zurückzuführen ist. Nichtsdestotrotz formuliert der Kodex dann sieben Regeln für die Lebensmittelwerbung. Unter anderem soll sie „einem gesunden, aktiven Lebensstil nicht entgegenwirken" und „nicht zu einem übermäßigen oder einseitigen Konsum der beworbenen Produkte auffordern" (DWR o.D.c, S. 28).
- *Alkoholhaltige Getränke*: Die Gestaltung von Werbeangeboten für alkoholische Getränke soll laut Kodex missbräuchlichen Alkoholkonsum nicht fördern. Um

das zu erreichen, stellt der Kodex eine ganze Reihe an Regeln auf, die durch Social-Media-Richtlinien noch ergänzt werden. So sollen keine stark alkoholisierten Personen gezeigt und übermäßiger Alkoholkonsum nicht als akzeptabel dargestellt werden. Gleichzeitig soll das Werbeangebot keinen Zusammenhang des Alkoholkonsums mit sozialem oder sexuellem Erfolg herstellen, interessanterweise aber auch nicht mit gewalttätigem, aggressivem oder gefährlichem Verhalten. Diese Regeln führen dazu, dass in Werbeangeboten alkoholtrinkende Menschen gezeigt werden, die trotz des Konsums nüchtern sind und bleiben.

- *Weitere Kodizes*: Fünf weitere, in ihrem Umfang und Geltungsbereich recht kleinteilige Kodizes vervollständigen die zweite Säule des Gesamtkodex. Der Kodex *Glücksspiel* soll verhindern, dass Werbeangebote problematisches Glücksspielverhalten fördern und dass Kinder und Jugendliche von Glücksspielwerbung adressiert werden. Der Kodex *Unfallriskante Bildmotive* untersagt für Maschinen- und Arbeitsgerätewerbung die Darstellung von Situationen, in denen Unfallverhütungsvorschriften missachtet werden. Der Kodex *Reifenwerbung* besagt, dass in der Werbung für Reifen keine Aussagen getroffen werden sollen, die eine Fahrsicherheit – etwa bei Regen und Schnee – garantieren. Insbesondere mit Blick auf Radiowerbung legt der Kodex *Verkehrsgeräusche* fest, dass „kritische Verkehrsgeräusche" wie Martinshörner oder Unfallgeräusche nicht verwendet werden sollen. Der Kodex *Werbung mit Prominenten* untersagt die Verwendung von Bildern von Prominenten ohne deren Erlaubnis.

Beschwerdefälle beim Deutschen Werberat
Der Deutsche Werberat veröffentlicht jährlich einen Tätigkeitsbericht, in dem er auch über die eingegangenen Beschwerden und seine Entscheidungen informiert. Im Jahr 2022 beispielsweise hat der Deutsche Werberat 436 Beschwerden überprüft. Von diesen 436 fielen 38 Fälle nicht in die Zuständigkeit des Werberats, sodass der Rat 398 Werberatsfälle einleitete. In 313 Fällen folgte der Rat dem Beschwerdeführenden nicht. 85 Werbemaßnahmen wurden beanstandet. In 77 Fällen beendete das Unternehmen die Werbemaßnahme oder änderte sie ab. Eine öffentliche Rüge sprach der Rat in acht Fällen aus.

Geschlechterdiskriminierende Werbung stand wie schon in den Vorjahren mit 211 Fällen an der Spitze der Gründe, weshalb sich Menschen 2022 mit einer Beschwerde an den Deutschen Werberat wandten. Mit 47 Fällen folgten an zweiter Stelle Beschwerden wegen Ethik und Moral – einer recht unspezifischen Beschwerdegruppe. Es folgen Beschwerden wegen Diskriminierung von Personengruppen, wegen der Beeinträchtigung der Entwicklung von Kindern und Jugendlichen, wegen der Alkoholwerbung und wegen sexuell anstößiger Werbung.

> Zur Spruchbilanz des Deutschen Werberats https://www.werberat.de/bilanzen

5.4.3.2 Die Kodizes des Deutschen Datenschutzrats Online-Werbung

Der DDOW hat im Zuge der Selbstregulierung zwei Kodizes veröffentlicht. Die Kodizes regeln die Verwendung von Online Behavioral Advertising (OBA). Die beiden Kodizes unterscheiden sich v. a. durch die unterschiedlichen Zielgruppen. Einer der beiden Kodizes gilt für Telemedienanbieter, also für Webseitenanbieter, die selbst Nutzungsdaten sammeln bzw. selbst OBA-Werbeangebote auf ihren Seiten ausspielen. Der andere Kodex wendet sich an OBA-Dienstleister, also Unternehmen, die auf Seiten, die sie nicht selbst betreiben, Nutzungsdaten sammeln bzw. OBA-Werbeangebote ausspielen. Die Kodizes definieren bestimmte Pflichten, die für Telemedienanbieter und OBA-Dienstleister beim Einsatz von OBA gelten. Zudem legen sie fest, wie im Beschwerdefall verfahren wird.

> Die Ethikkodizes des DDOW https://www.ddow.de/die-kodizes/

Zentral verankert in den Kodizes ist die Informationspflicht. Sie besagt, dass Telemedienanbieter und OBA-Dienstleister „klar und verständlich" auf die Datenerhebung und -verarbeitung hinweisen müssen. Das tun sie, indem sie verschiedene Angaben zur Verfügung stellen, u. a. zur Identität und Kontaktdaten der Anbieter, zur Art der erhobenen Daten und zum Zweck der Datenerhebung und -verarbeitung. Die ebenfalls verankerte Kennzeichnungspflicht besagt, dass OBA-Anzeigen als solche mit Hilfe des bereits angesprochenen OBA-Piktogramms gekennzeichnet werden sollen. Des Weiteren muss Internetnutzer*innen die Möglichkeit eingeräumt werden, auszuschließen, dass Daten über sie zu OBA-Zwecken erhoben und verarbeitet werden. Zuletzt sprechen die Kodizes ein Verbot dafür aus, auf Grundlage von Nutzungsdaten Zielgruppen für Kinder unter 12 Jahren zu bilden.

Bestehende Kodizes: Eine kritische Bewertung

Mit den vorgestellten Kodizes hat die Werbebranche ein umfangreiches Regelwerk in Stellung gebracht, um werbliche Aktivitäten von Unternehmen in eine gesellschaftlich akzeptierte Form zu bringen. Allerdings: Es gibt auch kritische Stimmen, die die selbstauferlegten Regeln für nicht ausreichend halten. So stellt Heyd (2011) fest, dass eine besondere Herausforderung der Selbstkontrolle darin besteht, mit zum Teil widersprüchlichen Ansprüchen umgehen zu müssen. Daher „ist bei der Einigung auf konkrete Normen häufig nur der kleinste gemeinsame Nenner möglich. Diese Normen dienen dann in erster Linie der Vermeidung gesellschaftlicher Tabubrüche durch Werbung, was Forderungen nach einer stärkeren staatlichen Regulierung nach sich zöge" (S. 443 f.). Nida-Rümelin (2002) setzt sogar zu einer Generalkritik an, wenn er der Selbstregulierung vorwirft, nicht das Ziel zu verfolgen, eine ethische Grundlegung der Werbebranche zu leisten, sondern lediglich gesetzlichen Einschränkungen vorzubeugen. Auf diese Weise verkommt für ihn das, was eigentlich eine Werbeethik sein sollte, zu einer Art pragmatischem Knigge für die Werbewirtschaft. Er kritisiert, dass „die Degeneration einer ethischen Werbekritik zur Anstandsformel (…) in Richtung bloßer Akzeptanzkriterien weitergetrieben wird: Die herrschende Moral und die geltenden Tabus sollen nicht verletzt werden, damit in der Öffentlichkeit nicht erneut nach einer stärkeren juristischen Begrenzung der Werbewirtschaft gerufen wird" (ebd., S. 254). Diese Kritik durch Nida-Rümelin ist dahingehend nachvollziehbar, dass etwa der Kodex des Deutschen Werberats ohne einen Bezug, zumindest ohne einen transparent gemachten Bezug, zur in Abschn. 5.5.4 vorgestellten Fachdiskussion auskommt. Stattdessen, so scheint es von außen, entspringt der Kodex den (subjektiven) Moralvorstellungen der Ratsmitglieder, also: Werbepraktiker*innen. Eine Ausnahme stellt der hier nicht näher vorgestellte Ethikkodex des Bundesverbands Influencer Marketing dar, der zum einen auf Grundlage einer wissenschaftlichen Studie entwickelt wurde und der sich zum anderen auf die von Baker und Martinson (2001) im TARES-Test formulierten Prinzipien ethischer Persuasion beruft (Borchers und Enke 2021).

5.5 Problemfelder der Berufspraxis

Aus ethischer Perspektive, so dürften die bisherigen Darstellungen bereits angedeutet haben, lässt sich eine Reihe an ethischen Problemstellungen identifizieren, die in der Werbewirtschaft von Relevanz sind. In diesem Abschnitt sollen die wichtigsten Problemfelder vorgestellt und eingeordnet werden.

5.5.1 Problematische Darstellungen

„We cannot forget that the advertising system offers us the most negative and dangerous set of images of sexuality and gender anywhere in our culture." Dieses Fazit von Jhally (2006, S. 174) gibt in vielerlei Hinsicht den Ton vor, wenn das Verhältnis von Werbung und gesellschaftlichen Geschlechtervorstellungen diskutiert wird. Das liegt zum einen am unverhohlenen Sexismus vieler Werbeangebote (Stankiewicz und Rosselli 2008). Die Annahme „Sex sells!" wird nicht nur von Werbenden geglaubt – durchaus mit wissenschaftlicher Absicherung (Reichert 2002) –, sondern hat es als Binsenwahrheit weit über die Werbebranche hinaus zu Bekanntheit gebracht. Demgegenüber stehen Forschungsergebnisse, die zeigen, dass die Verwendung sexualisierter Bilder von Frauen in der Werbung dazu führen, dass sie in der Wahrnehmung männlicher und weiblicher Rezipient*innen objektifiziert werden (Vaes et al. 2011).

Zum anderen beruht Jhallys Fazit aber auch auf der Existenz deutlich subtilerer Formen des Sexismus. Die Entlarvung solcher Formen übernahm schon früh Goffman (1981). In seinem wegweisenden Buch „Werbung und Geschlecht" zeigt er an ausgewählten Werbemotiven detailliert auf, wie männliche Dominanz konstruiert wird, auch ohne nackte Körper zu zeigen. So werden z. B. Männer in den von ihm analysieren Motiven in ausführenden Rollen dargestellt, Frauen hingegen in „Ritualen der Unterordnung", also etwa sitzend oder liegend auf Bett und Fußboden, mit schrägen Körperhaltungen oder auch lächelnd. Inzwischen haben Aktivist*innen, nicht zuletzt in Weiterführung der Arbeit Goffmans, aber auch anderer, vor allem feministisch geschulter Forscher*innen (für Deutschland etwa Schmerl 1983), Kriterienkataloge zur Identifikation sexistischer Werbung erstellt.

> **Sexistische Werbung erkennen**
> In Österreich achten Watchgroups gegen sexistische Werbung seit der ersten Gründung einer solchen Gruppe im Jahr 2009 in Graz die Werbelandschaft auf sexistische Inhalte. Inzwischen sind ähnliche Gruppen auch in anderen österreichischen Städten aktiv. Die Gruppen haben Kriterienkataloge zur Identifikation von sexistischer Werbung formuliert (Watchgroup Sexismus o. J.):
>
> - *Geschlechterklischees und Rollenbilder*: Männer und Frauen werden klischeehaft dargestellt, Frauen etwa in der Rolle der Hausfrau und Mutter oder als pures Lustobjekt, Männer als erfolgreich, stark und dominant.
> - *Sexualisierung*: Insbesondere Frauenkörper werden sexualisiert, obwohl kein direkter Zusammenhang mit dem beworbenen Produkt besteht. Die Frau wird zum Objekt reduziert und wie ein Konsumartikel gezeigt („jung, schön und unverbraucht").
> - *Körper und Stilmittel*: Die in der Werbung gezeigten Körper entsprechen einem eng definierten Schönheitsideal. Frauen sind überschlank, haben lange Beine und strahlen durch Blässe, Untergewicht und unschuldiges Lächeln Machtlosigkeit und Unterlegenheit aus. Demgegenüber sind Männer selbstbewusst, stark und muskulös. Sie symbolisieren Überlegenheit und Stärke.
> - *Verharmlosung von Gewalt*: Gewalt an Frauen wird verharmlost und als ästhetisch oder cool dargestellt. Frauen werden als unterwürfige, passive Opfer inszeniert und die Gewaltbereitschaft des starken Mannes als Rollenvorbild für Männer etabliert.

> Sexismus-Kriterienkatalog der Salzburger Watchgroup gegen sexistische Werbung: https://www.watchgroup-salzburg.at/die-kriterien/

Die Untersuchung von Genderstereotypen ist seit Goffmans Vorarbeit ein Dauerbrenner in Werbeforschung und Werbeethik. In einer Metaanalyse der Daten von 64 Studien aus unterschiedlichen Ländern zeigt Eisend (2010), dass Männer und Frauen in Werbeangeboten deutlich unterschiedlich dargestellt werden. Eisend zufolge ist etwa die Wahrscheinlichkeit, dass Frauen in abhängigen Rollen dargestellt werden, viermal so hoch wie für Männer; dass sie in einem häuslichen Umfeld gezeigt werden, dreieinhalbmal so hoch; und dass sie ‚häusliche Produkte' wie

Putzmittel, Lebensmittel oder Körperpflegeprodukte nutzen, zweimal so hoch. Auf der anderen Seite beträgt die Wahrscheinlichkeit, dass Frauen als Autoritäten auf einem Gebiet dargestellt werden und nicht bloß als Nutzerinnen eines Produkts, nur ein Drittel der Wahrscheinlichkeit für Männer.

Die Mehrheit der zuvor vorgestellten werbeethischen Ansätze (s. Abschn. 5.5.4) richtet den Anspruch an die Werbebranche, bei Entscheidungen die Folgen ihrer Aktivitäten auf alle Stakeholder bzw. die Gesellschaft zu berücksichtigen. Wenn aber die Sexualisierung des weiblichen Körpers zur Entmenschlichung von Frauen führt und wenn systematisch ungleiche Geschlechterdarstellungen dazu beitragen, gesellschaftliche Ungleichheiten aufrecht zu erhalten, wird die Werbebranche dem an sie gerichteten Anspruch nicht gerecht. Die Nutzung sexistischer Darstellungen ist deshalb moralisch falsch. An diesem Beispiel zeigt sich deutlich: Werbeethik führt oftmals zur Werbekritik.

Die Diskussion um sexistische Darstellungen in Werbeangeboten ist nur das prominenteste Beispiel für ethische Problemstellungen, die sich aus werblichen Darstellungen ergeben. Das liegt nicht zuletzt an einer aufmerksamen Kritik der Werbebranche aus feministischer Perspektive in den vergangenen Jahrzehnten. Aber auch andere vorfindbare Stereotypisierungen lassen sich aus ethischer Perspektive hinterfragen wie z. B. die Darstellungen von Alter, Ethnie oder sozialem Status (etwa Schroeder und Borgerson 2005).

5.5.2 Problematische Produktion

Ethische Problemstellungen der Produktion lassen sich analytisch drei Kategorien zuordnen: solche Problemstellungen, die sich aus der Zusammenarbeit in einer Organisation wie einer Werbeagentur ergeben (intra-organisational); solche, die sich aus der Zusammenarbeit von Organisationen, also z. B. auftraggebendem Unternehmen und Werbeagentur, ergeben (inter-organisational); und solche, die sich aus dem Umgang der Werbenden mit Konsumenten(daten) ergeben. Gerade solche organisationsbezogenen Themen gehören zwar nicht im engeren Sinne zum Gegenstandsbereich der Kommunikationsethik. Jedoch ist es notwendig, sie zu betrachten, möchte man den Kontext verstehen, in den kommunikationsethische Fragestellungen eingebettet sind – und in dem Werbepraktiker*innen moralisch richtige Entscheidungen treffen sollen.

Ein zentrales intra-organisationales Problem stellt die Geschlechterungleichheit in der Werbebranche dar. Denn obwohl in der Branche inzwischen überwiegend Frauen arbeiten (s. Abschn. 5.1), entscheiden Männer über den beruflichen Erfolg (Gregory 2009). Hier regelt eine ganze Reihe an ungeschriebenen Gesetzen die

5.5 Problemfelder der Berufspraxis

Rolle von Frauen (Grow und Broyles 2011). Seit dem Goldenen Zeitalter der Werbeindustrie in den 1960er-Jahren, ikonisch eingefangen in der Serie *Mad Men*, hat sich nichts daran geändert, dass Frauen in der Branche um ihre Legitimität kämpfen müssen. Entsprechend eingeschränkt sind ihre Karrieremöglichkeiten (Thompson-Whiteside et al. 2021; Windels und Mallia 2015). Es verwundert daher nicht, dass sich auch in der Werbebranche eine vertikale Segregation beobachten lässt: Führungspositionen werden eher von Männern bekleidet, und auch leitende kreative Tätigkeiten werden deutlich häufiger von Männern übernommen (Grow und Deng 2014). Deutsche Agenturen befürworten dennoch weder eine Frauenquote, noch führen sie flächendeckend Diversity-Programme ein (Gesamtverband Kommunikationsagenturen 2018). Weitere intra-organisationale Probleme betreffen z. B. andere Diversitätsaspekte wie Ethnie oder Alter, die Zurechnung von kreativen Leistungen – stelle ich die Idee eines Kollegen oder Untergebenen als meine dar? –, die Arbeitsbelastung in Werbeagenturen oder den Umgang mit Mitarbeiter*innen niedriger Hierarchiestufen.

Inter-organisationale Probleme können vor, während und nach Geschäftsbeziehungen zwischen zwei oder mehr Organisationen auftreten. Diese Probleme beruhen oftmals auf Informationsasymmetrien, die eine der Geschäftspartner*innen durch opportunistisches Handeln ausnutzen könnte (zur Principal-Agent-Theorie, die solche Probleme erklärt, Jost 2001). So hat ein Unternehmen, dass mit einer Werbeagentur zusammenarbeiten möchte, im Normalfall keinen vollständigen Einblick in die Kompetenzen und Qualitäten der um diese Auftraggeber*innen konkurrierenden Agenturen. Eine Agentur, die dieses Unternehmen als Account gewinnen möchte, könnte z. B. beim Pitch verleitet sein, Kompetenzen anzugeben, über die sie gar nicht verfügt. Während der Zusammenarbeit wiederum kann der Auftraggeber nur selten einschätzen, wie umfangreich die Arbeit, die die Werbeagentur in seinem Auftrag erstellt, tatsächlich ist. Dieses Informationsdefizit kann die Werbeagentur ausnutzen, um dem Auftraggeber mehr als die tatsächlich angefallenen Arbeitsstunden in Rechnung zu stellen (Krugman und Ferrell 1981). Mit der Loyalität gegenüber Vertragspartner*innen berührt es Problemstellungen, die etwa im TARES-Test unter dem Prinzip der Authentizität verhandelt werden (s. Abschn. 5.5.4).

Der Umgang mit Konsument*innen im Produktionszusammenhang führt hingegen auf ganz andere ethische Problemstellungen. So weist Arvidson (2007) darauf hin, dass kreative Leistungen häufig nicht von Werbeschaffenden erbracht werden, sondern dass diese sich die kreativen Leistungen anderer aneignen, um diese zu monetarisieren. Seine Beobachtung: Werbekreative recherchieren gezielt im (sub-)kulturellen „Untergrund" nach kommerziell verwertbaren Ideen („trend scouting" oder „cool hunting"). Ein anderes „Rohmaterial" für die Produktion von

Abb. 5.2 45 Aktivierte Trackingdienste bei Besuch von www.spiegel.de (angezeigt durch Add-on Ghostery). (Quelle: www.spiegel.de (Datum des Aufrufs 16.05.2023))

Werbeangeboten stellen Konsumentendaten dar. Diese werden heutzutage im Rahmen der „smart surveillance" v. a. digital gesammelt (Finn und Wadhwa 2014; van Dijck 2014; Wright et al. 2010). Durch Online-Tracking-Dienste (s. Abb. 5.2), Apps, smarte Kommunikationsendgeräte, Kunden- und Kreditkartendaten etc. können spezialisierte Dienstleister genauso wie die großen Social-Media-Plattformen immense Datenmengen über Konsumpräferenzen und -verhalten sammeln – etwa zu Online-Surfverhalten, zu Schlafgewohnheiten, Wohn- und Arbeitsort, politischen Einstellungen etc. Werbende greifen bei der Produktion von Werbeangeboten sowie der Entscheidung, an welche Konsument*innen die Angebote wann ausgespielt werden, zunehmend auf Big Data-Analysen zurück, um Werbeangebote zu personalisieren (Bodle 2017; Turow 2011). In Zuboffs (2019) gewaltiger Analyse der heutigen Gesellschaftsform als Überwachungskapitalismus spielt die Werbewirtschaft daher eine zentrale Rolle: Die Werbewirtschaft war es, die durch ihre Nachfrage nach immer umfangreicheren Konsumentendaten der umfassenden digitalen Überwachung erst den Weg bereitet hat (Zuboff 2019; vgl. auch Shao und Borchers 2022). Allerdings ist die Datensammlung, so Bodle

(2017), in diesem Umfang nur möglich durch einen erheblichen Eingriff in die Privatheit von Konsument*innen. Weil die Privatsphäre prinzipiell schützenswert ist, stellt dieser Eingriff ein ethisches Problem dar. Problematisch ist zum einen die Sammlung der Daten an sich, zum anderen der Handel mit diesen Daten (Finn und Wadhwa 2014; Müller et al. 2018; Nill und Aalberts 2014).

5.5.3 Problematische Beeinflussungstechniken

Werbung wird auch deswegen von Kritiker*innen als ethisch problematisch eingestuft, weil sie ihr vorwerfen, durch ihre Beeinflussungstechniken Konsument*innen zu manipulieren. Das ist nicht zuletzt deshalb ein schwerwiegender Vorwurf, weil Manipulationsversuche die Autonomie von Individuen untergraben, individuelle Autonomie aber ein grundlegender Bestandteil des ideologischen Haushalts unserer modernen, aufgeklärten Gesellschaft ist. Denn in einer freiheitlichen Gesellschaft muss eben auch der Konsum freiheitlich sein: Konsument*innen sollten daher eigenständig darüber entscheiden, welche Zahnpasta sie kaufen und welchen Urlaub sie buchen. Folglich wird die für die Werbeethik relevante Frage, ob überhaupt und wenn ja, durch welche Techniken die Werbung menschliche Autonomie einschränkt, immer wieder diskutiert. Die Ergebnisse dieser Diskussionen variieren zwischen Schuldspruch (etwa Crisp 1987; Nebenzahl und Jaffe 1998) und Freispruch (etwa Arrington 1982; Sneddon 2001). Beispielsweise argumentiert Nelson (1978), dass nicht nur informative, sondern auch persuasive Werbung (s. Abschn. 5.5.4) die Autonomie der Konsument*innen gewährleistet, weil auch persuasive Werbung anzeigt, dass das beworbene Produkt ein gutes Produkt ist. Wäre es das nicht, so Nelson, würde die Produzent*in es nicht bewerben, weil es ökonomisch nicht sinnvoll ist, schlechte Produkte zu bewerben. Auch wenn Konsument*innen dieses Produkt in Reaktion auf einen persuasives Werbeangebot kaufen, beeinträchtigt der Kauf nicht ihre Autonomie, denn weil es ein gutes Produkt ist, hätten sie es auch gekauft, wenn es nicht beworben worden wäre. Crisp (1987) hingegen widerspricht der Annahme Nelsons, dass nur gute Produkte beworben werden, und kommt daher zu dem Schluss, dass die Autonomie sehr wohl beeinträchtigt wird. Lippke (1989) ergänzt die Diskussion um den Einfluss der Werbung auf die Autonomie der Konsument*innen durch den Verweis darauf, dass Werbeangebote vielleicht nicht die Autonomie in der einzelnen Entscheidungssituation aushöhlen, dass die Werbung in einem kapitalistischen Gesellschaftssystem aber insgesamt den Effekt besitzt, die Entwicklung von Autonomie im Rahmen persönlicher Wachstumsprozesse zu hemmen.

Der Manipulationsvorwurf resultiert zunächst aus der Debatte um die Wahrhaftigkeit der Werbung. Beispielsweise verpflichten so gut wie alle Grundlegungen der Werbeethik die Werbung auf Wahrhaftigkeit – mit Bishops Kontextargument als bemerkenswerter Ausnahme (s. Abschn. 5.5.4). Die Wahrhaftigkeitsdebatte hat v. a. den Schutz der Konsument*innen vor Täuschung im Blick (Richards 2021). Täuschung kann zum einen an faktisch falschen Werbebehauptungen festgemacht werden, zum anderen aber auch an irreführenden Behauptungen. Nach Russo et al. (1981, S. 128) ist ein Werbeangebot dann irreführend, „if it creates, increases, or exploits a false belief about expected product performance." Bei der Irreführung steht demnach weniger ein Abgleich von Behauptung und intersubjektiv nachvollziehbaren Produkteigenschaften im Vordergrund, sondern die Wahrnehmung der Behauptungen durch die Umworbenen.

Besonders hartnäckig wird der Werbung die Gefährdung menschlicher Autonomie aber immer dann vorgeworfen, wenn es um subliminale Beeinflussungstechniken geht (etwa Nebenzahl und Jaffe 1998; Packard 1958). Subliminale Techniken sind Techniken, die so unterschwellig sind, dass Menschen sie nicht bewusst wahrnehmen können. Sie machen sich zunutze, dass Menschen mehr Sinneseindrücke aufnehmen können, als sie bewusst verarbeiten. Dennoch können diese unterbewussten Eindrücke das menschliche Entscheidungsverhalten beeinflussen. Subliminale Techniken versprechen also – im krassesten Fall – die Ausschaltung menschlicher Selektivität und damit einen garantierten Werbeerfolg. Dass dies aus werbeethischer Sicht problematisch ist, liegt auf der Hand.

Mit dem Fortschritt der Technik haben sich logischerweise auch die Konfliktfelder in der Diskussion um Werbetechniken verändert. Als aktueller Gefährder der Autonomie von Konsument*innen gilt heute das Neuromarketing. Murphy et al. (2008) identifizieren eine Reihe an ethischen Problemstellungen, die das Neuromarketing aufwirft. Aus ihnen lassen sich zwei Herausforderungen für ethisches Marketing ableiten: (1) der Schutz von Gruppen, die durch Neuromarketing geschädigt oder ausgenutzt werden könnten; (2) der Schutz der Autonomie. In die erste Kategorie gehören vor allem Problemstellungen der Geschäftsethik wie der Schutz der Privatsphäre von Studienteilnehmer*innen und übertriebene Behauptungen über die Potenziale des Neuromarketing in der Auftragsakquise durch Agenturen. Die zweite Kategorie betrifft die Botschaftsethik und zielt vor allem auf das ab, was Murphy et al. „stealth neuromarketing" nennen: Die Fähigkeit „[to] provide sufficient insight into human neural function to allow manipulation of the brain such that the consumer cannot detect the subterfuge and that such manipulations result in the desired behavior in at least some exposed persons" (ebd., S. 297). Zwar, so Murphy et al., hat das Neuromarketing diese Fähigkeit bislang noch nicht entwickeln können (dazu auch Stanton et al. 2017). Für den Fall aber, dass es diesen Entwicklungsstatus erreicht, plädieren die Autor*innen für eine regulative Kontrolle. In Anbetracht weitgreifender ethischer Grauzonen benötigt eine solche Kontrolle Organisationen, die in der Lage sind, den Einsatz von Neuromarketing zu regulieren (Luna-Nevarez 2021).

5.5.4 Problematische Zielgruppen

Kommt die Sprache auf problematische Zielgruppen, geraten zumeist Kinder und Jugendliche als anfällige Konsument*innen in das Blickfeld. Anfällig bedeutet in diesem Zusammenhang, dass sie auf Grund bestimmter Dispositionen oder fehlender Fähigkeiten oder Kenntnisse nicht kompetent mit werblichen Beeinflussungsversuchen umgehen können (Brenkert 1998). Sie sind daher, so die Annahme, besonders leicht beeinflussbar. Werbeangebote, die sich an Kinder und Jugendliche richten, werden daher oftmals als unfair eingestuft (Kunkel 2001). Natürlich gibt es auch weitere Gründe für Anfälligkeit, z. B. geistige Behinderung, Suchterkrankungen oder kritische Lebenslagen. Die Werbeforschung hat sich aber vor allem mit Werbeappellen an Kinder und Jugendliche beschäftigt.

Persuasionswissen und Werbekompetenz
Das Werbeverständnis von Kindern und Jugendlichen wird in der aktuellen Forschung mit den Konzepten des Persuasionswissens (Friestad und Wright 1994) und der Werbekompetenz (Rozendaal et al. 2011) erfasst. Auch wenn sich diese beiden Konzepte im Detail unterscheiden, basieren sie auf einer ähnlichen Grundidee: Die Kategorisierung einer Nachricht als Werbebotschaft führt dazu, dass Rezipient*innen werbespezifische Rezeptionsstrategien anwenden (Borchers und Woelke 2020). Diese werbespezifischen Strategien unterscheiden sich von anderen genre-spezifischen Strategien, d. h. es macht einen Unterschied, ob Rezipient*innen eine Nachricht etwa als Werbebotschaft oder als journalistische Botschaft kategorisieren. Im ersten Fall könnten sie z. B. die getätigten Behauptungen skeptisch hinterfragen (Obermiller und Spangenberg 1998), weil sie den Werbenden ein Eigeninteresse unterstellen, das Übertreibungen, Auslassungen oder gar Falschdarstellungen motiviert. Im zweiten Fall hingegen könnten sie eine ausgewogene Darstellung erwarten und daher eher bereit sein, ausgesprochenen Urteilen Glauben zu schenken. Die beiden Konzepte gehen davon aus, dass Kinder und Jugendliche Persuasionswissen bzw. Werbekompetenz im Laufe ihres Heranwachsens erst erwerben müssen.

Wie die Forschung zum Werbeverständnis zeigt, ist der kompetente Umgang mit Beeinflussungsversuchen voraussetzungsreich und muss über die Jahre und im Rahmen der Konsumentensozialisation erlernt werden. Das liegt nicht zuletzt daran, dass die „Werbewelt" durch die Entwicklungen der vergangenen Jahre unübersichtlicher geworden ist und daher auch das Zurechtfinden in ihr neue Herausforderungen birgt. Beispielsweise findet kindlicher und jugendlicher Medienkonsum verstärkt ohne Aufsicht durch Erwachsene statt, weil sie zunehmend Zugriff auf mobile Endgeräte erhalten. So kommen sie zum einen verstärkt auch mit solchen Werbeangeboten in Kontakt, die keine Rücksicht auf ihre besonderen Voraussetzungen nehmen (Nairn und Dew 2007). Zum anderen fehlt die Begleitung des Rezeptionsprozesses durch Erwachsene, also etwa Eltern oder Lehrer*innen. Diese können Kindern und Jugendlichen dabei helfen, adäquat mit werblichen Beeinflussungsversuchen umzugehen (etwa Buijzen 2007). Aber auch die Hybridisierung von Werbeformaten, fehlende oder wenig eindeutige Werbekennzeichnungen und der Einsatz von impliziten Beeinflussungsstrategien wie die Zusammenarbeit mit Social-Media-Influencer*innen sind aus ethischer Sicht gerade mit Blick auf Kinder und Jugendliche problematisch (Borchers 2017; Moore 2004; Nairn und Dew 2007; Nairn und Fine 2008).

> Agnes Nairn, University of Bristol, eine der weltweit führenden Forscherinnen, spricht bei TedX Ghent zu Problemen des kindlichen Umgangs mit Werbeangeboten https://youtu.be/fXTaRNDwigA

Die entwicklungsbedingten Einschränkungen in Kombination mit den Beeinflussungstechniken von Werbenden führen dazu, dass Kinder und Jugendliche als schutzbedürftig eingeschätzt werden. Daraus folgt der ethisch begründbare Anspruch, Werbeangebote, die auf Kinder und Jugendliche abzielen, entweder so zu gestalten, dass sie ihren verringerten Kompetenzen Rechnung tragen (Haefner 1991). Entsprechende Passus finden sich in der Gesetzgebung und den Selbstverpflichtungen der Werbebranche (s. Abschn. 5.3), und auch in den werbeethischen Grundlegungen lassen sich korrespondierende Überlegungen finden, etwa im Prinzip der Billigkeit im TARES-Test (s. Abschn. 5.5.4). Oder, das ist die alternative Lösung, die werbliche Ansprache von Kindern sollte verboten werden. Preston (2004) führt gegen ein solches Verbot ins Feld, dass Werbung notwendig ist, damit sich Kinder in den westlichen Konsumgesellschaften zurechtfinden können: „Social meaning in a consumer society (...) is expressed by consumption. That is why advertising is of importance to children. Advertising explains to children what things mean, things that they can buy and things they can do" (S. 365). Deutlich scheint in dieser Argumentation die Vorstellung von Werbung als Marktinformation durch. Eine differenziertere Antwort auf die Verbotsfrage bietet Rowthorn (2017). Er argumentiert, dass die Verletzlichkeit von Kindern durch Beeinflussungsversuche eben nicht nur für werbliche Beeinflussungsversuche gilt, sondern konsequenterweise für jeglichen Beeinflussungsversuch: „We persuade children of many things, whether this takes the form of parental persuasion or societal persuasion through such things as Public Service Announcements (PSAs) and campaigns. Parents persuade children to eat healthily by presenting food in a certain way, for example. (…) Parents, teachers and the government all take advantage of this vulnerability in order to persuade children to behave in certain ways" (S. 4). Die Tatsache allein, dass Kinder Beeinflussungsversuche nicht oder nur eingeschränkt verstehen, kann daher laut Rowthorn nicht als Argument gegen die werbliche Ansprache von Kindern ins Feld geführt werden. Stattdessen argumentiert er, dass der Beeinflussungsversuch zumindest potenziell negative Konsequenzen für die Kinder besitzen muss, um moralisch falsch zu sein. Sollte es gelingen, diese negativen Konsequenzen durch entsprechende Regulierungen zu verhindern, wäre die werbliche Ansprache von Kindern ethisch zu rechtfertigen.

5.6 Fallstudie

Im Sommer 2019 veröffentlichte der Smoothie-Hersteller *True Fruits* über seine Social-Media-Kanäle zwei Anzeigen für seinen neu ins Sortiment aufgenommenen Smoothie „Sun Creamie", dessen Verpackungsdesign einer Sonnenmilchflasche ähnelt. Eine der Anzeigen zeigte einen gebräunten Frauen-, die andere einen gebräunten Männerrücken, auf denen mit Sonnenmilch ein ejakulierender Penis gezeichnet war. Darüber stand die Frage: „Sommer, wann feierst Du endlich Dein Cumback?" (s. Abb. 5.3).

Diese Anzeigen reihen sich ein in eine lange Reihe streitbarer Werbemotive von *True Fruits*. Die Werbestrategie des Lebensmittelherstellers zielt darauf ab, öffentliches Aufsehen zu erregen. So betitelte das Unternehmen etwa ein Bild mit einer Auswahl verschiedener Eigenprodukte, in der auch ein in einer schwarzen Flasche vertriebener Smoothie abgebildet war, mit dem Slogan „Unser Quotenschwarzer". Es folgte der Vorwurf des Rassismus. Eine andere Anzeige warb mit dem Slogan „Abgefüllt & mitgenommen". Sie wurde dafür kritisiert, sexuelle Gewalt zu verharmlosen. Das auf Produktverpackungen befindliche Statement „autistische Liebe zum Detail" wurde als behindertenfeindlich kritisiert. 2016 verbot die Stadt München gar drei Motive des Unternehmens, darunter das Plakat für einen Chiasmoothie mit dem Slogan „Oralverzehr – schneller kommst du nicht zum Samengenuss". *True Fruits* überklebten den Slogan auf den Plakaten daraufhin mit einem großen schwarzen Kasten, der das Verbot mit folgenden Worten als Zensur-

Abb. 5.3 Die Motive der „Sun Creamie"-Kampagne. Nach Werberat (2019). (Quelle: https://werberat.de/sites/default/files/uploads/media/true_fruits_sun_creamie_screenshot_fb.jpg (Datum des Aufrufs: 20.06.2023))

5.6 Fallstudie

maßnahme anprangerte: „Zensiert. true fruits wurde verpflichtet, dieses Werbeplakat zu zensieren – es soll anstößige und geschmacklose Äußerungen enthalten #sorrymuc".

Wegen dieser und anderer Motive starteten einige Bürger*innen im April 2016 unter dem Titel „#truediskriminierung und sonst nichts" eine Online-Petition zur Verbannung von *True Fruits*-Produkten aus Supermärkten. In einem offenen Brief an Handelsunternehmen schreiben die Petiteur*innen: „Das Marketingkonzept basiert auf der Herabwürdigung und rassistischen, sexistischen, behinderten- und frauenfeindlichen sowie lookistischen und heteronormativen Diskriminierung von marginalisierten Menschengruppen. Unter dem vermeintlichen Deckmantel des ,Humors' und der Intention, ,provokant' zu sein, werden diese ohnehin schon gesellschaftlich benachteiligten Menschengruppen schamlos zur reinen Gewinnsteigerung instrumentalisiert" (Furgalec 2019). Die Petition konnte schnell mehrere Zehntausend Unterstützende gewinnen.

Auch die Sonnenmilch-Anzeigen haben zu kontroversen Debatten geführt. So kommentierte Kurianowicz (2019) unter dem Titel „Werbung als Tabubrecher eines von links kontrollierten Diskurses" in der *Welt*: „Das Unternehmen [True Fruits] ist wahrlich kein verlängerter Arm der AfD-Parteizentrale, wie es einige Ultra-Feminist*innen behaupten. Es handelt sich vielmehr um ein Start-up, das sich in seiner Unbekümmertheit um nichts weiter schert als um den Erfolg. Dafür ist kein Preis zu hoch und keine Grenzverletzung zu debil. In den Werbebotschaften zeigt sich die zynische Sorglosigkeit eines ,Work hard, party hard'-Milieus, das jede Sinnfrage mit Schulterzucken und der Allerweltsphrase beantwortet: ,Because we can!'. (...) Die Strategie des geschichtsvergessenen Polterns folgt einem System. Es passt in eine Kommunikationswelt, wo nur noch derjenige Gehör findet, der sich in Grenzverletzungen überbietet und das Unsagbare nach dem Motto ,Krass, krasser, am krassesten' sagbar macht". Nach rund 900 Beschwerden meldete sich auch der Deutsche Werberat in der Sache zu Wort. Der Rat beanstandete die Werbemotive, weil sie seiner Ansicht nach durch ihre Vulgarität die Grenze des guten Geschmacks überschritten: „Sowohl das weibliche als auch das männliche Model würden in herabwürdigender Art und Weise als Gegenstand sexueller Fantasien und Praktiken dargestellt" (DWR 2019, hier auch die vollständige Pressemitteilung). Der Werberat beanstandete die Motive, obwohl *True Fruits* sie auf Grund einer Copyright-Verletzung zu diesem Zeitpunkt nicht mehr verwendete. Dieser ungewöhnliche Schritt der Beanstandung einer nicht mehr genutzten Werbemaßnahme deutet darauf hin, dass der Werberat die Anzeige als einen besonders schwerwiegenden Verstoß gegen seine Grundsätze bewertet.

True Fruits erntete allerdings nicht nur Kritik, sondern erfuhr auch, wie für die Werbemaßnahmen der Firma üblich, Unterstützung. Auf der *Facebook*-Seite des

Unternehmens stellen sich Konsument*innen demonstrativ hinter das Unternehmen. So kommentierte etwa eine weibliche *fb*-Nutzerin: „Nach dem der Zentralrat der Empörten so schön für Euch Werbung gemacht hat, ist true fruits ab sofort der Smoothie meiner Wahl." Ein männlicher Nutzer ergänzte: „Wer keinen Spaß versteht sollte im Keller bleiben. Ich geh lieber an die Sonne, aber nur mit eurer guten Sonnen(-Milch)." Die Befürworter des Unternehmens starteten zudem ebenfalls eine Petition. Sie firmiert unter dem sprechenden Titel „Redefreiheit für true fruits".

Und *True Fruits* selbst? Das Unternehmen reagierte wie gewohnt selbstbewusst. Das Zurückziehen des Motives, so das Unternehmen, sei allein dem Umstand geschuldet, dass ein Copyright-Konflikt vorlag. Über seine *fb*-Seite verkündete es: „Sonne Mist: Wir mussten leider unsere Fotos mit der Sonnencreme-Kritzelei löschen. Wir haben mit diesen Fotos unwissentlich gegen die AGBs einer Bildagentur verstoßen. An alle Freunde gekritzelter Albernheiten: Man darf iStock-Fotos nicht mit Penis-Zeichnungen versehen. Wir halten zwar nichts davon, unbequeme Posts zu löschen (machen wir sonst auch nicht), aber so ist es nun mal" (True Fruits 2019a). Zu ihrer Verteidigung veröffentlichte die Firma zudem eine längere Mitteilung, in der sie den Vorwurf des Sexismus abstritt: „Leute malen nun mal mit Sonnencreme Penisse auf Rücken. Auf Männerrücken wie auch auf Frauenrücken. Na und? Es ist schlichtweg Teil dessen, was manche Leute tun. Man muss es nicht mögen oder kann es vorpubertär, vulgär oder kindisch finden aber sexistisch? Hier teilen sich nun mal die Meinungen. Manche finden es lustig und ok – andere halt nicht. Sexistisch ist es jedoch auf keinen Fall." (True Fruits 2019b) Im nächsten Schritt stellte *True Fruits* die Diskussion um seine Kampagne in einen größeren gesellschaftspolitischen Zusammenhang. Die Kritik an den Motiven, so *True Fruits*, zeige, wie einzelne Interessensgruppen versuchten, den öffentlichen Diskurs auf undemokratische Weise zu beeinflussen: „Vielleicht nehmen wir uns zu wichtig, aber die Fanatiker, die uns angreifen, greifen nicht bloß uns an. Sie streben die Diktatur darüber an, welcher Humor, welche Meinung erlaubt ist und welche nicht. Und genau das ist das Problem. Diese Radikalapostel glauben, sie besäßen die alleinige Wahrheit und gehen mit allen ihnen zur Verfügung stehenden Mitteln gegen anders Denkende und Handelnde vor. Für diese Menschen gibt es kein grau. Nur schwarz oder weiß, Freund oder Feind. Keinen anderen Humor, nur Diskriminierung oder Rassismus" (True Fruits 2019b).

Diskussionsfragen zur Fallstudie
(1) Was ist das Hauptproblem in dem vorgestellten Fall?
(2) Wer ist betroffen? Wessen Interessen müssen in Betracht gezogen werden?
(3) Welche Argumente sprechen für und welche gegen die dargestellten Positionen? Wie valide sind die Argumente?
(4) Kann bzw. sollte sich eine Werbekampagne die Aufgabe geben, gesellschaftspolitische Fragestellungen – wie das Thema Diskursmacht – zu thematisieren? Wenn ja, unter welchen Bedingungen?
(5) Wie weit dürfen Werbende gehen, um Aufmerksamkeit für ihre Produkte zu erzeugen?
(6) Welche Formen der Aufmerksamkeit für streitbare Werbemotive sind zulässig? Wie können werbeethische Streitfälle verhandelt werden, ohne den Werbetreibenden zusätzlich kalkulierte Aufmerksamkeit zu verschaffen?

Literatur

Andersen, K. E. (1978). *Persuasion. Theory and practice.* Boston, MA: Allyn & Bacon.
Arrington, R. L. (1982). Advertising and behavior control. *Journal of Business Ethics 1* (1), 3–12. https://doi.org/10.1007/BF00382800.
Arvidsson, A. (2007). Creative class or administrative class? On advertising and the "underground". *Ephemera: Theory & Politics in Organization 7* (1), 8–23.
Auxtova, K., Brennan, M. & Dunne, S. (2021). To be or not to be governed like that? Harmful and/or offensive advertising complaints in the United Kingdom's (self-) regulatory context. *Journal of Business Ethics 172* (3), 425–446. https://doi.org/10.1007/s10551-020-04480-x
Baker, S. & Martinson, D. L. (2001). The TARES test. Five principles for ethical persuasion. *Journal of Mass Media Ethics 16* (2–3), 148–175. https://doi.org/10.1080/08900523.2001.9679610
Becker, A. (2016). Neue Sixt-Werbung #Frühlingsgefühle. Werberat meldet Beschwerden, hält Spot aber für zulässig, Meedia. https://meedia.de/2016/03/23/neue-sixt-werbung-fruehlingsgefuehle-werberat-zaehlt-erst-beschwerden-haelt-clip-aber-fuer-zulaessig/. Zugegriffen: 25. Juli 2019.
Bishop, F. P. (1949). *The ethics of advertising.* London: Robert Hale.
Bodle, R. (2017). A critical theory of advertising as surveillance. Algorithms, big data, and power. In J. F. Hamilton, R. Bodle & E. Korin (Hrsg.), *Explorations in critical studies of advertising* (S. 138–152). New York: Routledge.

Bohrmann, T. (2010). Werbung. In C. Schicha & C. Brosda (Hrsg.), *Handbuch Medienethik* (S. 293–303). Wiesbaden: VS Verlag für Sozialwissenschaften.
Borchers, N. S. (2014a). Unterhält die Werbung? Ein Plädoyer für ein Mehr an analytischer Präzision in der Werbeforschung. In C. Schwender, D. Schlütz & G. Zurstiege (Hrsg.), *Werbung im sozialen Wandel* (S. 224–236). Köln: von Halem.
Borchers, N. S. (2014b). *Werbekommunikation. Entwurf einer kommunikationswissenschaftlichen Theorie der Werbung.* Wiesbaden: Springer VS.
Borchers, N. S. (2017). Crossing the borders. A theory of hybrid advertising formats. In J. F. Hamilton, R. Bodle & E. Korin (Hrsg.), *Explorations in critical studies of advertising* (S. 195–207). New York: Routledge.
Borchers, N. S. & Enke, N. (2021). Influencer-Kommunikation benötigt ethische Regeln. Ein Ethikkodex für die Branche. *Communicatio Socialis 54* (4), 537–547. https://doi.org/10.5771/0010-3497-2021-4-537
Borchers, N. S. & Woelke, J. (2020). Epistemological and methodical challenges in the research on embedded advertising formats. A constructivist interjection. *Communications 45* (3), 325–349.
Brenkert, G. G. (1998). Marketing and the vulnerable. *Business Ethics Quarterly 8,* 297–306.
Buijzen, M. (2007). Reducing children's susceptibility to commercials. Mechanisms of factual and evaluative advertising interventions. *Media Psychology 9* (2), 411–430. https://doi.org/10.1080/15213260701291361.
Cluley, R. (2017). *Essentials of advertising.* London: Kogan.
Crisp, R. (1987). Persuasive advertising, autonomy, and the creation of desire. *Journal of Business Ethics 6* (5), 413–418. https://doi.org/10.1007/BF00382898.
Cunningham, A. (1999). Ethics in advertising. In J. P. Jones (Hrsg.), *The advertising business operations. Creativity, media planning, integrated communications* (S. 499–513). Thousand Oaks, CA: Sage.
Cunningham, A. (2005). Advertising practitioners respond. The news is not good. In L. Wilkins & R. Coleman (Hrsg.), *The moral media. How journalists reason about ethics* (S. 114–124). Mahwah, N.J: Lawrence Erlbaum.
Dahlén, M. & Rosengren, S. (2016). If advertising won't die, what will it be? Toward a working definition of advertising. *Journal of Advertising 45* (3), 334–345. http://search.ebscohost.com/login.aspx?direct=true&db=bth&AN=117922886&site=ehost-live.
Davis, J. J. (1994). Ethics in Advertising Decisionmaking: Implications for Reducing the Incidence of Deceptive Advertising. *Journal of Consumer Affairs 28* (2), 380–402. https://search.ebscohost.com/login.aspx?direct=true&db=bth&AN=9412143434&site=ehost-live.
Dreier, W. (1965). *Funktion und Ethos der Konsumwerbung.* Münster: Regensberg.
Drumwright, M. E. (2007). Advertising ethics. A multi-level theory approach. In G. J. Tellis & T. Ambler (Hrsg.), *The Sage handbook of advertising* (S. 398–415). Los Angeles: Sage.
Drumwright, M. E. (2012). Ethics and advertising theory. In S. Rodgers & E. Thorson (Hrsg.), *Advertising Theory* (Routledge communication series, S. 463–479). New York u.a: Routledge.
Drumwright, M. E. & Murphy, P. E. (2004). How advertising practitioners view ethics. Moral muteness, moral myopia, and moral imagination. *Journal of Advertising 33* (2), 7–24.
Drumwright, M. E. & Murphy, P. E. (2009). The current state of advertising ethics. Industry and academic perspectives. *Journal of Advertising 38* (1), 83–108. https://doi.org/10.2753/JOA0091-3367380106.

DWR. (o.D.a). Aufgaben und Ziele. https://www.werberat.de/aufgaben-und-ziele. Zugegriffen: 28. Juli 2019.
DWR. (o.D.b). Häufige Fragen. https://www.werberat.de/haeufige-fragen. Zugegriffen: 28. Juli 2019.
DWR. (o.D.c). Leitfaden zum Werbekodex. https://www.werberat.de/file/4509/download?-token=VVOEPL90.
DWR. (2019). Werberat spricht nachträgliche Beanstandung aus. Social-Media-Werbung von true fruits überschreitet Grenze zulässiger Provokation, Deutscher Werberat. https://werberat.de/werberat-spricht-nachtragliche-beanstandung-aus-social-media-werbung-von-true-fruits-uberschreitet.
Eisend, M. (2010). A meta-analysis of gender roles in advertising. *Journal of the Academy of Marketing Science 38* (4), 418–440. https://doi.org/10.1007/s11747-009-0181-x
Finn, R. L. & Wadhwa, K. (2014). The ethics of "smart" advertising and regulatory initiatives in the consumer intelligence industry. *info 16* (3), 22–39. https://doi.org/10.1108/info-12-2013-0059
Friestad, M. & Wright, P. (1994). The persuasion knowledge model. How people cope with persuasion attempts. *Journal of Consumer Research 21* (1), 1–31.
Funiok, R. (2010). Publikum. In C. Schicha & C. Brosda (Hrsg.), *Handbuch Medienethik* (S. 232–243). Wiesbaden: VS Verlag für Sozialwissenschaften.
Furgalec, N. (2019). #truediskriminierung und sonst nichts. Nehmt true fruits aus Eurem Sortiment, change.org. https://www.change.org/p/truediskriminisierung-und-sonst-nichts-nehmt-true-fruits-aus-dem-sortiment. Zugegriffen: 4. September 2019.
Gesamtverband Kommunikationsagenturen. (2017). *Human Resources Management Studie 2017.*
Gesamtverband Kommunikationsagenturen. (2018). *GWA Frühjahrsmonitor 2018.*
Goffman, E. (1981). *Geschlecht und Werbung.* Frankfurt a. M: Suhrkamp.
Gottzmann, N. (2005). *Möglichkeiten und Grenzen der freiwilligen Selbstkontrolle in der Presse und der Werbung. Der Deutsche Presserat und der Deutsche Werberat.* München: C.H. Beck.
Gregory, M. R. (2009). Inside the locker room. Male homosociability in the advertising industry. *Gender, Work & Organization 16* (3), 323–347. https://doi.org/10.1111/j.1468-0432.2009.00447.x
Grow, J. M. & Broyles, S. J. (2011). Unspoken rules of the creative game. Insights to shape the next generation from top advertising creative women. *Advertising & Society Review 12* (1). https://doi.org/10.1353/asr.2011.0009
Grow, J. M. & Deng, T. (2014). Sex segregation in advertising creative departments across the globe. *Advertising & Society Review 14* (4). https://muse.jhu.edu/article/534556.
Haefner, M. J. (1991). Ethical problems of advertising to children. *Journal of Mass Media Ethics 6* (2), 83–92. https://doi.org/10.1207/s15327728jmme0602_2
Hartwich, O. M. (2004). *Wettbewerb, Werbung und Recht. Eine Kritik des Rechts des unlauteren Wettbewerbs aus historischer, rechtsvergleichender und ökonomischer Sicht – zusammengeführt am Beispiel der vergleichenden Werbung.* München: Utz.
Heller, E. (1992). Frauenfeindliche Werbung? Gibt es nicht! – sagt die Werbung. In C. Schmerl (Hrsg.), *Frauenzoo der Werbung. Aufklärung über Fabeltiere* (S. 245–259). München: Frauenoffensive.
Heyd, F. M. (2011). *Werbeselbstkontrolle. Ein vergleich der freiwilligen Selbstkontrolle in den USA und Deutschland.* Wiesbaden: VS Verlag.

Hunt, S. D. & Chonko, L. B. (1987). Ethical problems of advertising agency executives. *Journal of Advertising 16* (4), 16–24. https://doi.org/10.1080/00913367.1987.10673091

Hunt, S. D. & Vitell, S. (1986). A general theory of marketing ethics. *Journal of Macromarketing 6* (1), 5–16. https://doi.org/10.1177/027614678600600103

Hunt, S. D. & Vitell, S. J. (1993). The general theory of marketing ethics. A retrospective and revision. In N. C. Smith & J. A. Quelch (Hrsg.), *Ethics in marketing* (S. 775–784). Homewood, IL: Irwin.

Hunt, S. D. & Vitell, S. J. (2006). The General Theory of Marketing Ethics. A Revision and Three Questions. *Journal of Macromarketing 26* (2), 143–153. https://doi.org/10.1177/0276146706290923

Hyman, M. R. & Skipper, R. (1993). Advertising. Questioning common complaints. *Business Ethics: A European Review 2* (2), 87–93. https://doi.org/10.1111/j.1467-8608.1993.tb00022.x

Hyman, M. R., Tansey, R. & Clark, J. W. (1994). Research on Advertising Ethics. Past, Present, and Future. *Journal of Advertising 23* (3), 5–15.

International Council for Ad Self-Regulation. (2018). Global factbook of advertising self-regulatory organizations 2017. https://icas.global/wp-content/uploads/2017_Global_SRO_Factbook.pdf. Zugegriffen: 25. Juli 2019.

Jhally, S. (2006). Advertising, gender, and sex. What's wrong with a little objectification? In S. Jhally (Hrsg.), *The spectacle of accumulation. Essays in culture, media, & politics* (S. 163–175). New York: Lang.

Jost, P.-J. (2001). Die Prinzipal-Agenten-Theorie im Unternehmenskontext. In P.-J. Jost (Hrsg.), *Die Prinzipal-Agenten-Theorie in der Betriebswirtschaftslehre* (S. 11–43). Stuttgart: Schäffer-Poeschel Verlag.

Keith, N. K., Pettijohn, C. E. & Burnett, M. S. (2008). Ethics in advertising. Differences in industry values and student perceptions. *Academy of Marketing Studies Journal 12* (2), 81–96. https://search.ebscohost.com/login.aspx?direct=true&db=bth&AN=41337436&site=ehost-live.

Köberer, N. (2016). Werbeethik. In J. Heesen (Hrsg.), *Handbuch Medien- und Informationsethik* (S. 319–325). Stuttgart: Metzler.

Krugman, D. M. & Ferrell, O. C. (1981). The Organizational Ethics of Advertising: Corporate and Agency Views. *Journal of Advertising 10* (1), 21–48. https://doi.org/10.1080/00913367.1981.10672752

Kunkel, D. (2001). Children and television advertising. In D. G. Singer & J. L. Singer (Hrsg.), *Handbook of children and the media* (S. 375–393). Thousand Oaks, CA: Sage.

Kurianowicz, T. (2019, 22. August). Werbung als Tabubrecher eines von links kontrollierten Diskurses. *Die Welt*. https://www.welt.de/kultur/article199022287/Der-kalkulierte-Skandal-um-die-Smoothie-Werbung-von-True-Fruits.html.

Laczniak, G. R. & Murphy, P. E. (2006). Normative perspectives for ethical and socially responsible marketing. *Journal of Macromarketing 26* (2), 154–177. https://doi.org/10.1177/0276146706290924

Lee, S. T. (2016). Ethics theory and application in public relations, advertising and health communication. In M. Duffy & E. Thorson (Hrsg.), *Persuasion ethics today* (S. 224–242). New York: Routledge.

Leiser, B. (1988). Beyond fraud and deception. The moral uses of advertising. In T. Donaldson & P. H. Werhane (Hrsg.), *Ethical issues in business. A philospohical approach* (3rd ed., S. 59–66). Englewood Cliffs, NJ: Prentice Hall.

Lippke, R. L. (1989). Advertising and the social conditions of autonomy. *Business & Professional Ethics Journal 8* (4), 35–58. http://www.jstor.org/stable/27800021.
Luna-Nevarez, C. (2021). Neuromarketing, ethics, and regulation. An exploratory analysis of consumer opinions and sentiment on blogs and social media. *Journal of Consumer Policy 44* (4), 559–583. https://doi.org/10.1007/s10603-021-09496-y
Marcuse, H. (1968). *Der eindimensionale Mensch. Studien zur Ideologie der fortgeschrittenen Industriegesellschaft.* Neuwied: Luchterhand.
Moore, E. S. (2004). Children and the Changing World of Advertising. *Journal of Business Ethics 52* (2), 161–167. https://doi.org/10.1023/B:BUSI.0000035907.66617.f5.
Müller, U., Feiks, M., Krautter, J. & Zurstiege, G. (2018). Ethik der Werbung in Zeiten der Digitalisierung. In K. Liesem & L. Rademacher (Hrsg.), *Die Macht der Strategischen Kommunikation. Medienethische Perspektiven der Digitalisierung* (1. Auflage, S. 141–157). Baden-Baden: Nomos.
Murphy, E. R., Illes, J. & Reiner, P. B. (2008). Neuroethics of neuromarketing. *Journal of Consumer Behaviour 7* (4–5), 293–302. https://doi.org/10.1002/cb.252
Nairn, A. & Dew, A. (2007). Pop-ups, pop-unders, banners and buttons. The ethics of online advertising to primary school children. *Journal of Direct, Data and Digital Marketing Practice 9* (1), 30–46. https://doi.org/10.1057/palgrave.dddmp.4350076
Nairn, A. & Fine, C. (2008). Who's messing with my mind? The implications of dual-process models for the ethics of advertising to children. *International Journal of Advertising 27* (3), 447–470.
Nebenzahl, I. D. & Jaffe, E. D. (1998). Ethical dimensions of advertising executions. *Journal of Business Ethics 17* (7), 805–815.
Nelson, P. (1978). Advertising and ethics. In R. T. de George & J. A. Pichler (Hrsg.), *Ethics, free enterprise, and public policy. Original essays on moral issues in business* (S. 173–186). New York: Oxford University Press.
Nevett, T. (1985). The ethics of advertising. F. P. Bishop reconsidered. *International Journal of Advertising 4* (4), 297–304. https://search.ebscohost.com/login.aspx?direct=true&db=ufh&AN=11945443&site=ehost-live.
Nida-Rümelin, J. (2002). *Ethische Essays.* Frankfurt am Main: Suhrkamp.
Nill, A. & Aalberts, R. J. (2014). Legal and ethical challenges of online behavioral targeting in advertising. *Journal of Current Issues & Research in Advertising 35* (2), 126–146.
Nwachukwu, S. L., Vitell, S. J., Gilbert, F. W. & Barnes, J. H. (1997). Ethics and Social Responsibility in Marketing: An Examination of the Ethical Evaluation of Advertising Strategies. *Journal of Business Research 39* (2), 107–118. http://www.sciencedirect.com/science/article/pii/S0148296396001464.
Obermiller, C. & Spangenberg, E. R. (1998). Development of a scale to measure consumer skepticism toward advertising. *Journal of Consumer Psychology 7* (2), 159–186.
Ogilvy, D. (1963). *Confessions of an advertising man.* New York: Atheneum.
Packard, V. (1958). *Die geheimen Verführer. Der Griff nach dem Unbewußten in Jedermann.* Düsseldorf: Econ. (Originalarbeit erschienen 1957).
Pratt, C. B. & James, E. L. (1994). Advertising ethics. A contextual response based on classical ethical theory. *Journal of Business Ethics 13* (6), 455–468. https://doi.org/10.1007/BF00881455.
Preston, C. (2004). Children's advertising: the ethics of economic socialisation. *International Journal of Consumer Studies 28* (4), 364–370. https://doi.org/10.1111/j.1470-6431.2004.00401.x

Reichert, T. (2002). Sex in advertising research. A review of content, effects, and functions of sexual information in consumer advertising. *Annual Review of Sex Research 13* (1), 241. https://search.ebscohost.com/login.aspx?direct=true&db=sih&AN=9928851&site=ehost-live.

Richards, J. I. (2021). Key Concepts in Advertising: Deceptiveness. *Advertising & Society Quarterly 22* (3). https://doi.org/10.1353/asr.2021.0031

Richards, J. I. & Curran, C. M. (2002). Oracles on "advertising". Searching for a definition. *Journal of Advertising 31* (2), 63–77.

Rotzoll, K. B. & Christians, C. G. (1980). Advertising Agency Practitioners' Perceptions of Ethical Decisions. *Journalism Quarterly 57* (3), 425–430. https://doi.org/10.1177/107769908005700307

Rowthorn, D. (2017). Is child advertising inherently unfair? *Journal of Business Ethics*. https://doi.org/10.1007/s10551-017-3742-9.

Rozendaal, E., Lapierre, M. A., van Reijmersdal, E. A. & Buijzen, M. (2011). Reconsidering advertising literacy as a defense against advertising effects. *Media Psychology 14* (4), 333–354. https://doi.org/10.1080/15213269.2011.620540.

Russo, J. E., Metcalf, B. L. & Stephens, D. (1981). Identifying misleading advertising. *Journal of Consumer Research 8* (2), 119–131. https://doi.org/10.1086/208848

Santilli, P. C. (1983). The informative and persuasive functions of advertising: a moral appraisal. *Journal of Business Ethics 2* (1), 27–33. http://www.redi-bw.de/db/ebsco.php/search.ebscohost.com/login.aspx?direct=true&db=buh&AN=12134816&site=ehost-live.

Schauster, E. (2015). The relationship between organizational leaders and advertising ethics. An organizational ethnography. *Journal of Media Ethics 30* (3), 150–167. https://doi.org/10.1080/23736992.2015.1050556

Schauster, E. (2019). Ethics versus survival. The relationship between advertising ethics and new business challenges. *Journal of Current Issues & Research in Advertising 40* (1), 90–104. https://doi.org/10.1080/10641734.2018.1500320

Schauster, E. & Neill, M. (2017). Have the ethics changed? An examination of ethics in advertising and public relations agencies. *Journal of Media Ethics 32* (1), 45–60. https://doi.org/10.1080/23736992.2016.1258993

Schauster, E. & Plaisance, P. (2021). The moral psychology and exemplarism of leaders in advertising. *International Journal of Strategic Communication 15* (4), 375–394. https://doi.org/10.1080/1553118X.2021.1958333

Schmerl, C. (1983). *Frauenfeindliche Werbung. Sexismus als heimlicher Lehrplan*. Berlin: Elefanten Press.

Schmidt, S. J. (1991). Werbewirtschaft als soziales System. DFG-Sonderforschungsbereich 240, „Ästhetik, Pragmatik und Geschichte der Bildschirmmedien. Schwerpunkt: Fernsehen in der Bundesrepublik Deutschland.". *Arbeitshefte Bildschirmmedien, Hrsg. vom DFG-Sonderforschungsbereich 240, „Ästhetik, Pragmatik und Geschichte der Bildschirmmedien. Schwerpunkt: Fernsehen in der Bundesrepublik Deutschland".*

Schreyögg, G. & Koch, J. (2015). *Grundlagen des Managements. Basiswissen für Studium und Praxis* (3., überarb. und erw. Aufl.). Wiesbaden: Gabler.

Schroeder, J. E. & Borgerson, J. L. (2005). An ethics of representation for international marketing communication. *International Marketing Review 22* (5), 578–600. https://doi.org/10.1108/02651330510624408

Schweiger, G. & Schrattenecker, G. (2017). *Werbung. Eine Einführung* (9. Aufl.). Stuttgart: Lucius & Lucius.

Shao, C. & Borchers, N. S. (2022). Werbung als Katalysator der digitalen Wirtschaftsordnung: The Age of Surveillance Capitalism von Zuboff. In T. G. Meitz, N. S. Borchers & B. Naderer (Hrsg.), *Schlüsselwerke der Werbeforschung* (S. 55–66). Wiesbaden: Springer.

Simpson, J. (2017). Finding brand success in the digital world. *Forbes*. https://www.forbes.com/sites/forbesagencycouncil/2017/08/25/finding-brand-success-in-the-digital-world/#71e217d4626e.

Sneddon, A. (2001). Advertising and Deep Autonomy. *Journal of Business Ethics 33* (1), 15–28. https://doi.org/10.1023/A:1011929725518.

Stankiewicz, J. M. & Rosselli, F. (2008). Women as sex objects and victims in print advertisements. *Sex Roles 58* (7), 579–589. https://doi.org/10.1007/s11199-007-9359-1.

Stanton, S. J., Sinnott-Armstrong, W. & Huettel, S. A. (2017). Neuromarketing. Ethical implications of its use and potential misuse. *Journal of Business Ethics 144* (4), 799–811. https://doi.org/10.1007/s10551-016-3059-0.

Statistisches Bundesamt. (2018). *Erzeugerpreisindizes für Dienstleistungen. Informationen zum Preisindex Werbung (WZ 2008: 73.1)*.

Thomaß, B. (2010). Ethik der Kommunikationsberufe Journalismus, PR und Werbung. Bilanz und Herausforderungen. *Zeitschrift für Kommunikationsökologie und Medienethik 12* (1), 10–16.

Thompson-Whiteside, H., Turnbull, S. & Howe-Walsh, L. (2021). Advertising: Should creative women be expected to 'fake it?'. *Journal of Marketing Management 37* (3–4), 294–319. https://doi.org/10.1080/0267257X.2019.1707704

True Fruits. (2019a). https://www.facebook.com/true.fruits.no.tricks/photos/sonne-mist-wir-mussten-leider-unsere-fotos-mit-der-sonnencreme-kritzelei-1%C3%B6schen/10156613441320914/.

True Fruits. (2019b). https://www.facebook.com/true.fruits.no.tricks/posts/liebe-freunde-liebe-andere-es-ist-mal-wieder-so-weit-die-welt-geht-gerade-unter-/10156602203920914/.

Turow, J. (2011). *The daily you. How the new advertising industry is defining your identity and your worth*. New Haven, Conn.: Yale University Press.

Urbach, S. (2016). Der Werberat ist ein stumpfes Schwert, Der Freitag. https://www.freitag.de/autoren/stefanieurbach/der-werberat-ist-ein-stumpfes-schwert.

Vaes, J., Paladino, P. & Puvia, E. (2011). Are sexualized women complete human beings? Why men and women dehumanize sexually objectified women. *European Journal of Social Psychology 41* (6), 774–785. https://doi.org/10.1002/ejsp.824

van Dijck, J. (2014). Datafication, dataism and dataveillance. Big Data between scientific paradigm and ideology. *Surveillance & Society 12* (2), 197–208. https://doi.org/10.24908/ss.v12i2.4776

Watchgroup Sexismus. (o. J.). Kriterienkatalog sexistische Werbung. http://www.watchgroupsexismus.at/cms/wp-content/uploads/katalog_wsg_mit-logos.pdf.

Weber, J. (1992). Scenarios in business ethics research. Review, critical assessment, and recommendations. *Business Ethics Quarterly 2* (2), 137–160. https://www.cambridge.org/core/article/scenarios-in-business-ethics-research-review-critical-assessment-and-recommendations/76ED0BB2F6681382943449D617C4FBBA.

Windels, K. & Mallia, K. L. (2015). How being female impacts learning and career growth in advertising creative departments. *Employee Relations 37* (1), 122–140. https://doi.org/10.1108/ER-02-2014-0011

Wright, D., Friedewald, M., Gutwirth, S., Langheinrich, M., Mordini, E., Bellanova, R., Hert, P. de, Wadhwa, K. & Bigo, D. (2010). Sorting out smart surveillance. *Computer Law & Security Review 26* (4), 343–354. http://www.sciencedirect.com/science/article-pii/S0267364910000841.

ZAW. (o.D.a). Aufgaben und Strukturen des ZAW. http://www.zaw.de/zaw/zaw/aufgaben-und-strukturen. Zugegriffen: 28. Juli 2019.

ZAW. (o.D.b). Wettbewerb braucht Werbung. http://www.zaw.de/zaw/wert-der-werbung/fakten-und-zusammenhaenge/?navid=407937407937. Zugegriffen: 26. Juli 2019.

ZAW. (2016). Werbeverbote helfen nicht gegen Sexismus. http://www.zaw.de/zaw/aktuelles/meldungen/160411-ZAW-gegen-Werbeverbotsplaene-des-BMJV.php. Zugegriffen: 28. Juli 2019.

ZAW. (2021). Wert der Werbung. Überblick Infografik. https://zaw.de/wert-der-werbung/ueberblick-infografik/.

ZAW. (2023). Wirtschaft und Werbung. https://zaw.de/wirtschaft-und-werbung-2/.

Zuboff, S. (2019). *The age of surveillance capitalism: The fight for a human future at the new frontier of power.* London: Profile.

Zurstiege, G. (2007). *Werbeforschung.* Konstanz: Universitätsverlag.

Zurstiege, G. (2015). Sittenbild der Konsumgesellschaft. Ethik der Werbung in Zeiten der freiwilligen Aufgabe unserer Grundrechte. *Communicatio Socialis 48* (3), 250–264.

Ethik in der öffentlichen digitalen Kommunikation – Jessica Heesen

6

Zusammenfassung

Die öffentliche digitale Kommunikation ist ein Zentrum der Auseinandersetzung über gesellschaftliche Werte und Normen. Digitale Kommunikation ist Forum gesellschaftlicher Debatten und unterliegt in Form und Inhalt normativen Erwartungen, um dieser öffentlichen Funktion gerecht werden zu können. Der Beitrag behandelt zentrale Wertkonflikte der Online-Kommunikation im Bereich Meinungsäußerungsfreiheit und Medienselbstregulierung. Er zeigt die Herausforderungen der öffentlichen Kommunikation in umstrittenen Feldern wie Hate Speech, Wahrheit oder algorithmische Steuerung und führt ein in Geschichte, Systematik und Umsetzungsfelder der Kommunikationsethik. Vor diesem Hintergrund beinhaltet der Beitrag eine Fallstudie des Videos „Die Zerstörung der CDU" des Youtubers Rezo.

Schlüsselwörter

Online-Kommunikation · Ethik · Meinungsbildung · Internet · Regulierung · Media Accountability · Medienfreiheit · Glaubwürdigkeit · Verantwortung · Rezo

6.1 Die Foren

Öffentliche Kommunikation findet in den Kommunikationsplattformen des Internets über eine Vielzahl von Formaten und Anwendungen statt, sowohl für die professionellen Bereiche Journalismus und Public Relations als auch für die nichtprofessionelle öffentliche Kommunikation. Dementsprechend vielfältig sind die Themen und Akteure der digitalen öffentlichen Kommunikation. In den vielen unterschiedlichen Öffentlichkeiten des Internets und den Sozialen Medien verständigen sich Personen und Gruppen sowohl über gesellschaftlich allgemein bedeutende Themen als auch über Themen des privaten Alltags. Strukturell kennzeichnend für die Online-Kommunikation sind die individuelle und aktive Mediennutzung, Hypertextualität, die immensen Archiv- und Speicherfunktionen des Internets und entsprechender Clouddienste sowie die Nutzungsmöglichkeit über mobile Endgeräte. Gemeinsam stellen diese Charakteristika die Bedingung für eine schnelle, ortsunabhängige, individuelle und responsive Kommunikation, die durch Querbezüge und Zitate auf ein weltweites Archiv aller Formen von Dokumenten und Medien sowie die Echtzeitkommunikation Millionen anderer Nutzerinnen Bezug nehmen kann. Das Internet ist zu einer Plattform aller anderen Medien und Medienformate geworden – es ermöglicht die Videokonferenz, das Lesen einer Zeitung wie auch die Teilhabe an unterschiedlichen Debattenformaten. Die Kennzeichnung des Computers als universelles Werkzeug (Moor 1985) schlägt sich hier nieder in der Medialisierung einer Vielzahl von menschlichen Interaktionsbeziehungen. Was ist also überhaupt *öffentliche* Kommunikation in einer digitalen Gesellschaft?

Ganz allgemein ist Öffentlichkeit ein Diskurszusammenhang, der formal durch das Attribut „zugänglich für alle" bestimmt ist.[1] Diese Offenheit betrifft sowohl die aktive wie die passive, beobachtende Teilhabe an Öffentlichkeit als Zuschauerin oder Zuschauer. Während in der Kommunikationswissenschaft häufig ein deskriptiv-empirischer Zugang zum Öffentlichkeitsbegriff im Vordergrund steht,[2] ist für die Theoriebildungen in Bezug auf den Öffentlichkeitsbegriff in Philosophie und Soziologie ein normativer Begriff von Öffentlichkeit leitend. Das bedeutet, dass mit dem Öffentlichkeitsbegriff neben der empirischen Ebene bestimmte Sollensvorstellungen und politische, ethische oder rechtliche Konzepte verbunden sind. Öffentlichkeit soll in dieser Bestimmung Forum des allgemeinen Diskurses

---

[1] Diese übliche Bestimmung entspricht der juristischen Minimaldefinition von öffentlich, die sich zum Beispiel auch auf öffentliche Güter oder Orte bezieht.

[2] Zur dennoch *impliziten* Normativität der Kommunikationswissenschaft vgl. Karmasin et al. (2013).

sein, wie er für den Bestand eines demokratischen Gemeinwesens konstituierend ist. Öffentlichkeit ist demnach Voraussetzung jeder gemeinschaftlichen beziehungsweise gesellschaftlichen Aktivität: Zum einen ist sie Bedingung für innergesellschaftliche Verständigung und damit letztlich der Verständigung über die Frage, wie die Mitglieder einer Gesellschaft miteinander leben wollen (Klaus 2017, S. 22). Zum anderen dient sie der Kontrolle des staatlichen und politischen Handelns und damit der Reproduktion einer funktionsfähigen Demokratie (Habermas 1996 [1962]). Mehr noch: Öffentlichkeit ist nicht nur ein entscheidendes Element der gesellschaftlichen Selbststeuerung, gleichzeitig bestimmt die öffentliche Kommunikation in einem erheblichen Ausmaß die gesellschaftlichen bzw. intersubjektiven Vorstellungen von Wirklichkeit, Wahrheit und dem moralisch richtigen Handeln.[3] Öffentliche Kommunikation ist somit konstitutiv für gesellschaftliche Verständigung wie auch für individuelle und allgemeine Realitätsvorstellungen. Wegen dieser zentralen Vermittlungsstellung ist öffentliche Kommunikation einerseits maßgeblich für die *Definition von Normen* und ist andererseits selbst *Gegenstand normativer Bewertungen*. Der ideelle Anspruch, der mit dem Attribut „öffentlich" einher geht, verbindet sich entsprechend mit der Frage danach, welche Form von Öffentlichkeit am besten dazu geeignet ist, zu Demokratie und Verständigung beizutragen.

Aufgrund des digitalen Medienwandels hat sich das Erscheinungsbild der öffentlichen Kommunikation verändert und pluralisiert. Viele Öffentlichkeiten existieren komplementär, konkurrierend oder auch in gegenseitiger Ignoranz (Waldherr 2017; Godulla 2017; Altmeppen et al. 2018, S. 9). Neben diesen disparaten Öffentlichkeiten entstehen jedoch immer wieder übergreifende themenzentrierte Öffentlichkeiten – etwa durch die Berichterstattung über allgemein interessante Ereignisse (z. B. eine Weltraummission), aber auch durch eine massenhafte und weitgreifende Verkettung von Kommunikationsakten. Diese treten zum Beispiel in Form von sogenannten Shitstorms bzw. Empörungswellen oder Aufsehen erregenden Diskussionssträngen in Sozialen Medien mit kaum vorhersehbaren oder steuerbaren Effekten auf (Altmeppen et al. 2018, S. 11; Pörksen 2018).

Bei der Nutzung des Internets als Mittel der sozialen Interaktion vermischen sich die Interessen, Kompetenzen und Ressourcen einer Vielzahl von Einzelpersonen, Institutionen und Wirtschaftsunternehmen. Kennzeichnend für die Entwicklung des Internets seit der Jahrtausendwende ist die Organisation der Kommunikation über Plattformen. Über solche Intermediäre wie Facebook,

---

[3] Aus diesem Grund bezeichnet Niklas Luhmann die durch Massenmedien erzeugte Öffentlichkeit als eine „transzendentale Illusion" (Luhmann 1996, S. 13). Zur Wirklichkeitserzeugung durch Öffentlichkeit vgl. auch Hannah Arendt 1960, S. 49 f.

Twitter oder YouTube wird einzelnen Kommunikationsteilnehmern die Möglichkeit geboten, sich und/oder bestimmte Inhalte zu präsentieren. Die Plattformen nehmen eine hybride Funktion zwischen *privat – öffentlich* wie auch zwischen *nicht-kommerziell – kommerziell* ein. So existieren hier scheinbar private Foren und Chats, in denen einzelne Personen sich miteinander austauschen; die Kommunikation kann aber von anderen, also einer anonymen Öffentlichkeit, beobachtet werden. Gleichzeitig betätigen sich Einzelpersonen als Berichterstatterinnen für allgemeinere Öffentlichkeiten und übernehmen damit journalistische Aufgaben. Andere nutzen Plattformangebote für die Koordinierung von Gruppenaktivitäten oder die Vermarktung von Produkten.

Eine zunehmend starke Rolle in diesem breiten Spektrum von Formaten der digitalen Öffentlichkeiten nehmen die sogenannten Influencer ein (Wellman et al. 2020). Influencer sind in den Sozialen Medien aktiv und haben in der Regel einen stabilen, größeren Kreis von Followern, und können diese in Bezug auf Haltungen und Konsumverhalten beeinflussen. Sie vereinen kommunikative Elemente wie soziale Bindung und gegenseitige Anerkennung mit Mitteln der Werbekommunikation oder der politischen Agitation und stehen damit für einen neuen hybriden Typ der öffentlichen Kommunikation.

Für alle die oben genannten Erscheinungsformen der digitalen öffentlichen Kommunikation sind die Infrastrukturangebote der Plattformbetreiber, ihr Content-Management und die von ihnen gebotenen Präsentationsformen essenziell und maßgeblich für den individuellen Auftritt in den Sozialen Medien. Oft steht in diesem Zusammenhang nicht das Publizieren von Informationen bzw. Nachrichten im Vordergrund, sondern das Kommunizieren als sozialer Akt im Wechselspiel von Selbstdarstellung, Interaktion und Rezeption. Jan-Hinrik Schmidt (2013, 126 f.) nutzt in diesem Zusammenhang den Begriff der „persönlichen Öffentlichkeit" und weist damit auf den Umstand hin, dass die Unterscheidung zwischen öffentlich und privat nicht als Abgrenzung zwischen publizieren oder nicht-publizieren verstanden werden kann, sondern mehr und mehr zu einer Frage der Adressierung von Inhalten in einem Netzwerk verschiedener Öffentlichkeitsformen wird. Im Unterschied zur Sendung an einen unbestimmten Adressatenkreis – einem Kennzeichen für massenmediale Kommunikation – geht es hier um die Ansprache von und den Dialog in abgegrenzten, aber häufig zugangsfreien Öffentlichkeiten (z. B. ein Forum für bestimmte Krankheiten). Ähnlich problematisiert auch Charles Ess unter dem Begriff Third Spaces die ambivalente Schaffung „öffentlicher Privatheit" und kleinteiliger Öffentlichkeiten, die in den politischen Raum hineinwirken können, aber gleichzeitig die Abgrenzung und Privatheit einer gruppenbezogenen Kommunikation für sich in Anspruch nehmen (Ess 2015, S. 100 ff.).

Eine besondere Rolle in Bezug auf die facettenreiche Herstellung von Öffentlichkeit spielt das sogenannte Dark Net, ein Bereich des Internets, der eigene Öffentlichkeiten hervorbringt, aber dem allgemeinen Zugriff durch übliche Suchmaschinen entzogen bleibt und Zugänge nur über die eher barrierereiche Nutzung eines anonymisierungsfreundlichen Browsers (z. B. TOR) ermöglicht. Dieser Bereich einer paradox verborgenen öffentlichen Kommunikation kann einerseits ein Refugium für die geschützte Kommunikation verfolgter Minderheiten oder regimekritischer Journalistinnen sein – und damit eine Verwirklichung des Rechts auf freie und nicht-überwachte Kommunikation. Andererseits ist das Dark Net aber auch Raum für illegale Aktivitäten wie Waffen- oder Drogenhandel, deren Protagonisten ebenfalls von den mangelnden Kontrollmöglichkeiten profitieren.

6.2 Entwicklung der Forschung zur Ethik der digitalen Kommunikation

Die Forschung zur Ethik der digitalen Kommunikation entwickelte sich Schritt für Schritt mit der Etablierung des Internets als Medium der sozialen Interaktion. Seit Mitte der 1990er-Jahre wurde durch das World Wide Web digitale Kommunikation nutzungsfreundlicher und damit für eine breite Allgemeinheit zugänglich. Mit dieser Entwicklung wurde schnell deutlich, dass sich die Formen der öffentlichen und privaten Kommunikation neu definierten und sich Medienlandschaft und Journalismus großen Veränderungen stellen mussten (Neuberger 2014). Die technisch induzierten Veränderungen der Kommunikation hatten von Anfang an Auswirkungen auf ihre normativen Standards. Die neuen Informations- und Kommunikationsmöglichkeiten versprachen eine Befreiung des Individuums von den Öffentlichkeiten der etablierten Massenmedien. Dazu gehörte die Erweiterung des Spektrums der Kommunikationsteilnehmer auf „normale" Individuen und neue Institutionen sowie die Möglichkeit, auf Originalquellen zurückzugreifen und sich ohne journalistische Vorselektion zu informieren. Exemplarisch dafür sind die Exklusivveröffentlichungen der Landung der Marssonde Pathfinder 1996 durch die NASA (National Aeronautics and Space Administration) und 1998 die Bereitstellung des Starr Reports im Zusammenhang der sogenannten „Lewinsky-Affäre" im Internet durch das US-Repräsentantenhaus.

Die Forschung zur Ethik der Digitalisierung von Kommunikation und Information wurde jedoch bereits früher als in den Kommunikationswissenschaften und mit anderen Schwerpunkten aus der Perspektive der Informatik und der Bibliothekswissenschaften entwickelt. Hier fand schon in den 1980ern eine erste systematische Beschäftigung mit den ethischen Problemen der Informationsvermittlung durch Computertechnologien statt. Für die Bibliothekswissenschaft standen Fragen des Rechts auf Informationszugang oder Konflikte im Urheberrecht im Vordergrund. Hier wurde der Begriff Informationsethik geprägt (Capurro 1988; Hauptman 1988). Gleichzeitig setzten sich unter dem Begriff Computerethik Informatikerinnen und Informatiker insbesondere mit Problemen der Verantwortungszuschreibung im Handeln mit autonomen Systemen oder mit ethischen Fragen der Softwaregestaltung auseinander. Ebenso waren die Gewährleistung von Betriebssicherheit, Vertrauenswürdigkeit und Qualitätsstandards von Bedeutung (Gotterbarn et al. 1997; Maner 1980).

> Die ethisch-normative Auseinandersetzung mit der digitalen Kommunikation in der Kommunikations- und Medienwissenschaft wurde insbesondere durch das Aufkommen der Sozialen Medien angestoßen. Hiermit verbunden sind zwei Entwicklungen: die Krise des Journalismus und die Emanzipation des Publikums.

Die ethisch-normative Auseinandersetzung mit der digitalen Kommunikation in der Kommunikations- und Medienwissenschaft wurde insbesondere durch das Aufkommen der Sozialen Medien angestoßen. Hiermit verbunden sind zwei Entwicklungen: die Krise des Journalismus und die Emanzipation des Publikums. Entsprechend entstanden Forschungsstränge, die sich mit den normativen Herausforderungen neuer Öffentlichkeiten, dem Erstarken eines Bürgerjournalismus bzw. Grassroot Journalism oder – vor allem in jüngerer Zeit – mit Fragen von Falschnachrichten (Fake News), Propaganda und Social Bots auseinandersetzen.

Die Erstarkung des Publikums, also der Wandel seiner Rolle vom passiven Rezipienten zum aktiv beteiligten Nutzer, führte zu einer Reihe von Neuorientierungen in der Systematik der Kommunikations- bzw. Medienethik. Formen der institutionellen Verantwortungswahrnehmung verloren an Bedeutung und typische redaktionelle Reflexionen der Qualität und Form von Medieninhalten bzw. dem Internetcontent wurden mehr und mehr zu einer Frage persönlicher Ansichten und Kompetenzen. Insofern rücken in der Forschung zur Ethik der digitalen Kommunikation zunehmend Aspekte der Nutzungsethik, der Medienmündigkeit und der normativen Standards des Umgangs miteinander in Sozialen Netzwerken in den Vordergrund. Aber auch etablierte ethische Konzepte aus Journalismus und Public Relations wie Persönlichkeitsschutz, Sorgfaltspflicht, inhaltliche Ausgewogenheit oder die kritische Auseinandersetzung mit Sensationalismus oder Manipulation müssen sich in der digitalen Kommunikation bewähren, um Grundwerte einer freiheitlich-öffentlichen Kommunikation in demokratischer Verantwortung zu fundieren und zu wahren.

6.3 Strukturen einer Ethik der digitalen Kommunikation

> Die Kommunikationsethik gründet auf der Informations- und Meinungsäußerungsfreiheit (Artikel 5 Grundgesetz der Bundesrepublik Deutschland) und dem damit verbundenen Wertekatalog hinsichtlich Öffentlichkeit, demokratischer Willensbildung und individueller Selbstverwirklichung. Weitere wichtige Aspekte dieses Grundrechts, die mit dem Aufkommen des Internets ins Zentrum rückten, sind freie Informationsbeschaffung, Zugangsfreiheit und das Recht zu kommunizieren; in den Worten der Allgemeinen Erklärung der Menschenrechte: „[…] über Medien jeder Art und ohne Rücksicht auf Grenzen Informationen und Gedankengut zu suchen, zu empfangen und zu verbreiten" (Vereinte Nationen 1948, Artikel 19).

Die Kommunikationsethik gründet auf der Informations- und Meinungsäußerungsfreiheit (Artikel 5 Grundgesetz der Bundesrepublik Deutschland) und dem damit verbundenen Wertekatalog hinsichtlich Öffentlichkeit, demokratischer Willensbildung und individueller Selbstverwirklichung. Weitere wichtige Aspekte dieses Grundrechts, die mit dem Aufkommen des Internets ins Zentrum rückten, sind freie Informationsbeschaffung, Zugangsfreiheit und das Recht zu kommunizieren; in den Worten der Allgemeinen Erklärung der Menschenrechte: „[…] über Medien jeder Art und ohne Rücksicht auf Grenzen Informationen und Gedankengut zu suchen, zu empfangen und zu verbreiten" (ebd., Artikel 19).

Die Kommunikationsethik fokussiert sich insbesondere auf Mittel für den Austausch zwischen Menschen im Sinne von Verständigung und kommunikativem Handeln. Für diese „natürliche" sprachliche Kommunikation ist jedoch gleichzeitig die sie prägende technische Gestaltung und Rahmung, z. B. durch Algorithmen oder das Kommunikationsdesign, von großer Bedeutung (Heesen 2016a, S. 4 f.). Kommunikationsethik beschäftigt sich insofern mit der ethischen Reflexion von Kommunikationsverhalten, mit Kommunikationsinhalten wie auch mit den Rahmenbedingungen für Kommunikation in Technik und medialen Plattformen.

> Die Herstellung von Öffentlichkeiten liegt in der Online-Kommunikation in der gemeinsamen Verantwortung des Journalismus, der publizierenden Nutzerinnen wie auch der Betreiber von Kommunikationsplattformen und -diensten. Ethische Fragen der Online-Kommunikation sind einerseits mit der gesamtgesellschaftlich relevanten Debatte um den *Public Value* in der Medienkommunikation verbunden (BBC 2004; Bieber 2017; Poell 2020). Andererseits geht es um individuelle Verantwortung in Hinsicht auf persönlich relevantes Fehlverhalten.

Die Herstellung von Öffentlichkeiten liegt in der Online-Kommunikation in der gemeinsamen Verantwortung des Journalismus, der publizierenden Nutzerinnen wie auch der Betreiber von Kommunikationsplattformen und -diensten. Ethische Fragen der Online-Kommunikation sind einerseits mit der gesamtgesellschaftlich relevanten Debatte um den *Public Value* in der Medienkommunikation verbunden (BBC 2004; Bieber 2017; Poell 2020). Andererseits geht es um individuelle Verantwortung in Hinsicht auf persönlich relevantes Fehlverhalten wie *Online-Bullying*, Betrug oder die absichtliche Streuung von Falschinformation. Diejenigen Akteure, die Inhalte beschaffen, produzieren und auf Plattformen oder anderen Kanälen der Internetkommunikation öffentlich teilen, müssen sich Fragen zu ihrer Verantwortung stellen, und sie sind in gesellschaftliche Gemeinwohlerwartungen eingeschlossen (Altmeppen et al. 2018). Die Kommunikationsethik rekurriert insofern auf die Funktionsaufträge der Medien in einer demokratischen Gesellschaft. Diese dienen letztlich der Herstellung von Öffentlichkeit und dem gesellschaftlichen Dialog in einer pluralen, aber auf gesellschaftliche Integration bedachten Medienlandschaft.

Aus systematischer Perspektive formuliert die Kommunikationsethik häufig sozialethische Problemstellungen wie: In welcher Form tragen Medien zu Verständigung und zu gesellschaftlichen Gemeinwohlerwartungen bei? Daneben erlangen in der Internetkommunikation jedoch auch die individualethische Perspektive und die Verantwortung der einzelnen Nutzerinnen und Nutzer ausschlaggebende Bedeutung. In den Öffentlichkeiten der Online-Medien erscheint eine Vielzahl nicht kuratierter Inhalte, die Bestandteil gesellschaftlicher Verständigungsprozesse und gleichzeitig Teil des individuellen Meinungsbildungsprozesses sind. In der nicht-professionellen Online-Kommunikation ist daher die Nutzungsethik eine zentrale Kategorie der Reflexion. Die in der Medienethik vormals etablierte Kategorie der Publikumsethik stellt sich in zunehmendem Maß als eine Frage der Nutzungsethik – und damit als Frage nach der Verantwortung bei der aktiven individuellen Beteiligung an der Herstellung von Medieninhalten.

6.3 Strukturen einer Ethik der digitalen Kommunikation

Die Nutzungsethik rückt aber auch deshalb verstärkt in den Fokus von Verantwortungsdiskussionen, weil das Nutzungsverhalten jedes und jeder Einzelnen aufgezeichnet und monetarisiert werden kann. Im Internet oder einem internetfähigen Fernseher (Smart TV) wird jede Programmauswahl, jeder Zugriff auf Inhalte registriert. Die Rezeption eines Medieninhalts führt so in der Regel gleichzeitig zu seiner Unterstützung und hat eine Belohnung des Verursachers/der Produzentin durch Klickzahlen oder Geld zur Folge und kann auf diese Weise Einfluss haben auf zukünftige Programmplanungen bzw. Medienproduktionen.

> Hat ein Medienprodukt hohe Zugriffszahlen, so ist die Wahrscheinlichkeit hoch, dass weitere Produkte der gleichen Art zur Verfügung gestellt werden, gleichgültig, ob sie medialen Qualitätsanforderungen oder ethischen Standards genügen. Maschinelle Auswertungsverfahren verstärken die Sichtbarkeit populärer Medieninhalte durch ihre Priorisierung und verbesserte Präsentation. Algorithmisch basierte Informations- und Kommunikationsplattformen etablieren daher Publikations- bzw. Geschäftsmodelle, die im Sinne eines Audience Gatekeeping (Shoemaker und Vos 2009) genau die Inhalte verstärken, die am häufigsten aufgerufen werden.

Hat ein Medienprodukt hohe Zugriffszahlen, so ist die Wahrscheinlichkeit hoch, dass weitere Produkte der gleichen Art zur Verfügung gestellt werden, gleichgültig, ob sie medialen Qualitätsanforderungen oder ethischen Standards genügen. Maschinelle Auswertungsverfahren verstärken die Sichtbarkeit populärer Medieninhalte durch ihre Priorisierung und verbesserte Präsentation. Algorithmisch basierte Informations- und Kommunikationsplattformen etablieren daher Publikations- bzw. Geschäftsmodelle, die im Sinne eines Audience Gatekeeping (Shoemaker und Vos 2009) genau die Inhalte verstärken, die am häufigsten aufgerufen werden. In der Kommunikationsethik geht es also strukturell zum einen um Fragen des individuellen Handelns, aber auch um Gemeinwohlerwartungen und die überindividuelle Grundlegung technischer Infrastrukturen mitsamt ihrer Wirkung auf Verhalten und Normen. Das betrifft die Überwachungsinfrastruktur (Zuboff 2019) – aber auch beispielsweise die prägende Rolle von Algorithmen für das Ergebnis von Suchmaschinenrecherchen, die eine neue Form des Gatekeepings sind, wenn es um die Darstellung und Wahrnehmung öffentlicher Kommunikation geht. Technische Möglichkeiten geben die Formen des medialen Handelns stark vor. Sie entscheiden z. B. darüber, welches Ausmaß an Entscheidungen die Nutzerinnen von Medien überhaupt treffen können und welche nicht. Zum Beispiel können Nutzer Sozialer Medien selbst bestimmen, wem sie welche Nachricht über Facebook schicken. Sie können in der Regel aber nicht steuern, welche Daten über sie selbst gesammelt werden und wie Nachrichtenflüsse durch Algorithmen priorisiert und selektiert werden. Trotzdem haben diese unterschwelligen Interaktionen Einfluss auf das Medienerleben, die Steuerung von Informationsflüssen und die Erfolge der Plattformökonomie, also einem Geschäftsmodell, das auf der wirtschaftlichen Verwertung von Nutzungsdaten aus Kommunikationsplattformen beruht.

Ausgangspunkte kommunikationsethischer Forschung sind also die Nutzerperspektive wie auch die Rahmenbedingungen von Kommunikation. Diese Rahmenbedingungen betreffen technische, institutionelle und wirtschaftliche Kontexte wie z. B. redaktionelle Arbeitsverhältnisse oder die Netzinfrastruktur. In der Internetkommunikation kulminieren viele dieser verschiedenen Zugänge in der Frage der Regulierung durch Intermediäre und von Intermediären, also der großen Kommunikationsplattformen mächtiger Superfirmen im IT-Sektor (Cammaerts und Mansell 2020; DeNardis und Hackl 2015). Hier stellen sich vor allem Probleme der Verantwortungszuschreibung. Diese sind eng gekoppelt an das Selbstverständnis von Netzwerkbetreibern (handelt es sich um bloße Netzbetreiber, ohne Verantwortung für Inhalte?), rechtliche Unsicherheiten im Umgang mit neuen Geschäftsmodellen (z. B. Werbefinanzierung) oder generelle Probleme der Verantwortungszuschreibung in offenen und verteilten (technischen) Systemen (Simon 2014). Wer ist für was verantwortlich? Oder auch: Wie können teilautonome Kommunikationsprozesse wie z. B. Chatbots gesteuert und kontrolliert werden? Fragen der Verantwortung stellen sich in zweifacher Weise als Fragen nach Verantwortungszuschreibungen, die sich auf die Inhalte beziehen (Thummes und Röttger 2017) wie auch als Fragen nach der Verantwortung derjenigen, die die öffentliche Kommunikation durch Infrastrukturen oder Regulation ermöglichen oder einschränken (Altmeppen et al. 2018, S. 6).

Während für die Kommunikationsethik bislang traditionell eher die Verantwortung in Bezug auf Inhalte im Vordergrund steht, wird in der Technikethik insbesondere die Rolle der technischen Rahmenbedingungen und der normativen Prägung von Handlungsoptionen in den Vordergrund gerückt. Diese Perspektive, also die Betrachtung der wechselseitigen Prägung von Kommunikation, Technik und Lebenswelt, wurde auch in die medien- und kommunikationswissenschaftliche Forschung seit den 2000ern aufgenommen und unter dem Begriff „Mediatization" diskutiert (Hepp 2016).

6.3.1 Rechtliche Grundlagen

Grundsätzlich geht es bei den Zielvorgaben der rechtlichen Medienordnung in Europa an erster Stelle um die Sicherung und Förderung von Freiheit. Die Medienfreiheit ist eine aus der Meinungsfreiheit abgeleitete Größe. Dass sich im gesamten westeuropäischen Raum die Medien- bzw. Rundfunkfreiheit als eine vom Staat organisierte Freiheit konstituiert hat, liegt in einer Interpretation der Menschenrechtskonvention begründet, die davon ausgeht, dass dem Staat die sogenannte Daseinsvorsorge auch im Bereich liberaler Freiheitsrechte anzuvertrauen ist (Klein 1999). Bestimmend ist hier die Ansicht, dass Individuen vor allem deshalb frei sind, weil sie in einer Gesellschaft leben, die aufgrund bestimmter Vorgaben und Beschränkungen partikularen Handelns ein Höchstmaß an potenzieller Freiheit für alle ihre Mitglieder ermöglicht. Es handelt sich hierbei um eine normgeprägte Veranstaltungsfreiheit (BverfGE 97, 298 (310)),[4] die von einer „natürlichen" Freiheit nach liberalistischem Verständnis unterschieden werden muss (Heesen 2016b, S. 52). Der Gesetzgeber ist insofern gehalten, dem Rundfunk eine sogenannte positive Ordnung zu geben und die Rundfunkfreiheit durch ein Organisationsgesetz zu realisieren (BVerfGe 57, 295; Vesting 2016, S. 85). Zu dieser positiven Ordnung gehören die Verwirklichung und Aufrechterhaltung von Programmvielfalt und unabhängiger Berichterstattung, die sich in den Online-Medien als Frage nach der Verantwortung der dominanten Plattformbetreiber und Superfirmen neu stellt.

Für die Medienordnungen der westeuropäischen Staaten insgesamt steht die Funktion der Medien für die Vermittlung von Information und Kommunikation, die politische Kontrolle durch Öffentlichkeit und die gesellschaftliche Integration im Vordergrund. Dabei ist es nicht notwendig so, dass diese Funktionen durch öffentlich-rechtliche Rundfunkanstalten garantiert werden müssen. Ebenso können private Rundfunkanbieter, aber auch Kommunikationsformate in den Sozialen Medien bzw. eine Kombination verschiedener pluraler Medienangebote diese demokratischen Aufgaben erfüllen (BVerfGE 83, 238 (296), Rdnr. 400). Die Herausforderung des Medienrechts liegt somit in der Ermöglichung von Freiheit (durch Ordnung); es ist in demokratischer Verantwortung jedoch ebenso aufgefordert, an der Herstellung von gesellschaftlich geteiltem Wissen mitzuwirken und gleichzeitig die gesetzestreue Nutzung von Medien sicher zu stellen und individuelle oder gesellschaftliche Schädigungen zu unterbinden. Daher findet die Freiheit der Presse und der Online-Medien ihre Handlungsgrenzen in den Vorgaben der allgemeinen Gesetze. Diese Vorgaben sind jedoch nicht immer eindeutig

---

[4]In diesem Zusammenhang ist auch von einer „dienenden Freiheit" die Rede (Stock 1999, S. 11).

und die verschiedenen rechtlichen Ansprüche können in einem Konkurrenzverhältnis stehen. Sie sind im Sinne des Konkordanzprinzips im jeweils konkreten Fall miteinander auszuhandeln (Fischer-Lescano 2008).

Eingeschränkt wird die Medien- und Pressefreiheit unter anderem durch den Kinder- und Jugendmedienschutz, das Persönlichkeitsrecht oder das Recht am eigenen Bild. So kann das Interesse einer öffentlichen Person aus Politik oder Unterhaltung an der Achtung der individuellen Privatsphäre mit dem Interesse der Öffentlichkeit an der Berichterstattung über dieses Privatleben kollidieren – z. B., wenn es dort Hinweise auf sexualisierte Gewalt gibt, die auch Bedeutung für die öffentliche Rolle eines Politikers/Schauspielers usw. haben. In diesem Fall überwiegt das öffentliche Interesse. In anderen Fällen jedoch gilt es, die berechtigten Ansprüche auf Privatsphäre prominenter Personen zu achten. Etwa, wenn es um Bilder von ihren Kindern geht – diese Einschränkungen betreffen die Presse, aber ebenso Individuen, die durch eine passende Gelegenheit zufällig Fotos mittels Smartphone von Prominenten in ihrem privaten Lebensumfeld machen und sie über Soziale Medien verbreiten. Die aktive Rolle der Nutzerinnen und Nutzer in den Sozialen Medien verlangt von ihnen die Einhaltung und Kenntnis der Rechte ebenso wie von professionell, institutionell und kommerziell aktiven Akteuren.

> Die aktive Rolle der Nutzerinnen und Nutzer in den Sozialen Medien verlangt von ihnen die Einhaltung und Kenntnis der Rechte ebenso wie von professionell, institutionell und kommerziell aktiven Akteuren.

In Bezug auf die Um- und Durchsetzung rechtlicher Regelungen in der Internetkommunikation (in der Sprache der Gesetzgebung: in Bezug auf die Telemediendienste) ist für Deutschland insbesondere das Netzwerkdurchsetzungsgesetz (NetzDG) zu nennen. Im NetzDG geht es um eine Durchsetzung des deutschen Strafrechts in sozialen Netzwerken, also insbesondere um Äußerungen, die nicht durch das Recht auf Meinungsäußerungsfreiheit abgedeckt sind. Dabei handelt es sich etwa um Beleidigung, Verleumdung oder Volksverhetzung. Generell und auch bereits vor dem Inkrafttreten des NetzDG im Oktober 2017 sind strafrechtlich relevante Äußerungen vom Betreiber der jeweiligen Informationsplattform zu entfernen (Roßnagel et al. 2018). Dieser Pflicht sind die Betreiber von sozialen Netzwerken nur unzureichend nachgekommen und Selbstverpflichtungen haben nicht ausreichend gegriffen. In der Gesetzesbegründung wird als Schutzziel genannt, einer „Verrohung der Debattenkultur in sozialen Netzwerken" (Drucksache 18/12356 2017, S. 13) zu begegnen. Das Gesetz nimmt dazu auch die Plattformbetreiber in die Pflicht, die ihre Geschäftsinteressen verwirklichen, aber nicht ihrer

6.3 Strukturen einer Ethik der digitalen Kommunikation

sozialen Verantwortung als Mitgestaltern der öffentlichen Kommunikation nachkommen. Der 2024 vollständig in Kraft getretene Digital Services Act löst das NetzDG weitgehend ab und erweitert die Regulierung auf die Ebene der Europäischen Union. Während das Ziel eines normativ ausgelegten Öffentlichkeitsbegriffs gesellschaftliche Verständigung und Integration durch Kommunikation sind, ist das Ziel der Plattformbetreiber die Optimierung ihrer Geschäftsinteressen durch die Bereitstellung von Kommunikationsmitteln. Dieser Zielkonflikt spiegelt sich z. B. wider in dem Bestreben der Plattformbetreiber, ihre Nutzerinnen und Nutzer durch möglichst viele Anreize in ihren Diensten zu halten und zur Kommunikation anzuregen. Im Vordergrund stehen also nicht Qualität und Relevanz der Kommunikation, sondern die Generierung von Kommunikation als solche.

> Während das Ziel eines normativ ausgelegten Öffentlichkeitsbegriffs gesellschaftliche Verständigung und Integration durch Kommunikation sind, ist das Ziel der Plattformbetreiber die Optimierung ihrer Geschäftsinteressen durch die Bereitstellung von Kommunikationsmitteln. Dieser Zielkonflikt spiegelt sich z. B. wider in dem Bestreben der Plattformbetreiber, ihre Nutzerinnen und Nutzer durch möglichst viele Anreize in ihren Diensten zu halten und zur Kommunikation anzuregen. Im Vordergrund stehen also nicht Qualität und Relevanz der Kommunikation, sondern die Generierung von Kommunikation als solcher.

Insgesamt wächst auch im Bereich der Gesetzgebung das Bewusstsein für die bedeutende Rolle der technischen Vorgaben und Infrastrukturen für die Gestaltung der Online-Medien. Eine der Regulierungen über Infrastrukturen ist die digitale Rechteverwaltung (Digital Rights Management, DRM). Auslöser für die Entwicklung von Systemen für die digitale Rechteverwaltung war die Notwendigkeit, Mechanismen zum Schutz von Verwertungsrechten an Bild-, Ton- oder Videoaufnahmen, die auch ohne individuelle menschliche Prüfung auskommen, zu entwickeln. Ähnliche Wege werden begangen, wenn Upload-Filter für die Identifizierung geschützter Inhalte diskutiert werden und auch für den Datenschutz wird mit Privacy by Design (Rost und Bock 2011) ein Ansatz vorangetrieben, der sich neben Verfahren des Selbstdatenschutzes auf individueller und fallbezogener Einwilligungsbasis etablieren soll. Aus diesem Grund hat sich im Bereich der Mediensteuerung ein Ansatz etabliert, in dem die normativen Auswirkungen und die dementsprechenden Lenkungsmöglichkeiten auf Ebene von Technikdesign und Infrastrukturgestaltung im Fokus stehen. Diese unter den Titeln Values in Design oder Governance by Infrastructure versammelten Ansätze finden zunehmend Eingang in rechtswissenschaftliche und regulatorische Debatten (Musiani et al. 2016; Zuckerman 2020). Fragen der Infrastrukturgestaltung und der normgeleiteten Prägung von digitalen Plattformen sind auch wichtige Anforderungen des Digital Service Act und des Digital Markets Act und damit zwei wichtigen Regulierungsvorgaben der Europäischen Union, die die zukünftige digitale Technik- und Marktentwicklung entscheidend beeinflussen. Solche rahmengebenden Ansätze basieren auf der Annahme, dass die Vielfalt und Komplexität der Anwendungen die Beurteilungskompetenzen der einzelnen Nutzer digitaler Dienste übersteigt und nur infrastrukturelle und insofern übergeordnete Steuerungsmaßnahmen dazu geeignet sind, die staatlichen Schutzverpflichtungen gegenüber den Bürgerinnen und Bürgern zu erfüllen.

6.3.2 Institutionen der Selbstregulierung

Forschungsergebnisse und Prinzipien der Kommunikationsethik sind impliziter Bestandteil von anerkannten Regelsystemen und Steuerungsinstrumenten wie dem Presserat, Abkommen zum Jugendschutz oder den Funktionsaufträgen der öffentlich-rechtlichen Rundfunkanstalten. Trotz vieler individualethischer Komponenten in der journalistischen Ethik hat die Kommunikations- und Medienethik insgesamt als Ethik für Institutionen eine starke sozialethische Fundierung (Heesen 2015, 93 ff.). Institutionen generell („die Ehe", „der Markt") sind Regelsysteme, die das Verhalten von Individuen oder Gruppen in einer bestimmten Weise rahmen oder konditionieren. Sie steuern damit gesellschaftliche Interaktionsprozesse und machen das Verhalten und Handeln gegenseitig vorhersagbar oder normativ erwartbar (Erlei et al. 2007). Die bislang vor allem mit einer Institutionenkritik arbeitende Medienethik (was macht die Presse falsch/richtig? Wie sollte der Rundfunk organisiert sein?) sieht sich nun vor die Aufgabe gestellt, neue Formen der Regulierung zu erfassen, zu analysieren und aktiv an der Setzung von Standards teilzunehmen. Sie sieht sich dabei mit der Herausforderung einer De-Institutionalisierung im Medienbereich konfrontiert. De-Institutionalisierung bedeutet hier, dass nunmehr die einzelnen Nutzerinnen und Nutzer, (Interessen)Gruppen und kommerziellen Anbieter direkt an öffentlicher Kommunikation teilnehmen, ohne auf etablierte Institutionen oder institutionelle Regelungen der öffentlichen Kommunikation rekurrieren zu müssen. Das berufliche Ethos in Bezug auf bestimmte Qualitätsstandards und (ethische) Normen der Kommunikation verliert zum Teil seinen professionellen Adressatenkreis und muss sich nun in einer individualisierten Medienlandschaft neu verorten. Der demokratietheoretisch grundgelegte Anspruch einer kritischen Öffentlichkeit auf wahrheitsgemäße Information und Argumentation wird konzeptionell nicht länger maßgeblich durch Redaktionen oder Rundfunkanstalten eingelöst, sondern wandert ab in individuelle Informations- und Beteiligungsmöglichkeiten. Mediales Handeln erfolgt häufig an etablierten Institutionen vorbei, stattdessen entstehen neue Formen von „lockeren" Institutionalisierungen und Handlungskonditionierungen. Das heißt, etablierte ordnungspolitische Instrumente der Medienpolitik und -kontrolle versagen angesichts der digitalen Kommunikationsdienste. Einerseits führt diese Entwicklung zu einer größeren Freiheit der Mediennutzung, andererseits zu einer Neuverteilung der Verantwortungslast. In diesem Zusammenhang sind neue Formen von dezentralen und nutzer- oder auch technikzentrierten Institutionalisierungen zu beobachten, darunter zivilgesellschaftliche Initiativen gegen Hate Speech oder zum kritischen Umgang mit algorithmischen Entscheidungssystemen (z. B. Hate Aid; Algorithm Watch).

Gleichzeitig passen sich etablierte Institutionen an die neuen digitalen Verhältnisse an. In Deutschland, aber ähnlich auch in anderen Ländern der Europäischen Union, hat sich ein Zusammenwirken von staatlicher Regulierung und Selbstregulierung eingespielt. Diese sogenannte Co-Regulierung oder auch regulierte Selbstregulierung ist „eine Art staatliche Aufsicht über die Selbstregulierung. Innerhalb eines durch staatliche Regulierung vorgegebenen Rahmens wird die Branche zur Selbstregulierung verpflichtet ..." (Donges und Puppis 2010, S. 83).[5] Für die Online-Kommunikation ist hier insbesondere die Freiwillige Selbstkontrolle Multimedia-Diensteanbieter (FSM) als staatlich anerkannte Selbstkontrolleinrichtung zu nennen. Für die Anerkennung verantwortlich war hier die Kommission für Jugendmedienschutz (KJM). Sie setzt sich aus Vertretern der Landesmedienanstalten und aus Expertinnen und Experten zusammen, die vom Bund und den Ländern benannt werden (Beck 2010, S. 149). Die FSM betreibt medienpädagogische Fortbildungen, fördert die Medienkompetenz und trägt zur praktischen Umsetzung von Gesetzes- und Vertragsnormen bei. Sie kooperiert dabei im Sinne der Co-Regulierung mit staatlichen Stellen wie jugendschutz.net, das wie für die Selbstkontrolle typisch, ein starkes Gewicht auf geordnete Beschwerdeverfahren legt. Selbstkontrollinstitutionen bieten über Beschwerdemöglichkeiten, also z. B. die Anzeige pornografischer oder gewaltverherrlichender Inhalte im Internet, ein Instrument zur Interessenvermittlung zwischen Nutzerinnen und (kommerziellen) Anbietern, aber auch für die Nutzer untereinander.

---

[5] Ausführlich zu den verschiedenen Formen der Regulierung Stapf (2016).

> Die großen Provider in Deutschland sind Mitglieder der FSM und haben sich insofern zu ihren ethischen Leitannahmen bekannt. Diese sind formuliert im Verhaltenskodex Freiwillige Selbstkontrolle Multimedia-Diensteanbieter e.V. und lauten z. B. „Ziel des Verhaltenskodexes der ‚Freiwilligen Selbstkontrolle Multimedia-Diensteanbieter e.V.' (FSM) ist der Schutz von Kindern und Jugendlichen vor Angeboten in Telemedien, die geeignet sind, ihre Entwicklung oder Erziehung zu eigenverantwortlichen und gemeinschaftsfähigen Persönlichkeiten zu beeinträchtigen oder zu gefährden …" (FSM 2021, S. 1).

Die großen Provider in Deutschland sind Mitglieder der FSM und haben sich insofern zu ihren ethischen Leitannahmen bekannt. Diese sind formuliert im Verhaltenskodex Freiwillige Selbstkontrolle Multimedia-Diensteanbieter e.V. und lauten z. B. „Ziel des Verhaltenskodexes der ‚Freiwilligen Selbstkontrolle Multimedia-Diensteanbieter e.V.' (FSM) ist der Schutz von Kindern und Jugendlichen vor Angeboten in Telemedien, die geeignet sind, ihre Entwicklung oder Erziehung zu eigenverantwortlichen und gemeinschaftsfähigen Persönlichkeiten zu beeinträchtigen oder zu gefährden …" (FSM 2021, S. 1). Ein weiterer Verhaltenssubkodex gibt darüber hinaus Standards für die Betreiber von Suchmaschinen vor (FSM 2004). Die Standards beziehen sich auf den Umgang mit jugendgefährdenden Schriften. Dazu gehört z. B., dass Suchmaschinen keine durch die Bundeszentrale für Kinder- und Jugendmedienschutz, BzKJ, (bis 2021: Bundesprüfstelle für jugendgefährdende Schriften, BPjM) indizierten Schriften/Websites anzeigen. Aber auch der Verbraucherschutz allgemein wird einbezogen und behandelt u. a. Fragen der transparenten Darstellung der Suchresultate, Grundsätze der Datensparsamkeit und das Beschwerdewesen.

Auch auf globaler Ebene versuchen verschiedene Institutionen und Einrichtungen, der Online-Kommunikation eine normative Rahmung zu geben. Globale Regulierungen scheitern aber teils daran, dass es international unterschiedliche kulturelle und historische Vorstellungen hinsichtlich der Bewertung von Inhalten gibt. Ein gewisser Konsens besteht jedoch auch im internationalen Kontext in Bezug auf den Schutz von Kindern und Jugendlichen vor möglicherweise verstörenden, nicht altersangemessenen Inhalten. Insofern gibt es hier Standards, an die sich die globalen Telekommunikationsanbieter gebunden fühlen. So unterstützen viele Provider und Plattformbetreiber US-amerikanischer Herkunft z. B. das Familiy Online Safety Institute (FOSI), eine Nicht-Regierungsorganisation, die sich für Regulation, Medienmündigkeit und Medienerziehung (good digital parenting) einsetzt. Euro-

6.3 Strukturen einer Ethik der digitalen Kommunikation

päische Union, Vereinte Nationen und die UNESCO setzen auf vernetzte Forschungsaktivtäten, erstellen Statusberichte und leiten daraus Forderungen für ein kindgerechtes Aufwachsen in digitalen Gesellschaften ab (https://eukidsonline.de/; Vereinte Nationen 2021). Diese Forderungen haben einen appellativen Charakter und sind damit auf freiwillige Selbstverpflichtungen angewiesen. Gleichzeitig sind sie ein wichtiger Beitrag zu internationalen Governance-Strukturen und Debatten, die sich häufig an Leitbildern und anerkannten Deklarationen orientieren.

In Bezug auf die Leitwerte der Online-Kommunikation wurde und wird außerdem eine Diskussion um den Public Value, also den öffentlichen Wert bzw. den Allgemeinwohlbeitrag von Online-Angeboten geführt (Neuberger 2013). Bestandteil dieser Ausrichtung am Public Value ist ein dreistufiger Test zur Prüfung der Zulässigkeit von Online-Angeboten für den öffentlich-rechtlichen Rundfunk (Europäische Kommission 2007, Abschnitt 328). Dieser betrifft u. a. die Kriterien der publizistischen Qualität und insbesondere der Erfüllung des öffentlichen Auftrags in Hinsicht auf demokratische, soziale und kulturelle gesellschaftliche Bedürfnisse.

Neben diesen starken Formen der Institutionalisierung von Normen existieren Selbstregulierungsformen, die mehr auf Anreize und kritische Öffentlichkeit setzen. Dazu gehören sowohl Preise wie der Grimme Online-Award, negative Auszeichnungen wie der Big Brother Award, als auch neue Institutionalisierungen der Medienkritik und -kontrolle in Blogs, Podcasts und im professionellen Online-Journalismus.

Es existiert außerdem ein Ombudswesen für das Internet, namentlich für den deutschsprachigen Bereich die Internet Ombudsstelle (Österreich), die Ombudsstelle E-Commerce (Schweiz) und Verbraucherschlichtungsstellen (Deutschland).

> Zusätzlich zu den genannten Institutionen für journalistische Standards und Jugendschutz sowie den informellen Selbstregulierungsformen der Online-Kommunikation hat sich mit der wachsenden Dominanz der Informations- und Kommunikationstechniken ein Forschungsfeld unter dem Titel „Ethics in Design" formiert (Friedman und Kahn 2007). Unter diesem Ansatz wird unter anderem betont, dass Software die Bedingungen der Möglichkeit für das Handeln in digitalisierten Welten vorgibt. Diese Handlungsvorgaben sind nicht neutral, sondern selektiv. Sie basieren auf (impliziten) Wertentscheidungen und haben praktische Folgen für die Nutzung informationstechnischer Systeme, aber auch für die Weisen, in denen das Individuum seine Handlungsmöglichkeiten und damit seine Spielräume und Freiheitsgrade wahrnimmt. Der Rechtswissenschaftler Lawrence Lessig drückte diese Rolle der Software in der griffigen Formulierung „Code is law" aus (Lessig 1999).

Zusätzlich zu den genannten Institutionen für journalistische Standards und Jugendschutz sowie den informellen Selbstregulierungsformen der Online-Kommunikation hat sich mit der wachsenden Dominanz der Informations- und Kommunikationstechniken ein Forschungsfeld unter dem Titel „Ethics in Design" formiert (Friedman und Kahn 2007). Unter diesem Ansatz wird unter anderem betont, dass Software die Bedingungen der Möglichkeit für das Handeln in digitalisierten Welten vorgibt. Diese Handlungsvorgaben sind nicht neutral, sondern selektiv. Sie basieren auf (impliziten) Wertentscheidungen und haben praktische Folgen für die Nutzung informationstechnischer Systeme, aber auch für die Weisen, in denen das Individuum seine Handlungsmöglichkeiten und damit seine Spielräume und Freiheitsgrade wahrnimmt. Der Rechtswissenschaftler Lawrence Lessig drückte diese Rolle der Software in der griffigen Formulierung „Code is law" aus (Lessig 1999). Die bereits erwähnten Mittel zur Durchsetzung von Recht über Software wie Privacy by Design oder Privacy by Default fußen letztlich auf dieser starken Rolle von Software und Algorithmen. In ähnlicher Weise macht sich der Kinder- und Jugendmedienschutz technische Blocking- und Filtersoftware zunutze und sorgt somit für digitale Handlungsumgebungen, in denen sich manche Möglichkeiten einfach nicht mehr bieten. Diese aktive Lenkung von Handlungsoptionen, wie auch das Geben von Anreizen für bestimmte Handlungen (z. B. in Fitness-Apps), muss sich teils der Kritik stellen, manipulativ oder paternalistisch zu sein. Diese allgemeine Diskussion zu Technik und der gezielten Beeinflussung von Handlungen wird unter den Schlagworten Persuasive Technologies (Fogg 2003) und Nudging (Thaler und Sunstein 2021) oder auch Dark Patterns (Mathur et al. 2021) geführt und betrifft zu einem großen Teil Informationstechnologien und damit auch Online-Dienste und Soziale Medien.

6.3.3 Bestehende Normen und Kodizes

Die öffentliche Online-Kommunikation orientiert sich an zwei unterschiedlichen Ausprägungen von Normen: Einerseits Kodizes zum ethisch gerechtfertigten Verhalten in der Online-Kommunikation (wie Netiquetten oder Manifeste) und andererseits Normen, die sich als Prozesse niederschlagen und ihre Rechtfertigung aus einer Legitimation durch Verfahren (Luhmann 2001 [1969]) gewinnen. Hier kommt der Begriff der Media Accountability (Puppis 2007) ins Spiel. Das Konzept Media Accountability umfasst berufsethische und zivilgesellschaftliche Mittel und Verfahren, um Medien in Hinsicht auf Öffentlichkeit und Gemeinwohlorientierung in Verantwortung zu stellen (Bertrand 2000, S. 108). Dabei steht insbesondere die Verantwortung der Medienschaffenden gegenüber dem Medienpublikum im

6.3 Strukturen einer Ethik der digitalen Kommunikation

Vordergrund. Die technisch ermöglichten engen Interaktionsbeziehungen der Kommunizierenden verwirklichen das „In-Verantwortung-Stehen" auf einer neuen praktischen Ebene und bringen neue Transparenz-, Partizipations- und Rechtfertigungsdimensionen hervor. Es handelt sich somit um eine Form der partizipatorischen Medienregulierung, an der jeder Mediennutzer teilhaben kann (Eberwein und Porlezza 2016, S. 334 f.).

Wie auch in der herkömmlichen Ethik des Journalismus hat der Aufbau von Vertrauen zwischen Publikum und Medienschaffenden eine hervorgehobene Bedeutung für den Aufbau einer verständigungsorientierten Online-Kommunikation. Für die Internetkommunikation ist es kennzeichnend, dass im Prinzip immer ein Wechsel zwischen aktiver und passiver Mediennutzung stattfinden kann und darüber hinaus, dass eine unmittelbare Ansprache der Kommunikationsteilnehmerinnen untereinander möglich ist. Im Unterschied zu Redaktionen, Rundfunkhäusern oder Verlagen, die Vertrauensbeziehungen über eine lange gepflegte, institutionell verfasste Reputation sichern, sind Aufbau und Erhalt von Vertrauensbeziehungen Online hauptsächlich über gelingende Interaktionsbeziehungen mit dem Publikum aufrecht zu erhalten. Gelingt es z. B. einer Bloggerin, gegenüber dem Publikum in der Verantwortung zu stehen, indem sie Kommentare aufnimmt, Recherchewege erläutert, Motivationen und die eigene Rolle transparent macht? „In the end trust is secured by connectivity" halten Eberwein und Porlezza für die Vertrauensbildung in der Online-Kommunikation fest (Eberwein und Porlezza 2016, S. 332).

Die Teilnehmerinnen und Teilnehmer der öffentlichen Online-Kommunikation sind insofern Knotenpunkte eines Netzwerks, die in gegenseitiger Verantwortung zueinander stehen und sich berechtigte kommunikative Ansprüche wie Wahrheit, Wahrhaftigkeit oder Verständlichkeit schulden. Die Kommunikationswissenschaftlerin Jane Singer spricht deshalb vom Wandel der journalistischen Gatekeeper Ethics hin zu einer Relationship Ethics in der Online-Kommunikation (Singer 2010, S. 2 f.).

Trotz dieser Ausweitung der Verantwortungsdimensionen für die Online-Kommunikation in den Bereich einer (individualisierten) Nutzungsethik ist es von essenzieller Bedeutung, die Rahmenbedingungen individueller Handlungsmöglichkeiten im Blick zu behalten. Nur so kann eine Individualisierung von Verantwortung und eine gegebenenfalls ungerechte Verantwortungsverschiebung vermieden werden. Hier kommen umfassende normative Aushandlungsprozesse ins Spiel, die unter den Begriff Internet Governance gefasst werden. „Internet governance is the development and application by Governments, the private sector and civil society, in their respective roles, of shared principles, norms, rules, decision-making procedures, and programmes that shape the evolution and use of the Internet", fasst die Working Group on Internet Governance zusammen (WGIG

2005). Hierzu gehören rechtliche Regelungen wie auch Media Accountability, Kodizes, Leitlinien und Verhaltensempfehlungen, die sich auf allgemeine oder auch ganz spezifische Normen und Werte beziehen. Zu nennen sind in diesem Zusammenhang beispielsweise Handlungspläne wie der „Action Plan against Disinformation" der EU, oder auf anderer Ebene, ethische Regeln für Chats, die sich verschiedene Anbieter geben, die teils unter dem Begriff „Netiquette" verhandelt werden. Chat-Gruppen oder Kommentarfunktionen in Blogs geben sich häufig solche Regeln, denen man bei Eintritt zustimmen muss. Sie betreffen einen respektvollen Umgang miteinander, aber auch Verpflichtungen zur Wahrung von Urheberrechten oder der Offenlegung von Interessenkonflikten.

Normen und Kodizes der öffentlichen Online-Kommunikation haben ihren Wert gerade deshalb, weil sie als grundlegende Prinzipien nicht immer wieder neu diskutiert werden müssen und unabhängig von aktuellen Medienereignissen Geltung haben. Sie haben eine generelle gesellschaftliche Steuerungsfunktion und sind häufig Ergebnis von partizipativen Aushandlungsprozessen zwischen verschiedenen Interessenvertretungen. Auf diese Weise sind sie ein wichtiges Medium zur Formulierung von Gemeinwohlinteressen, die insbesondere dann eine wichtige Referenz sind, wenn es zu Streitfällen kommt oder politische Positionen formuliert werden sollen. Ausschlaggebend für ihre Wirkung ist, im Unterschied zu mit Sanktionen bewehrten rechtlichen Regelungen, insbesondere die Macht der Überzeugung, dass es sich hierbei um gute und konsensfähige Orientierungen handelt (Beck 2010, S. 148).

Neben diesen verschriftlichten Leitlinien sind in der Online-Kommunikation verschiedene praktische Instrumente zur Durchsetzung von Normen zu finden. Dazu gehören die soziale Sanktionierung von Störern oder Trollen durch andere Nutzer, der Einsatz von Chat-Moderatorinnen, Klarnamenpflicht, öffentliches Anprangern oder auch Androhung der Sperrung des Nutzers bzw. Löschung der Inhalte oder des Accounts und – positiv gewendet – die Ermutigung zu konstruktiven Kommentaren.

6.4 Problemfelder der Praxis

„Es gibt nichts Gutes, außer: man tut es" hielt der Kinderbuchautor Erich Kästner 1950 fest – und so ähnlich verhält es sich auch mit dem Realisierungsgebot kommunikationsethischer Prinzipien und Überzeugungen. Der Kommunikationsethik insgesamt und auch den Kodizes im Bereich der digitalen Öffentlichkeit aus neuerer Zeit liegt ein weitgehend konsensualer Wertekanon zugrunde. Dazu gehören unter anderem Medienfreiheit, Wahrheit, Ausgewogenheit und Persönlichkeits-

6.4 Problemfelder der Praxis

schutz. Werte müssen sich jedoch immer wieder neu an Umsetzungsfragen messen. Auf dieser Ebene entstehen häufig Konflikte darüber, wie und mit welchem Aufwand ein Wert oder ein Verhaltensstandard verwirklicht werden kann. In diesem Zusammenhang sind *zeitliche und finanzielle Ressourcen*, Probleme der *Verhältnismäßigkeit* wie auch *persönliche Kompetenzen* relevant – wie genau kann und will eine Nutzerin beispielsweise die Echtheit eines Videos prüfen, das sie weitergibt? Die Umsetzung individueller ethischer Überzeugungen wird zudem dadurch erschwert, dass die Eigenlogik und Komplexität informationstechnischer Systeme die Handlungssouveränität der Nutzer immer wieder in Frage stellen. Oft sind sie weniger die emanzipierten Nutznießerinnen interaktiver Medientechniken als die Vollstrecker einer Handlungsroutine, die durch Nutzeroberflächen und die Vorgaben von Kommunikationsplattformen längst festgelegt wurde.

> Die Umsetzung individueller ethischer Überzeugungen wird zudem dadurch erschwert, dass die Eigenlogik und Komplexität informationstechnischer Systeme die Handlungssouveränität der Nutzer immer wieder in Frage stellen. Oft sind sie weniger die emanzipierten Nutznießerinnen interaktiver Medientechniken als die Vollstrecker einer Handlungsroutine, die durch Nutzeroberflächen und die Vorgaben von Kommunikationsplattformen längst festgelegt wurde.

Hinzu kommen noch viele Probleme der Praxisebene, die auf den innovativen Charakter der Anwendungen zurückzuführen sind. Dazu gehören *unbeabsichtigte Nebenfolgen, veränderte oder missbräuchliche Nutzung, fehlende rechtliche Bestimmungen* oder *mangelnde praktische Durchsetzbarkeit von Normen* (z. B. in Hinsicht auf die effektive Löschung von Falschnachrichten in Sozialen Medien oder die Durchsetzung von Datenschutzstandards). In der Praxis treten zudem häufig *Wertkonflikte* auf z. B., wenn es einerseits zwischen dem Ideal der freien Meinungsbildung und andererseits der Freiheit, mit Mitteln wie dem Microtargeting für bestimmte Auffassungen zu werben, abzuwägen gilt. Medienpolitik, Recht, Zivilgesellschaft und Wissenschaft sind gefragt, hier gemeinsam zu Lösungen zu kommen; für diese Lösungen ist die interdisziplinäre Forschung zu den konkreten Umsetzungs- und Steuerungsfragen normativer Leitvorstellungen eine notwendige Voraussetzung.

Die Formen der *öffentlichen Meinungsbildung in der Online-Kommunikation* sind ein zentrales Problemfeld der Praxis, deren Rahmenbedingungen auf technischer, medialer und individueller Ebene ein entsprechend bedeutender Forschungsbereich der Kommunikationsethik sind. Die typischen Merkmale der Online-

Kommunikation wie Unmittelbarkeit, individuelle Beteiligungsformen und die schiere Masse von Information und Kommunikation (Infobesity) erschweren die Prozesse des öffentlichen Meinungsstreits und der Meinungsbildung nicht nur, sondern verschlechtern diese teils auch. Sie sind also, in Hinsicht auf die Funktion von Öffentlichkeit, zur demokratischen Verständigung und zur Kritik und Kontrolle der staatlichen Institutionen beizutragen, ambivalent.

So führt die fast unendliche Menge von Internet Content und Kommunikation zu einem Problem des *Aufmerksamkeitsmanagements*. Die Wirksamkeit der individuellen Kommunikation wird ironischerweise gerade durch massenhafte individuelle Beteiligungsformen in Frage gestellt. Aus den neu gewonnenen Möglichkeiten zur Meinungsäußerung folgt kein Anspruch auf öffentliche Wahrnehmung (Herzog, Grundgesetzkommentar Abs. I, II Art. 5, Rn. 64). Der bestehende Superpluralismus konterkariert das Diskurs-, Verständigungs- und Orientierungsangebot der Medien, wenn die Menge der Meinungsäußerungen und Medienangebote als Informationsflut die Aufnahmekapazitäten der Adressatinnen und Adressaten überfordert. Die Medialisierung der Gesellschaft ist somit verbunden mit einem ständigen Ringen um Aufmerksamkeit und Wirksamkeit (Heesen 2017, S. 32). Mit anderen Worten: In medialisierten Lebenswelten wird ein Großteil der Kommunikation strategisch. Die Kommunikationswelten einer digitalen Gesellschaft verstärken die Notwendigkeit der Identifizierung von Strategien zur Gewinnung von Aufmerksamkeit und Meinungsmacht. Anders als eine redaktionell moderierte öffentliche Meinungsbildung durch Rundfunk/Fernsehen und etablierte Presse zeichnet sich die neue öffentliche Kommunikation durch einen Wettstreit der Partikularinteressen aus.

> In medialisierten Lebenswelten wird ein Großteil der Kommunikation strategisch. Die Kommunikationswelten einer digitalen Gesellschaft verstärken die Notwendigkeit der Identifizierung von Strategien zur Gewinnung von Aufmerksamkeit und Meinungsmacht. Anders als eine redaktionell moderierte öffentliche Meinungsbildung durch Rundfunk/Fernsehen und etablierte Presse zeichnet sich die neue öffentliche Kommunikation durch einen Wettstreit der Partikularinteressen aus.

Um in diesem Wettstreit überhaupt sichtbar zu werden, steht die Gewinnung von Aufmerksamkeit ganz oben. Damit rücken die Rahmung und Aufmachung der Kommunikation in den Vordergrund und Skandalisierung und Unterhaltung an die Stelle von ausführlichen Analysen. Um spezifische Themen zu kommunizieren, greifen viele Akteure auf Informationskampagnen zurück oder beschäftigen Fach-

6.4 Problemfelder der Praxis

leute für Public Relations. Industrie, Regierungen, zivilgesellschaftliche Initiativen, der Kleintierzüchterverein, aber auch terroristische Gruppen – sie alle nehmen teil an der Herstellung von Öffentlichkeiten.

Die Konjunktur der strategischen Kommunikation führt gleichzeitig zu Verunsicherungen in Bezug auf die *Glaubwürdigkeit öffentlicher Kommunikation* insgesamt. Darüber hinaus können strategische Kommunikationsbemühungen besonders gut in den Teilöffentlichkeiten abgezirkelter Gruppen mit ähnlichen Auffassungen gedeihen (den sogenannten Echokammern, Vaccari 2012). Unter diesen Umständen gilt dann das als wahr, was diese Gruppe für gültig befindet. Wenn es so viele Positionen und Sichtweisen gibt, welche ist dann die überzeugende? Das Problem einer fundierten und vertrauenswürdigen Basis für die individuelle Meinungsbildung stellt sich umso mehr durch eine Vermischung vormals getrennter Formate. Das gilt insbesondere für die Bereiche Werbung, Berichterstattung und Meinungsbeiträge, die sich insbesondere in der Figur des Influencers vereinigen. Dieses auch Multiplikatoren-Marketing genannte Format (Enke und Borchers 2019) setzt gezielt auf den Einfluss, den Meinungsmacherinnen auf das Kaufverhalten ihrer Follower haben, bei denen sie über Beiträge insbesondere auf YouTube oder Instagram über z. B. Musik oder Lifestyle soziale Autorität und Vertrauenswürdigkeit aufgebaut haben.

Die ursprüngliche Hoffnung, mit dem Internet einen Kommunikationsraum zu gewinnen, der sich strategischen Interessen und Propagandabemühungen durch die Schaffung von Gegenöffentlichkeiten entziehen kann (Barlow 1996), hat sich nicht erfüllt. Für viele Lobbygruppen sind digitale soziale Netze äußerst hilfreich, um spezifische Interessen wirkungsvoll öffentlich bekannt zu machen. Immer wieder nutzen auch Extremisten das Internet als für sie ideales propagandistisches Medium (Zurstiege 2016, S. 150). In der Öffentlichkeit des Internets können Beiträge und Blogs jedoch auch eine sehr gute Qualität haben, die alle Standards der journalistischen Ethik erfüllen und im Unterschied zu herkömmlicher Presse und Fernsehen zusätzlich innovative, investigativere und unabhängigere Formate und Beiträge liefern. Sie stehen aber in den Online-Medien im unmittelbaren Wettbewerb mit anderen interesseabhängigen Angeboten aus der Öffentlichkeitsarbeit, der Public Relations und der Propaganda. Zudem müssen sie sich der Herausforderung stellen, nicht nur dem Publikum zu gefallen, sondern auch bestmöglich durch Suchmaschinen und Querverweise auffindbar zu sein.

In der Gesamtschau auf Kommunikation im Internet sind ethische Grundsätze zur Wahrung der inhaltlichen Ausgewogenheit und der Interessenferne der Berichterstattung obsolet, weil jede ihre und jeder seine eigenen Interessen verfolgen kann und darf. Diese Möglichkeit ist jedoch nicht gleichzusetzen mit einer Erosion der Kommunikationsethik. Das Prinzip der inhaltlichen Ausgewogenheit konkurriert mit dem einer *individualisierten Informationsfreiheit*. Der Idealrezipient/die Idealrezipientin nimmt die redaktionelle Auswahl und Bewertung der Information eigenständig vor, was wiederum hohe Anforderungen an die intellektuellen Kompetenzen, an *Medienmündigkeit* und zeitliche Ressourcen stellt – also letztlich nachteilige Folgen für gleiche Informationschancen und die Herstellung eines gemeinsamen gesellschaftlichen Orientierungswissen haben kann, weil diese Fähigkeiten und Ressourcen nicht für alle gleichermaßen vorausgesetzt werden können.

Insgesamt verliert die öffentliche Kommunikation zunehmend ihren Bezug zu einer breiten Allgemeinheit; stattdessen gewinnen mediale soziale Gemeinschaften, Teilöffentlichkeiten und *automatisierte Öffentlichkeiten* an Bedeutung. Der Begriff der automatisierten Öffentlichkeiten bringt zum Ausdruck, dass technische bzw. automatisierte Akteure wie z. B. Sprachassistenten, Softbots oder Suchmaschinenalgorithmen eine wachsende Rolle für die mediale Kommunikation spielen. Sie beeinflussen die demokratische Meinungsbildung durch Selektionsprozesse (Gatekeeping), aber auch durch aktive Manipulationen der Meinungsbildung in den Sozialen Medien mit Hilfe von Social Bots.

> Der Begriff der automatisierten Öffentlichkeiten bringt zum Ausdruck, dass technische bzw. automatisierte Akteure wie z. B. Sprachassistenten, Softbots oder Suchmaschinenalgorithmen eine wachsende Rolle für die mediale Kommunikation spielen. Sie beeinflussen die demokratische Meinungsbildung durch Selektionsprozesse (Gatekeeping), aber auch durch aktive Manipulationen der Meinungsbildung in den Sozialen Medien mit Hilfe von Social Bots.

Die verschiedenen Öffentlichkeiten der Online-Kommunikation haben Einfluss auf die individuelle und öffentliche Meinungsbildung und damit Einfluss auf die Weisen, wie Bürgerinnen und Bürger die Gesellschaft, in der sie leben, wahrnehmen und gestalten. Aber nicht nur hier entstehen in der Online-Kommunikation neben den Chancen für eine freie Berichterstattung Gefährdungen für die prominente Funktion der Medien zur Vermittlung zwischen Staat und Bevölkerung sowie der Verständigung der Bürger untereinander. Auch der öffentliche Diskurs als solcher wird durch die Durchdringung der Gesellschaft mit Informations- und Medientechniken in Frage gestellt. Die *Datafizierung der sozialen Kommunikation* und der gesamten Handlungswelten einer digitalen Gesellschaft führt zu neuen Möglichkeiten, um die Präferenzen und das Verhalten der Bürgerinnen und Bürger

6.4 Problemfelder der Praxis

zu erfassen und für Politik und Verwaltung zu interpretieren. Im Gegensatz zu den häufig komplexen Situationen in öffentlichen Diskursen erscheinen Datenerhebungen über Interessen und Verhalten auf den ersten Blick als evident und neutral. Die Konzentration auf Datenerhebungen verkennt jedoch, dass die Stärke der kommunikativen Meinungsbildung gerade in einem Prozess der interaktiven Verständigung und des Streits über Normen, Leitbilder, (un)berechtigte Interessen oder Risikoabwägungen liegt, der nicht über die Beschreibung von Handlungsmustern und durch statistische Erhebungen eingelöst werden kann.

Aufgabe von Kommunikationsethik und Medienpädagogik ist es, das kritische Bewusstsein für die demokratische Funktion des öffentlichen Diskurses und die damit verbundenen Anforderungen zu schärfen und zu erhalten. Dazu gehört auch das Bewusstsein der Nutzerinnen der Online-Medien darüber, dass auch eine vermeintlich unmittelbare Kommunikation in den Sozialen Medien immer durch die Technik ihrer Vermittlung selektiert und geformt ist. Trotz ihres technisch und wirtschaftlich geprägten Arrangements kann die Online-Kommunikation für sich in Anspruch nehmen, in einem hohen Maß als unverstellt oder auch *authentisch* zu gelten (Emmer et al. 2013). Diese Annahme lässt sich unter anderem mit der stetig wachsenden Bedeutung von Bildkommunikation, von Echtzeitkommunikation und der Behandlung von Alltagsthemen in Verbindung bringen. Kommunikation im Internet und insbesondere den Sozialen Medien suggeriert durch individuelle Beteiligungsmöglichkeiten und einem eigenen Bottom Up Agenda Setting einen starken Realitätsbezug. Die interaktiven Möglichkeiten und die individuelle Ansprechbarkeit anderer Nutzerinnen und Nutzer lassen das Medium unabhängig und unmittelbar wirken. Aus der Vorstellung von ungefilterter Kommunikation und aktiven Teilhabemöglichkeiten ergibt sich hier der Anschein von Authentizität. Amateurvideos und „zufällige" Aufnahmen über Handykameras, die einen großen Anteil der Inhalte im Internet ausmachen, lassen einen Eindruck von Unmittelbarkeit und Realitätsnähe entstehen. Digitale Medien, insbesondere die Sozialen Medien, sind „Mitmach-Medien", in denen die Nutzerinnen und Nutzer nach Belieben eigene Beiträge und Dienste einstellen können (User Generated Content). Sie bieten viele Anwendungen für den Alltag und dienen entsprechend häufig der Thematisierung des Alltäglichen. Dazu trägt insbesondere die intensive Nutzung des Smartphones als Überall-Dabei-Medium bei. Es hat eine Mittlerfunktion zwischen informatisierten Umgebungen (Internet der Dinge), sozialen Netzen, (kommerziellen) Dienstleistungen und journalistischen Angeboten. Gestärkt wird diese Entwicklung durch Strömungen wie den *Jedermann-Journalismus* bzw. Bürgerjournalismus, die sich die Berichterstattung vor Ort und „aus dem Leben" zur Aufgabe gemacht haben.

Digitale Medien, insbesondere die Sozialen Medien, sind „Mitmach-Medien", in denen die Nutzerinnen und Nutzer nach Belieben eigene Beiträge und Dienste einstellen können (User Generated Content). Sie bieten viele Anwendungen für den Alltag und dienen entsprechend häufig der Thematisierung des Alltäglichen. Dazu trägt insbesondere die intensive Nutzung des Smartphones als Überall-Dabei-Medium bei. Es hat eine Mittlerfunktion zwischen informatisierten Umgebungen (Internet der Dinge), sozialen Netzen, (kommerziellen) Dienstleistungen und journalistischen Angeboten. Gestärkt wird diese Entwicklung durch Strömungen wie den *Jedermann-Journalismus* bzw. Bürgerjournalismus, die sich die Berichterstattung vor Ort und „aus dem Leben" zur Aufgabe gemacht haben.

Eine besondere Rolle spielt in diesem Zusammenhang die Bedeutung von Bildern und Filmen, die sich in der steten Zunahme des *Visual Content* in der Internetkommunikation spiegelt. Bild und Film haben eine starke Suggestivkraft, da sie häufig als natürlich und direkt empfunden werden und eine zusätzliche Entschlüsselung wie beim Lesen nicht erforderlich erscheint. Die Rezipientinnen und Rezipienten fühlen sich oft als Augenzeugen, ohne sich der Selektivität des Gezeigten bewusst zu sein. Umso mehr wirkt die Suggestivkraft des Bildes auf die Authentizitätsvorstellung, wenn es spontan entstanden und/oder individuell verbreitet ist, wie bei vielen Internetvideos der Fall.

Verstärkt wird der Trend zu einer öffentlichen Kommunikation über *Visual Content* durch die mittels *Algorithmen* gestützten selbstverstärkenden Prozesse der Internetkommunikation. Bilder erzeugen aufgrund ihrer Aktualität und Dramatik häufig durchschlagende virale Effekte und Zugriffszahlen. Ist eine besondere visuelle Schlagkraft gegeben, dann stehen zuerst die Bilder ganz ohne Kontexte im Vordergrund. Die Algorithmen der sozialen Netzwerke und Suchmaschinen spülen sie in der Suchmaschinenanzeige oder den Push-Nachrichten nach oben. Gesteigert wird dieser Prozess weiter, wenn Videos, Bilder und Nachrichten „eins zu eins", also unmittelbar in *Echtzeit*, übertragen werden (Heesen 2017, S. 36), wofür Kommunikationsplattformen die passenden Dienste und Formate anbieten. Echtzeit-Öffentlichkeiten entstehen nicht nur durch Fotos und Videos, sondern werden gleichzeitig flankiert von Echtzeit-Kommentaren, Hashtags, Retweets oder dem Teilen von (satirisch) bearbeiteten Bilddateien (Memes). Der Erfolg der Kommunikation im Netz lässt so, an der Weiterverbreitung und Reaktion gemessen, auch immer eine Online-Erfolgskontrolle in Echtzeit zu. Der Erfolg von Bildern und Videos im Internet geht jedoch häufig auf Kosten der Einbettung und Erklärung des Gezeigten. Das gilt insbesondere für Bilder, die besonders dramatisch oder bewegend sind, wie z. B. für Bilder aus einem Kriegsgebiet oder der Handyübertragung eines Terrorereignisses. Solche Live-Bilder haben einen besonderen Reiz, weil sie authentisch wirken. Aber solche Formen der Unmittelbarkeit sind nicht gleichzusetzen mit Wahrheit im Sinne eines ausgewogenen, detailreichen und vergleichenden Verständnisses von Wirklichkeit. Anstelle einer ausgewogenen Berichterstattung steht in den Echtzeit-Öffentlichkeiten das Miterleben im Vordergrund. Die Herstellung von Öffentlichkeiten über Streaming-Dienste verspricht die Spannung des Live-Dabeiseins, ohne allerdings das Gezeigte und Erlebte reflexiv einordnen zu können. Diese Leistung des Journalismus (Begründungen liefern, Erklärungen versuchen, Bewertungen anbieten) tritt hinter die Macht des „authentischen" Bildes zurück. Auch ohne bedeutsames Ereignis oder nachweisbaren Nachrichtenwert entfaltet das Live-Bild eine besondere Kraft. Seine Suggestivkraft dominiert in der Echtzeit-Öffentlichkeit über Relevanz und kritische Auswahl (Altmeppen et al. 2016, S. 393).

Die verschiedenen Herausforderungen für die Online-Kommunikation – wie Echtzeitöffentlichkeiten, Vormacht der Bildkommunikation, Steuerung über Algorithmen, Jedermann-Journalismus, Authentizität, Glaubwürdigkeit, Herstellung von Aufmerksamkeit – stehen für die Ambivalenzen, die allen Formen der öffentlichen Kommunikation in unterschiedlichen Weisen von der antiken Rhetorik bis zum Shitstorm auf den Weg gegeben sind. Ihre Ambivalenz zeigt aber auch, dass es eine Wahl zwischen verschiedenen Handlungsoptionen gibt und es an der gemeinsamen Anstrengung von Nutzerinnen, Institutionen, Politik, Wirtschaft und Technikdesignern liegt, Kommunikation als öffentliche und politische Kommunikation im Sinne des Gemeinwohls zu gestalten.

6.5 Fallstudie zur Diskussion

Das Video „Die Zerstörung der CDU" von Rezo
Kurz vor der Europawahl im Mai 2019 veröffentlichte ein YouTuber mit dem Künstlernamen Rezo ein Video mit dem Titel „Die Zerstörung der CDU" (Rezo ja lol ey 2019a). In dem Video erläutert Rezo aus seiner Sicht verschiedene Gründe, warum die CDU und zum Teil auch andere Parteien nicht wählbar seien. Dem Stil nach entspricht das Video vielen ähnlichen YouTube-Angeboten für eine junge Nutzergruppe. Das Publikum wird direkt aus einem Studio in häuslicher Atmosphäre angesprochen, stilistisch wird der persönliche Zugang des Produzenten betont, die Schnitte sind schnell und das Darstellungsmaterial abwechslungsreich. Die Sprache ist jugendlich umgangssprachlich, klingt engagiert und emotional.

Rezo stützt seine Darlegung aus zahlreichen öffentlichen Quellen wie wissenschaftlichen Publikationen, Fernsehsendungen, Internetpodcasts und Presseartikeln. Er macht diese Quellen transparent und durch Links nachvollziehbar. Das Video „Die Zerstörung der CDU" unterscheidet sich von den Produktionen, die Rezo bislang angeboten hat und insbesondere im Bereich Unterhaltung und Musik lagen. Er hat sich zu der Herstellung des Videos individuell und „aus freien Stücken" (Neo Magazin Royal 2019, 36:00) entschlossen, weil er einigen Themen, die ihm wichtig sind, genauer nachgehen wollte und das entsprechend verarbeiten und weitergeben.

Das Video wurde auf YouTube zu einem unerwarteten Erfolg und millionenfach geklickt und angeschaut. Aufgrund dieser Resonanz wurde das Video und sein Produzent Gegenstand einer breiten Berichterstattung in Fernsehen, Blogs, Radio und Presse. In diesem Zusammenhang wurden zwar die Inhalte des Videos (Klima-, Bildungs-, Drogenpolitik usw.) angesprochen, insbesondere wurde aber das Video als „Medienereignis" aus einer äußeren Perspektive erörtert. Dazu gehören Fragen zur Identität des Produzenten, seiner Motivation wie auch zum Medienformat und zur Legitimation eines solchen Beitrags unmittelbar vor der Wahl, der eine eindeutige Empfehlung enthielt, die CDU nicht zu wählen.

Es erfolgte also eine öffentliche Anschlussdiskussion, die über vielfältigste Medienkanäle und Formate verbreitet wurde und die Sozialen Medien genauso einschloss wie auch die herkömmlichen Massenmedien. Auch Rezo selbst produzierte wenige Tage nach Erscheinen des ersten Videos gemeinsam mit dutzenden YouTubern eine Antwort auf die Diskussion und eine Unterstützung der Inhalte seines ursprünglichen Videos (Rezo ja lol ey 2019b).

Die damalige CDU-Parteivorsitzende Annegret Kramp-Karrenbauer stellte in diesem Zusammenhang zur Diskussion, dass Regeln für die öffentliche Kommunikation, die im analogen Raum gelten, auch fürs Internet angewandt werden sollten (FAZ 2019). Sie verglich dabei die Vorstellung von einer gemeinsamen „Meinungsmache" durch die Presse mit dem Zusammenschluss von Youtubern, die einen Beitrag gegen bestimmte Parteien veröffentlichen. Sie kommt dabei zu dem Schluss, dass solche starken Stellungnahmen durch die offline etablierte Presse in „unserem Land" (FAZ 2019, 1:25) für großen Aufruhr sorgen würden.

Eine zuerst angekündigte Antwort auf das Rezo-Video durch eine eigene Produktion der CDU blieb aus. Stattdessen gab es kritische Twitter-Kommentare, aber auch Gesprächsangebote einzelner CDU- und SPD-Funktionäre. Unabhängig von der CDU erfolgten verschiedene Faktenchecks auf das Video, in denen die dort geäußerten Annahmen (bis auf minimale Ungenauigkeiten und Kritik an bestimmten Auslassungen) bestätigt wurden.

6.5 Fallstudie zur Diskussion

Aus Perspektive der Kommunikationsethik zeigen das Video wie auch die Diskussion exemplarisch zentrale Problemfelder der öffentlichen Online-Kommunikation. Bei Rezo handelt es sich um den Vertreter einer aktiven Nutzergruppe des Internets, also einem individuellen Gestalter und Teilhaber an öffentlicher Kommunikation. Er ist dort mit Unterhaltungsformaten präsent und schöpft dabei thematisch aus seinem eigenen Lebensumfeld und seinen privaten Interessen (insbesondere Musik). Aufgrund der Kommerzialisierung von YouTube-Videos, die eine bestimmte Zugriffszahl aufweisen können, konnte Rezo die Erstellung von Content auf der Plattform zu seiner Erwerbsarbeit machen. Das Video „Die Zerstörung der CDU" hat er jedoch entmonetarisiert, also auf große Werbeeinnahmen verzichtet. Er betont damit die Bedeutung des Videos als Beitrag am öffentlichen (gemeinwohlorientierten) Diskurs und seine Handlungsfreiheit bzw. Unabhängigkeit von kommerziellen Interessen. Sein Beitrag ist aufgrund des Inhalts und Rechercheniveaus dem Citizen Journalism bzw. Jedermann-Journalismus zuzurechnen und schließt an politische Blogs und Online-Berichterstattungsformate an.

Auf inhaltlicher Ebene sind für das Video journalistische Qualitätsstandards und Ethik von großer Bedeutung. „Du musst die Dinge ordentlich machen, wenn du dich mit politischen Themen auseinandersetzt" (Jung und Naiv 2019, 26:00). Behauptungen werden belegt, die Argumentation ist schlüssig aufgebaut, die (subjektive) Perspektive wird gekennzeichnet und ist damit vergleichbar mit einem Kommentar, einer Meinungsseite oder einem Debattenbeitrag in einer Zeitung oder dem Fernsehen. Fakten und der Anspruch, die Wahrheit zu berichten und über Widersprüche im politischen Handeln aufzuklären, werden oftmals betont. So auch in dem einige Tage später produzierten gemeinsamen „Statement von 90+ Youtubern", in dem immer wieder von wissenschaftlich verbürgten Fakten die Rede ist.

Für Rezo selbst ist nicht allein die Darstellung der Fakten und deren Missachtung im politischen Handeln wichtig. Er unterstreicht, dass das filmische Format als solches einen Einfluss auf Wahrheit und Wahrhaftigkeit in der Medienkommunikation habe. Authentizität und Zurechenbarkeit werden durch Kurzfilme vorangebracht, weil man – so Rezo – den Menschen ansehen kann, wenn sie lügen oder einer Frage ausweichen (ebd., ab 36:00). Er sieht in Kurzfilmen die Möglichkeit, sich von der Dynamik des Pressewesens wie Sensationalismus, Zuspitzung und der Reduktion auf die Schriftform zu unterscheiden und stattdessen das ganze Bild zu liefern, in dem auf visueller, „menschlicher" Ebene Informationen über das Thema und die Protagonisten enthalten sind (ebd., 37:00).

Ähnlich können Rezos Aussagen für die öffentliche Kommunikation zwischen Individuen interpretiert werden: über einen Kurznachrichtendienst wie Twitter können sich die Akteure der öffentlichen Kommunikation direkt und schnell miteinander verständigen und stehen auf diese Weise außerdem in einer unmittelbareren

Verantwortung für ihre Äußerungen, auf Grundlage derer sie unmittelbar durch andere bewertet werden (Neo Magazin Royal 2019, 39:00) – eine Beobachtung, für die auf theoretischer Ebene die Begriffe Media Accountability und Relationship Ethics in der Online Kommunikation stehen (Singer 2010, S. 2 f.)

Generell geht es Rezo um die Politisierung von jungen Leuten und darum, sie in den von ihnen favorisierten Medien anzusprechen. Er bietet damit eine Alternative zu Fernsehnachrichten oder Tageszeitungen in einem neuen Format. Seine Produktion steht für einen Medienwandel, in dem die Funktion von Medien zur Ermöglichung des demokratischen Diskurses nicht alleine durch die institutionalisierten und etablierten Leitmedien oder Rundfunkanstalten erfüllt wird, sondern auch in die Verantwortung individueller Nutzerinnen und Nutzer fällt.

Aus den Reaktionen aus der Politik und teils auch etablierter Medien ist abzulesen, dass viele das Rezo-Video als Störung, als Anmaßung oder als unbotmäßige Einmischung in den Wahlkampf bewertet haben. In internetaffinen Kontexten wurde das Video dagegen mehrheitlich begrüßt und stieß auf große Resonanz. Insgesamt zeigt der Umgang mit dem Video die Unsicherheit der politischen Öffentlichkeit mit der Einordnung dieser Form von Mediennutzung.

Das offenbarte insbesondere die Überlegung der CDU-Parteivorsitzenden, die Meinungsäußerungsfreiheit im Internet müsse nach den gleichen Regeln wie für die Presse im analogen Raum reguliert werden. Diese Stellungnahme verkennt, dass in der digitalen Kommunikation wie auch dem institutionalisierten Pressewesen (für das es im Übrigen fast immer digitale wie auch analoge Angebote gibt) das Grundrecht der Medien- und Meinungsäußerungsfreiheit vorherrschend ist.

In Bezug auf das Internet ist in diesem Zusammenhang zu sehen und zu akzeptieren, dass einzelne Medienbeiträge, die als besonders wichtig oder unterhaltsam wahrgenommen werden, durch das Zusammenspiel von hohen Zugriffszahlen, Verlinkungen, Kommentaren, Weiterleitungen und Empfehlungen große gesellschaftliche Aufmerksamkeit erlangen. Diese sogenannten viralen Effekte sind eine Form des algorithmisch gesteuerten Audience Gatekeeping und gehen auf die das Internet kennzeichnende medientechnische Dynamik zurück; sie entsprechen in neuer Form einer für die Medien generell typischen Aufmerksamkeitssteuerung. Etablierte und teils umstrittene Formen der Aufmerksamkeitssteuerung sind Aktualität, Polarisierung, Sensationalismus und Personalisierung. Ein verantwortlicher Umgang mit diesen Facetten der öffentlichen Kommunikation ist Aufgabe individueller und institutioneller Medienproduzenten, online wie offline. Dabei sind die Maßstäbe häufig nicht eindeutig. Was von einer gesellschaftlichen Gruppe als Verzerrung wahrgenommen wird, bewertet eine andere gegebenenfalls als notwendiges Agenda Setting im pluralen Streit der Meinungen in einer demokratischen Öffentlichkeit.

Für den öffentlichen Diskurs ist die Vielheit und Vielfältigkeit der Formate, Stimmen und Meinungen eine essenzielle Bedingung. Die öffentlich-rechtlichen Medien etwa haben sich einem binnenpluralistischen Modell verpflichtet, d. h. die Rundfunkanstalten achten innerhalb ihrer eigenen Häuser auf eine Ausgewogenheit der Berichterstattung im Gesamtbild. Das heißt aber nicht, dass einzelne Beiträge nicht Stellung bezögen oder sich nicht der (anwaltschaftlichen) Aufklärung von Missständen verpflichtet sähen.

Für die nicht-professionelle Online-Kommunikation sind demgegenüber individuelle Produktionen und ein atomistischer Zugriff auf Medienbeiträge typisch. Einzelne Beiträge werden über Suchmaschinen oder Empfehlungen angesteuert. Somit werden auch polarisierende und meinungsstarke Videos, aber auch Textbeiträge, Fotos oder Memes in das Aufmerksamkeitszentrum gesteuert. Aufgrund der hohen Dynamik dieser Prozesse können sie (z. B. über Social Bots) für manipulative Prozesse missbräuchlich genutzt werden. Wenn von Regulationen der digitalen Kommunikation die Rede ist, dann muss hier angesetzt werden. Für Fragen der Meinungsäußerung und der Medienkommunikation gelten jedoch die gleichen Freiheitsrechte online und offline.

> **Diskussionsfragen zur Fallstudie**
> 1. Welche kommunikationsethischen Themen werden (implizit und explizit) in der öffentlichen Debatte über das Video „Die Zerstörung der CDU" verhandelt?
> 2. Wie bewerten Sie nach kommunikationsethischen Kriterien die Anschlusskommunikation an das Video?
> 3. Sehen Sie das Video als einen gelungenen Beitrag zur öffentlichen Meinungsbildung?
> 4. Wie sieht nach Ihrer Vorstellung öffentliche Online-Kommunikation aus, die Prozesse der demokratischen Meinungsbildung optimal unterstützt? Welchen Beitrag leisten hier die Nutzerinnen und Nutzer, was sind infrastrukturelle/technische und politische Aufgaben?

Literatur

Altmeppen, K.-D., Bieber, C., Filipović, A., & Heesen, J. (2016). Echtzeit-Öffentlichkeiten. Neue digitale Medienordnungen und neue Verantwortungsdimensionen. *Communicatio Socialis, 48*(4), 382–396.
Altmeppen, K-D., Bieber, C., Filipović, A., Heesen, J., Neuberger, C., & Röttger, U. (2018). Öffentlichkeit, Verantwortung und Gemeinwohl im digitalen Zeitalter: Zur Erforschung ethischer Aspekte des Medien- und Öffentlichkeitswandels. *Publizistik, 1*, 1–19. https://doi.org/10.1007/s11616-018-00463-1.
Arendt, H. (1960). *Vita Activa, oder, Vom tätigen Leben*. R. Piper & Co.
Barlow, J. P. (1996, Februar 8). *A Declaration of the Independence of Cyberspace*. Electronic Frontier Foundation. https://www.eff.org/de/cyberspace-independence.
BBC. (2004). *Building public value: Renewing the BBC for a digital world*. BBC. https://web.archive.org/web/20160203212457/https:/downloads.bbc.co.uk/aboutthebbc/policies/pdf/bpv.pdf.
Beck, K. (2010). Ethik der Online-Kommunikation. In W. Schweiger & K. Beck (Hrsg.), *Handbuch Online-Kommunikation* (S. 130–155). Springer VS.
Bertrand, J.-C. (2000). *Media ethics & accountability systems*. Transaction.
Bieber, C. (2017). Bürgerjournalismus und Verantwortung in der redaktionellen Gesellschaft. In M. J. Eumann & A. Vogt (Hrsg.), *Medien und Journalismus 2030: Perspektiven für NRW* (S. 128–133). Klartext.
Cammaerts, B. & Mansell, R. (2020). Digital Platform Policy and Regulation: Toward a Radical Democratic Turn. *International Journal of Communication, 14*(2020), 135–154). https://ijoc.org/index.php/ijoc/article/view/11182/2901.
Capurro, R. (1988). Informationsethos und Informationsethik: Gedanken zum verantwortungsvollen Handeln im Bereich der Fachinformation. *Nachrichten für Dokumentation, 39*(1), 1–4.
DeNardis, L. & Hackl, A. M. (2015). Internet governance by social media platforms. *Telecommunications Policy, 39*(9), 761–770. https://doi.org/10.1016/j.telpol.2015.04.003.
Donges, P. & Puppis, M. (2010). Kommunikations- und medienpolitische Perspektiven: Internet Governance. In W. Schweiger & K. Beck (Hrsg.), *Handbuch Online-Kommunikation* (S. 80–104). Springer.
Drucksache, 18/12356. (2017, 16. Mai). https://dserver.bundestag.de/btd/18/123/1812356.pdf
Eberwein, T. & Porlezza, C. (2016). Both Sides of the Story: Communication Ethics in Mediatized Worlds. *Journal of Communication, 66*, 328–342.
Emmer, M., Filipović, A., Schmidt, J.-H., & Stapf, I. (2013). *Echtheit, Wahrheit, Ehrlichkeit: Authentizität in der Online-Kommunikation*. Belz Juventa.
Enke, N. & Borchers, N. S. (2019). *Handreichung InfluencerInnen. Whitepaper Ethikkodex Influencer-Kommunikation*. Universität Leipzig. https://bvim.info/ethik/.
Erlei, M., Leschke, M., & Sauerland, D. (2007). *Neue Institutionenökonomik*. Schäffer-Poeschel.
Ess, C. (2015). The Onlife Manifesto: Philosophical Backgrounds, Media Usages, and the Futures of Democracy and Equality. In L. Floridi (Hrsg.), *The Online-Manifesto: Being Human in a Hyperconnected Era* (S. 89–110). Springer International Publishing.
Europäische Kommission. (2007). *Staatliche Beihilfe E3/2005 (ex- CP 2/2003, CP 232/2002, CP 43/2003, CP 243/2004 und CP 195/2004) – Deutschland. Die Finanzierung der öffentlich-rechtlichen Rundfunkanstalten in Deutschland* (K(2007) 1761 endg.). https://ec.europa.eu/competition/state_aid/cases/198395/198395_680516_260_2.pdf

faz. (2019, 27. Mai). *Kramp-Karrenbauer kritisiert Rezo-Video scharf* [Video]. YouTube. https://www.youtube.com/watch?time_continue=10&v=et5SXWK3syE.
Fischer-Lescano, A. (2008). Kritik der praktischen Konkordanz. *KJ/Kritische Justiz, 41*, 166–177. https://doi.org/10.5771/0023-4834-2008-2-166.
Fogg, B. J. (2003). *Persuasive Technology: Using Computers to Change What We Think and Do*. Morgan Kaufmann.
Friedman, B. & Kahn, P. H. (2007). Human Values, Ethics, and Design. In B. Friedman & P. H. Kahn (Hrsg.), *The Human-Computer Interaction Handbook* (2. Aufl., S. 1177–1201). CRC Press.
FSM. (2021).*Verhaltenskodex: Freiwillige Selbstkontrolle Multimedia-Diensteanbieter e.V.* https://www.fsm.de/files/2022/03/fsm_verhaltenskodex_stand-09-11-2021.pdf.
FSM. (2004). *Verhaltenssubkodex für Suchmaschinenanbieter der FSM (VK-S)*. Freiwillige Selbstkontrolle Multimedia-Diensteanbieter e.V. https://www.fsm.de/files/2022/03/2004-12-21_fsm_verhaltenssubkodex_suchmaschinenanbieter.pdf.
Godulla, A. (2017). *Öffentliche Kommunikation im digitalen Zeitalter. Grundlagen und Perspektiven einer integrativen Modellbildung*. Springer VS.
Gotterbarn, D., Miller, K., & Rogerson, S. (1997). Software Engineering Code of Ethics, Version 3.0. *Computer, 30*(10), 88–92.
Habermas, J. (1996 [1962]). *Strukturwandel der Öffentlichkeit: Untersuchungen zu einer Kategorie der bürgerlichen Gesellschaft* (5. Aufl.). Suhrkamp.
Hauptman, R. (1988). *Ethical Challenges in Librarianship*. Oryx Press.
Heesen, J. (2015). Ein Fels in der Brandung? Positionen der Medienethik zwischen verflüssigtem Medienbegriff und schwankender Wertebasis. In M. Prinzing, M. Rath, C. Schicha & I. Stapf (Hrsg.), *Neuvermessung der Medienethik. Bilanz, Themen und Herausforderungen seit 2000* (S. 86–98). Beltz Juventa.
Heesen, J. (2016a). Einleitung. In J. Heesen (Hrsg.), *Handbuch Medien- und Informationsethik* (S. 1–8). Metzler.
Heesen, J. (2016b). Freiheit. In J. Heesen (Hrsg.), *Handbuch Medien- und Informationsethik* (S. 52–58). Metzler.
Heesen, J. (2017). Vormacht des Authentischen und Rhetorik der Daten in einer digitalen Gesellschaft. In W. Neuber, P. L. Oesterreich, G. Ueding & F. Vidal (Hrsg.), *Rhetorik. Ein Internationales Jahrbuch* (Bd. 36, S. 31–42). De Gruyter.
Hepp, A. (2016). Kommunikations- und Medienwissenschaft in datengetriebenen Zeiten. *Publizistik, 61*, 363–372.
Herzog, R. (1958). Artikel 5 GG. In T. Maunz, G. Dürig & Herzog, Roman (Hrsg.), *Kommentar zum Grundgesetz*. Beck.
Jung & Naiv. (2019, 18. Juni). *Aufwachen #386 mit Rezo (+ Wolfgang M. Schmitt & Georg Restle) + Mordfall Lübcke & Iran vs USA* [Video]. YouTube. https://youtu.be/MVqSw_2YPpY?t=763.
Karmasin, M., Rath, M., & Thomaß, B. (2013). *Normativität in der Kommunikationswissenschaft*. Springer VS.
Klaus, E. (2017). Öffentlichkeit als gesellschaftlicher Selbstverständigungsprozess und das Drei-Ebenen-Modell von Öffentlichkeit: Rückblick und Ausblick. In E. Klaus & R. Drüeke (Hrsg.), *Öffentlichkeiten und gesellschaftliche Aushandlungsprozesse. Theoretische Perspektiven und empirische Befunde* (S. 17–38). transcript.
Klein, E. (1999). Maßstäbe für die Freiheit der öffentlichen und privaten Medien – Unter besonderer Berücksichtigung internationaler Verpflichtungen. *Die öffentliche Verwaltung, 18*, S. 758–766.

Lessig, L. (1999). *Code and other laws of cyberspace*. Basic Books.
Luhmann, N. (1996). *Die Realität der Massenmedien* (2. Aufl.). Springer VS.
Luhmann, N. (2001 [1969]). *Legitimation durch Verfahren* (6. Aufl.). Suhrkamp.
Maner, W. (1980). Starter Kit in Computer Ethics. Helvetia Press.
Mathur, A., Mayer, J., & Kshirsagar, M. (2021). What Makes a Dark Pattern ... Dark?: Design Attributes, Normative Considerations, and Measurement Methods. In *CHI '21: Proceedings of the 2021 Conference on Human Factors in Computing Systems*. Association for Computing Machinery. https://doi.org/10.1145/3411764.3445610.
Moor, J. H. (1985). What is Computer Ethics? In T.W. Bynum (Hrsg.), *Computers & Ethics* (S. 266–275). Blackwell.
Musiani, F., Cogburn, D. L., DeNardis, L., & Levinson, N. S. (2016). *The Turn to Infrastructure in Internet Governance*. Palgrave Macmillan.
Neo Magazin Royal. (2019, 13. Juni). *Homöopathie wirkt* |Neo Magazin Royal mit Jan Böhmermann – ZDFneo* [Video]. YouTube. https://www.youtube.com/watch?v=pU3sAYRl4-k.
Neuberger, C. (2013). Public Value im Internet. In N. Gonser (Hrsg.), *Die multimediale Zukunft des Qualitätsjournalismus* (S. 103–118). Springer VS. https://doi.org/10.1007/978-3-658-01644-9_7.
Neuberger, C. (2014). Ambivalenzen des Öffentlichkeitswandels. *Zeitschrift für Theoretische Soziologie,3*(2), 287–294. https://doi.org/10.17879/zts-2014-4008.
Poell, T. (2020). Three Challenges for Media Studies in the Age of Platforms. *Television & New Media, 21*(6), 650–657.
Pörksen, B. (2018). *Die große Gereiztheit. Wege aus der kollektiven Erregung*. Hanser Verlag.
Puppis, M. (2007). Media governance as horizontal extension of media regulation: The importance of self- and co-regulation. *Communications, 32*(3), 330–336.
Rezo ja lol ey. (2019a, 18. Mai). *Die Zerstörung der CDU* [Video]. YouTube. https://www.youtube.com/watch?v=4Y1lZQsyuSQ
Rezo ja lol ey. (2019b, 24. Mai). *Ein Statement von 90+ Youtubern* [Video]. YouTube. https://www.youtube.com/watch?v=Xpg84NjCr9c.
Roßnagel, A., Bile, T., Geminn, C., Heesen, J., Karaboga, M., Krämer, N., Kreutzer, M., Löber, L. I., Martin, N., Nebel, M., & Ochs, C. (2018). *Das Netzwerkdurchsetzungsgesetz: Policy Paper des BMBF-Forum Privatheit*. Forum Privatheit und selbstbestimmtes Leben in der digitalen Welt. https://www.forum-privatheit.de/wp-content/uploads/Policy-Paper-NetzDG.pdf
Rost, M. & Bock, K. (2011). Privacy By Design und die Neuen Schutzziele: Grundsätze, Ziele und Anforderungen. *Datenschutz und Datensicherheit (DuD), 35*, 30–35. https://doi.org/10.1007/s11623-011-0009-y.
Schmidt, J.-H. (2013). Persönliche Öffentlichkeiten und Privatsphäre im Social Web. In S. Halft & H. Krah (Hrsg.), *Privatheit. Strategien und Transformationen* (S. 121–138). Stutz.
Shoemaker, P. & Vos, T. (2009) *Gatekeeping Theory*. Routledge.
Simon, J. (2014). Distributed Epistemic Responsibility in a Hyperconnected Era. In L. Floridi (Hrsg.), *The Onlife Manifesto – Being Human in a Hyperconnected Era* (S. 145–159). Springer.
Singer, J. B. (2010). Norms and the Network: Journalistic Ethics in a Shared Media Space. In C. Meyers (Hrsg.), *Journalism Ethics: A Philosophical Approach* (S. 117–129). Oxford University Press.
Stapf, I. (2016). Freiwillige Medienregulierung. In J. Heesen (Hrsg.), *Handbuch Medien- und Informationsethik* (S. 96–104). Metzler.

Stock, M. (1999). Zwischenbilanz der Rechtsprechung zur Rundfunkregulierung: Anspruch, Wirklichkeit, Perspektiven. *Zeitschrift für Gesetzgebung, 1999* (Sonderheft: Mediengesetzgebung – Zukunftsgestaltung oder Wettbewerbshindernis?), 5–17.

Thaler, R. H. & Sunstein, C. R. (2021). *Nudge. The Final Edition.* Penguin Books.

Thummes, K. & Röttger, U. (2017). Public discourse on the responsibility of corporations. A holistic framework for the analysis of corporate responsibility assessments. In C. George (Hrsg.), *Communicating with power: 2016 ICA Annual Conference theme book* (S. 99–117). Peter Lang.

Vaccari, C. (2012). From echo chamber to persuasive device? Rethinking the role of the Internet in campaigns. *New Media & Society, 15*(1), 109–127.

Vereinte Nationen. (1948). *Resolution 217 A (III) der Generalversammlung vom 10. Dezember 1948: Allgemeine Erklärung der Menschenrechte.* https://www.ohchr.org/en/human-rights/universal-declaration/translations/german-deutsch?LangID=ger.

Vereinte Nationen. (2021). *General Comment No. 25 on children's rights in relation to the digital environment.* https://tbinternet.ohchr.org/_layouts/15/treatybodyexternal/Download.aspx?symbolno=CRC/C/GC/25&Lang=en.

Vesting, T. (2016). Medienrecht. In Heesen, J. (Hrsg.), *Handbuch Medien- und Informationsethik* (S. 82–88). Stuttgart: Metzler.

Waldherr, A. (2017). Öffentlichkeit als komplexes System: Theoretisches Konzept und methodische Konsequenzen. *Medien & Kommunikationswissenschaft, 65*, 534–549.

Wellman, M. L., Stoldt, R., Tully, M., & Ekdale, B. (2020). Ethics of Authenticity: Social Media Influencers and the Production of Sponsored Content. *Journal of Media Ethics, 35*(2), 68 – 82. https://doi.org/10.1080/23736992.2020.1736078.

Working Group on Internet Governance. (2005). *Report of the Working Group on Internet Governance.* https://www.wgig.org/docs/WGIGREPORT.pdf.

Zuboff, S. (2019). *The Age of Surveillance Capitalism: The Fight for a Human Future at the New Frontier of Power.* Hachette.

Zuckerman, E. (2020). *The Case for Digital Public Infrastructure.* Knight First Amendment Institute at Columbia University. https://s3.amazonaws.com/kfai-documents/documents/7f5fdaa8d0/Zuckerman-1.17.19-FINAL-.pdf.

Zurstiege, G. (2016). Propaganda. In J. Heesen (Hrsg.), *Handbuch Medien- und Informationsethik* (S. 146–153). Metzler.

7 Ausblick: Bestandsaufnahme und Desiderate zur Ethik der öffentlichen Kommunikation – Barbara Thomaß

Ethik für Kommunikationsberufe und solche Akteur:innen, die digital kommunizieren, ist eingebunden in komplexe gesellschaftliche, kulturelle, technologische und ökonomische Bedingungen. Die Fragen, die sich ihr stellen, verändern sich mit den Veränderungen dieser Bedingungen. Das ist in allen Kapiteln des vorliegenden Buches an vielen Stellen deutlich worden. Insofern ist ein Lehrbuch der Ethik der öffentlichen Kommunikation, wenn auch keine Momentaufnahme, sich doch seiner gegenwartsbezogenen Bedingtheit bewusst. Sie bedarf der Sensibilität für ihre eigene Begrenztheit und Notwendigkeit der Weiterentwicklung. Hierfür sollen in diesem abschließenden Kapitel kurze Hinweise und Anregungen zur weiteren Diskussion gegeben werden, indem auf der Grundlage des Geleisteten Desiderate skizziert werden, wie sich eine Ethik der öffentlichen Kommunikation weiterentwickeln könnte.

Journalistische Ethik ist die Teildisziplin, die auf die längste Tradition, die breiteste Fundierung, wohl auch die größte Beteiligung derer verweisen kann, die an ihr interessiert sind und sich an ihr beteiligen. Dementsprechend ist ihr Bestand umfänglich, aber auch die Probleme, denen sie sich stellen muss, sind gewaltig. Dernbach stellt in ihrem Kapitel zu Recht heraus, wie sehr die Imperative der Aufmerksamkeitsökonomie journalistische Darstellungen beeinflussen und das Spannungsverhältnis zu der gesellschaftlichen Funktionen des Journalismus begründen.

Journalistische Ethik ist sich der öffentlichen Aufgabe, für die Journalismus steht, vollkommen bewusst und orientiert an dieser Aufgabe ihre Werte, Normen und Standards. Das ist einerseits eine solide, in der Aufklärung fundierte Grundlage. Andererseits ist die Konkretisierung dessen, was diese öffentliche Aufgabe angesichts der sich immer rapider wandelnden Kommunikationsverhältnisse beinhaltet, ein komplexer Aushandlungsprozess, an dem viele Akteur:innen beteiligt sind. Da ist die Feststellung, dass Journalist:innen schon lange nicht mehr die alleinigen Gatekeeper sind, sondern zunehmend zu Moderator:innen in einem öffentlichen Diskurs geworden sind. Da ist aber auch die noch vollkommen offene Frage, wie journalistische Aufgaben ausgestaltet werden, wenn künstliche Intelligenz im Journalismus eingesetzt wird. Welche Standards gelten dann, und wer ist an ihrer Ausformulierung beteiligt? Wer sorgt für ihre Implementierung? Wie belastbar sind die bisherigen Strukturen journalistischer Ethik für solche zukünftig drängender werdenden Fragen?

Zwar sind – wie in dem Kapitel dargestellt – die Strukturen der journalistischen Ethik im Hinblick auf ihre Selbstregulierung gut entfaltet, doch dürfte ein Ausblick in die erweiterten Möglichkeiten von Governance-Strukturen innovative Konzepte journalistischer Selbstregulierung eröffnen (Thomaß 2007). Im Rahmen des Media for Democracy Monitors, der nach dem Beitrag journalistischer Medien zur demokratischen Qualität einer Gesellschaft fragt und der auch die demokratische Verfasstheit der Medien selbst untersucht (Trappel und Tomaz 2021), werden folgende Kriterien benannt, zu denen in Deutschland wie auch in anderen Ländern noch erhebliches Entwicklungspotenzial besteht: Welche internen Regeln für die Praxis einer Redaktionsdemokratie liegen vor? Gibt es Unternehmensrichtlinien gegen interne/externe Einflussnahme auf die Nachrichtenredaktion? Welche Verfahren zur Nachrichtenauswahl und Nachrichtenbearbeitung sind niedergelegt? Verfügt eine Redaktion über inhaltliche Monitoring-Instrumente? Welche sind die Regeln und Praktiken zum internen Pluralismus? Sind die Nachrichtenmedien unabhängig von den jeweiligen Machthabenden? Welchen Leitbildern folgen sie?

Die diesen Fragen zugrunde liegende Annahme geht davon aus, dass Medien ihre gesellschaftliche Watchdog-Funktion nur unzureichend ausüben können, wenn sie selbst einem Prozess des Monitorings unterliegen. Inwieweit es den Medien gelingt, diejenigen, die in der Gesellschaft Macht ausüben, zur Rechenschaft zu ziehen, hängt davon ab, inwieweit die Medienunternehmen selbst ein integraler Bestandteil der Machtstrukturen sind, aber auch vom Grad der Freiheit und Unabhängigkeit der Journalisten und Journalistinnen. Beide Elemente müssen für eine Weiterentwicklung der journalistischen Ethik in Betracht gezogen werden. Denn auch dies macht das Kapitel zur journalistischen Ethik deutlich: Es existiert ein solides Fundament an Normen und Kodizes; allein ihre Implementierung und Durchsetzung findet in den marktlichen Imperativen zu häufig eine unüberwindliche Hürde. Hier über eine Weiterentwicklung der Strukturen nachzudenken, ist die Aufgabe einer kontextbewussten Ethik.

Auch in der Ethik der Public Relations sind Normen und Strukturen – wenn auch erst seit jüngerer Zeit – differenziert ausgearbeitet und eine belastbare Grundlage für PR-ethisches Handeln. Und im Kapitel zur Ethik der PR werden zahlreiche Fälle genannt, die deutlich machen, wie sehr Organisationen, die mit der Öffentlichkeit kommunizieren, ebenfalls an ethischen Standards gemessen werden, auch wenn ihr Referenzrahmen ein anderer als der der journalistischen Ethik ist. Denn im Unterschied zur Orientierung an einer öffentlichen Aufgabe stehen die Interessen der auftraggebenden Organisation am Anfang der kommunikativen Intention. Doch treffen PR-Inhalte wie auch journalistische Inhalte auf mehr oder sensible Zielgruppen, die sehr wohl ethisch-kommunikative Standards an die PR legen. Dass PR-Expert:innen eine ethische Grundlage für ihre Tätigkeit akzeptieren, ist das Ergebnis einer Professionalisierung und in Studien zur Rollenselbstbeschreibung belegt.

Allerdings sind es auch in der PR-Ethik andere – vor allem ökonomische – Imperative, die ursächlich für Verletzungen der konsentierten Standards sind. Insbesondere die Tatsache, dass es für viele professionelle Journalisten und Journalistinnen mittlerweile lukrativer oder auch nur einkommenssicherer ist, in der PR zu arbeiten, führt zu einem Ungleichgewicht, bei dem eine größere Zahl gut ausgebildeter PR-Fachleute eine geringere Zahl prekär situierter Journalist:innen gegenüberstehen, die zu wenig Ressourcen mobilisieren können, um die Kommunikationsangebote der PR kritisch prüfen zu können.

So wie in der journalistischen Ethik der Eingang entsprechender Inhalte in die hochschulgebundenen und auch praktischen Ausbildungsgänge ein relevanter Fortschritt für die ethische Ausrichtung des Journalismus war, gilt auch für die Ethik der PR, dass mehr einschlägige Lehrveranstaltungen die angehenden PR-Leute besser auf die ethischen Anforderungen der Berufspraxis vorbereiten könnten, zumal – wie Bentele konstatiert – die ethischen Herausforderungen größer werden. In den Lehrbüchern ist das Thema jedenfalls präsent. Dem grundsätzlichen Ziel der Erhöhung der Verbindlichkeit ethischer Regeln kommt die Befassung mit Ethik der PR aber nur näher, wenn sie auch in PR-treibenden Unternehmen, Verbänden, Organisationen, NGOs usw. lebendig ist.

Dies gilt in gleichem – oder möglicherweise noch höherem – Maße für die Werbeethik. Angesichts einer weit verbreiteten Skepsis gegenüber der Fähigkeit der Werbung zur Ethik verweist Borchert zu Beginn seines Beitrages auf den Disput zwischen Einzelfall und systematischem Verstoß, der angesichts dieser Skepsis geführt wird, und stellt die wichtige Funktion der Werbeethik zur kritischen Beobachtung des Gebarens der Werbebranche heraus.

Wir erkennen in der Werbeethik Strukturierungen wieder, die auch schon für die journalistische und die PR-Ethik galten: die unterschiedliche Verantwortung verschiedener Stakeholder der Branche, die Bedeutung (aber auch Schwäche) der Publikumsethik, die Notwendigkeit, Institutionen zur Implementierung und kritischen Begleitung der kommunikativen Aktivitäten zu schaffen. Allerdings wird auch deutlich, dass die ökonomischen Imperative hier noch stärker – oder besser unmittelbarer – wirken und damit die Diskrepanz zwischen Sein und Sollen noch größer ist. Die Tatsache, dass sowohl Aufmerksamkeit für als auch Reflexion von ethischen Problemstellungen sich in der Werbebranche auf niedrigem Niveau bewegen, belegt dies. Auch die Klärung, unter welchen Bedingungen ein Beeinflussungsversuch, den Werbung darstellt, als moralisch legitim angesehen werden kann – wie Borchers formuliert – hilft hier nicht viel weiter.

Fragen der Sensibilisierung und Motivation der Werbekommunikator:innen und der Durchsetzung von Standards sind also für die künftige werbeethische Forschung von besonderer Bedeutung. Der Hinweis von Borchers, dass der Kodex des Deutschen Werberats keinen transparenten Bezug zur Fachdiskussion nimmt, ist hier sicher ein Ansatzpunkt. Denn die Darstellung der Ethik des Journalismus und auch der PR-Ethik hat gezeigt, dass aus der Wissenschaft wichtige Anregungen und Anreize zur Entwicklung einer angewandten Berufsethik gekommen sind.

Da bisher umweltrelevante Bezüge der Werbeethik erst in Ansätzen formuliert worden sind und das Wecken von Konsumbedürfnissen hier ein bedeutender Aspekt ist, sind die werbeethischen Prinzipien in dieser Perspektive noch zu entwickeln. Auch die Problemfelder der Werbeethik, die sich durch die digitale Kommunikation ergeben haben, sind erst in ihren Anfängen beschrieben, noch zu wenig analysiert und vor allem nicht im Hinblick auf praktische Konsequenzen diskutiert worden.

Der von Borchers thematisierte Zusammenhang, dass die werbetreibende Industrie eine Machtposition gegenüber den Medienunternehmen innehat, verweist auf die Interdependenzen und Abhängigkeiten, die zwischen den hier vorgestellten Feldern der Kommunikationsethik gegeben sind. Hierzu gehören auch die Austauschbeziehungen von Journalismus und PR, das Verhältnis von PR und Werbung und die Veränderungen aller drei Berufsfelder durch die digitale Kommunikation. Da bislang die Forschung zur Ethik des Journalismus, der PR und der Werbung weitgehend getrennt voneinander stattfand und auch die Diskursräume, in denen die jeweiligen Problemstellungen diskutiert werden, separiert voneinander sind, ergibt sich ein breites Forschungsfeld, in dem genauer nach solchen Interdependenzen gefragt werden sollte.

Am komplexesten ist wohl die Lage im Hinblick auf die Ethik der digitalen Kommunikation. Die wissenschaftliche Befassung mit Ethik der öffentlichen Kommunikation war traditionell vorwiegend darauf gerichtet, Normen für die Berufsethiken zu diskutieren und zu begründen und für Interventionen einzutreten,

7 Ausblick: Bestandsaufnahme und Desiderate zur Ethik der öffentlichen …

diese zu kodifizieren und Institutionen zu ihrer Implementierung zu schaffen. Deshalb ist sie zunächst von der Entgrenzung der Rollen in der öffentlichen Kommunikation und dem Auftreten völlig neuer Akteure überfordert gewesen. Die öffentliche Diskussion und wissenschaftliche Analyse von Phänomenen wie Polarisierung, *hate speech*, Desinformationen, *trolling* usw. hat aber hier zu einer erheblichen Sensibilisierung geführt.

Zwar hat die Befassung mit der Publikumsethik zudem die Rezipierenden als eigene Akteur:innen in den Blick genommen, doch eben ausschließlich aus der Perspektive der verantwortlichen Rezeption. Rezipierende, die senden, Zuschauer:innen, die Videos posten, Leser:innen, die kommentieren und eine Vielzahl von neuen Gruppen, die das schaffen, was Pfetsch et al. (2018) eine kakofonische Öffentlichkeit nennen, stellen neue Herausforderungen an die Kommunikationsethik.

Sie ist dafür besser aufgestellt, als es zunächst den Anschein haben mochte. Jessica Heesen konnte in diesem Band aufzeigen, dass die Forschung zunehmend Aspekte der Nutzungsethik in den Mittelpunkt gerückt hat, Medienmündigkeit und die normativen Standards des Umgangs miteinander auf den digitalen Kommunikationsplattformen in den Vordergrund gestellt hat. Gleichzeitig hat sie gezeigt, dass der Bestand kommunikationsethischer Normen, die auch für die digitale Kommunikation gelten können, solide ist: Persönlichkeitsschutz, Sorgfaltspflicht, inhaltliche Ausgewogenheit oder die kritische Bewertung von Sensationalismus oder Manipulation können auch in der digitalen Kommunikation gelten. Die Frage der Durchsetzung dieser Normen bleibt und sie ist auch eine Frage der Institutionalisierung von Strukturen der Ethik. Hier ist die Perspektive der Technikethik in den Blick gekommen, haben rechtliche Normierungen stattgefunden – insbesondere das Netzwerkdurchsetzungsgesetz und der Digital Services Act der EU sind hier Meilensteine – und sind Institutionen der Selbstregulierung geschaffen worden, die für die Durchsetzung von Normen arbeiten sollen. Insbesondere Letzteres ist aber bislang aufgrund der Grenzenlosigkeit digitaler Kommunikation mehr als unbefriedigend, weil Zugriff auf und Einbindung von Akteur:innen und Unternehmen der digitalen Kommunikation jenseits vertrauter Diskursräume mehr als schwierig ist. Die Aktivitäten der EU-Kommission, unabhängig von reinen Wettbewerbsregeln Standards für eine demokratietaugliche öffentliche Kommunikation einzuziehen und das Gebaren global tätiger Internetkonzerne einzuhegen, sind wichtige Ansätze.

Es bleibt damit ein Feld in der Ethik der digitalen Kommunikation, das hier in dem gebotenen Rahmen noch gar nicht eröffnet wurde und das noch ganz andere Dimensionen von ethischen Sensibilitäten auf vielen Seiten und Komplexitäten an Normgefügen beinhaltet, denen sich die Ethik stellen müssen wird: die globale, internationale, interkulturelle, transnationale und transkulturelle Kommunikation.

Wir sind bisher stillschweigend davon ausgegangen, dass sich alle ethischen Reflexionen und Bemühungen in einem relativ homogenen kulturellen Feld bewegen. Die genannten Normen gehen zurück auf die Werte der Aufklärung, die als Grundbestand wertorientierter Kommunikation gelten können. Doch von ihrer allseitigen Anerkennung ist nicht mehr selbstverständlich auszugehen.

Die Problematik, die aus der Differenz zwischen normativen Setzungen und empirisch vorfindbaren Realitäten resultiert, aus der Diskrepanz zwischen Sein und Sollen, die jeder angewandten Ethik inhärent ist, hat sich durch die Globalisierung, eine wesentliche neue Bedingung kommunikativen Handelns, noch vertieft.

Wenn bislang über Normen und Standards der Kommunikationsethik reflektiert wurde, so geschah dies in der Regel im Rahmen der jeweils kulturellen Gegebenheiten; Normen und Werte wurden also im kontextgebundenen Rahmen betrachtet und eingefordert. Dieser Rahmen wird allerdings angesichts einer digital und global vernetzten Medienwelt obsolet. In dieser Mediengesellschaft ist der kulturelle Bezugsrahmen der Kommunikationsethik nicht mehr allein der durch nationale oder kulturelle Grenzen bestimmte Kommunikationsraum. Stattdessen erweitert und pluralisiert sich der Kreis der durch Kommunikationsinhalte einer gegebenen Kultur erreichten Rezipient:innen auf viele Öffentlichkeiten. Dies muss in der wissenschaftlichen Befassung mit Ethik der digitalen Kommunikation berücksichtigt werden. Ein konstitutiver Bestandteil von Ethik, die Handlungsorientierung, erfordert es darüber hinaus, dass Antworten auf die Frage versucht werden, wie diese Berücksichtigung globaler Medienrezeption im kommunikativen Handeln erfolgen soll.

Der besonders spektakuläre Fall der sogenannten Mohammed-Karikaturen, als eine dänische rechtskonservative Zeitung Karikaturen veröffentlichte, von denen zumindest einige anti-islamische Stereotype enthielten und gegen das Abbildungstabu des Islam verstoßen hatten, provozierte muslimisch Gläubige weltweit. In der Folge standen sich in der Bewertung der Vorgänge gesinnungsethisch argumentierende und verantwortungsethisch argumentierende Positionen einander gegenüber (Thomaß 2008, S. 299): Soll die Meinungsfreiheit als unbedingter Wert verteidigt werden, oder verschließt ein ethischer Rigorismus die Augen vor komplexen Medienkontexten? Muss in einer global vernetzten Medienwelt nicht danach gefragt werden, ob „unsere" Werte die Werte aller Kulturen sein können? Und stößt eine universalistische Ethik nicht ohnehin an die selbst gesetzten Grenzen, weil – wie der postkolonialistische Diskurs zeigt – universelle Rechte als Ausdruck von Werten erst langsam auf die ganze Menschheit ausgeweitet worden sind (Thomass 2020). Forschungsprojekte deskriptiver Ethik, die einer internationalen *Media Accountability* nachgehen, liefern hier wichtige Erkenntnisse (Fengler et al. 2022).

Es ist also danach zu fragen, wie die Existenz globaler digitaler Medienkommunikation die Bedingungen kommunikativen Handelns und damit die Problemstellungen digitaler Kommunikationsethik beeinflusst. Diese Frage verweist auf das Spannungsfeld, das sich unter dem Stichwort des Universalismus auftut. Der Kontext des Universalismus ist im Prinzip unendlich, da der Universalismus behauptet, dass einmal festgelegte Werte allumfassend und immer gültig sind. Allerdings wurde der Universalismus aufgrund seines allumfassenden Anspruchs immer wieder durch sein Gegenstück infrage gestellt: den Partikularismus – die Haltung, die die Besonderheiten des Einzelfalls, einer bestimmten Kultur oder die Individualität eines einzelnen Menschen hervorhebt. Da jeder universelle Anspruch seine Grenzen hat – trotz des Anspruchs schloss er in der Realität bestimmte Gruppen aus – wurde er immer wieder über die tatsächlichen Grenzen seiner Verwirklichung hinaus transzendiert und damit weiterentwickelt: Die Menschenrechte – als Kernkonzept des Universalismus – schlossen Frauen aus, bis sie ihre Rechte einforderten. In der heutigen Zeit beobachten wir eine Diskussion über die Rechte der Tiere.

Den Geltungsraum von Normen zu bestimmen, ist selbst schon eine ethische Frage. Und es ist bei der Anerkennung und Implementierung kommunikationsethischer Normen auch seit jeher ein Feld der Auseinandersetzung gewesen, den Kreis derer, die Teilhaber:innen dieser Normen werden können, auszuweiten. Nicht zuletzt gegenwärtige identitätspolitische Fragen zeugen davon: Wer darf für wen sprechen?

Als eine gemeinsame Grundlage einer digitalen Kommunikationsethik, die der Entgrenzung von Publika in nationaler und kultureller Hinsicht Rechnung trägt, kann die schon vor über 40 Jahren postulierte Kategorie der Achtung gelten. Rühl und Saxer (1981) verstand Achtung als „Struktur für normatives Erleben von Mitmenschlichkeit" (S. 487). Die Ausweitung der Gruppen von Menschen, für die die Anforderungen von Mitmenschlichkeit gelten, ist ein langer historischer Prozess, der sich auf nationaler wie supranationaler Ebene entwickelte. Versklavte Menschen und Frauen, Kolonialvölker und Andersgläubige gehörten lange nicht dazu. Wenn die Entgrenzung von Publika voranschreitet, dann muss eine Kommunikationsethik, die sich an dieser Mitmenschlichkeit orientiert, ebenfalls die Ausweitung ihrer normativen Bezugssysteme reflektieren.

Werte zu formulieren und einzufordern ist die eine Seite einer reflektierenden und praktizierenden Ethik. In diesem Prozess für den kulturellen Austausch offenzubleiben, ist eine Notwendigkeit, die sich aus der Widersprüchlichkeit von Ethik heraus erklärt. Denn eine Ethik, die nur versucht, ihrer Orientierungsfunktion gerecht zu werden, ohne die eigenen Werte und die Bedingungen ihrer Herausbildung zu reflektieren, läuft Gefahr, zu besserwisserischem Moralisieren zu verkommen

(Debatin 2007, S. 18). Andererseits bleibt eine Kommunikationsethik, die sich selbst auf Kritik und Reflexion reduziert, eine akademische Übung und hat bald keinen praktischen Einfluss mehr auf reale moralische Dilemmata. Die Bereitschaft, moralische Urteile zu fällen gegenüber der Notwendigkeit, diese Urteile immer wieder zu hinterfragen und der Kritik anheimzustellen, ist dabei sowohl eine theoretische wie eine praktische Herausforderung. Es bleibt hiervon das Desiderat, offen zu sein für kulturelle (ethnische, religiöse etc.) Differenz und diese Haltung auch für die digitale Kommunikationsethik praktisch werden zu lassen. Hier müssen entsprechende Debatten ansetzen.

Literatur

Debatin, B. (2007). *Der Karikaturenstreit und die Pressefreiheit. Wert- und Normenkonflikte in der globalen Medienkultur*. LIT Verlag.
Fengler, S., Eberwein, T. & Karmasin, M. (2022). *The Global Handbook of Media Accountability*. Routledge.
Pfetsch, B., Löblich, M. & Eilders C. (2018). Dissonante Öffentlichkeiten als Perspektive kommunikationswissenschaftlicher Theoriebildung. *Publizistik 63*, 477–495.
Rühl, M. & Saxer, U. (1981). 25 Jahre Deutscher Presserat. Ein Anlaß (sic) für Überlegungen zu einer kommunikationswissenschaftlichen Ethik des Journalismus und der Massenkommunikation. *Publizistik 26*(4), 451–503
Thomass, B. (2020). Universalism in history, modern statehood, and public service media. In P. Savage, M. Medina & G. F. Lowe (Hrsg.), *Universalism in Public Service Media - RIPE@2019* (S. 25–36). Nordicom.
Thomaß, B. (2007). Medienethik als Governanceproblem. In P. Donges (Hrsg.), *Von der Medienpolitik zur Media Governance* (S. 233–249). Herbert von Halem Verlag.
Thomaß, B. (2008). Das Ende der Eindeutigkeiten: Aporien und Dilemmata journalistischer Ethik in einer global vernetzten Mediengesellschaft. In B. Pörksen, W. Loosen & A. Scholl, (Hrsg.), *Paradoxien des Journalismus: Theorie – Empirie – Praxis* (S. 297–312). VS Verlag für Sozialwissenschaften.
Trappel, J. & Tomaz, T. (2021). *The Media for Democracy Monitor: How Leading News Media Survive Digital Transformation*. Nordicom. https://norden.diva-portal.org/smash/get/diva2:1557246/FULLTEXT01.pdf.

MIX
Papier aus verantwortungsvollen Quellen
Paper from responsible sources
FSC® C105338

If you have any concerns about our products,
you can contact us on
ProductSafety@springernature.com

In case Publisher is established outside the EU,
the EU authorized representative is:
**Springer Nature Customer Service Center GmbH
Europaplatz 3, 69115 Heidelberg, Germany**

Printed by Libri Plureos GmbH
in Hamburg, Germany